PONS

W0347852

Schau nach - blick durch! Grammatik und Wortschatz ENGLISCH

Alles in einem Band - inklusive praktischer Verbtabellen

von
Darcy Bruce Berry
Dr. Alexander T. Bergs
Christina Cott
David Heitler

überarbeitet von Stephan Buckenmaier

Ernst Klett Sprachen GmbH
Barcelona • Belgrad • Budapest • Ljubljana • London • Posen • Prag
Sofia • Stuttgart • Zagreb

PONS
Schau nach - blick durch!
Grammatik und Wortschatz
ENGLISCH

Alles in einem Band - inklusive praktischer Verbtabellen

von
Darcy Bruce Berry
Dr. Alexander T. Bergs
Christina Cott
David Heitler

überarbeitet von Stephan Buckenmaier

Auflage A1 5 4 3 2 1 / 2011 2010 2009 2008

© Ernst Klett Sprachen GmbH, Rotebühlstraße 77, 70178 Stuttgart, 2008
Internet: www.pons.de
E-Mail: info@pons.de
Alle Rechte vorbehalten.

Redaktion: Christina Cott, Antje Wollenweber, Debby Böhm
Logoentwurf: Erwin Poell, Heidelberg
Logoüberarbeitung: Sabine Redlin, Ludwigsburg
Einbandgestaltung: Schmidt & Dupont
Titelfoto: Vlado Golub, Stuttgart
Layout/Satz: andrea grundmann kommunikationsgestaltung, Karlsruhe
Druck: L.E.G.O. S.p.A., in Lavis (TN)
Printed in Italy
ISBN: 978-3-12-561425-3

Willkommen in der Welt der englischen Sprache!

Mit der PONS Grammatik und dem Wortschatz liegt dir ein umfassendes Nachschlagewerk vor, das dich in deiner gesamten Sprachlernlaufbahn begleiten wird.

Es bietet dir als Sprachanfänger oder fortgeschrittenem Lerner die Möglichkeit, alle in der Schule relevanten Bereiche und Aspekte der englischen Sprache nachzuschlagen:

Grammatik

→ ab Seite 4

In diesem Kapitel findest du die wichtigsten Grammatikregeln an zahlreichen Beispielen sinnvoll veranschaulicht. Leicht verständliche Erklärungen und nützliche Tipps helfen dir, typische Fehler zu vermeiden.

Verben

→ ab Seite 127

Dieses Kapitel bietet dir übersichtliche Konjugationstabellen der wichtigsten unregelmäßigen Verben. Neben den verschiedenen Formen der unterschiedlichen Zeiten im Simple und Progressive findest du bei den einzelnen Beispielverben auch Hinweise auf weitere Verben, die ähnlich konjugiert werden. Darüber hinaus gibt es zahlreiche Tipps zu grammatischen Besonderheiten oder beispielsweise zur Aussprache der einzelnen Verben.

Thematisches Wörterbuch

→ ab Seite 157

In diesem Wörterbuch findest du die 5000 wichtigsten Stichwörter thematisch sortiert. Die Lautschrift sowie die Einbettung in Redewendungen helfen dir, die Wörter korrekt auszusprechen und zu behalten. Die Wörter werden durch optische Hervorhebung den verschiedenen Lernjahren zugeordnet. Die Lernjahre sind mit einem Reiter, der das entsprechende Lernjahr enthält, versehen. Des Weiteren findest du hier umfangreiche aktuelle Ergänzungen und Ausdrücke aus der Umgangssprache.

Viel Spaß und Erfolg beim Englischlernen!

Grammatikbegriffe

Englisch	Fachausdruck	Bedeutung
active	Aktiv	Tätigkeitsform
adjective	Adjektiv	Eigenschaftswort
adverb	Adverb	Umstandswort
article	Artikel	Begleiter
auxiliary	Hilfsverb	Hilfs-Tätigkeitswort
comparative	Komperativ	1. Steigerungsform, (Vergleichsform)
conjunction	Konjunktion	Bindewort
consonant	Konsonant	Mitlaut
demonstrative pronoun	Demonstrativpronomen	hinweisendes Fürwort
future	Futur	Zukunft
gerund	Gerundium	ing-Form
imperative (form)	Imperativ	Befehlsform
imperfect (tense)	Imperfekt	einfache Vergangenheit
infinitive	Infinitiv	Grundform des Verbs
intransitive verb	intransitives Verb	Tätigkeitswort ohne Akkusativobjekt
noun	Nomen, Substantiv	Hauptwort
object	Objekt	Ergänzung
participle	Partizip	Mittelwort
particle	Partikel	nicht beugbares Wort
passive	Passiv	Vorgangsform des Verbs
perfect (tense)	Perfekt	vollendete Gegenwart
personal pronoun	Personalpronomen	persönliches Fürwort
plural	Plural	Mehrzahl
possessive (pronoun)	Possessivpronomen	besitzanzeigendes Fürwort
preposition	Präposition	Verhältniswort
present (tense)	Präsens	Gegenwart
progressive (tense)	Kontinuativ	Verlaufsform/be + ing-Form
pronoun	Pronomen	Fürwort
reflexive pronoun	Reflexivpronomen	rückbezügliches Fürwort
relative pronoun	Relativpronomen	bezügliches Fürwort
singular	Singular	Einzahl
subject	Subjekt	Satzgegenstand
superlative	Superlativ	2. Steigerungsform
transitive verb	transitives Verb	Tätigkeitswort mit Akkusativobjekt
verb	Verb	Tätigkeitswort
vowel	Vokal	Selbstlaut

Grammatik

Grammatik

So arbeitest du mit der Grammatik

Bei der Arbeit mit dieser Grammatik helfen dir folgende Symbole:

Hier wird die **Regel** formuliert oder auf **Besonderheiten** aufmerksam gemacht, die man nicht übersehen sollte.

Lerntipps verraten dir an dieser Stelle, wie du dir die Regeln besser merken kannst.

Hier wird auf **Unterschiede** zwischen der deutschen und der englischen Sprache aufmerksam gemacht.

Die Unterschiede zwischen britischem Englisch (BE) und amerikanischem Englisch (AE) können beträchtlich sein. Der kleine Globus macht dich auf sprachliche Unterschiede zwischen den beiden Varianten aufmerksam.

▶ Hier wird auf andere Grammatikkapitel verwiesen.

Wenn dir ein Wort unklar ist, kannst du die englische, lateinische oder deutsche Bedeutung auf Seite 4 nachschlagen. Erklärungen und Definitionen zu grammatikalischen Begriffen findest du im **Glossar** ab Seite 120.

Neben dem Inhaltsverzeichnis zur Grammatik auf den folgenden Seiten, hilft dir das ausführliche **Stichwortregister** ab Seite 123, schnell die richtige Antwort zu deiner Grammatikfrage zu finden!

Inhaltsverzeichnis

Grammatik

1 *Verbs* – Verben

Full Verbs – Vollverben

Transitive und intransitive Verben

Viele Verben benötigen im Satz mindestens *ein* Objekt, also eine Ergänzung. Solche Verben nennt man **transitive** Verben:

Anne likes dogs.	*Anne mag Hunde.*
Peter kissed Mary.	*Peter küsste Mary.*

Oft werden auch *zwei* Objekte benötigt:

Jeremy wrote me a letter.	*Jeremy schrieb mir einen Brief.*
Paul gave me a book.	*Paul gab mir ein Buch.*

Als **intransitive** Verben bezeichnet man dagegen Verben, die kein Objekt benötigen:

Anne slept.	*Anne schlief.*
The children cried.	*Die Kinder weinten.*

Manche Verben können sowohl transitiv als auch intransitiv gebraucht werden:

John is reading a book.	*John liest gerade ein Buch.*
John is reading.	*John liest gerade.*

Regelmäßige und unregelmäßige Verben

Bei **regelmäßigen Verben** braucht man nur den Infinitiv (die Grundform), um alle anderen Formen abzuleiten, da einfach ein **-ed** angehängt wird.

1. FORM/INFINITIVE	2. FORM/SIMPLE PAST	3. FORM/PAST PARTICIPLE
(to) **call**	**called**	**called**
(to) **kiss**	**kissed**	**kissed**

Bei **unregelmäßigen Verben** muss man alle Formen lernen, da sich das **Simple Past** bzw. **Past Participle** nicht ableiten lassen:

1. FORM/INFINITIVE	2. FORM/SIMPLE PAST	3. FORM/PAST PARTICIPLE
(to) **sing**	**sang**	**sung**
(to) **see**	**saw**	**seen**

(▶ Liste der wichtigsten unregelmäßigen Verben ab S.12.)

Tenses – Zeitformen

Einfache Formen

Allein die einfache Gegenwart (Simple Present) und die einfache Vergangenheit (Simple Past) werden ohne Hilfsverb gebildet:

› Simple Present – Einfache Gegenwartsform

Das Simple Present ist bei fast allen Verben in allen Personen außer der dritten (**he/she/it**) gleich dem Infinitiv (der Grundform). Vollverben in Sätzen mit Subjekten in der dritten Person haben in der Regel ein **-s** am Ende.

I like hairy spiders.	*Ich mag haarige Spinnen.*
You need a haircut.	*Du musst zum Friseur.*
He/She watches TV every night.	*Er/Sie sieht jeden Abend fern.*
Theresa prefers black tea.	*Theresa bevorzugt schwarzen Tee.*
Tom and Martha want a new car.	*Tom und Martha wollen ein neues Auto.*

Lediglich bei den Hilfsverben (auxiliary verbs) **be** und **have** und den Modalverben (modal verbs) **may, can, will, should** usw. gibt es Abweichungen: (▶ **Auxiliaries**-Hilfsverben)

BE *(sein)*	
I am tired.	*Ich bin müde.*
You are tired.	*Du bist müde.*
He/she/it is boring.	*Er/Sie/Es ist langweilig.*
Ballet is boring.	*Ballett ist langweilig.*
Peter, Paul and Mary are here.	*Peter, Paul und Mary sind hier.*

HAVE *(haben)*	
I have a motorbike.	*Ich habe ein Motorrad.*
You have a nice jacket.	*Du hast eine hübsche Jacke.*
Mary-Jane has a flat tire.	*Mary-Jane hat einen Platten.*
They have a dog.	*Sie haben einen Hund.*

Die Modalverben (▶ **Modal Verbs**-Modalverben) haben bei allen Personen immer die gleiche Form:

I/you/he/she/it/they may be here now. *Ich/Du/Er/Sie/Es könnte jetzt hier sein.*

› Simple Past – Einfache Vergangenheitsform

Bei der regelmäßigen Form des Simple Past fügt man **-ed** ans Ende des Infinitivs. Dies gilt für jedes Subjekt, d. h. alle Personen.

I wanted a new bike.	*Ich wollte ein neues Fahrrad.*
Peter kissed Mary yesterday.	*Peter hat gestern Mary geküsst.*

Die unregelmäßigen Verben sind im Simple Past auch für alle Personen gleich.

I went to the cinema last week.	*Ich bin letzte Woche ins Kino gegangen.*
Mark went to the zoo yesterday.	*Mark ist gestern in den Zoo gegangen.*

Hier ist eine Liste der wichtigsten unregelmäßigen Verben. Am besten lernst du gleich das Past Participle mit, denn das braucht man zur Bildung von anderen Zeiten, wie z. B. dem Present Perfect (S. 14 f.).

INFINITIVE	SIMPLE PAST	PAST PARTICIPLE	ÜBERSETZUNG
be	**was**	**been**	*sein*
begin	**began**	**begun**	*beginnen*
bring	**brought**	**brought**	*bringen*
buy	**bought**	**bought**	*kaufen*
catch	**caught**	**caught**	*fangen, erwischen*
choose	**chose**	**chosen**	*auswählen*
come	**came**	**come**	*kommen*
cost	**cost**	**cost**	*kosten*
cut	**cut**	**cut**	*schneiden*
do	**did**	**done**	*tun, machen*
drink	**drank**	**drunk**	*trinken*
drive	**drove**	**driven**	*fahren*
eat	**ate**	**eaten**	*essen*
fall	**fell**	**fallen**	*(hin)fallen*
feel	**felt**	**felt**	*(sich) fühlen*
fly	**flew**	**flown**	*fliegen*
forget	**forgot**	**forgotten** (UK) **forgot** (US)	*vergessen*
get	**got**	**got** (UK), **gotten** (US)	*kriegen, werden*
give	**gave**	**given**	*geben, schenken*
go	**went**	**gone**	*(hin)gehen*
have	**had**	**had**	*haben*
hear	**heard**	**heard**	*hören*
keep	**kept**	**kept**	*behalten*

INFINITIVE	SIMPLE PAST	PAST PARTICIPLE	ÜBERSETZUNG
know	**knew**	**known**	*wissen, kennen*
leave	**left**	**left**	*weggehen, verlassen*
lend	**lent**	**lent**	*ausleihen*
lose	**lost**	**lost**	*verlieren*
make	**made**	**made**	*machen*
pay	**paid**	**paid**	*(be)zahlen*
put	**put**	**put**	*stellen, (hin)legen*
read	**read**	**read**	*lesen*
ride	**rode**	**ridden**	*reiten, (mit)fahren*
ring	**rang**	**rung**	*läuten, klingeln*
run	**ran**	**run**	*laufen*
say	**said**	**said**	*sagen*
see	**saw**	**seen**	*sehen*
sell	**sold**	**sold**	*verkaufen*
sing	**sang**	**sung**	*singen*
sit	**sat**	**sat**	*sitzen*
sleep	**slept**	**slept**	*schlafen*
take	**took**	**taken**	*(mit)nehmen*
teach	**taught**	**taught**	*lehren, unterrichten*
tell	**told**	**told**	*erzählen, sagen*
think	**thought**	**thought**	*denken, glauben*
write	**wrote**	**written**	*schreiben*

Es gibt eine Reihe von Verben, die im Amerikanischen regelmäßig (also mit **-ed**) gebildet werden, im britischen Englisch jedoch nicht:

INFINITIVE	SIMPLE PAST	PAST PARTICIPLE	ÜBERSETZUNG
dream	**dreamt** (UK) **dreamed** (US)	**dreamt** (UK) **dreamed** (US)	*träumen*
lean	**leant**	**leant**	*(sich) anlehnen*
learn	**learnt**	**learnt**	*lernen*
spell	**spelt**	**spelt**	*buchstabieren*
spill	**spilt**	**spilt**	*verschütten*
spoil	**spoilt**	**spoilt**	*verderben, verwöhnen*

Das einzige Verb, wo dies umgekehrt passiert, ist **to dive**:

INFINITIVE	SIMPLE PAST	PAST PARTICIPLE	ÜBERSETZUNG
dive	**dove** (US) **dived** (UK)	**dived** (US) **dived** (UK)	*tauchen, hechten*

Zusammengesetzte Formen

Alle Zeitformen außer dem Simple Present und dem Simple Past werden mit zusammengesetzten Formen gebildet. Zusammengesetzte Formen bestehen aus mindestens einem Hilfsverb und der entsprechenden Form des Vollverbs.

› Progressive – **Die Verlaufsform (ing-Form)**

Um eine Progressive-Form zu bilden, braucht man die richtige Form von **be** als Hilfsverb und die ing-Form des Vollverbs. Zur Bildung der ing-Form hängt man einfach **-ing** an den Infinitiv (die Grundform) des Vollverbs.

PRESENT PROGRESSIVE:	
The cat is sleeping.	*Die Katze schläft gerade.*
They are learning English.	*Sie lernen gerade Englisch.*

PAST PROGRESSIVE:	
George was wearing a purple shirt.	*George trug ein lila Hemd.*
You were driving me crazy.	*Ihr habt mich verrückt gemacht.*

(▶ Zur Anwendung der Verlaufsform findest du mehr unter den einzelnen Zeitformen: **Anwendung der verschiedenen Formen**)

› Perfect Tenses – **Perfektformen**

Perfect Tenses bildet man immer mit dem Hilfsverb **have** und dem Past Participle des Vollverbs. Man unterscheidet zwischen dem gegenwartsbezogenen Present Perfect und der Vorvergangenheit, dem Past Perfect.

PRESENT PERFECT:	
I have seen her before.	*Ich habe sie schon einmal gesehen.*
Carla has hidden my shoes again.	*Carla hat wieder meine Schuhe versteckt.*

PAST PERFECT:	
Deanna had chosen a fast bicycle.	*Deanna hatte sich ein schnelles Fahrrad ausgesucht.*
Wally had slipped on a banana peel.	*Wally war auf einer Bananenschale ausgerutscht.*

In der gesprochenen Sprache ist es üblich, die Gegenwarts- und Vergangenheitsformen von **have** zusammenzuziehen und an das Subjekt anzuhängen:

You have gone.	**You've gone.**	*Du bist (fort)gegangen.*
She has gone.	**She's gone.**	*Sie ist (fort)gegangen.*
We had gone.	**We'd gone.**	*Wir waren (fort)gegangen.*

› Future – Zukunft

Das Englische hat viele verschiedene Zukunftsformen, die nicht immer leicht zu unterscheiden sind (▶ Wie man über die Zukunft spricht). Sehr häufig aber bildet man die Zukunftsform einfach mit dem Hilfsverb **will** (das nie verändert wird) und dem Infinitiv (der Grundform) des Vollverbs:

They will move next year.	*Sie werden nächstes Jahr umziehen.*
She will never meet him again.	*Sie wird ihn nie wiedersehen.*

› Passive Forms – Passiv

Das Passiv wird im Simple Present und Simple Past mit einer Form des Hilfsverbs **be** und dem Past Participle (3. Form) gebildet. Im Present Perfect oder Past Perfect verwendet man eine Form von **have + been** mit Past Participle.

That song is sung at services.	*Dieses Lied wird beim Gottesdienst gesungen.*
The dishwasher was repaired today.	*Die Spülmaschine wurde heute repariert.*
The dishwasher hasn't been repaired yet.	*Die Spülmaschine ist noch nicht repariert worden.*

Oft benutzt man auch eine Phrase, die zeigt, wer oder was etwas getan hat. Diese Phrase wird von **by** eingeleitet:

The dessert is brought by the butler.	*Der Nachtisch wird vom Butler gebracht.*
He was greeted by many people.	*Er wurde von vielen Leuten gegrüßt.*

Used to – früher

Um vergangene Zustände und Gewohnheiten zu beschreiben, verwendet man häufig **used to.** Dies drückt dann ungefähr das gleiche aus wie das deutsche *früher*. Sehr oft beinhalten Formen mit **used to** den Hinweis, dass der Zustand bzw. die Gewohnheit nicht mehr gilt:

But you used to like spinach.	*Aber früher hast du Spinat doch gemocht.*
Mr. Jones used to go for a walk every day.	*Früher ist Herr Jones jeden Tag spazieren gegangen.*

Man setzt **used to** wie ein Hilfsverb zwischen das Subjekt und das Vollverb. **Used** ist dann das erste Verb des Satzes.

! Zu beachten ist außerdem, dass **used to** im Kontext **be used to** + *ing*-Form *etwas gewöhnt sein* bedeutet:

Carlos is used to eating alone. Carlos ist es gewöhnt, alleine zu essen.

(▶ siehe auch **be used to, get used to** unter **Besondere Verben**)

Anwendung der verschiedenen Formen

1. Simple Present and Present Progressive

Das Simple Present wird hauptsächlich für Tatsachen und Gewohnheiten in der Gegenwart verwendet, es zeigt auch an, dass etwas häufig oder regelmäßig geschieht:

I like chocolate ice cream.	*Ich mag Schokoladeneis.*
The church bells ring every hour.	*Die Kirchenglocken läuten jede Stunde.*
The children watch TV every night.	*Die Kinder sehen jeden Abend fern.*

Das Present Progressive hingegen drückt aus, dass etwas nur vorübergehend oder „im Augenblick", „jetzt" geschieht. Solche Zustände können auch sich wiederholdende Ereignisse sein. Im Deutschen wird dieser Aspekt oft mit Wörtern wie *gerade, im Augenblick* oder *jetzt* umschrieben.

I'm eating chocolate ice cream.	*Ich esse gerade Schokoladeneis.*
It's raining.	*Es regnet (jetzt).*
What are you thinking about?	*Woran denkst Du gerade?*

2. Present Perfect

Das Present Perfect benutzt man für Zustände und Ereignisse, die in der Vergangenheit angefangen haben, in der Gegenwart als noch nicht abgeschlossen gelten, oder für diese immer noch größere Bedeutung haben:

The plumber has been here since 9 a.m.	*Der Klempner ist (schon) seit 9 Uhr morgens da.*
We've lived in London for five years.	*Wir leben seit fünf Jahren in London.*
Pete has called me twelve times this month.	*Pete hat mich zwölf Mal diesen Monat angerufen.*
I've worked all day, and now I want to relax.	*Ich habe den ganzen Tag gearbeitet, und jetzt will ich mich entspannen.*

Signalwörter für das Present Perfect:
noch nicht abgeschlossener Zeitraum: **this week / month / year**
von irgendwann bis jetzt: **ever, never, before, already, always, before, just, often, yet**

Man verwendet das Present Perfect auch für Neuigkeiten:

Beatrice has written another novel.	*Beatrice hat noch einen Roman geschrieben.*
Clark has failed for the third time.	*Clark ist (gerade) zum dritten Mal durchgefallen.*

3. Present Perfect and Simple Past

Wie oben beschrieben, kann man das Present Perfect nur dann verwenden, wenn ein Ereignis oder Zustand irgendwie aktuell ist, also wenn es eine Auswirkung oder einen Bezug zur Gegenwart gibt.
Wenn das Ereignis oder der Zustand sich in der Vergangenheit ereignet haben und dort auch abgeschlossen wurden, muss man das Simple Past verwenden.

I have lived in London for five years.	*Ich lebe seit fünf Jahren in London.* (Und tue dies immer noch!)
I lived in London for five years.	*Ich habe fünf Jahre lang in London gelebt.* (irgendwann einmal, z. B. als ich ein Kind war!)
We've met before.	*Wir sind uns schon mal begegnet.* (deshalb erkenne ich dich jetzt)
We met at a party last week.	*Wir haben uns letzte Woche auf einem Fest kennen gelernt.* (abgeschlossen, Zeitangabe)

Signalwörter für das Simple Past sind: **yesterday, a year ago, last week** oder **on Monday, in 1977** (wenn sich die Angaben auf die Vergangenheit beziehen).

Im amerikanischen Englisch können einige Ausdrücke, die auf aktuelle Zustände hindeuten (z. B. **just, already**) auch mit dem Simple Past stehen:

He has just left the hotel. (UK)	*Er hat gerade das Hotel verlassen.*
He just left the hotel. (US)	*Er hat gerade das Hotel verlassen.*

Wenn man einen Zeitausdruck benutzen will, der einen Zeitraum oder einen Zeitpunkt in der Vergangenheit bezeichnet, kann man das Present Perfect nicht verwenden:

I read that book last year.	*Ich habe dieses Buch letztes Jahr gelesen.*

4. Simple Past and Past Progressive

Einerseits benutzt man das Simple Past für Allgemeinheiten und Gewohnheiten in der Vergangenheit, ähnlich wie **used to**:

Professor Roberts always wrote on the blackboard./ He used to write on the blackboard.	*Professor Roberts schrieb immer an die Tafel.*

Andererseits verwendet man das Simple Past auch für einzelne Ereignisse in der Vergangenheit:

She won a bike.	*Sie gewann ein Fahrrad.*
Several plates fell off the shelf.	*Mehrere Teller fielen aus dem Regal.*

Dagegen verwendet man das Past Progressive für Ereignisse, die zu einem bestimmten Zeitpunkt in der Vergangenheit gerade abliefen:

At that moment Marc was running away from home.	*In dem Moment lief Marc von zu Hause weg.*

Solche Zustände können auch sich wiederholende Ereignisse sein. Durch das Past Progressive deutet man an, dass der Zeitraum dieser Ereignisse nicht allzu lang dauerte:

At that time we were talking on the phone every day.	*Zu der Zeit telefonierten wir jeden Tag.*

Will man ausdrücken, dass ein Ereignis während einer ablaufenden Handlung eintritt, verbindet man Past Progressive und Simple Past. Das plötzliche Ereignis steht dabei im Simple Past, die ablaufende Handlung im Past Progressive. Das neue Ereignis wird mit **when** angeschlossen, die ablaufende Handlung kann man mit **while** einleiten.

Handlungsverlauf im **past progressive**	*neues Ereignis* **simple past**
We were watching TV	**when** Bob called.
While we were playing chess,	Jim **came** in.

5. Past Perfect

Das Past Perfect wird mit **had** und dem **Past Participle** gebildet. Die Formen sind für alle Personen gleich.

He had saved enough money to buy the bike.	*Er hatte genug Geld gespart, um das Motorrad zu kaufen.*
Anne and Jim had saved enough money.	*Anne und Jim hatten genug Geld gespart.*

Man verwendet das Past Perfect, wenn man betonen möchte, dass ein Ereignis weiter in der Vergangenheit zurückliegt als ein anderes. Das weiter zurückliegende Geschehen steht im Past Perfect, das andere im Simple Past.

When I had saved enough money, I bought the game.	*Als ich genug Geld gespart hatte, kaufte ich das Spiel.*

Oft steht das Past Perfect nach Wörtern wie **after, before, because:**

He called her after he had finished his homework.	*Er rief sie an, nachdem er mit seinen Hausaufgaben fertig war.*
I couldn't finish my homework, because I hadn't started early enough.	*Ich konnte meine Hausaufgaben nicht fertig machen, weil ich nicht früh genug begonnen hatte.*

6. Wie man über die Zukunft spricht

Will-Future und going to-Future

In der Regel bildet man das Future Tense mit dem Hilfsverb **will**. Allerdings wird diese Zeitform nicht so häufig angewandt. Die Zukunft mit **will** verwendet man hauptsächlich für Ereignisse, die nicht geplant werden, sondern einfach so passieren oder passieren könnten:

It will rain soon. **If you aren't careful, you'll fall.**	*Es wird bald regnen.* *Wenn du nicht aufpasst, fällst du hin.*

Außerdem verwendet man diese Zukunftsform für Vorschläge und Ideen bei der Planung:

I'll bring music for the party. **Marty will drive Al home after the game.**	*Ich kann die Musik für das Fest mitbringen.* *Marty fährt Al nach dem Spiel heim.*

! Wenn etwas aber schon geplant ist, so ist das Future Tense, besonders in gesprochener Sprache, nicht üblich. **Be going to** ist die allgemeine Zukunftsform der gesprochenen Sprache. Man kann sie für geplante wie ungeplante Ereignisse (aber nicht für Vorschläge) verwenden:

I'm going to fly to Spain in summer. **It's going to rain soon.**	*Ich werde im Sommer nach Spanien fliegen.* *Es wird bald regnen.*

Present Progressive

Für fest geplante Ereignisse kann man auch das Present Progressive benutzen:

Mabel is flying to Hawaii tomorrow.	*Mabel fliegt morgen nach Hawaii.*
We are moving next year.	*Wie ziehen nächstes Jahr um.*

Future Progressive

Das Future Progressive ist eine Kombination aus **will** und Progressive (**be + ing**-Form). Diese Form verwendet man, wenn das Ereignis sowieso passieren wird, also nicht extra geplant werden muss:

I can ask Randy. I'll be seeing him tonight.	*Ich kann Randy fragen. Ich sehe ihn heute abend sowieso.*

Simple Present

Man kann auch das Simple Present für Ereignisse in der Zukunft verwenden, wenn es um einen fest geplanten Zeitpunkt oder z. B. Fahrpläne geht:

My cousin arrives on Monday.	*Meine Kusine kommt am Montag an.*
Dr Curtis and her husband travel to Moscow on the 27th.	*Dr. Curtis und ihr Mann reisen am 27. nach Moskau.*
The train leaves tomorrow at 8:00.	*Der Zug fährt morgen um 8:00.*

7. Zukunft in der Vergangenheit

Manchmal ist es notwendig, aus der Perspektive der Vergangenheit von etwas zu berichten, das damals noch in der Zukunft lag.

Yesterday morning Sue was going to be late.	*Gestern früh war Sue drauf und dran, zu spät zu kommen.*

Hierzu kann man natürlich die oben erwähnten Zukunfsformen in entsprechende Vergangenheitsformen umwandeln. Allerdings geht dies nicht immer. Man kann z. B. **would** als Vergangenheit von **will** normalerweise nur in der indirekten Rede benutzen:

Harold said that Sue would be late.	*Harold sagte, dass Sue später kommen würde.*

Ansonsten hat **will** überhaupt keine Vergangenheitsform. Deshalb muss man auf einen Ersatz, eine Umschreibung zurückgreifen, nämlich **going to**:

Last week they were going to drive me crazy.	*Letzte Woche waren sie auf dem Weg, mich in den Wahnsinn zu treiben.*

Wenn man das Simple Present in das Simple Past verwandelt, hat der Satz nur eine normale Vergangenheitsbedeutung:

My cousin arrived on Monday.	*Meine Kusine kam am Montag an.*

Hier ist es also besser, entweder **going to** oder das Past Progressive zu verwenden:

My cousin was going to arrive on Monday.	*Meine Kusine wollte/sollte am Montag ankommen.*
My cousin was arriving on Monday.	*Meine Kusine wollte/sollte am Montag ankommen.*

8. Passiv

Bildung

Im Englischen bildet man das **Passiv** (die Leideform) mit einer konjugierten Form des Hilfsverbs **be** und dem **Past Participle** eines Vollverbs.

▶ Die einzelnen Zeitformen des Passivs findest du im Überblick auf Seite 22.

Gebrauch

Das Passiv findet man vor allem in Sach- und Fachtexten. Man beschreibt mit dem Passiv, was mit einer Person oder Sache gemacht wird. Deswegen kann das Passiv nur mit **transitiven Verben** (also solchen Verben auf die ein Objekt folgt) gebildet werden.

Beim Aktiv steht die *handelnde* Person im Mittelpunkt, beim Passiv der *Vorgang* selbst. Da die Person nicht so wichtig ist, muss sie auch nicht genannt werden. Soll eine handelnde Person genannt werden, steht sie in Verbindung mit der Präposition **by**:

AKTIV	**The gardener waters the flowers every week.**	*Der Gärtner gießt die Blumen jede Woche.*
PASSIV	**The flowers are watered by the gardener.**	*Die Blumen werden vom Gärtner gegossen.*

Beachte, dass Passivformen unterschiedlich ins Deutsche übersetzt werden können, je nachdem, ob ein *Zustand* oder ein *Vorgang* beschrieben wird:

The door is locked.	*Die Tür ist geschlossen. (Zustand)*
	Die Tür wird geschlossen. (Vorgang)

Zeitformen des Passivs

	SIMPLE	PROGRESSIVE	FUTURE
	Present Simple	**Present Progressive**	**Future I**
I	am taught	am being taught	will be taught
you	are taught	are being taught	will be taught
he/she/it	is taught	is being taught	will be taught
we	are taught	are being taught	will be taught
you	are taught	are being taught	will be taught
they	are taught	are being taught	will be taught
	Past Simple	**Past Progressive**	**Future I Progressive***
I	was taught	was being taught	will be being taught
you	were taught	were being taught	will be being taught
he/she/it	was taught	was being taught	will be being taught
we	were taught	were being taught	will be being taught
you	were taught	were being taught	will be being taught
they	were taught	were being taught	will be being taught
	Present Perfect	**Present Perfect Progr.***	**Future**
I	have been taught	have been being taught	will have been taught
you	have been taught	have been being taught	will have been taught
he/she/it	has been taught	has been being taught	will have been taught
we	have been taught	have been being taught	will have been taught
you	have been taught	have been being taught	will have been taught
they	have been taught	have been being taught	will have been taught
	Past Perfect	**Past Perfect Progr.***	**Future II Progressive***
I	had been taught	had been being taught	will have been being taught
you	had been taught	had been being taught	will have been being taught
he/she/it	had been taught	had been being taught	will have been being taught
we	had been taught	had been being taught	will have been being taught
you	had been taught	had been being taught	will have been being taught
they	had been taught	had been being taught	will have been being taught

* Im Passiv werden eigentlich nur zwei Progressive Formen verwendet: Present Progressive und Past Progressive. Andere Progressive Formen werden so gut wie nie in den Passiv gesetzt.

		CONDITIONAL	
Imperative		**Conditional II**	**Conditional Past**
be + Past Participle (selten)	**I**	would be taught	would have been taught
	you	would be taught	would have been taught
Gerund	**he/she/it**	would be taught	would have been taught
being taught	**we**	would be taught	would have been taught
	you	would be taught	would have been taught
	they	would be taught	would have been taught

Auxiliaries – Hilfsverben

Hilfsverben stehen im Englischen zwischen dem Subjekt und dem Vollverb:

The dog has eaten my homework.	*Der Hund hat meine Hausaufgaben gefressen.*
They are looking for Easter eggs.	*Sie suchen gerade Ostereier.*

Innerhalb der Gruppe der Hilfsverben unterscheidet man eine Untergruppe, die sogenannten Modalverben. Im Gegensatz zu den anderen Hilfsverben (**be** und **have**), können die Modalverben nicht als Vollverb verwendet werden, sondern stehen immer bei einem Vollverb.
(▶ **Modal Verbs** - Modalverben)

Unentbehrliche Hilfsverben

Bestimmte grammatische Strukturen können ohne Hilfsverb nicht gebildet werden (z.B. Frage und Verneinung). Wenn kein Hilfsverb vorhanden ist (nämlich bei einfacher Gegenwart oder Vergangenheit), muss man das Spezialhilfsverb **do** verwenden. Dieses merkwürdige Hilfsverb hat keine eigene Bedeutung! Es erfüllt nur diese grammatische Funktion.

I didn't eat anything.	*Ich habe nichts gegessen.*

Yes-No Questions – Ja-Nein-Fragen

Fragen, auf die man mit ja oder nein antwortet, werden mit einem Hilfsverb (z.B. **be, have, do**) eingeleitet. Wenn das Hilfsverb im entsprechenden Aussagesatz schon vorhanden ist, setzt man es einfach an den Satzanfang. Wenn aber der Aussagesatz nur ein Vollverb enthält, muss das Spezialhilfsverb **do** einspringen:

Have you seen the new film?	*Hast du den neuen Film gesehen?*
Do you want to go home?	*Willst Du nach Hause gehen?*
Does he like chocolate?	*Mag er Schokolade?*

Die entsprechenden Aussagesätze sind:

You have seen the new film.	*Du hast den neuen Film gesehen.*
You want to go home.	*Du willst nach Hause gehen.*
He likes chocolate.	*Er mag Schokolade.*

Der erste Aussagesatz enthält das Hilfsverb **have**, das dann an erster Stelle in der Frage steht. Der zweite und der dritte Aussagesatz enthalten kein Hilfsverb. Da man die Ja-Nein-Frage mit einem Hilfsverb beginnen muss, setzt man die passende Form von **do** an den Satzbeginn. Bei zwei oder mehr Hilfsverben in der Aussage wird nur das erste vorangezogen.

AUSSAGE:	**The letters have been sent.**	*Die Briefe sind abgeschickt worden.*
FRAGE:	**Have the letters been sent?**	*Sind die Briefe abgeschickt worden?*

Eine kleine Besonderheit findet sich bei Ja-Nein Fragen mit **have** bzw. **have got** (*haben, besitzen*). Im britischen Englisch werden entsprechende Aussagesätze häufig mit **have got** gebildet. Dann ist das erste Hilfsverb für die Frage **have.** Im amerikanischen Englisch werden die entsprechenden Aussagesätze eher mit dem einfachen **have** gebildet. Dies gilt dann natürlich als Vollverb und braucht zur Fragebildung noch das Hilfsverb **do:**

AUSSAGE:	**She has got a red car.** (UK) **She has a red car.** (US)	*Sie hat ein rotes Auto.* *Sie hat ein rotes Auto.*
FRAGE:	**Has she got a red car?** (UK) **Does she have a red car?** (US)	*Hat sie ein rotes Auto?* *Hat sie ein rotes Auto?*

(▶ **Kurzantworten**)

Negation – **Verneinung**

Die normale Satzverneinung mit **not** verlangt ein Hilfsverb. Dabei steht **not** zwischen dem Hilfsverb und dem Vollverb:

The guests had not arrived yet.	*Die Gäste waren noch nicht angekommen.*
We did not like the music.	*Wir mochten die Musik nicht.*

Ohne **do** (in diesem Fall die Vergangenheitsform **did**) hätte der zweite Satz kein Hilfsverb. Der entsprechende nicht verneinte Satz lautet nämlich:

We liked the music.	*Wir mochten die Musik.*

Diesen Satz kann man nicht verneinen, indem man nur **not** in den Satz einschiebt! Man benötigt hier also unbedingt das Hilfsverb **do** (bzw. **did**)!

In der gesprochenen Sprache verwendet man das volle Wort **not** nur zur ausdrücklichen, betonten Verneinung und sonst eher selten. Stattdessen benutzt man oft die Kurzform **-n't**, die an das Hilfsverb angehängt wird:

The guests hadn't arrived yet.	*Die Gäste waren noch nicht angekommen.*
We didn't like the music.	*Wir mochten die Musik nicht.*

Wenn man nun eine **Yes-No Question** mit einem verneinten Satz bilden will, muss man das Hilfsverb voranziehen. Dabei geht **-n't** mit an den Satzanfang.

Didn't you like the music?	*Habt ihr die Musik denn nicht gemocht?*

Kurzantworten

Wenn man eine Frage gestellt bekommt, ist es meist nicht notwendig, mit einem vollständigen Satz zu antworten. Bei einer **Ja-Nein-Frage** kann man natürlich einfach nur **yes** oder **no** sagen. Dies wird aber oft als abgehackt und unhöflich empfunden. Daher fügt man einen abgekürzten Satz hinzu.

Bei der Antwort **yes** besteht der abgekürzte Satz nur aus Subjekt und Hilfsverb:

Did you watch the film on Monday? **Yes, I did.**	*Hast du am Montag den Film gesehen?* *Ja, habe ich.*
Can you pass me the salt? **Yes, I can.**	*Kannst Du mir das Salz geben?* *Ja, kann ich.*

Bei der Antwort **no** besteht der abgekürzte Satz aus Subjekt und Hilfsverb mit angehängter Verneinung (**-n't**):

Did you see the film on Monday? **No, I didn't.**	*Hast du am Montag den Film gesehen?* *Nein, habe ich nicht.*
Can you pass me the salt? **No, I can't.**	*Kannst Du mir das Salz geben?* *Nein, kann ich nicht.*

! Sehr wichtig bei Kurzantworten ist, dass das Hilfsverb immer dasselbe ist wie in der vorangegangenen Frage.

Es gibt auch noch spezielle Kurzantworten auf Subjektfragen, d. h. Fragen, bei denen das Fragewort das Subjekt ist. Hier besteht die Kurzantwort aus dem Subjekt und dem entsprechenden Hilfsverb.

Who's [= has] been to Paris? **Terry and Larry have.**	*Wer war schon mal in Paris?* *Terry und Larry waren schon mal dort.*
Who bought the present for Susan? **Harry did.**	*Wer hat das Geschenk für Susan gekauft?* *Harry hat das gemacht.*

Question Tags – Frageanhängsel

Häufig begegnet man im Englischen Aussagesätzen, die von so genannten **Question Tags** gefolgt werden. Das **tag** (Anhängsel) hat dabei immer die Form einer kurzen Frage bestehend aus dem Hilfsverb und dem Subjekt.

Laura hasn't taken my sweater, has she?	*Laura hat meinen Pullover nicht mitgenommen, oder?*

Das Subjekt der angehängten Frage ist immer das Pronomen, das dem Subjekt der vorangegangenen Aussage entspricht:

The children have returned, haven't they?	*Die Kinder sind zurück, oder?*

Wenn das Verb in der Aussage kein Hilfsverb, sondern ein Vollverb ist, verwendet man im Frageanhängsel das Spezialhilfsverb **do**.

You know my friend Sebastian, don't you?	*Du kennst meinen Freund Sebastian schon, nicht wahr?*

Wichtig ist, dass nach einer bejahten Aussage das verneinte Frageanhängsel steht, und nach einer verneinten Aussage ein bejahtes Frageanhängsel folgt.

Billie had left, hadn't she?	*Billie war schon gegangen, nicht wahr?*
Billie hadn't left, had she?	*Billie war noch nicht gegangen, nicht wahr?*

Mit den **Question Tags** bittet man zum Beispiel sein Gegenüber um Bestätigung, oder man erwartet sich dadurch eine Zustimmung des Gegenübers zur eigenen Aussage.

Modal Verbs – Modalverben

Formen

In Verbindung mit einem Vollverb im Infinitiv gibt es eine Reihe von Modalverben, die sich ähnlich wie Hilfsverben verhalten. Die wichtigsten Modalverben im Englischen sind **can**, **could**, **will**, **would**, **shall**, **should**, **may**, **might** und **must**. Es wird oft gesagt, dass sich die meisten dieser Modalverben in Gegenwarts-Vergangenheits-Paare einordnen lassen:

GEGENWARTSFORM	VERGANGENHEITSFORM	ÜBERSETZUNG
can	**could**	*können*
will	**would**	*werden, wollen*
shall	**should**	*werden, sollen*
may	**might**	*dürfen, können*

Diese Behauptung stimmt bezüglich der indirekten Rede. Ansonsten ist diese Aussage jedoch nicht richtig. Nur **could** wird tatsächlich manchmal als Vergangenheitsform von **can** verwendet:

GEGENWART:	VERGANGENHEIT:
You can open the door. *Du kannst die Tür aufmachen.*	**You could open the door, after all.** *Du konntest die Tür ja doch aufmachen.*

Es ist viel einfacher, die Bedeutungen der einzelnen Formen auswendig zu lernen. Hier eine Reihe von möglichen Übersetzungen:

can	*kann*	**could**	*konnte, könnte*
will	*wird*	**would**	*würde*
shall	*wird, soll*	**should**	*sollte, soll, dürfte*
may	*darf, kann*	**might**	*könnte*
must	*muss*		

Das englische **will** ist im modernen Sprachgebrauch nicht gleich dem deutschen *will* (*wollen*). Das deutsche Verb *wollen* wird mit dem Vollverb **want** übersetzt.

They will have dinner soon.	*Sie werden bald zu Abend essen.*
They want to have dinner soon.	*Sie wollen bald zu Abend essen.*

Parallel dazu heißt **would** *würde* (und nicht *wollte*).

Ms. Fielding would do it.	*Frau Fielding würde es tun.*
Ms. Fielding wanted to do it.	*Frau Fielding wollte es tun.*

Man verwendet **would** auch um über Gewohnheiten in der Vergangenheit zu sprechen:

He would go in and order five hamburgers.	*Er ging einfach hinein und bestellte fünf Hamburger.*

Gerade in der gesprochenen Sprache wird **will** oft zu **'ll** bzw. **would** zu **'d** verkürzt und an das Subjekt angehängt:

I'll bring my special tuna and ketchup salad.	*Ich bringe meinen Tunfisch-und-Ketchup-Spezialsalat mit.*
They'd buy a yacht if they had the money.	*Sie würden sich eine Jacht kaufen, wenn sie das Geld hätten.*

Fehlende Formen und Alternativen

Bei den Modalverben gibt es ein besonderes Problem: Sie besitzen nicht alle nötigen Formen. Ein Modalverb kann immer nur das erste Verb im Satz (Haupt- oder Nebensatz) sein, und es kann nicht hinter **to** stehen:

We can bake the cookies.	*Wir können die Kekse backen.*

Aus diesem Grund ist der Gebrauch von Modalverben natürlich ziemlich eingeschränkt. Trotzdem kommt es vor, dass man die Bedeutung eines Modalverbs an einer problematischen Stelle ausdrücken möchte (z.B. bei zusammengesetzten Zeiten oder nach einem Verb mit **to**). Dafür gibt es verschiedene Alternativen, mit denen man Modalverben ersetzen kann:

MODALVERB	ALTERNATIVE	ÜBERSETZUNG
can, could	**be able to**	*können*
will, shall	**be going to**	*werden*
may	**be allowed to**	*dürfen*
must	**have to**	*müssen*
should	**be supposed to**	*sollen*

We were able to bake the cookies.	*Wir konnten die Kekse backen.*
They hoped to be able to bake the cookies.	*Sie hofften, die Kekse backen zu können.*

Verneinte Formen

Formen mit der verkürzten Version von **not** gibt es auch bei den Modalverben. Im Allgemeinen hängt man **n't** wie bei **have** und **do** an das Ende des Modalverbs an. Aber in ein paar Fällen muss man eine besondere Form verwenden:

can	+	**n't**	=	**can't**
will	+	**n't**	=	**won't**
shall	+	**n't**	=	**shan't**

! Man beachte, dass **won't** manchmal die Bedeutung *will nicht* (im Sinne einer Verweigerung) haben kann:

Mary won't do her homework.	*Mary will ihre Hausaufgaben nicht machen.*
The car won't start.	*Das Auto will nicht anspringen.*

Parallel dazu bedeutet **wouldn't** manchmal *wollte nicht*:

Mary wouldn't do her homework.	*Mary wollte ihre Hausaufgaben nicht machen.*
The car wouldn't start.	*Das Auto wollte nicht anspringen.*

Gebrauch im Satz

Modalverben unterscheiden sich von anderen Verben darin, dass ihre Form sich bei einem **he/she/it**-Subjekt nicht verändert. Man hängt also kein **-s** in der dritten Person Singular am Ende des Verbs an:

I can go.	*Ich kann hingehen.*
She can go.	*Sie kann hingehen.*

Modalverben kommen an denselben Stellen im Satz vor wie andere Hilfsverben. Das Modalverb verlangt, dass das folgende Verb im Infinitiv steht:

James can meet you at the airport.	*James kann dich vom Flughafen abholen.*
James can't meet you at the airport.	*James kann dich nicht vom Flughafen abholen.*
Should Cathy take her car?	*Soll Cathy mit ihrem Auto kommen?*
No, she shouldn't.	*Nein, das soll sie nicht.*
They'll just do it again, won't they?	*Sie werden es einfach wieder tun, oder?*

! Das modalverbähnliche **ought (to)** bedeutet ungefähr das gleiche wie **should**. Im Gegensatz zu den Modalverben folgt aber immer ein Infinitiv mit **to**:
You ought to bathe sometimes. *Du solltest dich ab und zu baden.*

Sonderfunktionen der Modalverben

Oft setzt man Modalverben ein, um klarzustellen, dass es sich bei einer Äußerung um eine Vermutung handelt. Die Wahl des Modalverbs zeigt dabei die Wahrscheinlichkeit der Aussage an.

May und **might** können beide eine Möglichkeit ausdrücken. Dabei ist **may** ein bisschen sicherer oder wahrscheinlicher als **might**.

Ms. Young may know.	*Frau Young weiß es vielleicht.*
Ms. Young might know.	*Frau Young weiß es vielleicht.*

In **should** steckt die Annahme, dass ein Zustand existieren müsste oder sollte:

Ms. Young should know.	*Frau Young sollte es wissen.*
Walter should be feeding the cat now.	*Walter müsste jetzt die Katze füttern.*

Must ist stärker als **should** und drückt entweder eine starke Verpflichtung aus, oder die Annahme, dass etwas der Fall sein muss (z. B. aufgrund von sichtbaren Beweisen):

Ms. Young must know.	*Frau Young muss es erfahren!*
The thief must have forgotten the money. Some of it is still lying on the floor.	*Der Dieb muss das Geld vergessen haben. Da liegt immer noch etwas davon auf dem Fußboden.*

Bei Verbketten, die aus einem Modalverb gefolgt von einer Perfektform bestehen, gibt es zwei Bedeutungsklassen. Die Bedeutung hängt dabei immer vom Modalverb ab.

VERMUTUNG	
The pupils will have seen the film.	*Die Schüler werden den Film gesehen haben.*
The pupils may have seen the film.	*Die Schüler könnten den Film gesehen haben.*
The pupils might have seen the film	*Die Schüler können den Film gesehen haben.*
The pupils must have seen the film.	*Die Schüler müssen den Film gesehen haben.*
The pupils can't have seen the film.	*Die Schüler können den Film nicht gesehen haben.*

UNWIRKLICHES IN DER VERGANGENHEIT	
The pupils would have seen the film.	*Die Schüler hätten den Film gesehen.*
The pupils could have seen the film.	*Die Schüler hätten den Film sehen können.*
The pupils should have seen the film.	*Die Schüler hätten den Film sehen sollen.*
The pupils might have seen the film.	*Die Schüler hätten den Film doch sehen können.*

Dabei sieht man, dass nur **might** in beide Klassen fällt.

Höflichkeitsformen

Would und **could** gelten in bittenden Fragen als besonders höflich:

Would you please close the door?	*Würden Sie bitte die Türe schließen?*
Could you bring me one too?	*Könntest du mir auch eins bringen?*

Besondere Verben

Be

› Formen

SIMPLE PRESENT		SIMPLE PAST	
I am	*ich bin*	**I** was	*ich war*
you are	*du bist*	**you** were	*du warst*
he/she/it is	*er/sie/es ist*	**he/she/it** was	*er/sie/es war*
we are	*wir sind*	**we** were	*wir waren*
you are	*ihr seid*	**you** were	*ihr wart*
they are	*sie sind*	**they** were	*sie waren*

In der gesprochenen Sprache verwendet man auch oft die folgenden Kurzformen:

I am	→	**I'm**
she is	→	**she's**
you are	→	**you're**
they are	→	**they're**

I'm here – under the table!	*Ich bin hier – unter dem Tisch!*
She's nice.	*Sie ist nett.*
You're not alone.	*Du bist nicht allein.*

› Anwendung

Be kann auch als Vollverb eingesetzt werden. Dann verbindet es das Subjekt mit einem anderen Satzteil:

John is in the kitchen.	*John ist in der Küche.*
Such problems are normal.	*Solche Probleme sind normal.*
Susan is an excellent ice hockey player.	*Susan ist eine ausgezeichnete Eishockeyspielerin.*

Im Normalfall muss ein Vollverb in gewissen Situationen wie z. B. Verneinung oder **Yes-No-Questions** von einem Hilfsverb begleitet werden (▶ Hilfsverben). Bei **be** ist es anders – auch als Vollverb verhält sich **be** wie ein Hilfsverb: **Be** steht vor **not**, leitet Fragen ein und taucht in Kurzantworten und Frageanhängseln auf:

VERNEINUNG:	
John isn't in the kitchen.	*John ist nicht in der Küche.*
JA-NEIN-FRAGE:	
Is John in the kitchen?	*Ist John in der Küche?*

KURZANTWORTEN:	
Yes, he is.	*Ja, ist er.*
No, he isn't.	*Nein, ist er nicht.*
FRAGEANHÄNGSEL:	
John is in the kitchen, isn't he?	*John ist in der Küche, oder?*
John isn't in the kitchen, is he?	*John ist nicht in der Küche, oder?*

Be wird als Hilfsverb im Passiv und in den Progressive-Formen benutzt:

Food is prepared here.	*Hier wird Essen zubereitet.*
Frank was reading.	*Frank las gerade.*

Man verwendet **be** nicht im Present Perfect. Das Present Perfect wird Englischen immer mit einer Form von **have** gebildet.

We've [=have] **met before.** *Wir sind uns schon begegnet.*

There is/There are

There is (Singular) und **there are** (Plural) drücken meist Existenz, Anwesenheit oder Erscheinen aus:

There is a squirrel in the garden.	*Ein Eichhörnchen ist im Garten.*
There are squirrels in the garden.	*Ein paar Eichhörnchen sind im Garten.*
There are twelve months in a year.	*Das Jahr hat zwölf Monate.*

Die Konstruktionen **there is** und **there are** werden in Verbindung mit unbestimmten Dingen benutzt. Das bedeutet, dass man in der Regel keine bestimmten Artikel, Demonstrativpronomen oder Eigennamen nach **there is** und **there are** verwendet. Man sagt also:

There was a stranger at the party. *Da war ein Fremder auf dem Fest.*

Die folgenden Sätze sind dagegen nicht möglich:

* **There is the butter on the table.**
* **There are these shoes in the wardrobe.**
* **There was Maggie at the party.**

Auch bei Aufzählungen benutzt man oft **there is** oder **there are:**

FRAGE:	**What chores do you still have to do?**	*Was musst du noch an Hausarbeit machen?*

ANTWORT:	**Well, there's the washing and the ironing. Then there are the dishes.**	*Also, da wäre das Waschen und Bügeln. Dann muss ich auch noch abspülen.*

Have und *have got*

› Formen

I have	*ich habe*	**we have**	*wir haben*
you have	*du hast*	**you have**	*ihr habt*
he, she, it has	*er, sie, es hat*	**they have**	*sie haben*

› Anwendung

Have kann wie das Verb **be** ebenfalls als Vollverb gebraucht werden. Oft bedeutet **have** *haben* im Sinne von *besitzen, bei sich haben,* usw.:

The Smiths have a yellow car.	*Die Smiths haben ein gelbes Auto.*

Eine Alternative zu diesem **have** ist **have got**:

The Smiths have got a yellow car.	*Die Smiths haben ein gelbes Auto.*

Im Amerikanischen gilt **have got** als umgangssprachlich und wird in formellen Situationen nicht verwendet.

› *Have* mit und ohne Hilfsverb

Beim Gebrauch von **have** sind vor allem diejenigen Situationen tückisch, in denen ein Hilfsverb benötigt wird, so zum Beispiel bei der Verneinung und bei der Bildung von Fragen. Selbst englische Muttersprachler sind sich nicht einig, ob man nun bei der Verneinung oder bei Fragen in Verbindung mit **have** ein Hilfsverb einsetzt oder nicht!
Hier eine Reihe von Lösungsmöglichkeiten zu diesem Problem:

Strategie 1: **Have** wird wie ein Hilfsverb gebraucht:

They haven't a bicycle.	*Sie haben kein Fahrrad.*
Have you a car?	*Hast du ein Auto?*

Obwohl diese Strategie wohl am einfachsten ist, bringt sie gewisse Probleme mit sich: Erstens wird sie im Amerikanischen nur noch in ein paar alten Ausdrücken überhaupt verwendet und kommt den Leuten oft fremd vor. Zweitens kommt sie in Großbritannien auch aus der Mode; dort wird sie hauptsächlich von älteren Leuten benutzt.

Strategie 2: **Have** wird wie ein Vollverb gebraucht:
Dies ist die gängige Strategie im Amerikanischen. Sie hat zur Folge, dass man **do** einsetzt, wenn ein Hilfsverb gebraucht wird:

They don't have a bicycle.	*Sie haben kein Fahrrad.*
Do you have a car?	*Hast du ein Auto?*

Strategie 3: **Have** wird durch **have got** ersetzt:

They haven't got a bicycle.	*Sie haben kein Fahrrad.*
Have you got a car?	*Hast du ein Auto?*

Diese Strategie stellt die moderne Lösung in Großbritannien dar. Sie hat den Vorteil, dass man sie in der Umgangssprache überall anwenden kann. Im Amerikanischen gehört sie zum lockeren Sprachgebrauch; in der Standardsprache verwendet man dagegen Strategie 2.

› Weitere Bedeutungen von *have*

Have wird auch in anderen Zusammenhängen und festen Wendungen benutzt, die man am besten auswendig lernt:

We have breakfast at 8:00.	*Wir frühstücken um 8.00.*
I had a cup of coffee.	*Ich habe eine Tasse Kaffee getrunken.*
Lisa is having a baby.	*Lisa bekommt ein Kind.*

Bei diesen Beispielen muss man Strategie 2 anwenden:

Did they have breakfast with you?	*Haben sie mit euch gefrühstückt?*
I didn't have a cup of coffee.	*Ich habe keine Tasse Kaffee getrunken.*

Do

› Formen

Simple present

I do	*ich mache*
you do	*du machst*
he/she/it does	*er/sie/es macht*
we do	*wir machen*
you do	*ihr macht*
they do	*sie machen*

› Anwendung

Do ist nicht nur das Spezialhilfsverb, das bei den Vollverben aushilft, sondern wird auch selbst als Vollverb eingesetzt:

The children did their homework.	*Die Kinder machten ihre Hausaufgaben.*
What are you doing?	*Was machst du?*

Bei Fragen und Verneinungen, in denen **do** als Vollverb auftritt, muss man zusätzlich noch das Hilfsverb **do** einsetzen. Deshalb kann das Verb **do** in solchen Sätzen also zweimal vorkommen:

The children didn't do their homework.	*Die Kinder haben ihre Hausaufgaben nicht gemacht.*
What did you do?	*Was hast du gemacht?*

Get

Get ist ein meist umgangssprachliches Verb mit der Grundbedeutung *bekommen*:

I got a watch for my birthday.	*Ich habe eine Uhr zum Geburtstag bekommen.*
We finally got the door open.	*Endlich haben wir die Tür aufbekommen.*

Get kann aber auch *werden* bedeuten:

We were getting tired.	*Wir wurden allmählich müde.*
Tony got hit by a car.	*Tony wurde von einem Auto angefahren.*

Be used to und *get used to*

Der Ausdruck **be used to** bedeutet *etwas gewöhnt sein*. Dabei hebt das Verb **be** den Zustand des Gewöhntseins hervor:

Ms. Thompson is used to teaching large classes. She is used to the noise.	*Frau Thompson ist es gewöhnt, große Klassen zu unterrichten. Sie ist den Lärm gewöhnt.*

Get used to hingegen bedeutet *sich an (etwas) gewöhnen:*

She got used to the noise quickly.	*Sie gewöhnte sich schnell an den Lärm.*
I can't get used to English pronunciation.	*Ich kann mich an die englische Aussprache nicht gewöhnen.*

The Gerund - das Gerundium

Das **Gerund** ist eine Verbform mit der Endung **-ing**. Man hängt die Endung einfach an den Infinitiv. Das Gerundium kann in verschiedenen Zusammenhängen auftreten.
Das Gerundium kann ähnlich wie ein Substantiv als Subjekt verwendet werden und durch ein Pronomen (z.B. **it**) ersetzt werden.

Dancing is great.	*Tanzen macht Spaß.*
Playing fooball is great.	*Fußball spielen macht Spaß.*
Going to the cinema is great.	*Ins Kino gehen macht Spaß.*

Das Gerundium kann nach Verben der Vorliebe **(enjoy, love, like)** oder der Abneigung **(not like, hat, can't stand)** auch Objekt sein.

Sue loves dancing.	*Sue liebt tanzen.*
Pete hates dancing.	*Peter hasst tanzen.*

Es gibt Adjektive, die immer mit einer bestimmten Präpositionen stehen **(interested in, good at, tired of)**. Nach solchen Wortpaaren folgt immer das Gerundium oder ein Substantiv.

I'm good at swimming.	*Ich kann gut schwimmen.*

! Verwechsele nicht Gerundium und Present Progressive! Beim Gerundium benötigt man das Hilfsverb **be** nicht!

Present Progressive:	**He is watching TV.**	*Er sieht gerade fern.*
Gerund:	**He likes watching TV.**	*Er sieht gerne fern.*

2 Prepositions – Präpositionen

Zeitangaben

Für Uhrzeiten und Ausdrücke, die eine feste Zeit angeben (z.B. **noon** – *Mittag*, **midnight** – *Mitternacht*), verwendet man im Englischen die Präposition **at:**

I'll be home at seven.	*Ich bin um sieben Uhr wieder zu Hause.*
We had lunch at noon.	*Wir aßen um zwölf zu Mittag.*

Morning, **afternoon** und **evening** verlangen die Präposition **in** und den bestimmten Artikel **the:**

The children always play in the afternoon.	*Nachmittags spielen die Kinder immer.*
In the evening we went out.	*Am Abend gingen wir aus.*

Night verlangt meist die Präposition **at** und tritt dann ohne Artikel auf:

Owls hunt at night.	*Eulen gehen nachts auf die Jagd.*
My friend Steve, a securitiy officer, works at night.	*Mein Freund Steve, ein Sicherheitsbeamter, arbeitet nachts.*

Vorsicht, denn der *Abend* wird auch sehr häufig als **night** bezeichnet:

What did you do last night?	*Was habt ihr gestern Abend gemacht?*
When I get home at night, I make dinner.	*Wenn ich abends nach Hause komme, mache ich das Abendessen.*

Wochentage werden häufig mit **on** angegeben:

I have an appointment on Wednesday.	*Ich habe am Mittwoch einen Termin.*
Most museums are closed on Mondays.	*Die meisten Museen sind montags geschlossen.*

In der gesprochenen Sprache wird **on** jedoch oft einfach weggelassen:

I have an appointment Wednesday.	*Ich habe am Mittwoch einen Termin.*
Most museums are closed Mondays.	*Die meisten Museen haben montags zu.*

In Großbritannien sagt man **at the weekend**, in Nordamerika stattdessen **on the weekend.**

Bei einzelnen Feiertagen benutzt man normalerweise die Präposition **on**:

We get half the day off on Christmas Eve.	*Heiligabend bekommen wir den halben Tag frei.*
Many people go to church at sunrise on Easter Sunday.	*Am Ostersonntag gehen viele Leute bei Sonnenaufgang in die Kirche.*

At oder **over** weisen nicht nur auf den Feiertag hin, sondern auch auf die Zeit um den Feiertag herum:

I saw my aunt and uncle at Christmas.	*Ich habe meine Tante und meinen Onkel an Weihnachten gesehen.*
I'm flying home over Easter.	*Ich fliege über Ostern nach Hause.*

Monate und Jahreszeiten werden mit **in** angegeben:

It happened in July.	*Es ist im Juli passiert.*
The neighbors barbecued every day in August.	*Im August grillten die Nachbarn jeden Tag.*
In winter we need to heat the house.	*Im Winter müssen wir das Haus heizen.*

Man braucht **in** auch immer bei Jahreszahlen:

In 1492 Columbus discovered America.	*1492 entdeckte Columbus Amerika.*
Our gym burnt down in 1996.	*Unsere Sporthalle ist 1996 abgebrannt.*

Während – *during, throughout, all ..., for, ... ago*

In der Regel wird *während* mit **during** übersetzt:

I fell asleep during the history lesson.	*Ich bin während der Geschichtsstunde eingeschlafen.*
She arrived during the winter.	*Sie kam im Laufe des Winters an.*

Als Übersetzung für *während des/der ganzen* ... nimmt man meist **throughout**:

The postal service is very busy throughout the Christmas season.	*Die Post hat während der ganzen Weihnachtszeit sehr viel zu tun.*

Setzt man vor die Substantive **day, night, month** oder **year** das Wörtchen **all**, so erhält man – ganz ohne Präposition – eine ähnliche Bedeutung:

The cats sang outside my window all night.	*Die Katzen haben die ganze Nacht vor meinem Fenster miaut.*
Evergreens stay green all year.	*Immergrüne Pflanzen bleiben das ganze Jahr über grün.*

For gibt an, wie lange ein Ereignis dauert:

Nigel and Joo didn't talk to each other for a year**.**	*Nigel und Joo sprachen ein Jahr lang nicht miteinander.*
Margarete cried for twenty minutes**.**	*Margarete weinte zwanzig Minuten lang.*

Das deutsche Wort *vor* hat zwei verschiedene Übersetzungen. Wenn sich *vor* auf einen Zeitpunkt bezieht, übersetzt man es mit **before**:

Before the flood **we lived in the valley.**	*Vor der Überflutung lebten wir im Tal.*
We had to get up before daybreak**.**	*Wir mussten vor Tagesanbruch aufstehen.*

Steht *vor* stattdessen in Verbindung mit einer Zeitspanne, so benutzt man im Englischen keine Präposition, sondern man setzt hinter dem betreffenden Zeitraum das Wörtchen **ago** ein:

We met six years ago**.**	*Wir haben uns vor sechs Jahren kennen gelernt.*
Three days ago **our car broke down.**	*Vor drei Tagen ist unser Auto kaputt gegangen.*

Ortsangaben

Die wichtigsten Präpositionen in Verbindung mit Ortsangaben sind **in** und **on**:

We stayed in New York**.**	*Wir wohnten in New York.*
There's a frog on my desk**.**	*Auf meinem Schreibtisch ist ein Frosch.*

Man muss **on** (auf) und **at** (an) unterscheiden:

We all sat down on the table**.**	*Wir setzten uns alle auf den Tisch.*
We all sat down at the table**.**	*Wir setzten uns alle an den Tisch.*

An den obigen Beispielsätzen sieht man, dass Wendungen wie **sit down, lie down, set down, lay down** nicht immer zu den jeweiligen Präpositionen passen. Man lernt daher diese Wendungen und ihre einzelnen Zusammensetzungen am besten auswendig.

Um beispielsweise die Anwesenheit in Geschäften, bestimmten Gebäuden oder auch bei Veranstaltungen auszudrücken, benutzt man ebenfalls die Präposition **at:**

I ran into Ralph at the pharmacy**.**	*Ich traf Ralph in der Apotheke.*
The adults are at the circus, **but the children are** at the museum**.**	*Die Erwachsenen sind im Zirkus, aber die Kinder sind im Museum.*
Who was at the party**?**	*Wer war alles auf der Party?*

Problemfälle

Der Ausdruck **at home** heißt immer *zu Hause*:

I often stay at home.	*Ich bleibe oft zu Hause.*

Bei einer Ortsangabe bedeutet **by** *ganz in der Nähe von*, und nicht *bei:*

Vera lives by Jonathan.	*Vera wohnt ganz in der Nähe von Jonathan.*
Vera lives at Jonathan's.	*Vera wohnt bei John.*

In der Nähe von heißt auf Englisch oft auch einfach **near**:

Newark is near New York City.	*Newark liegt in der Nähe von New York.*
There's a telephone booth near the church.	*In der Nähe der Kirche ist eine Telefonzelle.*

Richtungsangaben und andere Bedeutungen

Into (*in/hinein*) und **onto** (*auf*) beziehen sich auf die räumliche oder zeitliche Richtung oder Orientierung eines Geschehens. Im Gegensatz zu **on** oder **in** steht hier das jeweilige Verb bzw. das Geschehen im Mittelpunkt.

The rabbit jumped into a hole.	*Das Kaninchen ist in ein Loch gesprungen.*
Jeff got into trouble.	*Jeff geriet in Schwierigkeiten.*
Bonzo fell onto my foot.	*Bonzo fiel mir auf den Fuß.*

Manchmal kann man aber auch **into** und **onto** mit **in** und **on** ersetzen:

We got into/in the car.	*Wir sind ins Auto gestiegen.*
She put chocolate in/into the cake.	*Sie hat Schokolade in den Kuchen getan.*
The knife fell onto/on my foot.	*Das Messer fiel mir auf den Fuß.*

To deutet an, dass sich etwas nicht nur in eine Richtung bewegt, sondern auch am Zielort ankommt:

We went to the supermarket.	*Wir sind zum Supermarkt gegangen.*
Let's go to Switzerland!	*Fahren wir in die Schweiz!*

To wird auch häufig anstatt des Dativs verwendet:

The librarian showed the visitor the books.	*Die Bibliothekarin zeigte dem Besucher die Bücher.*
The librarian showed the books to the visitor.	*Die Bibliothekarin zeigte dem Besucher die Bücher.*

She explained the problem to me.	*Sie erklärte mir das Problem.*
They recommended a cheap restaurant to me.	*Sie haben mir ein billiges Restaurant empfohlen.*

Der Ausdruck **go to (someone)** bedeutet, dass man auf eine Person selbst zugeht, und nicht zu deren Wohnung oder Ähnlichem:

I went to Mary and told her the story.	*Ich ging zu Mary und erzählte ihr die Geschichte.*

Um auszudrücken, dass man zur Wohnung einer Person oder ein bestimmtes Geschäft gegangen ist, benutzt man den Genitiv:

I went to Mary's (place).	*Ich bin zu Mary (nach Hause) gegangen.*
I went to the hairdresser's (shop).	*Ich bin zum Friseur(geschäft) gegangen.*

From sagt uns, woher jemand oder etwas kommt:

Kyle is from Athens, Georgia.	*Kyle stammt aus Athens in Georgia.*
We drove from the bank to the restaurant next door.	*Wir sind mit dem Auto von der Bank zum Restaurant nebenan gefahren.*

From verwendet man auch bei Entfernungen:

Oakville is five miles from here.	*Oakville liegt fünf Meilen von hier entfernt.*
It's four inches from the door-frame to the wall.	*Vom Türrahmen zur Wand sind es etwa zehn Zentimeter.*

Die Präposition **of** wird im Englischen auf unterschiedliche Art und Weise gebraucht. Besonders in der Schriftsprache verwendet man anstelle des Besitzfalles (Possessive) häufig **of**, um einen Besitzer oder Verursacher an ein anderes Substantiv anzuschließen:

POSSESSIVE:	
The funny young man's favourite aunt	*Die Lieblingstante des komischen jungen Mannes*
Tom's advice	*Toms Rat*
OF-PHRASE:	
The favourite aunt of the man wearing a silk suit	*Die Lieblingstante des Mannes im Seidenanzug*
The advice of a stranger	*Der Rat eines Fremden*

Of kann auch Zugehörigkeit oder eine Zuordnung ausdrücken:

A group of teachers was having a meeting.	*Eine Gruppe Lehrer tagte gerade.*
The man was standing naked on the roof of the house.	*Der Mann stand nackt auf dem Dach des Hauses.*

Man verwendet **of** zusammen mit Mengen- und Inhaltsangaben:

a pinch of salt	*eine Prise Salz*
a box of matches	*eine Schachtel Streichhölzer*
a glass of water	*ein Glas Wasser*
I ate a bowl of soup, a slice of bread, and a can of beans, and drank two big glasses of grape juice.	*Ich aß einen Teller Suppe, eine Scheibe Brot und eine Dose Bohnen und trank zwei große Gläser Traubensaft.*

Das Wort **pair (of)** bezieht sich immer auf zwei Gegenstände oder Leute:

Rene bought a pair of socks.	*Rene kaufte ein Paar Socken.*
They made a strange pair.	*Sie waren ein seltsames Duo.*

Häufig markiert **of** eine zu einem bestimmten Substantiv zugehörige Wendung:

The delay of the flight worried the passengers.	*Die Verspätung des Fluges beunruhigte die Passagiere.*
The classification of bats is a difficult business.	*Die Klassifizierung von Fledermäusen ist ein schwieriges Unterfangen.*
The baking of cookies leads to overeating.	*Das Plätzchenbacken führt dazu, dass man zu viel isst.*

Of gibt auch die Todesursache an:

My grandmother died of old age.	*Meine Großmutter ist an Altersschwäche gestorben.*
Timothy Toast almost died of overeating.	*Timothy Toast starb fast an zuviel Essen.*

By drückt aus, von wem oder was etwas gemacht worden ist:

I'm reading an exciting book by Sara Paretsky.	*Ich lese gerade ein spannendes Buch von Sara Paretsky.*
Who's the article by?	*Von wem ist der Artikel?*

(Siehe auch ▶ Passiv, S. 15)

Komplexe Präpositionen

Einige wenige Präpositionen bestehen aus zwei oder mehr Wörtern:

because of	*aufgrund, wegen*
in spite of	*trotz*
instead of	*(an)statt*
out of	*aus*
from under	*von unter*
in front of	*vor (räumlich)*

The game was cancelled because of the snowstorm.	*Das Spiel wurde wegen des Schneesturms abgesagt.*
In spite of their promise, they behaved badly.	*Trotz ihres Versprechens haben sie sich schlecht benommen.*
Clint came out of the bathroom half dressed.	*Clint kam halb angezogen aus dem Bad.*
Betsy crawled out from under the bed.	*Betsy kam unter dem Bett hervorgekrochen.*

3 Phrasal Verbs – zusammengesetzte Verben

Allgemeines

Kombinationen aus einem Verb und einem zusätzlichen Element bezeichnet man als **Phrasal Verbs**. Das zusätzliche Element, das ein Verb zu einem Phrasal Verb macht und so die Bedeutung des Verbs verändert, kann dabei entweder eine Präposition oder eine Partikel sein. Man unterscheidet Präpositionen und Partikeln dadurch, dass nach einer Präposition im Satz immer ein Objekt stehen muss. Partikeln können zwar auch im Satz mit einem Objekt auftreten, jedoch muss das Objekt in diesem Fall nicht nach der Partikel stehen.

Ob ein Wort also eine Präposition oder eine Partikel ist, lässt sich an dessen Verschiebbarkeit im Satz feststellen: Muss das Wort vor dem Objekt stehen, so handelt es sich um eine Präposition. Kann es jedoch entweder vor oder nach dem Objekt im Satz stehen, so haben wir es mit einer Partikel zu tun.

Hier jeweils ein Beispiel für ein Phrasal Verb mit Präposition und eines mit Partikel:

PRÄPOSITION:	
The woman pushed the stroller up the street.	*Die Frau schob den Sportwagen die Straße hoch.*
PARTIKEL:	
The woman looked up the telephone number. **The woman looked the telephone number up.**	*Die Frau schlug die Telefonnummer nach.*

Für Phrasal Verbs ergeben sich also die folgenden Kombinationsmöglichkeiten:

Verb	+	**Partikel**				
Verb	+	**Partikel**	+	**Objekt**		
Verb	+	**Präposition**	+	**Objekt**	+	**Objekt**
Verb	+	**Partikel**	+	**Präposition**		

Kombinationsmöglichkeiten

Beispiele für Verb + Partikel

come along	*mitkommen*
get up	*aufstehen*
go along	*mitgehen*
go away	*weggehen*
grow up	*aufwachsen, erwachsen werden*
make up	*sich versöhnen*
run away	*weglaufen*
sit down	*sich hinsetzen*
take off	*abheben, abfliegen, sich davonmachen*
wake up	*aufwachen*

Bei den oben angegebenen Kombinationen steht die Partikel unmittelbar nach dem Verb:

I have to get up so early every morning!	*Ich muss jeden Morgen so früh aufstehen!*
The others wanted to go to the party without me, but I went along anyway.	*Die anderen wollten ohne mich auf die Party, aber ich bin trotzdem mitgegangen.*
The unhappy teenager ran away from home.	*Der unglückliche Teenager ist von zu Hause weggelaufen.*

Beispiele für Verb + Partikel + Objekt

bring along	*mitbringen*
bring back	*zurückbringen*
call off	*absagen*
call up	*anrufen* (US)
let in	*hereinlassen*
look up	*nachschlagen*
make up	*schminken; (eine Geschichte) erfinden*
pick up	*abholen, aufheben; sich aneignen*
put on	*anziehen*
ring up	*anrufen* (UK)
run over	*überfahren*
stand up	*versetzen, sitzen lassen*
take along	*mitnehmen*
take off	*ausziehen*
turn down	*kleiner/leiser stellen*
turn off	*ausschalten*
turn on	*einschalten*

Bei dieser Kombination kann das Objekt entweder ein Nomen oder ein Pronomen sein. Ist das Objekt ein Nomen, so kann die Partikel im Satz entweder vor oder nach dem Nomen stehen. Handelt es sich bei dem Objekt jedoch um ein Pronomen, so muss die Partikel immer nach dem Pronomen stehen.

Judith stood up Mel.	*Judith hat Mel sitzen lassen.*
Judith stood Mel up.	*Judith hat Mel sitzen lassen.*
Judith stood him up.	*Judith hat ihn sitzen lassen.*

Beachte außerdem, dass die Kombination aus dem Verb, der Partikel und dem Objekt im Satz vor anderen Elementen steht, wie zum Beispiel Adverbien, Zeitangaben und Ortsangaben. Hier noch ein paar weitere Beispiele:

Casey called us up last night.	*Casey hat uns gestern Abend angerufen.*
Lenny made that story up.	*Lenny hat diese Geschichte erfunden.*
When they called off the wedding, the make-up artist was already making up the bride.	*Als sie die Hochzeit absagten, war die Visagistin schon dabei, die Braut zu schminken.*

Beispiele für Verb + Präposition + Objekt

call for	*rufen nach; fordern; abholen*
care for	*pflegen*
do without	*auskommen ohne*
listen to	*zuhören; hören auf*
look after	*hüten; sich kümmern um*
look at	*anschauen*
look for	*suchen*
run after	*hinterherlaufen*
run across	*stoßen auf*
run into	*zufällig treffen; rennen/fahren gegen*

Wie bereits erwähnt, steht die Präposition bei dieser Kombination immer vor dem Objekt. Dieses kann dabei ein Nomen oder aber auch ein Pronomen sein:

You never listen to me!	*Du hörst mir nie zu!*
I can't possibly do without my hair-dryer.	*Ich kann unmöglich ohne meinen Fön auskommen.*
I was looking for a summer job and ran across an unusual advertisement.	*Ich habe nach einem Ferienjob gesucht und bin dabei auf eine ungewöhnliche Anzeige gestoßen.*

Die Präposition und das Objekt stehen dabei wiederum vor anderen Satzteilen, wie zum Beispiel Zeit- oder Ortsangaben:

The babysitter looks after the children on weekdays.	*Die Babysitterin passt an Wochentagen auf die Kinder auf.*
A nurse cares for their sick child at their home.	*Eine Krankenschwester pflegt ihr krankes Kind bei ihnen zu Hause.*

Beispiele für Verb + Partikel + Präposition + Objekt

catch up with	*einholen*
do away with	*abschaffen; umbringen*
fall back on	*zurückgreifen auf*
get out of	*herumkommen um; herauskommen aus*
keep up with	*Schritt halten mit; mithalten mit*
look down on	*herabsehen auf*
look forward to	*sich freuen auf*
look out for	*achten auf; Ausschau halten nach*
put up with	*sich gefallen lassen*
rub off on	*abfärben auf*
run out of	*kein … mehr haben*
watch out for	*achten auf*

Achte bei dieser Kombination immer auf die richtige Wortfolge im Satz: Nach dem Verb kommt zunächst die Partikel, danach die Präposition, und erst darauf folgt das Objekt:

Watch out for pickpockets at the fair!	*Achtet auf Taschendiebe auf dem Jahrmarkt!*
His bad mood rubbed off on the others.	*Seine schlechte Laune färbte auf die anderen ab.*
We ran out of milk yesterday.	*Uns ist gestern die Milch ausgegangen.*
My boyfriend is running out of excuses.	*Meinem Freund gehen langsam die Ausreden aus.*
I promised to go, and now I can't get out of it.	*Ich habe versprochen hinzugehen, und jetzt komme ich nicht mehr drum herum.*
Audrey is always on the run; no one can keep up with her.	*Audrey ist ständig auf Achse, keiner kann mit ihr mithalten.*

4 Nouns – Substantive

Groß- und Kleinschreibung

Im Englischen werden die meisten Substantive oder Hauptwörter (Nouns) kleingeschrieben:

The boy bought a hamburger and a salad.	*Der Junge hat einen Hamburger und einen Salat gekauft.*

Eigennamen werden aber großgeschrieben:

In London, George and Marilyn went to see the Tate Gallery.	*In London haben George und Marilyn die Tate Gallery besucht.*

Wochentage und Monate, aber auch Nationalitäten, Sprachen, Religionen und Religionszugehörigkeiten gelten im Englischen ebenfalls als Eigennamen und werden deshalb auch großgeschrieben:

Mr. Firth normally comes on Mondays, but this Monday he wasn't there.	*Herr Firth kommt normalerweise montags, aber diesen Montag ist er nicht gekommen.*
It's nearly always cold in February.	*Im Februar ist es fast immer kalt.*
The Americans took pictures, while the New Zealanders talked.	*Die Amerikaner machten Fotos, während die Neuseeländer redeten.*
I speak English, German and Chinese.	*Ich spreche Englisch, Deutsch und Chinesisch.*
In this part of town, Jews, Christians and Muslims live together peacefully.	*In diesem Stadtviertel leben Juden, Christen und Muslime friedlich miteinander.*

The Plural – die Mehrzahl

Bei den meisten Substantiven bildet man den Plural im Englischen regelmäßig, durch Anhängen von **-s**:

The gardeners asked for buckets, shovels, and rakes.	*Die Gärtner baten um Eimer, Schaufeln und Rechen.*

Beachte die richtige Aussprache: Endet ein Substantiv im Singular mit einem ungesprochenen **e**, so spricht man die Endung **es** im Plural als eigene Silbe [iz] aus:

prince (einsilbig):	**princes** (zweisilbig)	Prinz(en)
garage (zweisilbig):	**garages** (dreisilbig)	Garage(n)

Bei Substantiven, die im Singular auf **Konsonant + -o** enden, hängt man im Plural **-es** an:

potato	**potatoes**	*Kartoffeln*
tomato	**tomatoes**	*Tomaten*

Dieselbe Regel gilt für Substantive, die im Singular auf **-s, -ss, -ch, -sh, -x** oder **-z** enden. Achte bei diesen Substantiven ebenfalls darauf, dass die Pluralendung als eigene Silbe [iz] gesprochen wird:

bus	**buses**	*Busse*
dress	**dresses**	*Kleider*
church	**churches**	*Kirchen*
bush	**bushes**	*Büsche*
box	**boxes**	*Schachteln*
quiz	**quizzes**	*Ratespiele*

Beachte, dass sich bei den Substantiven auf **-z** der Konsonant im Plural verdoppelt. Endet ein Substantiv bereits im Singular auf **-zz**, so hängt man im Plural **-es** an.

Bei Substantiven, die im Singular auf **Konsonant + -y** enden, wird das **y** im Plural meist zu **ie** vor der Pluralendung **-s**:

ferry	**ferries**	*Fähren*
nationality	**nationalities**	*Nationalitäten*

Die meisten Substantive, die im Singular auf **-f** oder **-fe** enden, werden im Plural mit **-ves** gebildet:

wife	**wives**	*Ehefrauen*
wolf	**wolves**	*Wölfe*
thief	**thieves**	*Diebe*

Die folgenden Substantive bilden den Plural ebenso: **calf, half, knife, leaf, life, loaf, self** und **shelf.** Beachte jedoch, dass der Plural von **roof, proof, chief** und **handkerchief** mit **-s** gebildet wird.

Darüber hinaus gibt es auch im Englischen eine Reihe von unregelmäßigen Pluralformen, die man am besten auswendig lernt. Hier einige Beispiele:

man	**men**	*Männer*
woman	**women**	*Frauen*
foot	**feet**	*Füße*
mouse	**mice**	*Mäuse*
tooth	**teeth**	*Zähne*
child	**children**	*Kinder*
phenomenon	**phenomena**	*Phänomene*

Possessive – besitzanzeigende Form

Die besitzanzeigende Form bildet man normalerweise durch Anhängen eines **Apostrophs + s ('s)**:

Cathy's mouse escaped.	*Cathys Maus ist entkommen.*
Bill's best friend's tennis racket broke.	*Der Tennisschläger von Bills bestem Freund ist kaputtgegangen.*

Steht das Substantiv im Plural, dann hängt man in der besitzanzeigenden Form nur den Apostroph an, da das Substantiv in diesem Fall meist bereits auf **-s** endet. Beachte den Unterschied zwischen der normalen Pluralform und der besitzanzeigenden Form im Singular und im Plural: Hörbar ist dieser Unterschied nicht, man kann sich die richtige Bedeutung jedoch aus dem Satzzusammenhang erschließen.

The boys' tennis rackets broke.	*Die Tennisschläger der Jungen sind kaputtgegangen.*
The boy's tennis racket broke.	*Der Tennisschläger des Jungen ist kaputtgegangen.*

Bei Substantiven, die den Plural nicht auf **-s** bilden, benutzt man im Plural die besitzanzeigende Form mit **'s**:

The children's toys are in the way.	*Das Spielzeug der Kinder steht im Weg.*
Those deer's antlers grow quickly.	*Das Geweih dieser Rehe wächst schnell.*

Auch bei Eigennamen hängt man meist in der besitzanzeigenden Form nur den Apostroph an, wenn diese auf **-s** enden:

The Beatles' words always impressed their followers.	*Die Worte der Beatles beeindruckten ihre Anhänger immer.*

Besonderheiten

Folgende Bildung ist für die meisten Leute etwas unerwartet, kommt im Englischen aber häufig vor:

A friend of my mother's tapdanced at the wedding.	*Eine Freundin meiner Mutter steppte bei der Hochzeit.*
Two books of Helen's got lost.	*Zwei von Helens Büchern sind verloren gegangen.*

Oft benutzt man auch die Possessivform alleine, wenn man von der Wohnung der genannten Person spricht:

There was a wild party at Leo's last night.	*Bei Leo gab es gestern Abend eine wilde Party.*
We're going to the Millers' for a meeting.	*Wir gehen zu einer Besprechung zu den Millers.*
I'll be at my mother's.	*Ich werde bei meiner Mutter sein.*

Bei vielen Geschäften verwendet man ebenfalls die besitzanzeigende Form und hängt **'s** an den Namen des Inhabers:

I bought all my dishes at Jenner's.	*Ich habe mein ganzes Geschirr bei Jenner gekauft.*
After breakfast at Tiffany's, we went to Sotheby's.	*Nach dem Frühstück bei Tiffany sind wir zu Sotheby gegangen.*

Ebenso kann man sich mit der Berufsbezeichnung des Inhabers und der besitzanzeigenden Form auf Geschäfte oder z.B. auch auf Arztpraxen beziehen:

I spent the morning at the doctor's.	*Ich habe den Vormittag beim Arzt verbracht.*
I got this exotic orchid at the florist's.	*Ich habe diese exotische Orchidee vom Floristen.*

Auch zusammen mit bestimmten Zeitangaben benutzt man häufig die Possessivform:

It was in Tuesday's paper.	*Es war in der Zeitung vom Dienstag.*
The older generation is agreed that today's youth is lazy – and their parents said the same thing 30 years ago.	*Die ältere Generation ist sich darüber einig, dass die Jugend von heute faul sei – und ihre Eltern sagten vor 30 Jahren das Gleiche.*

Zählbare und nicht zählbare Substantive

Bei den Substantiven unterscheidet man im Allgemeinen zwei Gruppen: zählbare und nicht zählbare Substantive. Zählbare Substantive können mit dem unbestimmten Artikel **a(n)** auftreten und bezeichnen Dinge, die man zählen kann:

I want a pineapple.	*Ich möchte eine Ananas.*
I want three pineapples.	*Ich möchte drei Ananas.*

Nicht zählbare Substantive hingegen bezeichnen Dinge, die als unbestimmte Mengen oder Massen aufgefasst werden. Sie stehen meist im Singular, jedoch kann man sie in der Regel nicht mit dem unbestimmten Artikel **a(n)** zusammen verwenden:

The milk always goes off.	*Die Milch wird immer schlecht.*
The wheat is being harvested.	*Der Weizen wird gerade geerntet.*
I'd like some jam.	*Ich hätte gern Marmelade.*

Manche nicht zählbare Substantive werden dennoch im Plural gebraucht, zum Beispiel wenn man von einer bestimmten Anzahl an Portionen oder von verschiedenen Sorten einer unbestimmten Menge spricht:

Two teas and two coffees, please.	*Zwei Tee und zwei Kaffee, bitte.*
They grow three different wheats here.	*Hier bauen sie drei verschiedene Weizensorten an.*
I've tried all the jams.	*Ich habe alle Marmeladensorten schon probiert.*

Einheiten, die eigentlich nicht zählbar sind, können jedoch auch zählbar gemacht werden:

sugar	**– three cups of sugar**	*drei Tassen Zucker*
beer	**– two pints of beer**	*zwei Pint Bier*
chocolate	**– a bar of chocolate**	*ein Riegel Schokolade*

Die folgenden nicht zählbaren Substantive haben keine eigene Pluralform, man kann sie aber zusammen mit Mengenangaben wie **a lot of** (viel(e), eine Menge) benutzen:

His information was always unreliable.	*Die Informationen von ihm waren immer unzuverlässig.*
She has had a lot of experience.	*Sie hat schon eine Menge Erfahrung gesammelt.*
The room was full of furniture.	*Der Raum war voller Möbel.*

Das Wort **news** (ebenso wie **mumps**) sieht aus wie Plural, ist aber ein nicht zählbares Substantiv. Es steht also immer im Singular, auch wenn es der Bedeutung nach Plural sein könnte:

All the news in the paper was good that day.	*An diesem Tag waren alle Nachrichten in der Zeitung gut.*
The good news is that we are going to watch a film in class tomorrow; the bad news is that it's a play by Shakespeare.	*Die gute Nachricht ist, dass wir morgen im Unterricht einen Film schauen werden; die schlechte Nachricht ist, dass es sich um ein Stück von Shakespeare handelt.*

Einige Bezeichnungen von Institutionen oder Personengruppen (so genannte **Collective Nouns**), wie zum Beispiel **police, government, team** oder **family**, werden unterschiedlich entweder als nicht zählbare oder zählbare Substantive verwendet, je nachdem, ob man diese als Einheit oder als eine Anzahl von einzelnen Individuen betrachtet:

Our family is the best.	*Unsere Familie ist die beste.*
Our family are wearing their motto shirts now.	*Unsere Familienmitglieder tragen jetzt ihre Mottohemden.*

Pair Nouns – Paarbegriffe

Es gibt Substantive, die einen Gegenstand bezeichnen, dabei aber trotzdem als Paar aufgefasst werden (**pair** = Paar). Normalerweise handelt es sich um Gegenstände, die aus zwei Teilen bestehen:

This pair of scissors is blunt.	*Diese Schere ist stumpf.*
Bring me a pair of pliers!	*Bring mir eine Zange!*
I need a new pair of glasses.	*Ich brauche eine neue Brille.*

Oft verwendet man sie im Plural ohne **pair of**:

These scissors are blunt.	*Diese Schere ist stumpf.*
Bring me the pliers!	*Bring mir die Zange!*
I need new glasses.	*Ich brauche eine neue Brille.*
My pants have shrunk.	*Meine Hose* (US)/*Unterhose* (UK) *ist eingelaufen.*
These jeans don't fit.	*Diese Jeans passt nicht.*

Solche Wörter lassen sich nur paarweise zählen:

I'd like two pairs of green jeans.	*Ich hätte gern zwei grüne Jeans.*

Proper Names: Titles – Eigennamen: Titel

Abkürzungen von Anreden und Titeln werden im britischen Englisch ohne Punkt und im Amerikanischen mit Punkt geschrieben.

Die allgemeine Anrede für Männer ist **Mr**:

Mr Johnson	*Herr Johnson*

Bei den Frauen ist es etwas komplizierter: Hier gibt es zwei unterschiedliche Anreden – **Miss** für unverheiratete Frauen (z. B. **Miss Johnson** = *Fräulein Johnson*) und **Mrs** für verheiratete Frauen (z. B. **Mrs Johnson** = *Frau Johnson*, also die Ehefrau von **Mr Johnson**). Mittlerweile gibt es aber auch noch eine dritte, allgemeine Anrede für alle Frauen, ganz egal, ob sie verheiratet sind oder nicht: **Ms** (z. B. **Ms Johnson** = *Frau Johnson*). Ms wird auch als Anrede für Frauen benutzt, die in der Ehe ihren eigenen Nachnamen beibehalten haben.

Doktor und Professor

In der englischsprachigen Welt werden Titel nicht vor dem Namen angesammelt: Man spricht eine Person mit nur einem Titel an. Kombinationen wie *Herr Dr. Mayer* und *Frau Prof. Dr. Reis* gibt es also im Englischen nicht.

Wer den Grad eines Doktors oder eines Professors erreicht hat, der hat sich auch in der Anrede den jeweiligen Titel verdient. In diesem Fall ist es also höflicher, eine Person mit ihrem Titel, und nicht nur mit **Mr** oder z. B. **Ms** anzusprechen:

Dr Beale and Professor Sinclair arrived at the conference on Friday.	*Herr Dr. Beale und Frau Prof. Sinclair kamen am Freitag auf die Konferenz.*
Dr Corcoran and Dr Lowe, a husband-and-wife research team, have been invited to speak.	*Man hat Dr. Corcoran und Dr. Lowe, ein Forscherpaar, eingeladen, einen Vortrag zu halten.*

5 Pronouns – Pronomen

Pronomen oder Fürwörter (Pronouns) können anstelle eines einzelnen Substantivs stehen, sie können aber auch ein Subjekt (▶ Subject Pronouns) oder Objekt (▶ Object Pronouns) ersetzen, das aus mehreren Wörtern besteht:

William **fell into a hole.** He **fell into a hole.**	*William ist in ein Loch gefallen.* *Er ist in ein Loch gefallen.*
The tall blond man wearing a yellow overcoat **fell into a hole.** He **fell into a hole.**	*Der große blonde Mann, der einen gelben Mantel trug, ist in ein Loch gefallen.* *Er ist in ein Loch gefallen.*

Im ersten Beispiel ersetzt das Pronomen **he** das Substantiv **William**, das gleichzeitig das Subjekt des Satzes bildet. Das Subjekt im zweiten Beispiel besteht aus mehreren Wörtern (**the tall blond man wearing a yellow overcoat**), man kann es hier aber ebenfalls durch das Pronomen **he** ersetzen.

Personal Pronouns – Personalpronomen

Bei den Personalpronomen (oder persönlichen Fürwörtern) unterscheidet man zwei unterschiedliche Formen: Subjektpronomen (Subject Pronouns) und Objektpronomen (Object Pronouns).

Subject Pronouns

SINGULAR		PLURAL	
I	*ich*	**we**	*wir*
you	*du, Sie*	**you**	*ihr, Sie*
he	*er*	**they**	*sie*
she	*sie*		
it	*es*		

Im Gegensatz zum Deutschen gibt es bei den Subjektpronomen im Englischen nur eine Form für *du, ihr* und *Sie*: nämlich **you**. Das Pronomen **you** kann also – je nach Zusammenhang – Singular oder Plural ausdrücken. Zudem existiert die Höflichkeitsform *Sie* im Englischen nicht. Meist kann man die jeweilige Bedeutung von **you** aus dem Satzzusammenhang erschließen:

You**'re mean!**	*Du bist gemein!*
You **two should do** your **homework.**	*Ihr zwei solltet eure Hausaufgaben machen.*
Would you **like coffee, tea, or juice?**	*Möchten Sie Kaffee, Tee oder Saft?*

Achte auch auf die richtige Verwendung der Subjektpronomen **he, she** und **it**. Für Personen benutzt man immer die Pronomen **he** und **she**. Dabei ersetzt **he** eine männliche und **she** eine weibliche Person:

The girl **tried to laugh at his jokes.**	*Das Mädchen versuchte, über seine Witze zu lachen.*
▸ She **tried to laugh at his jokes.**	*Sie versuchte, über seine Witze zu lachen.*
The boy **stole my bicycle!**	*Der Junge hat mein Fahrrad geklaut!*
▸ He **stole my bicycle!**	*Er hat mein Fahrrad geklaut!*

Auch Tiere oder sogar Gegenstände, zu denen man eine persönliche Bindung hat (z.B. Haustiere oder Autos), kann man mit **he** oder **she** ersetzen. In der Regel benutzt man jedoch für Gegenstände das Pronomen **it**:

The table **collapsed.**	*Der Tisch brach zusammen.*
It **collapsed.**	*Er brach zusammen.*

Object Pronouns

SINGULAR		PLURAL	
me	*mich; mir*	**us**	*uns*
you	*dich; dir; Sie; Ihnen*	**you**	*euch; Sie; Ihnen*
him	*ihn; ihm*	**them**	*sie; ihnen*
her	*sie; ihr*		
it	*es; ihm*		

Will man im Englischen ein Objekt ersetzen, so benutzt man die oben stehenden Objektpronomen:

Archibald took the keys**.** ▸ **Archibald took** them**.**	*Archibald hat die Schlüssel genommen.* *Archibald hat sie genommen.*
Thelma gave Louise **a good scolding.** ▸ **Thelma gave** her **a good scolding.**	*Thelma hat Louise tüchtig ausgeschimpft.* *Thelma hat sie tüchtig ausgeschimpft.*
Rover ran after the stick**.** ▸ **Rover ran after** it**.**	*Rover ist dem Stock nachgelaufen.* *Rover ist ihm nachgelaufen.*
Paul fixed the car for Peter**.** ▸ **Paul fixed the car for** him**.**	*Paul hat das Auto für Peter repariert.* *Paul hat das Auto für ihn repariert.*

Wenn man ein Pronomen allein verwenden will, benutzt man ebenfalls die Objektform:

Who's there? – Me.	*Wer ist da? - Ich.*
It's me.	*Ich bin's.*
It's them.	*Sie sind's.*
Was it you?	*Warst du es?*

Possessive Forms – Possessivformen

Bei den besitzanzeigenden Formen (Possessive Forms) muss man zwischen den Possessivbegleitern (Possessive Determiners) und den eigentlichen Possessivpronomen (Possessive Pronouns) unterscheiden.

Possessive Determiners – Possesivbegleiter

SINGULAR		PLURAL	
my	*mein*	**our**	*unser*
your	*dein; Ihr*	**your**	*euer; Ihr*
his	*sein*	**their**	*ihr*
her	*ihr*		
its	*sein*		

Possessivbegleiter benutzt man in der Regel vor Substantiven, um deren Besitz oder Zugehörigkeit anzuzeigen:

My friend Barbara is getting divorced.	*Meine Freundin Barbara lässt sich scheiden.*
They wouldn't take our brilliant advice.	*Sie weigerten sich, unseren genialen Rat zu befolgen.*

Beachte, dass man – im Gegensatz zum Deutschen – die Possessivbegleiter im Englischen auch in Verbindung mit Körperteilen oder der Kleidung von Individuen verwendet:

I broke my arm.	*Ich habe mir den Arm gebrochen.*
They took off their clothes but not their hats.	*Sie zogen sich die Kleidung aus, aber setzten ihre Hüte nicht ab.*
He touched her shoulder.	*Er berührte ihre Schulter.*
Our stomachs hurt.	*Wir hatten Bauchschmerzen.*

aber:

She kicked him in the stomach.	*Sie hat ihn in den Bauch getreten.*

Possessive Pronouns – Possessivpronomen

SINGULAR		PLURAL	
mine	*meins, das meine*	**ours**	*unseres, das unsere*
yours	*deins, das deine, Ihres, das Ihre*	**yours**	*eures, das eure, Ihres, das Ihre*
his	*seines, das seine*	**theirs**	*ihres, das ihre*
hers	*ihres, das ihre*		
its	*seines, das seine*		

Anders als die Possessivbegleiter können Possessivpronomen alleine stehen, das heißt sie begleiten ein Substantiv nicht, sondern ersetzen es:

My shirt's clean, but hers is dirty.	*Mein Hemd ist sauber, aber ihres ist schmutzig.*
Ellen has her own locker, but she likes to put her things in his.	*Ellen hat ihr eigenes Schließfach, aber sie stellt ihre Sachen gern in seines.*

Achtung: Verwechsel das Possessivpronomen **its** nicht mit **it's** (**it** + Apostroph), der Kurzform für **it is** oder **it has**.

Wie sagt man *ein Freund/eine Freundin von mir* auf Englisch? Eigentlich genau wie im Deutschen, achte aber auf die Verwendung des Possessivpronomens:

A friend of mine is coming to visit.	*Ein Freund/eine Freundin von mir kommt zu Besuch.*
A notebook of mine is missing.	*Ein Notizbuch von mir ist weg.*

Wenn es mal unpersönlich wird

Das unpersönliche *man* kann man im Englischen unterschiedlich übersetzen. In der gesprochenen Sprache sagt man meist **you**:

You have to be really stupid to do a thing like that.	*Man muss wirklich dumm sein, um so was Blödes zu machen.*
You can get good shoes and bags there.	*Man bekommt dort gute Schuhe und Taschen.*

In der Schriftsprache benutzt man auch oft das etwas formelle **one.** Die dazugehörige Possessivform lautet einfach **one's**:

One should always wash one's hands before meals.	*Man sollte sich vor jeder Mahlzeit die Hände waschen.*
One needs to update one's wardrobe once in a while.	*Man muss seine Garderobe ab und zu der aktuellen Mode anpassen.*

Wenn man von einer Person redet, von der man nicht weiß, ob sie männlich oder weiblich ist, benutzt man einfach beide Personalpronomen **he or she** (bzw. **him or her** bei Objekten) oder die Possessivbegleiter **his or her**:

If the customer is not satisfied, he or she may return the item for a full refund.	*Wenn der Kunde/die Kundin nicht zufrieden ist, kann er oder sie die Ware gegen eine volle Rückerstattung des Kaufpreises zurückbringen.*
A typical fan wants to wear his or her favourite player's number.	*Der typische Fan will die Nummer seines Lieblingsspielers tragen.*

In der gesprochenen Sprache verwendet man in solchen Fällen auch häufig einfach die Pluralform **they**:

Apparently someone called up Harlan last night, and they started threatening him.	*Anscheinend hat gestern Abend jemand Harlan angerufen, und derjenige hat angefangen, ihn zu bedrohen.*
If the person is hungry, they can get something at the fast-food place across the street.	*Wenn die Person Hunger hat, kann sie etwas beim Schnellimbiss gegenüber bekommen.*

Reflexive Pronouns – Reflexivpronomen

Pronomen, die auf **-self** oder **-selves** enden, nennt man Reflexivpronomen. Im Singular enden sie immer auf **-self** im Plural immer auf **-selves**.

SINGULAR		PLURAL	
myself	*mich; mir*	**ourselves**	*uns*
yourself	*dich; dir; sich*	**yourselves**	*euch; sich*
himself	*sich*	**themselves**	*sich*
herself	*sich*		
itself	*sich*		
oneself	*sich*		

Grammatik *Pronomen*

Es gibt verschiedene Verwendungsmöglichkeiten für Reflexivpronomen.

1. Reflexiver Gebrauch

Das Reflexivpronomen kann zusammen mit einigen Verben benutzt werden, um auszudrücken, dass jemand etwas für sich (selbst) tut oder sich (selbst) antut. Hier richtet das Subjekt seine Handlung, sein Gefühl usw. auf sich selber. In diesen Fällen entspricht es den deutschen Pronomen mich/mir, dir/dich, sich, etc.

The man admired himself in the mirror.	*Der Mann bewunderte sich im Spiegel.*
I told myself I should be careful.	*Ich sagte mir, ich sollte aufpassen.*

Wenn man *sich selbst/selber* meint, kann man ein Reflexivpronomen benutzen.

Frieda was angry with herself.	*Frieda ärgerte sich über sich selbst.*
She has hurt herself.	*Sie hat sich (selbst) verletzt.*
We can see ourselves in the mirror.	*Wir können uns (selbst) im Spiegel sehen.*

2. Verstärkender Gebrauch

Man kann die Reflexivpronomen auch verwenden, um eine Person besonders hervorzuheben. Im Deutschen sagt man dann *selber*, *selbst* (ohne *sich*) oder *allein*, um das Subjekt zu betonen. Im Englischen verwendet man auch hier Reflexivpronomen.

You know that yourself.	*Das weißt du doch selbst.*
Dean said so himself.	*Dean sagte es selbst.*

each other - wechselseitige Beziehung

Im Deutschen werden wechselseitige Beziehungen auch mit einer Verbindung mit dem Wort *sich* dargestellt, wie bei: *sich (gegenseitig) begrüßen*. Dies funktioniert im Englischen nicht, hier verwendet man meist **each other**.

The two dogs chased each other.	*Die zwei Hunde jagten einander.*
Mark and Carla gave each other socks for Christmas.	*Mark und Carla schenkten sich Socken zu Weihnachten.*
We haven't seen each other for a long time.	*Wir haben uns schon lange nicht mehr gesehen.*

Anstelle von **each other** kann man auch **one another** verwenden, besonders dann, wenn es sich um mehr als zwei Personen handelt:

David, Robert and Sarah know one another well.	*David, Robert und Sarah kennen sich gut.*

Viele Verben, die im Deutschen reflexiv sind, sind im Englischen nicht reflexiv.

get dressed	*sich anziehen*
get/be angry	*sich ärgern*
move; (Fitness) exercise	*sich bewegen*
concentrate	*sich konzentrieren*
turn	*sich drehen*
remember	*sich erinnern an*
be interested	*sich interessieren*
comb one's hair	*sich kämmen*
open	*sich öffnen*
close	*sich schließen*
argue	*sich streiten*
meet	*sich treffen*
change [one's clothes]	*sich umziehen*

Suddenly I remembered the cake in the oven.	*Plötzlich erinnerte ich mich an den Kuchen im Backofen.*
Aaron concentrated really hard.	*Aaron konzentrierte sich sehr.*
The wheel was turning.	*Das Rad drehte sich.*

Das Verb **meet** kann in Bezug auf Menschen folgende Bedeutungen haben:

- *zum ersten Mal kennen lernen*
- *sich zum ersten Mal kennen lernen*
- *treffen*
- *sich treffen*

I met my wife at a party.	*Ich habe meine Frau auf einer Party kennen gelernt.*
Don and Kelly originally met in Las Vegas.	*Don und Kelly haben sich in Las Vegas kennen gelernt.*
Guess who I met in town!	*Rate mal, wen ich in der Stadt getroffen habe!*
Let's meet at the cinema.	*Treffen wir uns am Kino.*

(▶ Verbtabellen: **meet**)

Demonstrative Forms – Demonstrativformen

Die Demonstrativformen **this** (Plural **these**) und **that** (Plural **those**) können wie Artikel vor einem Substantiv stehen oder auch allein als Pronomen:

These are the best plums I've ever eaten.	*Dies sind die besten Pflaumen, die ich je gegessen habe.*
I saw that.	*Das habe ich gesehen.*

(▶ Artikel und verwandte Wörter - Demonstrativbegleiter)

Weitere Pronomen

All

Das unbestimmte Pronomen **all** (*alle(s)*) kann man ohne den bestimmten Artikel direkt vor einem Substantiv benutzen. Es bezieht sich dabei auf alle Personen oder Gegenstände einer unbegrenzten Menge:

All boys like playing football.	*Alle Jungs spielen gerne Fußball.*
I love all sweets.	*Ich mag alle Süßigkeiten.*

In Verbindung mit dem bestimmten Artikel **the** bezieht sich **all** vor einem Substantiv auf alle Personen oder Gegenstände einer begrenzten Menge. In diesem Fall wird **all** auch häufig mit *der/die/das ganze(n)* … übersetzt:

The cats ate all the fish.	*Die Katzen fraßen den ganzen Fisch.*

! Beachte, dass das Pronomen **all** zwar vor einem Substantiv stehen kann, aber nur nach einem Personalpronomen!

I beat them all.	*Ich schlug sie alle.*
We all ordered cheesecake.	*Wir bestellten alle Käsekuchen.*

Statt **all the** kann man auch **all of the** sagen:

The cats ate all of the fish.	*Die Katzen fraßen den ganzen Fisch.*
All of the visitors were cranky.	*Alle Besucher waren schlecht gelaunt.*

Wenn man **all** zusammen mit dem Subjekt eines Satzes verwenden möchte, dann kann man das Pronomen auch direkt hinter das Subjekt setzen, oder – wenn der Satz ein Hilfsverb enthält – hinter das erste Hilfsverb:

The painters all went home early.	*Die Maler sind alle früh heimgegangen.*
The books have all fallen off the shelf.	*Die Bücher sind alle aus dem Regal gefallen.*
The parents have all written to the headmaster.	*Die Eltern haben alle dem Schulleiter geschrieben.*

Auch wenn das Hilfsverb **be** als Vollverb gebraucht wird, steht das Pronomen **all** hinter dem Verb:

You were all there too.	*Ihr wart auch alle da.*
The teachers were all happy.	*Die Lehrer waren alle zufrieden.*

Da **all** nur in ganz wenigen Fällen allein stehen kann, benutzt man normalerweise viel häufiger die Ausdrücke **everything** (*alles*) und **everyone** bzw. **everybody** (*alle*):

Rex worries about everything.	*Rex macht sich über alles Sorgen.*
Everything was fine.	*Alles war in Ordnung.*
Everyone came.	*Alle sind gekommen.*
I gave one to everyone.	*Ich habe jedem eins gegeben.*
Everybody was talking about Roseanne's new nose.	*Alle haben von Roseannes neuer Nase geredet.*
Aunt Becky kissed everybody good-bye.	*Tante Becky küsste alle zum Abschied.*

Both

Both betont, dass nicht nur eins von zweien, sondern alle beide gemeint sind.
Das Pronomen **both** (*beide*) kann wie all an unterschiedlichen Positionen im Satz stehen:

We met both her sons.	*Wir lernten ihre beiden Söhne kennen.*
Both our cars are old.	*Unsere beiden Autos sind alt.*
Both of the bottles exploded.	*Alle beiden Flaschen explodierten.*
I gave both of the letters to Jess.	*Ich gab Jess beide Briefe.*
The eggs for the cake both broke.	*Die Eier für den Kuchen zerbrachen beide.*
Mac and Toni were both screaming.	*Mac und Toni haben beide geschrieen.*
Now the teacher and the substitute are both ill.	*Jetzt sind die Lehrerin und ihre Vertretung beide krank.*

Im Gegensatz zu **all** kann **both** jedoch auch völlig allein stehen:

I was worried about the packages, but both arrived safely.	*Ich machte mir Sorgen um die Pakete, aber alle beide sind heil angekommen.*
Which flavour is better: chocolate or vanilla? – Both are good.	*Welcher Geschmack ist besser: Schokolade oder Vanille? – Alle beide sind gut.*

Each

Das Pronomen **each** *(jeder/jede/jedes (einzelne))* wird sehr häufig in der Verbindung **each of...** gebraucht. Es kann sich aber auch auf ein Substantiv zurück beziehen, das im Satz bereits genannt wurde. Hier einige Beispiele:

Each of the pipes had to be repaired.	*Jede Leitung musste repariert werden.*
The teacher spoke to each of the pupils individually.	*Die Lehrerin sprach mit jedem der Schüler einzeln.*
Five robbers each decided to break into the same bank the same night.	Fünf Räuber beschlossen in derselben Nacht, jeweils in dieselbe Bank einzubrechen.
Mandy, Phil, Candice, and Henry each gave my mum a toaster as a birthday present.	*Mandy, Phil, Candice und Henry haben meiner Mutter je einen Toaster zum Geburtstag geschenkt.*

! **Each** betont, dass jeder als einzelnes Individuum bzw. jedes als einzelner Gegenstand gemeint ist.

Häufig bezieht sich **each** auf das erste von zwei Objekten. Dann steht **each** meist nach dem ersten Objekt:

The nurse gave the children each a toy.	*Die Krankenschwester gab jedem der Kinder ein Spielzeug.*

Enthält das zweite Objekt jedoch eine Mengenangabe, dann steht **each** oft dahinter, vor allem, wenn man die Mengenangabe betonen möchte:

Uncle Willy gave the boys five dollars each.	*Onkel Willy gab jedem der Jungen fünf Dollar.*
We ate four muffins each.	*Jeder von uns hat vier Muffins gegessen.*

Auch bei Preisangaben ist es üblich, **each** nach dem Preis zu sagen. Dies gilt im Übrigen auch für das Wörtchen **apiece** (pro Stück), das hier gleichbedeutend verwendet werden kann:

These pens are 95 cents each.	*Diese Kugelschreiber kosten 95 Cent pro Stück.*
The bouquets cost ten pounds apiece.	*Die Blumensträuße kosten zehn Pfund pro Stück.*

One

Das unbestimmte Pronomen **one** *(ein(e)s)* wird wie **each** oft in der Verbindung **one of...** gebraucht. Es kann aber auch alleine stehen:

Have one!	*Nimm eins!*
I had never seen an armadillo until we encountered one at the zoo.	*Ich hatte noch nie ein Gürteltier gesehen, bis wir eins im Zoo entdeckt haben.*
One of the books was about horse races.	*Eines der Bücher handelte von Pferderennen.*

Häufig benutzt man **one**, wenn man vermeiden möchte, ein zuvor bereits genanntes zählbares Substantiv zu wiederholen. Dabei ersetzt **one** ein Substantiv im Singular und **ones** ein Substantiv im Plural:

I could give you a shirt of mine. Which one do you want? – I'll take the blue one.	*Ich könnte dir ein Hemd von mir geben. Welches willst du? – Ich nehme das blaue.*
These shoes are quite nice, but the ones over there are really beautiful.	*Diese Schuhe sind ganz hübsch, aber die dort drüben sind wirklich schön.*

None

Das Pronomen **none** *(keiner/keine/keines)* steht meist nur im formellen Sprachgebrauch alleine. Viel häufiger findet man **none** in der Verbindung **none of...**:

None of the mice likes cheese.	*Keine der Mäuse mag Käse.*
None of her furniture was comfortable.	*Keine ihrer Möbel waren bequem.*

Beachte, dass das Verb in einem Satz nach **none of** und einem zählbaren Substantiv im Plural ebenfalls im Plural steht:

None of your greedy clients were there.	*Keiner deiner gierigen Kunden war da.*

Wenn man *keiner* im Sinne von *kein Mensch* sagen will, verwendet man **no one** oder **nobody**:

No one was home.	*Keiner war zu Hause.*
Nobody said you had to believe it.	*Niemand hat gesagt, dass du es glauben musst.*

Either und neither

Wenn das Indefinitpronomen **either** alleine oder in der Verbindung **either of...** steht, bedeutet es etwa *jeder/jede/jedes der beiden* oder auch *entweder das eine oder das andere:*

Should we take the stew or the roast? – Either would be fine.	*Sollen wir den Eintopf oder den Braten nehmen? – Beides wäre gut.*
Either of the boys will be glad to help you – if you pay him.	*Jeder der beiden Jungen hilft dir gern – wenn du ihn bezahlst.*

Parallel dazu bedeutet **neither** alleine oder in der Verbindung **neither of...** etwa *keiner/keine/keines der beiden* oder *weder das eine noch das andere*:

Neither really appeals to me.	*Keiner der beiden sagt mir wirklich zu.*
Neither of them did a good job.	*Keiner der beiden hat seine Arbeit gut gemacht.*

Steht **either** im Satz nach einem verneinten Element (also nach einem verneinten Verb oder z.B. auch nach **never**), dann bedeutet es *keiner/keine/keines der beiden*:

The parrots wouldn't describe either of the robbers.	*Die Papageien wollten keinen der beiden Räuber beschreiben.*
I never saw either of them again.	*Ich habe keinen der beiden jemals wiedergesehen.*

Some

Das unbestimmte Pronomen **some** *(manche, einige, welche)* kann entweder alleine oder häufig auch in der Verbindung **some of...** stehen. Es bezieht sich oft auf eine unbestimmte Menge:

I'd like some, please.	*Ich hätte gern welche.*
Roger didn't really want licorice, but he bought some anyway.	*Roger wollte eigentlich keine Lakritze, aber er kaufte trotzdem welche.*
Some of the books were damaged.	*Einige Bücher waren beschädigt.*

Lerne die Verwendung von **some** zusammen mit der Verwendung von **any**.

Any

In verneinten Sätzen benutzt man nach dem Verb anstelle von **some** das unbestimmte Pronomen **any**. Übersetzt wird **any** hier im Sinne von *keiner/keine/keines*:

I asked for secondhand computers, but they didn't have any.	*Ich fragte nach gebrauchten Computern, aber sie hatten keine.*
I haven't heard from any of them.	*Ich habe bislang von keinem von ihnen gehört.*
My shoes weren't in any of the closets or under any of the beds in the house.	*Meine Schuhe waren in keinem der Schränke und auch unter keinem der Betten im Haus.*

In Fragesätzen verwendet man **any**, wenn man nicht weiß, ob die Antwort *ja* oder *nein* lauten wird. **Some** hingegen benutzt man bei Fragen, bei denen man eine positive Antwort erwartet.

Do you still have any questions?	*Haben Sie noch Fragen?*
Could I have some water, please?	*Könnte ich bitte etwas Wasser bekommen?*

(▶ Negation – Verneinung: *Any*-Wörter)

6 Articles and Related Words – Artikel und verwandte Wörter

Artikel stehen immer vor einem Substantiv oder Nomen. Man findet jedoch auch oft noch eine Reihe weiterer Elemente vor einem Substantiv. Beachte deshalb die richtige Wortfolge:

Artikel → Zahl → Adjektiv(e) → **Substantiv**

Zwischen einem Artikel und einem Substantiv können also noch eine Zahlenangabe oder auch ein oder mehrere Adjektive stehen:

the marmot	*das Murmeltier*
the five marmots	*die fünf Murmeltiere*
the sleepy marmot	*das schläfrige Murmeltier*
the five sleepy marmots	*die fünf schläfrigen Murmeltiere*

Anstelle eines bestimmten oder unbestimmten Artikels können vor einem Substantiv zum Beispiel auch Demonstrativformen (**this, that, these** oder **those**) oder besitzanzeigende Formen wie **my, her, their** oder z.B. **John's** stehen:

this marmot	*dieses Murmeltier*
my sleepy marmot	*mein schläfriges Murmeltier*
their five marmots	*ihre fünf Murmeltiere*
John's five sleepy marmots	*Johns fünf schläfrige Murmeltiere*

Der unbestimmte Artikel

Vor einem zählbaren Substantiv kann man im Englischen den unbestimmten Artikel **a** benutzen:

A passing car skidded to a stop.	*Ein vorbeifahrendes Auto rutschte und kam zum Halten.*
A dishwasher is a useful thing to have.	*Es ist nützlich, eine Geschirrspülmaschine zu haben*

Vor einem Substantiv, das mit einem Vokallaut beginnt, lautet der unbestimmte Artikel **an**:

An anteater and an elephant went for a walk.	*Ein Ameisenbär und ein Elefant gingen zusammen spazieren.*
Please buy me an orange and an apple.	*Kauf mir bitte eine Orange und einen Apfel.*
He was wearing an old shirt.	*Er trug ein altes Hemd.*

! Ob man nun **a** oder **an** verwendet, hängt von dem Laut ab, mit dem das Substantiv beginnt, und nicht von dem jeweiligen Buchstaben.

She wanted to buy a uniform.	*Sie hatte vor, eine Uniform zu kaufen.*
This graph shows an x-axis and a y-axis.	*Dieses Diagramm zeigt eine x-Achse und eine y-Achse.*

Anwendungstipps

Man benutzt den unbestimmten Artikel **a**, wenn man den Beruf einer einzelnen Person angibt:

Stephanie is a welder.	*Stephanie ist Schweißerin.*
Julian is a singer.	*Julian ist Sänger.*

Im Plural fällt der Artikel natürlich weg:

Liza and Victor are nurses.	*Liza und Victor sind Krankenpfleger.*

Auch vor einigen größeren Zahlenangaben (**hundred, thousand, million** und **billion**) verwendet man anstelle von **one** oft den unbestimmten Artikel:

Simon just won a hundred thousand dollars.	*Simon hat gerade hunderttausend Dollar gewonnen.*
We expected a hundred people at the opening.	*Wir erwarteten hundert Leute bei der Eröffnung.*

Auch nach **with** und **without** kann der unbestimmte Artikel stehen, vorausgesetzt, das darauf folgende Substantiv ist zählbar und steht im Singular:

The teacher was wearing a blouse with a bow.	*Die Lehrerin trug eine Bluse mit Schleife.*
Al left the house without a jacket.	*Al ging ohne Jacke aus dem Haus.*
You can have the chicken with or without a salad.	*Sie können das Hähnchen mit oder ohne Salat haben.*

Ebenso benutzt man den unbestimmten Artikel nach **as**, wenn darauf ein zählbares Substantiv im Singular folgt:

As a politician, Lisle was successful; as a human being, he was not.	*Als Politiker war Lisle erfolgreich, als Mensch war er es nicht.*
Lillian came dressed as a witch, but no one realized that she was in costume.	*Lillian kam als Hexe verkleidet, aber keiner merkte, dass sie kostümiert war.*
We can use the bed as a couch.	*Wir können das Bett als Couch benutzen.*

Der bestimmte Artikel

Im Englischen lautet der bestimmte Artikel immer **the**. Im Gegensatz zum deutschen *der/die/das* ist **the** unveränderlich:

This is the only bridge over the river.	*Das ist die einzige Brücke über den Fluss.*
The cats are sitting on top of the bookcase.	*Die Katzen sitzen oben auf dem Bücherregal.*

Anwendungstipps

Substantive, die z.B. eine Tiergattung oder eine bestimmte Gruppe von Menschen bezeichnen, stehen in der Regel ohne den bestimmten Artikel:

Crows are intelligent, amusing animals.	*Krähen sind intelligente, witzige Tiere.*
Canadians speak a North American dialect of English.	*Die Kanadier sprechen eine nordamerikanische Variante des Englischen.*
Archaeologists like to be outdoors.	*Archäologen sind gerne draußen.*

Auch Wochentage, Monate und die meisten Feiertage haben keinen bestimmten Artikel:

We could meet on Monday.	*Wir könnten uns am Montag treffen.*
January is a dreary month.	*Der Januar ist ein öder Monat.*
Easter Sunday would be a good day for a party.	*(Der) Ostersonntag wäre ein guter Tag für ein Fest.*

Auch Mahlzeiten stehen meist ohne den bestimmten Artikel **the**, außer wenn es sich um eine ganz bestimmte Mahlzeit als Ereignis oder um das servierte Essen handelt:

We had lunch at a restaurant.	*Wir haben in einem Restaurant zu Mittag gegessen.*
Joan invited me over for tea.	*Joan hat mich zu sich zum Tee eingeladen.*
The four of them met for dinner at Sophy's.	*Die vier trafen sich bei Sophy zum Abendessen.*
The **charity dinner was a success.**	*Das Abendessen für wohltätige Zwecke war ein Erfolg.*
I didn't like the **lunch.**	*Ich mochte das Mittagessen nicht.*

In Verbindung mit einigen öffentlichen Einrichtungen verwendet man ebenfalls meist keinen bestimmten Artikel. Dazu gehören z.B. **school** *(Schule)*, **college** *(Hochschule)*, **jail** *(Gefängnis (AE))*, **prison** *(Gefängnis (BE))*, **church** *(Kirche)*, **university** *(Universität)* und **hospital** *(Krankenhaus)*:

My daughter has to go to school in the morning, unless she can think of a good excuse.	*Meine Tochter muss morgens in die Schule gehen, es sei denn, sie lässt sich eine gute Ausrede einfallen.*
The murderer escaped from prison.	*Der Mörder ist aus dem Gefängnis ausgebrochen.*
We go to church every Sunday.	*Wir gehen jeden Sonntag in die Kirche.*

Wenn man sich allerdings auf eine bestimmte öffentliche Einrichtung oder ein bestimmtes Gebäude beziehen möchte, dann benutzt man den bestimmten Artikel **the**:

The **school is fairly large.**	*Die Schule ist ziemlich groß.*
The **prison was always cold.**	*Das Gefängnis war immer kalt.*
We went into the **church.**	*Wir sind in die Kirche hineingegangen.*

Demonstrativbegleiter

Die Demonstrativbegleiter **this, that, these** und **those** (▶ Demonstrative Forms – Demonstrativformen) können anstelle eines Artikels ebenfalls vor einem Substantiv stehen:

With this **drink you'll add ten years to your life.**	*Mit diesem Getränk verlängern Sie Ihr Leben um zehn Jahre.*
These **boots are killing me!**	*Diese Stiefel bringen mich um!*
What does that **man want?**	*Was will dieser Mann da?*
Those **two jokers had better watch out!**	*Die beiden Spaßvögel dort sollten sich in Acht nehmen!*

Man wählt **this** bzw. **these**, um auszudrücken, dass das Bezeichnete in der direkten Nähe ist, z. B. dass man es bei sich hat. Umgekehrt wählt man **that** bzw. **those**, um auszudrücken, dass das Bezeichnete etwas weiter weg ist, z. B. weil es jemand anderes hat, oder es gerade nicht verfügbar ist. Distanz und Nähe kann man also auch im weiteren Sinn verstehen, z. B. zeitlich oder emotional.

This house is bigger than that house.	*Dieses Haus hier ist größer als das Haus dort drüben.*
Those applicants weren't as good as the current ones.	*Jene Bewerber waren nicht so gut wie die jetzigen.*

Beim Erzählen kann man vor einem Substantiv ebenfalls **this** verwenden, um subtil anzudeuten, dass es sich um etwas Ungewöhnliches oder Komisches handelt. So klingt eine Geschichte oft etwas lebendiger

Alison came in wearing this weird hat.	*Alison ist mit diesem merkwürdigen Hut auf dem Kopf hereingekommen.*
And then she ate this huge chocolate cake right after lunch.	*Und dann aß sie diesen riesigen Schokokuchen direkt nach dem Mittagessen.*

Andere artikelähnliche Wörter

Es gibt noch eine Reihe weiterer Wörter, die wie ein Artikel vor einem Substantiv stehen können.

Some *(etwas/einiges/manches)* wird in Verbindung mit einem unzählbaren Substantiv im Singular oder mit einem Substantiv im Plural gebraucht:

Could I have some hot tea, please?	*Könnte ich bitte etwas heißen Tee haben?*
Some drunks were singing outside my window.	*Einige Betrunkene sangen vor meinem Fenster.*

Vor einem Substantiv bezeichnet **all** *(alle(s))* alle Personen oder Dinge einer unbegrenzten Menge. Man findet **all** daher häufig in allgemeinen Aussagen:

All passengers must pay attention during the safety briefing.	*Alle Passagiere müssen während der Sicherheitsunterweisung aufpassen.*
The course covers all basic problems.	*Der Kurs behandelt alle elementaren Probleme.*

Every bezeichnet vor einem Substantiv alle Personen oder Dinge einer Gruppe im Allgemeinen. Man benutzt **every** immer zusammen mit einem Substantiv im Singular:

In the US every town has at least one motel.	*In den USA hat jede Stadt mindestens ein Motel.*
Every person in the room stood up.	*Alle Leute im Raum standen auf.*
I think Ken knows every single tree in the wood.	*Ich glaube, Ken kennt jeden einzelnen Baum im Wald.*

Im Gegensatz zu **every** betont **each** jedes einzelne Element einer Gruppe. Auch **each** steht immer vor einem Substantiv im Singular:

Each toy is inspected individually.	*Jedes Spielzeug wird einzeln untersucht.*
We admired each item in the window.	*Wir bewunderten jedes Stück im Schaufenster.*

Both vor einem Substantiv im Plural bedeutet alle beide, es betont also, dass beide Elemente gleichermaßen gemeint sind:

Both companies sell green sunscreen.	*Alle beide Firmen verkaufen grünes Sonnenschutzmittel.*
Each crook tried to blame the other, but in the end both men were convicted.	*Jeder der beiden Gauner versuchte, dem anderen die Schuld zu geben, aber schließlich wurden alle beide Männer verurteilt.*

Wenn man dies nicht hervorheben möchte, benutzt man anstelle von **both** eher **the two** *(die beiden/die zwei)*:

The two friends talked on the phone every day.	*Die beiden Freunde telefonierten jeden Tag miteinander.*
The two companies work together.	*Die beiden Firmen arbeiten zusammen.*

Direkt vor einem Substantiv im Singular bedeutet **either** meist *jeder/jede/jedes der beiden* oder auch *entweder das eine oder das andere*. Es bezeichnet also wie **both** zwei Personen oder Dinge, hebt dabei jedoch jede Person oder jeden Gegenstand für sich hervor:

Either dog would be good.	*Jeder der beiden Hunde wäre gut.*
You can have either one but not both.	*Du kannst das eine oder das andere haben, aber nicht beide.*
I don't care; you can give me either kind.	*Mir ist es egal, du kannst mir entweder das eine oder das andere geben.*
The actress came down the corridor with a bodyguard on either side.	*Die Schauspielerin kam mit einem Leibwächter auf jeder Seite den Gang entlang.*

Neither vor einem Substantiv im Singular bedeutet dagegen *keiner/keine/keines der beiden*:

Neither girl was interested in dolls.	*Keins der beiden Mädchen interessierte sich für Puppen.*
Neither textbook contains any useful information.	*Keins der beiden Lehrbücher enthält irgendwelche nützliche Informationen.*

Das Wörtchen **no** verneint ein Substantiv, es kann jedoch im Gegensatz zu vielen anderen artikelähnlichen Wörtern nicht als Pronomen alleine stehen. Das entsprechende Pronomen zu **no** ist **none** (▶ Weitere Pronomen - **none**):

No news is good news.	*Keine Nachrichten sind gute Nachrichten.*
We waited for celebrities, but none showed up.	*Wir haben auf Berühmtheiten gewartet, aber es tauchten keine auf.*

Man benutzt **no** hauptsächlich vor Substantiven, die das Subjekt eines Satzes bilden. Substantive in der Objektposition verneint man dagegen mit **not ... any**:

Having worked in a chocolate factory, I didn't like any cookies.	*Da ich in einer Schokoladenfabrik gearbeitet hatte, mochte ich keine Kekse.*

7 Quantities and Measurements – Mengen- und Maßangaben

Bei Mengen- und Maßangaben im Englischen ist es wichtig zu unterscheiden, ob diese in Verbindung mit zählbaren oder nicht zählbaren Substantiven stehen (▶ Zählbare und nicht zählbare Substantive). So kann beispielsweise eine grammatikalisch korrekte Antwort auf die Frage *Wie viel Milch habt ihr gekauft?* nicht *zwei* lauten, da man Milch nicht zählen kann. Auf die Frage *Wie viele Hemden hast du gekauft?* kann man jedoch durchaus *zwei* antworten.

Fragen

Im Gegensatz zum Deutschen wird der Unterschied zwischen zählbaren und nicht zählbaren Substantiven bereits bei der Fragestellung nach einer Menge oder einer Maßangabe deutlich. So verwendet man **How many...?**, wenn das darauf folgende Substantiv zählbar ist und im Plural steht. **How much...?** dagegen wird bei Fragen in Verbindung mit nicht zählbaren Substantiven im Singular gebraucht:

How many calves are there?	*Wie viele Kälber sind es?*
How much milk have we got?	*Wie viel Milch haben wir noch?*

Nicht zählbare Substantive können jedoch durch eine zusätzliche Mengen- oder Maßangabe zählbar gemacht werden, beispielsweise durch die Ergänzung entsprechender Gefäße, die man einzeln zählen kann:

How much juice should I buy?	*Wie viel Saft soll ich kaufen?*
How many bottles of juice should I buy?	*Wie viele Flaschen Saft soll ich kaufen?*

Wenn in Verbindung mit einem nicht zählbaren Substantiv bereits in der Frage eine Maßeinheit genannt wird und eine mögliche Antwort somit auch zählbare Einheiten ergibt, verwendet man ebenfalls die Frageformel **How many...?**:

How many litres of juice should I buy?	*Wie viel Liter Saft soll ich kaufen?*

! **Money** (*Geld*) ist im üblichen Sinn nicht zählbar:

How much money do you have on you?	*Wie viel Geld hast du dabei?*
How much money has that rich man got?	*Wie viel Geld hat der reiche Mann?*

Gleichzeitig aber werden Antworten auf Fragen nach Geldmengen oft in zählbaren Währungseinheiten angegeben:

How much money do you have on you?	*Wie viel Geld hast du dabei?*
I have five dollars and twentyfive cents.	*Ich habe fünf Dollar und fünfundzwanzig Cent.*
He has three million pounds.	*Er hat drei Millionen Pfund.*

Many oder *much*?

Zählbare Substantive im Plural verwendet man zusammen mit den Ausdrücken **many** *(viele)*, **few** *(nur wenige)* und **a few** *(einige wenige/ein paar)*:

That library has many good books.	*Diese Bibliothek hat viele gute Bücher.*
Many people disagree.	*Viele Leute sind anderer Meinung.*
Eleanor took few blouses along on her trip.	*Eleanor nahm nur wenige Blusen auf die Reise mit.*
Few people like to swim in cold water.	*Nur wenige Leute schwimmen gern in kaltem Wasser.*
A few coins fell on the floor.	*Einige Münzen fielen auf den Boden.*
There were a few candles in the drawer.	*Da waren ein paar Kerzen in der Schublade.*

Quite a few in Verbindung mit einem zählbaren Substantiv im Plural bedeutet *relativ viele* oder *nicht wenige*:

Ralph read quite a few books while he was recovering.	*Ralph hat nicht wenige Bücher gelesen, während er sich erholt hat.*
Quite a few people have read Shakespeare.	*Ziemlich viele Leute haben Shakespeare gelesen.*

Nicht zählbare Substantive im Singular werden dagegen in Verbindung mit **much** *(viel)*, **little** *(nur wenig)* und **a little** *(ein wenig/ein bisschen)* gebraucht:

There isn't much to eat in the house.	*Es ist nicht viel zu essen im Haus.*
Don't make so much noise!	*Mach nicht so viel Lärm!*
The pupils had little homework to do.	*Die Schüler hatten nur wenig Hausaufgaben auf.*
Olga ate little soup but much cake.	*Olga hat wenig Suppe, aber viel Kuchen gegessen.*
A little rest would do you good.	*Ein bisschen Ausruhen würde dir gut tun.*
Would you like a little milk with your coffee?	*Möchten Sie ein bisschen Milch in Ihren Kaffee?*

Die Konstruktion **a lot (of)** *(viel(e))* hat dieselbe Bedeutung wie **much** oder **many** und kann sowohl mit zählbaren als auch mit nicht zählbaren Substantiven kombiniert werden. **A lot (of)** klingt dabei oft natürlicher als **much** oder **many**, man kann diese Konstruktion jedoch nicht mit **too** (*zu* im Sinne von *übermäßig*, z.B. **to fast** – *zu schnell*) kombinieren:

We ate a lot of lasagna.	*Wir haben viel Lasagne gegessen.*
We talked to a lot of people who we knew.	*Wir haben mit vielen Leuten gesprochen, die wir kannten.*

aber:

We ate too much lasagna.	*Wir haben zu viel Lasagne gegessen.*
We talked to too many people.	*Wir haben mit zu vielen Leuten gesprochen.*

8 Adjectives – Adjektive

Allgemeine Bemerkungen

Im Gegensatz zu Adjektiven im Deutschen, die sich jeweils nach dem dazugehörigen Substantiv richten und dabei ihre Form verändern, sind Adjektive im Englischen in ihrer Grundform immer gleich:

The hungry dog stole the sausage.	*Der hungrige Hund hat die Wurst gestohlen.*
I fed a hungry cat.	*Ich habe eine hungrige Katze gefüttert.*
The two hungry lions were fighting over some meat.	*Die beiden hungrigen Löwen haben um ein Stück Fleisch gekämpft.*

Auch Partizipien (Participles) verwendet man im Englischen sehr häufig als Adjektive. So besitzt beispielsweise das Past Participle, das zur Bildung des Passivs gebraucht wird (▶ Passive Forms), als Adjektiv ebenfalls oft eine Passivbedeutung:

The lost keys turned up in the pocket of a thief.	*Die verlorenen Schlüssel tauchten in der Tasche eines Diebes auf.*
The needed funds were provided by a local millionaire.	*Die benötigten Gelder wurden von einem hiesigen Millionär bereitgestellt.*

Die Kombination aus einem Past Participle als Adjektiv und einem Substantiv kann daher auch als Passivsatz ausgedrückt werden:

The keys that were lost turned up in the pocket of a thief.	*Die Schlüssel, die verloren worden waren, tauchten in der Tasche eines Diebes auf.*
The funds that were needed were provided by a local millionaire.	*Die Gelder, die benötigt wurden, wurden von einem hiesigen Millionär bereitgestellt.*

Das Present Participle (die **ing**-Form eines Verbs) kann man ebenfalls als Adjektiv verwenden. Es deutet dabei oft auf ein Ereignis hin, das gerade im Gange ist und besitzt meist eine Aktivbedeutung:

The falling tree hit Cassie's house.	*Der herunterfallende Baum traf Cassies Haus.*
Let sleeping dogs lie.	*Schlafende Hunde soll man nicht wecken.*

Sehr häufig übersetzt man ein Present Participle, das als Adjektiv gebraucht wird, auch mit einem Relativsatz ins Deutsche:

The losing team must pay for the drinks.	*Die Mannschaft, die verliert, muss die Getränke bezahlen.*

! Beachte, dass Adjektive, die eine Nationalität bezeichnen, genau wie die entsprechenden Substantive (▶ Groß- und Kleinschreibung) ebenfalls immer großgeschrieben werden:

Let's order an English breakfast.	*Bestellen wir uns ein englisches Frühstück.*
Bobby finally woke up from the American dream.	*Bobby wachte schließlich aus dem amerikanischen Traum auf.*

Steigerungsformen

Die meisten einsilbigen und eine Reihe von zweisilbigen Adjektiven lassen sich wie folgt steigern:

GRUNDFORM		KOMPARATIV		SUPERLATIVE	
tall	*groß*	**taller**	*größer*	**tallest**	*am größten*
late	*spät*	**later**	*später*	**latest**	*am spätesten*

Neben der Grundform besitzen Adjektive also eine so genannte Komparativform (Comparative) und eine Superlativform (Superlative). Man bildet den Komparativ bei den meisten einsilbigen Adjektiven und bei zweisilbigen Adjektiven, die auf **-le, -er, -ow** oder **-y** enden, in der Regel durch Anhängen von **-er** an die Grundform. Beim Superlativ hingegen hängt man **-est** an die Grundform des Adjektivs:

Vincent is tall, but Nick is taller.	*Vincent ist groß, aber Nick ist größer.*
That elephant is the biggest.	*Der Elefant da ist der größte.*
Harold's newest tie has red lobsters on a white background.	*Harolds neueste Krawatte hat rote Hummer auf einem weißen Hintergrund.*

! Bei Adjektiven, die in der Grundform auf Konsonant + y enden, wird das **y** zu **ie**, wenn -**er** oder -**est** angehängt wird:

funny → funnier → funniest	*witzig, merkwürdig*
No one is funnier than Jerry Lewis.	*Keiner ist lustiger als Jerry Lewis.*

Es gibt aber auch einige unregelmäßig gebildete Steigerungsformen. Diese lernt man am besten auswendig:

GRUNDFORM	KOMPARATIV	SUPERLATIV	ÜBERSETZUNG
bad	**worse**	**worst**	*schlecht, schlimm*
good	**better**	**best**	*gut*
well	**better**	**best**	*gesund*
far	**farther, further**	**farthest, furthest**	*weit*
little	**less**	**least**	*wenig*
much	**more**	**most**	*viel*
many	**more**	**most**	*viele*

The patient looked better after a while.	*Nach einer Weile sah der Patient besser aus.*
That was the worst day of my life!	*Das war der schlimmste Tag in meinem Leben!*

Die Steigerung mit *more* und *most*

Adjektive, die in der Grundform aus mehr als zwei Silben bestehen und die meisten zweisilbigen Adjektive, die nicht auf **-le, -er, -ow** oder **-y** enden, werden mit **more** im Komparativ und **most** im Superlativ gesteigert:

It was the most interesting thing in the world!	*Es war das interessanteste Ding der Welt!*
The painting became more beautiful every day.	*Das Gemälde wurde jeden Tag schöner.*
This room is most comfortable.	*Dieser Raum ist am bequemsten.*

Bei einigen zweisilbigen Adjektiven sind beide Steigerungsformen möglich. Hier entscheidet oft das Sprachgefühl – beide Möglichkeiten sind jedoch grammatikalisch korrekt:

I have never seen a plan that was simpler! **I have never seen a plan that was more simple!**	*Ich habe noch nie einen einfacheren Plan gesehen!*

Einige zweisilbige, aus dem Lateinischen oder Griechischen stammende Adjektive werden ebenfalls mit **more** und **most** gesteigert:

Her style has become more modern.	*Ihr Stil ist moderner geworden.*
Al isn't the most patient person.	*Al ist nicht der geduldigste Mensch.*

Genauso steigert man die meisten Adjektive, die von der Partizipform eines Verbs abgeleitet werden, mit **more** und **most**:

The new assistant had the most glaring handwriting.	*Der neue Assistent hatte die schlimmste Handschrift.*
Ron thought geometry was more boring than biology, but Delia thought it was the most fascinating subject.	*Ron meinte, Geometrie sei langweiliger als Biologie, aber Delia meinte, es sei das faszinierendste Fach.*

Auch Adjektive, die die Zugehörigkeit zu einer bestimmten Gruppe (Nationalität, Religion, ...) ausdrücken, werden mit **more** und **most** gesteigert:

The immigrants were more French than the French themselves.	*Die Einwanderer waren französischer als die Franzosen selbst.*

Adjektive und Substantive

In der Regel stehen Adjektive direkt vor einem Substantiv:

The furious passenger wanted his money back.	*Der wütende Passagier wollte sein Geld zurück.*
The small TV is more expensive.	*Der kleine Fernseher ist teurer.*

Es kann jedoch auch vorkommen, dass ein Adjektiv von einer Präposition und einem Objekt gefolgt wird. Da diese Kombination sehr lang ist, steht das Adjektiv in solch einem Fall nach dem Substantiv:

Parents proud of their children like to tell others about them.	*Eltern, die stolz auf ihre Kinder sind, erzählen gern anderen Leuten von ihnen.*
Anybody as furious about a delayed flight would want their money back, too.	*Jeder, der so wütend über einen verspäteten Flug ist, würde auch sein Geld zurückhaben wollen.*

Wenn das Substantiv überflüssig ist

Wenn bereits aus dem Zusammenhang klar wird, von welchem Substantiv die Rede ist, kann im Deutschen ein Adjektiv oft auch alleine stehen, zum Beispiel in dem Satz *Ich nehme den Gelben*. Dies ist im Englischen nicht möglich; hier müssen Adjektive immer in Verbindung mit einem Substantiv oder einem Pronomen stehen, wie beispielsweise dem Pronomen **one**:

I'll take the yellow one.	*Ich nehme den Gelben.*
Do you mean the fat one or the skinny one?	*Meinst du den Dicken oder den Dünnen?*

Adjektive nach Verben

Man kann Adjektive auch nach gewissen Verben wie **be** (*sein*), **seem** und **appear** (*scheinen, vorkommen*), **get** und **become** (*werden*) oder **stay** und **remain** (*bleiben*) verwenden. Dabei passen **seem**, **get** und **stay** besser zur gesprochenen Sprache als **appear, become** und **remain**:

You're crazy!	*Du bist verrückt!*
The book on PCs seemed interesting.	*Das Buch über Computer schien interessant zu sein.*
You won't get rich that way.	*So wirst du nicht reich.*
The class remained quiet.	*Die Klasse blieb ruhig.*

Adjektive, die eine Farbe bezeichnen, stehen häufig nach dem Verb **turn** *(werden)*:

Julia turned red with embarrassment.	*Julia wurde rot vor Verlegenheit.*
When I washed my new jeans, the water turned blue – and so did all the other clothes.	*Als ich meine neue Jeans gewaschen habe, ist das Wasser blau geworden – und die andere Kleidung auch.*

Auch nach einigen Verben der Sinneswahrnehmung wie **look** *(aussehen)*, **sound** *(klingen/sich anhören)*, **taste** *(schmecken)*, **smell** *(riechen)* und **feel** *(sich anfühlen)* steht oft ein Adjektiv:

Everyone looked great.	*Alle haben toll ausgesehen.*
This old Easter egg smells rotten.	*Dieses alte Osterei stinkt.*
It felt right.	*Es fühlte sich richtig an.*

Die Adjektive *good, well* und *own*

Als Adjektive bedeuten **good** *gut,* oder *brav* und **well** *gesund*. **Good** ist ein sehr allgemeines Wort mit vielen Verwendungsmöglichkeiten, während das Adjektiv **well** sich nur auf die Gesundheit bezieht:

They enjoyed the good meal.	*Sie haben das gute Essen genossen.*
The children were being good.	*Die Kinder waren im Moment brav.*
I don't feel well.	*Ich fühle mich krank.*
His old mother isn't looking well.	*Seine alte Mutter sieht zur Zeit recht krank aus.*

Das Adjektiv **own** steht immer nur nach einem Possessivpronomen:

She makes all her own hats herself.	*Sie macht ihre Hüte alle selbst.*
I feel like a stranger in my own house.	*Ich fühle mich wie ein Fremder im eigenen Haus.*

Vergleiche

Die Komparativ- und Superlativformen der Adjektive werden oft benötigt, um Dinge miteinander zu vergleichen. Oft benutzt man beispielsweise den Komparativ, um zwei Dinge zu vergleichen, während man mit dem Superlativ mehrere Dinge vergleichen kann:

Geraldine is the older of the two sisters.	*Geraldine ist die ältere der zwei Schwestern.*
Geraldine is the oldest of the three sisters.	*Geraldine ist die älteste der drei Schwestern.*

Vergleiche mit *than*

Möchte man also zwei unterschiedliche Dinge miteinander vergleichen, so verwendet man oft den Komparativ und das Wörtchen **than** *(als)*:

Kate is happier than Stephanie.	*Kate ist glücklicher als Stephanie.*
My computer is more powerful than your computer.	*Mein Computer ist leistungsfähiger als dein Computer.*

Dies gilt auch, wenn das erste weniger von der Eigenschaft hat:

The stepsisters were less beautiful than Cinderella.	*Die Stiefschwestern waren nicht so schön wie Aschenputtel.*

Beachte, dass Personalpronomen, die in Vergleichen alleine stehen, meist in der Objektform auftreten:

His brother is much taller than him.	*Sein Bruder ist viel größer als er.*

In Vergleichssätzen kann **than** auch einen Nebensatz einleiten. Dieser besteht häufig aus einem Subjekt und einem Hilfsverb:

Sarah looks older than Jessica does.	*Sarah sieht älter aus als Jessica.*
Stephen was less experienced in catching potato bugs than Meredith was.	*Stephen hatte weniger Erfahrung im Fangen von Kartoffelkäfern als Meredith.*

Man kann statt des Hilfsverbs auch ein Vollverb verwenden:

Law is more interesting than it looks.	*Jura ist interessanter als man denkt.*

Vergleiche mit *as ... as*

Möchte man ausdrücken, dass zwei Dinge gleich sind, so verwendet man die Konstruktion **as ... as** zusammen mit der Grundform eines Adjektivs:

Gary looks as healthy as his father.	*Gary sieht so gesund aus wie sein Vater.*
Jim is not as tall as John.	*Jim ist nicht so groß wie John.*

Natürlich kann die „Gleichheit" auch verneint werden.

This house is not as big as that one.	*Dieses Haus ist nicht so groß wie das hier.*
You're not as beautiful as Snow White!	*Du bist nicht so schön wie Schneewittchen!*

Ebenso wie **than** kann das zweite **as** einen Nebensatz einleiten:

The soup tastes just as sweet as the cake does.	*Die Suppe schmeckt genauso süß wie der Kuchen.*
Their children are as fat as they are.	*Ihre Kinder sind genauso dick wie sie.*
Paddy was as pleasant as I had expected him to be.	*Paddy war so liebenswürdig wie ich ihn mir vorgestellt hatte.*

„Am meisten"

Nach einem Verb kann der Superlativ eines Adjektivs mit oder ohne den bestimmten Artikel **the** stehen:

The old lady was (the) friendliest.	*Die alte Dame war am freundlichsten.*

Möchte man eine Gruppe nennen, aus der man ein Extrembeispiel in der Superlativform hervorhebt, so fügt man die Gruppe mit **of** an. Beachte jedoch, dass der Superlativ in diesem Fall immer mit dem bestimmten Artikel **the** steht:

Brady was the stupidest of our students.	*Brady war der dümmste unserer Studenten.*
That story was the funniest of all.	*Diese Geschichte war die witzigste von allen.*

Allgemeine Fragen

Eine sehr allgemeine Frage nach den Eigenschaften einer Sache ist die Frage **What is it like?** *(Wie ist es?)*. Natürlich kann man diese Frage durch bestimmte Zeitformen oder zum Beispiel auch in Verbindung mit Modalverben entsprechend umgestalten:

What's the weather been like?	*Wie war das Wetter in letzter Zeit?*
What should the drawing be like?	*Wie soll die Zeichnung aussehen?*

Sehr ähnlich ist die Frage **How is it?** *(Wie ist es?)*. Beachten Sie jedoch, dass man mit dieser Frage eher nach dem Empfinden des Gesprächspartners fragt und darauf eine Beurteilung oder Einschätzung seines Gegenübers erwartet:

How's the pumpkin salad?	*Wie ist der Kürbissalat?*

Vergleiche folgende Dialoge:

SPRECHER A:	
What was the music like?	*Wie war die Musik?*
SPRECHER B:	
It was a mixture of jazz and blues.	*Es war eine Mischung aus Jazz und Blues.*

SPRECHER A:	
How was the music?	*Wie war die Musik?*
SPRECHER B:	
It was too loud, the pianist wasn't very good, but otherwise it was all right.	*Sie war zu laut, der Klavierspieler war nicht sehr gut, aber sonst war sie in Ordnung.*

Wenn man die Frage **How is/are ...?** auf Personen bezieht, wird sie zu einer Frage nach deren Gesundheit oder Wohlbefinden:

How are your parents?	*Wie geht's deinen Eltern?*
Hi! How's it going?	*Hallo! Wie läuft's?*

Möchte man nach der Farbe von etwas fragen, so verwendet man **What colour...?** und eine entsprechende Form des Verbs **be**:

SPRECHER A:	
What colour is it?	*Welche Farbe hat es?*
SPRECHER B:	
It's blue and green.	*Es ist blau und grün.*

Fragen mit Verben der Sinneswahrnehmung

In Verbindung mit Verben der Sinneswahrnehmung haben allgemeine Fragen oft die Form **What ... like?**:

What does it look like?	*Wie sieht es aus?*
What did the perfume smell like?	*Wie hat das Parfüm gerochen?*

9 Adverbs – Adverbien

Der Unterschied zwischen Adjektiven und Adverbien

Adjektive und Adverbien (Adverbs) haben im Deutschen dieselbe Form. Deshalb fällt es vielen Lernern oft schwer, die beiden Wortarten voneinander zu unterscheiden. Im Englischen haben viele Adverbien jedoch eine eigene Form, und darüber hinaus gibt es eine Reihe von weiteren Merkmalen, anhand derer man Adverbien von Adjektiven unterscheiden kann.
Adjektive bestimmen in der Regel immer ein Substantiv näher:

The little mouse was nervous. *Die kleine Maus war nervös.*

Dagegen können Adverbien zum Beispiel ein Verb, ein Adjektiv, ein anderes Adverb oder sogar einen ganzen Satz näher bestimmen:

ADVERB + VERB:	
The jogger quickly ran into the house and immediately disappeared into the bathroom.	*Der Jogger lief schnell ins Haus und verschwand sofort ins Bad.*
ADVERB + ADJEKTIV:	
The rather relieved parents welcomed their extremely late son home.	*Die Eltern waren ganz erleichtert und hießen ihren Sohn, der sehr spät nach Hause kam, willkommen.*
ADVERB + ADVERB:	
You've weeded the garden very thoroughly.	*Du hast den Garten aber sehr gründlich gejätet.*

Die Bildung von Adverbien

Die meisten Adverbien bildet man einfach durch Anhängen von **-ly** an die Grundform eines Adjektivs:

ADJEKTIV		ADVERB	ÜBERSETZUNG
quick	→	**quickly**	*schnell*
beautiful	→	**beautifully**	*schön*
bad	→	**badly**	*schlecht*

Endet ein Adjektiv jedoch auf –y oder –able / –ible, so verändert sich auch die Schreibweise eines daraus abgeleiteten Adverbs wie folgt:

ADJEKTIV		ADVERB	ÜBERSETZUNG
tidy	→	**tidily**	*ordentlich, sauber*
probable	→	**probably**	*wahrscheinlich*
horrible	→	**horribly**	*schrecklich*

Besonders in der Umgangssprache kann es gelegentlich auch vorkommen, dass die Endung **–ly** einfach weggelassen wird:

He drank quick. *Er trank echt schnell.*

Wichtige Ausnahmen

Einige Adverbien haben dieselbe Form wie das entsprechende Adjektiv:

back	*zurück*	**high**	*hoch*
close	*nahe*	**late**	*spät*
deep	*tief*	**left/right**	*links/rechts*
early	*früh*	**long**	*lang*
enough	*genug*	**near**	*nah*
far	*weit*	**right/wrong**	*richtig/falsch*
fast	*schnell*	**straight**	*gerade, direkt*
hard	*kräftig, hart*		

Ob es sich also um ein Adjektiv oder ein Adverb handelt, muss man sich in diesem Fall jeweils aus dem Satzzusammenhang erschließen:

ADJEKTIVE:	
Their service is fast.	*Ihr Service ist schnell.*
But that hotel is too far from the train station.	*Aber das Hotel ist zu weit vom Bahnhof entfernt.*
Who knows the right answer?	*Wer weiß die richtige Antwort?*
ADVERBIEN:	
On a clear day you can see far.	*Bei klarem Wetter kann man weit sehen.*
Can't you do anything right?	*Kannst du denn nichts richtig machen?*

Einige der genannten Wörter bilden dennoch ein Adverb auf **-ly**, dieses hat aber eine ganz andere Bedeutung:

hardly	*kaum*	**nearly**	*beinahe, fast*
deeply	*tief*	**closely**	*nah*
lately	*kürzlich, vor kurzem*		

I hardly know him!	*Ich kenne ihn kaum.*
They nearly missed the train.	*Sie hätten fast den Zug verpasst.*

Well

Das Wort **well** wird im Englischen unterschiedlich gebraucht. **Well** bedeutet als Adverb *gut*, während es als Adjektiv die Bedeutung *gesund* hat:

ADJEKTIV:	
He was well when I was there.	*Als ich dort war, war er gesund.*
ADVERB:	
They did their work well.	*Sie machten ihre Arbeit gut.*

In der gesprochenen Sprache benutzt man **well** auch als Verlegenheitswort, im Sinne von *nun* oder etwa *ähm*:

Well, sometimes it's hard to see.	*Nun, manchmal ist es schwer zu erkennen.*
Well ... can I ask you something?	*Ähm ... kann ich Dich was fragen?*

(▶ **Adjectives** - Eigenschaftswörter: Good/well)

Adjektive mit der Endung -ly

Es gibt eine Reihe von Adjektiven, die bereits auf **-ly** enden, wie zum Beispiel **elderly** *(betagt)*, **sickly** *(kränklich)*, **kindly** *(liebenswürdig)*, **likely** *(wahrscheinlich)* und **friendly** *(freundlich)*. Von diesen Adjektiven kann man kein Adverb ableiten, das heißt man kann sie auch nur als Adjektive benutzen:

A nurse takes care of their sickly child.	*Eine Krankenschwester pflegt ihr kränkliches Kind.*
A kindly woman helped us.	*Eine liebenswürdige Frau hat uns geholfen.*
It was likely that they would start fighting again.	*Sehr wahrscheinlich würden sie wieder anfangen zu streiten.*
There comes that friendly man with his dachshund.	*Da kommt dieser freundliche Herr mit seinem Dackel.*

Probably – more/most likely

Wenn man ein Adverb mit der Bedeutung *wahrscheinlich* verwenden möchte, greift man am besten auf **probably** zurück. Man kann aber auch **more likely** und **most likely** als gesteigerte Adverbien gebrauchen!

They've probably gone home already.	*Wahrscheinlich sind sie schon nach Hause gegangen.*
Eric most likely was after the ice cream.	*Sehr wahrscheinlich hatte es Eric auf das Eis abgesehen.*

Friendly

! Da sich von dem Adjektiv **friendly** kein Adverb ableiten lässt, muss man eine Umschreibung wählen, wenn man trotzdem eine adverbiale Bedeutung ausdrücken möchte. Hier eignen sich Konstruktionen wie **in a friendly way** oder das etwas formellere **in a friendly manner**:

Whitney looked up in a friendly manner.	*Whitney schaute freundlich auf.*
The parents shook hands in a friendly way.	*Die Eltern gaben sich freundlich die Hand.*

Home

In bestimmten Zusammenhängen kann man das Wort **home** als Adverb benutzen. **Home** gibt dann eine Richtung an und bedeutet *nach Hause*:

Ray got fed up and went home.	*Ray hatte die Nase voll und ging nach Hause.*
Everybody was driving home from vacation on the same day.	*Alle fuhren am selben Tag aus dem Urlaub nach Hause.*

Ansonsten wird **home** oft in Verbindung mit der Präposition **at** verwendet: **At home** bedeutet *zu Hause*. Besonders im Amerikanischen Englisch kann man **at** vor allem nach den Verben **be, stay** und **remain** auch weglassen:

Many college students live at home with their parents.	*Viele Studenten wohnen zu Hause bei ihren Eltern.*
They were home but refused to open the door.	*Sie waren zu Hause, aber wollten nicht aufmachen.*

Die Steigerung der Adverbien

Ähnlich wie bei den Adjektiven (▶ Die Steigerung der Adjektive) werden einsilbige Adverbien sowie das Adverb **early** (*früh*) im Komparativ durch Anhängen von **–er** und im Superlativ durch Anhängen von **–est** gesteigert:

GRUNDFORM	KOMPARATIV	SUPERLATIV	ÜBERSETZUNG
close	**closer**	**closest**	*nahe*
early	**earlier**	**earliest**	*früh*
fast	**faster**	**fastest**	*schnell*
hard	**harder**	**hardest**	*hart, kräftig*
wide	**wider**	**widest**	*weit, breit*

Adverbien mit zwei oder mehr Silben steigert man dagegen mit **more** und **most**:

GRUNDFORM	KOMPARATIV	SUPERLATIV	ÜBERSETZUNG
beautifully	**more beautifully**	**most beautifully**	*schön*
effectively	**more effectively**	**most effectively**	*effektiv, wirkungsvoll*

He sang the most beautifully.	*Er sang am schönsten.*

Natürlich gibt es auch bei den Adverbien einige unregelmäßige Steigerungsformen:

GRUNDFORM	KOMPARATIV	SUPERLATIV	ÜBERSETZUNG
badly	**worse**	**worst**	*schlecht*
far	**farther, further**	**farthest, furthest**	*weit*
little	**less**	**least**	*wenig*
much	**more**	**most**	*viel*
well	**better**	**best**	*gut*

Am besten lernt man diese unregelmäßigen Adverbien einfach auswendig. Hier noch ein paar Beispiele:

The sound of jets overhead bothers my parents less than our neighbours' music.	*Der Lärm von Düsenflugzeugen stört meine Eltern weniger als die Musik von unseren Nachbarn.*
I liked her third novel the most.	*Mir hat ihr dritter Roman am besten gefallen.*

Adverbien im Satz

Während Adverbien, die ein Adjektiv oder ein anderes Adverb näher bestimmen, meist unmittelbar vor dem entsprechenden Wort stehen, können Adverbien, die ein Verb oder auch einen ganzen Satz näher bestimmen, an unterschiedlichen Positionen im Satz vorkommen. Adverbien der Art und Weise können im Satz oft vor einem Verb stehen:

Dustin had carefully brushed his coat.	*Dustin hatte seinen Mantel sorgfältig gebürstet.*
Ruby cheerfully hummed a song.	*Ruby summte fröhlich ein Lied.*

Sie können jedoch auch nach dem Objekt des Verbs stehen. Besitzt das entsprechende Verb kein Objekt, so kann man das Adverb direkt nach dem Verb einsetzen:

Dustin had brushed his coat carefully.	*Dustin hatte seinen Mantel sorgfältig gebürstet.*
Ruby hummed a song cheerfully.	*Ruby summte fröhlich ein Lied.*
The police appeared quickly.	*Die Polizei erschien schnell.*

! Beachte aber, dass das Adverb nie zwischen dem Verb und dem Objekt stehen kann. Adverbien der Häufigkeit stehen meistens unmittelbar vor oder direkt nach dem (ersten) Hilfsverb im Satz. Ist kein Hilfsverb vorhanden, so steht das Adverb zwischen dem Subjekt des Satzes und dem Vollverb:

Jo would never do such a thing.	*Jo würde so was nie machen.*
I sometimes have seen him there.	*Ich habe ihn manchmal dort gesehen.*
The train usually arrives on time.	*Der Zug kommt meistens pünktlich an.*

Die Adverbien **always** (*immer*), **usually** (*meistens*), **often** (*oft*), **frequently** (*häufig*), **sometimes** (*manchmal*), **occasionally** (*gelegentlich*) können zur Betonung auch am Satzanfang stehen:

Usually the train arrives on time, but where is it today?	*Meistens kommt der Zug pünktlich an, aber wo bleibt er denn heute?*
Occasionally they visit Marcus, but more often they stay home and gossip about him.	*Gelegentlich besuchen sie Marcus, aber öfter bleiben sie daheim und tratschen über ihn.*
Frequently they met at the bus stop.	*Häufig trafen sie sich an der Bushaltestelle.*
Sometimes they even went to the cinema together.	*Manchmal gingen sie sogar zusammen ins Kino.*

Auch Adverbien mit einer negativen Bedeutung, wie zum Beispiel **never** *(niemals)*, können am Satzanfang stehen (▶ Kapitel Verneinung). Beachte jedoch, dass dabei das Subjekt und das Hilfsverb ihre Position im Satz tauschen:

Never had I felt so embarrassed!	*Nie habe ich mich so geschämt*!

Dasselbe geschieht auch bei Adverbien der Zeit, des Ortes oder der Richtung, zum Beispiel also bei **here, now, down, up** oder **there**:

Here comes the bus.	*Da kommt der Bus.*
Now is the time to say goodbye.	*Jetzt ist es an der Zeit, sich zu verabschieden.*
Down came the rain.	*Da fiel der Regen literweise!*
There stood a confused student.	*Da stand ein verwirrter Schüler.*

10 Coordinating Conjunctions – Bindewörter

And, but und *or*

Die Bindewörter **and** *(und)*, **but** *(aber)* und **or** *(oder)* können sowohl Hauptsätze als auch andere Satzteile miteinander verbinden:

Verbindung von Hauptsätzen

Carol chose a book on difficult parents, and her mother chose one on difficult children.	*Carol suchte sich ein Buch über schwierige Eltern aus, und ihre Mutter suchte sich eins über schwierige Kinder aus.*
The boy wanted an ice-cream cone, but his parents wouldn't buy him one before dinner.	*Der Junge wollte ein Eis, aber seine Eltern weigerten sich, ihm eins vor dem Abendessen zu kaufen.*
Perhaps Jerry was looking for a raccoon, or perhaps he was going to dig holes in the flower garden.	*Vielleicht hat Jerry nach einem Waschbär gesucht, oder vielleicht ist er auch Löcher im Blumengarten graben gegangen.*

! Hauptsätze, auch solche die durch **and, but** oder **or** miteinander verbunden sind, werden durch Komma getrennt. Sind die Hauptsätze jedoch sehr kurz, kann man das Komma vor der Konjunktion weglassen:

Beth is a student and she lives in Berlin.	*Beth ist Studentin und sie lebt in Berlin.*

Verbindung von anderen Satzteilen

We looked for Perry in his room but not under the bed.	*Wir haben Perry in seinem Zimmer gesucht, aber nicht unterm Bett.*
My cat loves strawberries and cream – or at least the cream.	*Meine Katze liebt Erdbeeren mit Sahne – oder zumindest die Sahne.*

Both ... and, either ... or und *neither ... nor*

Auch mit den Formeln **both ... and** (*sowohl ... als auch*), **either ... or** (*entweder ... oder*) und **neither ... nor** (*weder ... noch*) kann man zwei Satzteile miteinander verbinden:

Both our dog and our cat love to go for walks.	*Sowohl unser Hund als auch unsere Katze gehen gern spazieren.*
Either Harvey is lying, or there's an elephant hiding in the backyard.	*Entweder Harvey lügt, oder ein Elefant hat sich im Hinterhof versteckt.*
The travellers found neither an oasis nor the promised camels.	*Die Reisenden fanden weder eine Oase noch die versprochenen Kamele vor.*

Wenn man zwei Hauptsätze mit **neither ... nor** verbinden möchte, muss man darauf achten, dass **neither** im ersten Satz nach dem Subjekt steht und im zweiten Satz nach **nor** ein Hilfsverb vor dem Subjekt stehen muss:

Sylvia neither intended to get married, nor did she approve of living together.	*Sylvia hatte weder vor zu heiraten, noch hielt sie viel vom Zusammenleben.*

11 Sentence Structure – Satzbau

Der Aussagesatz

Vor dem Verb

Im Deutschen können Aussagesätze entweder von einem Subjekt oder von einer Satzergänzung (zum Beispiel von einem Objekt oder einer adverbialen Ergänzung) eingeleitet werden. Beginnt ein Satz mit einer Satzergänzung, so rückt das konjugierte Verb vor das Subjekt des Satzes: *Lebensmittel kaufen wir immer im Supermarkt.*
Auch im Englischen können Aussagesätze mit einer Satzergänzung anfangen, das Subjekt des Satzes steht dabei dennoch immer vor dem konjugierten Verb:

After the conference some of the teachers went out for a drink.	*Nach der Konferenz sind einige Lehrer etwas trinken gegangen.*
The chewing gum, she liked; the cream pie, she didn't like.	*Den Kaugummi mochte sie, die Cremetorte mochte sie nicht.*

Auch wenn ein Satz mit einem Nebensatz beginnt, steht das Subjekt des Hauptsatzes im Englischen vor dem konjugierten Verb:

Although it was late, we didn't go home.	*Obwohl es spät war, sind wir nicht nach Hause gegangen.*

Nach dem Verb

Eine ganze Reihe von Phrasen kann nach dem Vollverb eines Satzes stehen. In der Regel bestehen einfache Aussagesätze im Englischen aus einem Subjekt, gefolgt von einem Verb und einem oder mehreren Objekten. Sie haben also die folgende Struktur:

SUBJEKT	+	VERB	+	OBJEKT

Zusätzlich gibt es jedoch eine Reihe von Satzergänzungen, mit denen man einen Aussagesatz erweitern kann, wie zum Beispiel adverbiale Bestimmungen. Beachte dabei die richtige Reihenfolge im Satz: Nach dem Objekt folgt in der Regel, sofern vorhanden, eine adverbiale Bestimmung der Art und Weise, dann eine Bestimmung des Ortes, und schließlich eine adverbiale Bestimmung der Zeit. Natürlich enthält nicht jeder Aussagesatz all diese Satzergänzungen gleichzeitig, achte aber dennoch immer auf die richtige Reihenfolge:

Rick ate at the restaurant on Tuesday.	*Rick hat am Dienstag in dem Restaurant gegessen.*
The guru explained yoga to his pupils.	*Der Guru erklärte seinen Schülern Yoga.*

Darüber hinaus gilt, dass längere Satzelemente eher am Ende eines Aussagesatzes stehen. Auch Nebensätze tauchen oft am Satzende auf, obwohl man sie vielleicht an einer anderen Stelle erwarten würde:

I finally found the missing exam papers yesterday where no one would ever think to look.	*Schließlich habe ich die Klausuren gestern dort gefunden, wo es niemandem in den Sinn käme zu schauen.*

Indirekte Fragesätze

Nebensätze, die eine Frage beinhalten, bezeichnet man als indirekte Fragesätze. Diese werden in der Regel von Verben wie **ask** (*fragen*), **wonder** (*sich fragen*), **know** (*wissen*) etc. und einem Fragewort (**who, where, when, what, how, ...**) eingeleitet:

He asked what I thought about the book.	*Er fragte, was ich über das Buch dachte.*
He asked whether I liked the book.	*Er fragte, ob ich das Buch mochte.*

Ob-Fragen

She asked whether I ski.	*Sie fragte, ob ich Ski fahre.*
He asked his friend whether she had seen that film.	*Er fragte seine Freundin, ob sie den Film schon gesehen hätte.*

If und **whether** bedeuten also beide *ob*:

They hadn't heard whether Karen was working in town.	*Sie hatten nicht gehört, ob Karen in der Stadt arbeitete.*
I'm not sure if we need cheese for the pizza.	*Ich bin mir nicht sicher, ob wir Käse für die Pizza brauchen.*

Die Wörter **if** und **whether** haben grundsätzlich dieselbe Bedeutung, wobei **whether** etwas formeller klingt.

Nachgestellte Nebensätze (also auch Nebensatzfragen), die mit **that, what, when, because**, etc. beginnen, werden nicht durch Komma abgetrennt. Dies ist für Deutsche die häufigste Fehlerquelle in der Kommasetzung!

Indirect Speech – Indirekte Rede

Zeitanpassung

Neben der direkten Rede (direct speech) gibt es auch die Möglichkeit davon zu berichten, was eine Person gesagt hat. Dies geschieht in der Regel mit einem Nebensatz, der durch **that** (*dass*) eingeleitet wird und in der so genannten indirekten Rede (indirect speech) steht:

DIRECT SPEECH:

She said, "Rover bit the policeman."

INDIRECT SPEECH:

She said that **Rover had bitten the policeman.**

Bei der direkten Rede hat man am Gesagten natürlich nichts zu ändern.

Die Zeitformen der Verben in der indirekten Rede richten sich nach der jeweiligen Zeitform des Verbs im Hauptsatz: Steht das Verb im Hauptsatz in der Gegenwart (also im Simple Present oder auch im Present Perfect) oder in der Zukunft (zum Beispiel in der Zukunft mit **will**), dann werden die Zeitformen der Verben in der indirekten Rede nicht verändert. Steht das Verb im Hauptsatz jedoch in der Vergangenheit (zum Beispiel im Simple Past), dann verändern sich die Zeitformen der Verben in der indirekten Rede: So wird beispielsweise aus dem Simple Present in der indirekten Rede das Simple Past, und aus dem Simple Past wird das Past Perfect (die Vorvergangenheit). Hier einige Beispiele:

HAUPTSATZ IN DER GEGENWART ODER ZUKUNFT	
He says **that the painting** is finished**.**	*Er sagt, dass das Gemälde fertig ist.*
She will want **to know what you**'ve done**.**	*Sie wird wissen wollen, was ihr getan habt.*
They have told **me that** they plan **to buy coconuts.**	*Sie haben mir gesagt, dass sie vorhaben, Kokosnüsse zu kaufen.*

HAUPTSATZ IN DER VERGANGENHEIT	
• Aus der Gegenwart wird Vergangenheit:	
The painting is **finished.**	*Das Gemälde ist fertig.*
He said **that the painting** was **finished.**	*Er sagte, dass das Gemälde fertig sei.*
• Aus der Vergangenheit wird Plusquamperfekt (Vorvergangenheit):	
France won **the game.**	*Frankreich gewann das Spiel.*
She said **that France** had won **the game.**	*Sie sagte, dass Frankreich das Spiel gewonnen hatte.*

Modalverben in der indirekten Rede

Auch Modalverben wie **can, will, may** oder **shall** werden in der indirekten Rede verändert, wenn das Verb des Hauptsatzes in der Vergangenheit steht. Aus **can** wird dabei **could, will** wird zu **would, may** zu **might**, und **shall** wird zu **should**:

"I can read minds!"	*„Ich kann Gedanken lesen!"*
Elliot claimed that he could read minds.	*Elliot behauptete, dass er Gedanken lesen könne.*
"What will they do next?"	*„Was werden sie wohl als Nächstes tun?"*
We wondered what they would do next.	*Wir haben uns gefragt, was sie wohl als Nächstes tun würden.*

(▶ Modal Verbs - Modalverben)

Pronomen in der indirekten Rede

Achte bei der indirekten Rede außerdem darauf, dass Pronomen sich ebenfalls ändern können, je nachdem, aus welcher Perspektive berichtet wird. Ein Satz wie **I see him** kann also in der indirekten Rede unterschiedlich wiedergegeben werden:

"I see him."	*„Ich sehe ihn."*
I said that I saw him.	*Ich sagte, dass ich ihn gesehen habe.*
You said that you saw him.	*Du sagtest, dass du ihn gesehen hast.*
Anne said that she saw him.	*Anne sagte, dass sie ihn gesehen hat.*

Adverbiale Nebensätze

Adverbiale Nebensätze haben in etwa dieselbe Funktion wie Adverbien – sie können einen Satz näher bestimmen. Die Wortfolge in adverbialen Nebensätzen ist meist dieselbe wie in Aussagesätzen:

Adverbien und adverbiale Nebensätze

Therefore the the chocolate was gone.	*Deshalb war war die Schokolade weg.*
Because my friend had walked past and eaten the chocolate, the chocolate was gone.	*Weil mein Freund vorbeigekommen war und die Schokolade gegessen hatte, war die Schokolade weg.*

Something will happen soon.	*Bald wird etwas passieren.*
Something will happen when the monkeys are let out of the cage.	*Wenn die Affen aus dem Käfig gelassen werden, wird etwas passieren.*

Zukünftige Ereignisse werden in adverbialen Nebensätzen selten mit **will** oder **shall** ausgedrückt. Man benutzt hier eher das Simple Present:

As soon as you get home, turn on the heater.	*Sobald du heimkommst, dreh die Heizung auf.*

Konditionalsätze

Nebensätze, die von der Konjunktion **if** (*wenn/falls*) eingeleitet werden, bezeichnet man als konditionale Nebensätze oder Konditionalsätze (conditional clauses). Sie drücken meist eine Möglichkeit oder Bedingung aus:

We can go to the zoo if you want.	*Wir können in den Zoo gehen, wenn du willst.*
If it rains today, I'll stay home.	*Wenn es heute regnet, bleibe ich daheim.*

Verwechsel **if** jedoch nicht mit der Konjunktion **when** (*wenn/als*)! **When** drückt keine Bedingung aus, sondern hat immer einen zeitlichen Bezug:

When you see Gina tonight, give her this book for me.	*Wenn du heute Abend Gina siehst, gib ihr dieses Buch von mir.*
I always stay home when it rains.	*Ich bleibe immer zu Hause, wenn es regnet.*

Steht der Nebensatz in der Vergangenheit, dann übersetzt man **when** auch häufig mit *als*:

We were glad when they left.	*Wir waren froh, als sie gingen.*
When he started to sing, everyone left the room.	*Als er anfing zu singen, verließen alle den Raum.*

In den folgenden beiden Sätzen kann man den Unterschied zwischen **when** und **if** noch einmal deutlich erkennen:

When you get up tomorrow, call me.	*Sobald du morgen aufstehst, ruf mich an.*
If you get up tomorrow, call me.	*Falls du morgen aufstehst, ruf mich an.*

Verbformen mit if-Sätzen

Im Allgemeinen kann man Gegenwart und Vergangenheit in **if**-Sätzen wie im Hauptsatz ausdrücken:

If she's tired, let her go to bed.	*Wenn sie müde ist, lass sie ins Bett gehen.*
If they've been doing their homework, why are they covered with dirt?	*Wenn sie gerade ihre Hausaufgaben gemacht haben, warum sind sie dann mit Dreck verschmiert?*
If she was tired, she didn't say so.	*Wenn sie müde war, so hat sie es nicht gesagt.*
If they were sleeping at the time, the telephone surely woke them up.	*Wenn sie um diese Zeit geschlafen haben, so hat sie das Telefon ganz sicher geweckt.*

Wenn es im **if**-Satz um ein Ereignis in der Zukunft geht, hat der **if**-Satz meist eine Gegenwartszeit:

If that dog bites me, I'll sue you.	*Falls mich dieser Hund beißt, werde ich Sie verklagen.*
If you go to Russia next year, I will go to the States.	*Wenn du nächstes Jahr nach Russland fährst, fahre ich in die Staaten.*

Um auszudrücken, dass das Ereignis im **if**-Satz geplant oder vorhergesagt ist, verwendet man **be going to** (▶ Wie man über die Zukunft spricht):

If they are going to tear down that hotel, it must not be doing well.	*Wenn sie vorhaben, das Hotel abzureißen, dann läuft das Geschäft dort wahrscheinlich nicht gut.*
If prices are going to rise, we should stock up on chocolate bars.	*Wenn es stimmt, dass die Preise steigen werden, sollten wir uns einen Vorrat an Schokoladenriegeln zulegen.*

Normalerweise benutzt man **will** nicht im Konditionalsatz, außer man möchte eine höfliche Bitte zum Ausdruck bringen:

If you will just close the window, we can get started.	*Wenn Sie das Fenster zumachen würden, können wir anfangen.*

Oft will man mit einem **if**-Satz eine Situation beschreiben, die eigentlich nicht real ist, die aber – zumindest in der Fantasie – stattfinden könnte. In diesem Fall steht das Verb im **if**-Satz im Simple Past und das Verb im Hauptsatz im Conditional II (**would** + Infinitiv):

If I were an ostrich, I would run 50 km every day.	*Wenn ich ein Strauß wäre, würde ich jeden Tag 50 km laufen.*

Wenn das Nichtexistierende in der Vergangenheit war, dann steht das Verb im **if**-Satz im Past Perfect und das Verb im Hauptsatz im Conditional Past (**would / could + have +** Past Participle):

If I had been an ostrich at the time, I would have run 50 km every day.	*Wenn ich damals ein Strauß gewesen wäre, wäre ich jeden Tag 50 km gelaufen.*
If Anne hadn't brought the drinks, we couldn't have had the party.	*Wenn Anne die Getränke nicht gebracht hätte, hätten wir das Fest nicht feiern können.*

Weitere adverbiale Nebensätze

Adverbiale Nebensätze können zeitliche Verhältnisse beschreiben:

After Colin had his coffee, he read the newspaper.	*Nachdem Colin seinen Kaffee getrunken hatte, las er die Zeitung.*
Before Alberta went to work, she called five clients.	*Bevor Alberta zur Arbeit ging, hat sie fünf Kunden angerufen.*
Since he's been here, there's been nothing but trouble.	*Seitdem er hier ist, hat's nichts als Ärger gegeben.*
As long as Perry thinks you're here, he won't get suspicious.	*Solange Perry glaubt, dass du hier bist, wird er nicht stutzig werden.*

Die englische Entsprechung des deutschen Wortes *während* ist **while**.

Im gehobenen Sprachgebrauch sagt man im britischen Englisch anstatt **while** selten auch **whilst**.

While Naomi was singing in the bathtub, the man left with the contents of her wallet.	*Während Naomi noch in der Badewanne sang, ist der Mann mit dem Inhalt ihrer Brieftasche verschwunden.*
Whilst Moira played the piano, Francis worked in the garden.	*Während Moira Klavier spielte, arbeitete Francis im Garten.*

Es gibt noch eine Reihe weiterer adverbialer Nebensätze, die sonstige Umstände (wie zum Beispiel Ursachen, Gründe, Bedingungen, ...) beschreiben:

Because there was a lot of snow last night, we have to stay indoors today.	*Weil es letzte Nacht viel geschneit hat, müssen wir heute drinnen bleiben.*
Since you think you're so smart, you can finish the work yourself.	*Da du dich für so gescheit hältst, kannst du die Arbeit selber zu Ende machen.*
Unless the weather improves, we'll have to stay indoors.	*Falls das Wetter nicht besser wird, werden wir drinnen bleiben müssen.*

As long as you're here, you can help me with the chores.	*Wenn du sowieso da bist, kannst du mir im Haushalt helfen.*
So long as Patsy and Mark don't try to climb the trees, they can come too.	*Solange Patsy and Mark nicht versuchen auf die Bäume zu klettern, dürfen sie auch mitkommen.*

Infinitivsätze

Auch der Infinitiv mit **to** kann innerhalb eines Satzes einen Nebensatz einleiten. Nach **to** steht entweder der Infinitiv eines Vollverbs oder der eines Hilfsverbs mit darauf folgendem Vollverb. Infinitivsätze stehen meist nach bestimmten Verben, Adjektiven oder Substantiven, die den Infinitiv mit **to** nach sich ziehen:

We meant to send you a card.	*Wir hatten vor, euch eine Karte zu schicken.*
My parents would be sorry to have to see you again.	*Meine Eltern würden es bedauern, dich wiedersehen zu müssen.*
To have danced badly would have been embarrassing.	*Schlecht getanzt zu haben wäre peinlich gewesen.*

Bei manchen Verben kann vor dem darauf folgenden Infinitivsatz ein Objekt stehen:

I asked the committee to pay for it.	*Ich habe das Komitee darum gebeten, es zu bezahlen.*
The teacher told the rowdy pupils to get out of the classroom.	*Der Lehrer forderte die randalierenden Schüler auf, das Klassenzimmer zu verlassen.*

Nach bestimmten Verben, wie zum Beispiel **ask**, **tell**, **want**, **expect** und **need**, kann also das Objekt des Hauptsatzes zum Subjekt des Infinitivsatzes werden. Es steht dann immer vor dem Infinitiv mit **to**:

The athletes wanted the spectators to cheer them up.	*Die Athleten wollten vom Publikum aufgemuntert werden.*
They expect it to stop raining tomorrow.	*Sie nehmen an, dass es morgen aufhört zu regnen.*
I need him to move furniture for me.	*Ich hätte gern, dass er für mich Möbel umstellt.*

Wenn das Subjekt des Infinitivsatzes allerdings mit dem Subjekt des Hauptsatzes identisch ist, dann erscheint das Subjekt nur im Hauptsatz:

We wanted to see New York in spring.	*Wir wollten New York im Frühjahr sehen.*
They expect to find some buried treasures soon.	*Sie erwarten, bald vergrabene Schätze zu finden.*

Adverbialer Gebrauch

Man kann mit einem Infinitivsatz auch den Sinn oder Zweck einer Handlung zum Ausdruck bringen. In diesem Fall kann der Infinitivsatz von **to** oder der Formel **in order to** eingeleitet werden:

Mrs. Green went to the party to keep an eye on her daughters.	*Mrs. Green ist zu der Party gegangen, um ihre Töchter im Auge zu behalten.*
You need to turn on the light in order to see properly.	*Du musst das Licht anmachen, um besser sehen zu können.*

ing-Sätze

Ähnlich wie beim Infinitiv mit **to** kann man auch mit der **ing**-Form eines Verbs einen Nebensatz bilden. Dieser Nebensatz kann zum Beispiel eine kausale Bedeutung haben, das heißt er beschreibt einen Grund oder eine Ursache:

Desperately needing money, they started a small business.	*Da sie dringend Geld benötigten, gründeten sie ein kleines Geschäft.*
Having lost his car keys, he continued his journey on foot.	*Da er seine Autoschlüssel verloren hatte, setzte er seine Reise zu Fuß fort.*

Darüber hinaus kann man einen **ing**-Satz auch am Ende eines Hauptsatzes anfügen. In diesem Fall beschreibt der **ing**-Satz, dass zwei Handlungen gleichzeitig ablaufen:

Maurice was at home eating steaks for breakfast.	*Maurice war zu Hause und aß zum Frühstück Steaks.*
Sabrina crawled around on the floor picking up the fallen coins.	*Sabrina kroch auf dem Boden herum und hob alle Münzen auf, die heruntergefallen waren.*

Auch mit den Präpositionen **after**, **before**, **without** und **while** und der **ing**-Form eines Verbs kann man einen Nebensatz bilden. Dies ist jedoch nur möglich, wenn das Subjekt des Hauptsatzes und das gedachte Subjekt des Nebensatzes identisch sind:

Clean up after finishing your work.	*Räumt auf, wenn ihr mit eurer Arbeit fertig seid.*
Before bathing, he looked at the clock.	*Bevor er badete, schaute er auf die Uhr.*
He put up his feet without removing his shoes.	*Er legte seine Füße hoch, ohne seine Schuhe auszuziehen.*
The chef prepared the salad while flipping pancakes.	*Der Koch bereitete den Salat zu, während er Pfannkuchen in der Luft herumwirbelte.*

Nach **instead of** und **by** steht immer eine **ing**-Form:

Instead of buying groceries, he spent the money on pinball.	*Anstatt Lebensmittel zu kaufen, gab er das Geld für Flipperspiele aus.*
You could try to fix it by pressing that button.	*Du könntest versuchen es zu reparieren, indem du diesen Knopf drückst.*

Ein **ing**-Satz kann auch als Subjekt eines längeren Satzes dienen:

Climbing mountains can be great fun.	*Auf Berge steigen kann viel Spaß machen.*
Seeing their incompetence drives me crazy.	*Es macht mich wahnsinnig, wenn ich mir ansehen muss, wie unfähig sie sind.*

Verben, nach denen eine *ing*-Form steht

Nach den folgenden Verben steht meist eine **ing**-Form:

enjoy	*sehr gern tun, genießen*	**mind**	*etwas ausmachen*
finish	*beenden, aufhören, etwas zu Ende machen*	**miss**	*vermissen*
		practice	*üben*
go	*gehen*	**remember**	*sich an etwas erinnern*
imagine	*sich etwas vorstellen*	**stop**	*aufhören*
keep	*weitermachen*	**try**	*versuchen*
like	*gern tun*	**start**	*anfangen*

They finally stopped banging the pans together.	*Endlich hörten sie damit auf, Pfannen zusammenzuknallen.*
I enjoy swimming in warm water.	*Ich schwimme sehr gern in warmem Wasser.*
We didn't mind walking the ten miles.	*Es machte uns nichts aus, die zehn Meilen zu Fuß zu gehen.*
Let's go swimming tomorrow!	*Gehen wir morgen schwimmen!*
Pauline kept bothering me.	*Pauline hat mich ständig gestört.*

! Vorsicht: Nach **stop** kann sowohl eine **ing**-Form als auch ein Infinitiv mit **to** folgen. Die beiden Konstruktionen haben jedoch eine völlig unterschiedliche Bedeutung – **stop doing something** bedeutet *aufhören, etwas zu tun* und **stop to do something** bedeutet *aufhören, um etwas zu tun*:

They finally stopped shouting at me.	*Sie hörten endlich auf, mich anzuschreien.*
They finally stopped to shout at me.	*Sie hörten endlich auf, um mich anzuschreien.*

Nach den meisten Präpositionen steht ebenfalls die **ing**-Form eines Verbs:

be afraid of	*davor Angst haben*
be for/against	*dafür/dagegen sein*
be good/bad at	*darin gut/schlecht sein*
be interested in	*daran interessiert sein*
be tired of	*es satt haben*
be used to	*es gewohnt sein*
believe in	*daran glauben*
feel like	*dazu Lust haben*
insist on	*darauf bestehen*
look forward to	*sich darauf freuen*
think about	*daran denken, sich überlegen*

I look forward to hearing from you.	*Ich freue mich darauf, von Ihnen zu hören.*
I feel like having a swim.	*Ich habe Lust zu schwimmen.*
I didn't feel like working.	*Ich hatte keine Lust zu arbeiten.*
My grandmother believes in eating porridge for breakfast every day.	*Meine Großmutter ist davon überzeugt, dass man jeden Tag Haferbrei zum Frühstück essen sollte.*

(▶ siehe auch: The Gerund - das Gerundium)

! Vorsicht: Verwechsel die Präposition **to** nicht mit dem Infinitiv mit **to**:

I was prepared to do anything.	*Ich war bereit, alles zu tun.*
The group went on to discuss the weather.	*Die Gruppe unterhielt sich anschließend über das Wetter.*
He used to call me up in the middle of the night.	*Früher hat er mich mitten in der Nacht angerufen.*

Die **ing**-Form eines Verbs folgt also nur auf die Präposition **to**:

I have no objection to waiting.	*Ich habe nichts dagegen, zu warten.*
Next to sleeping, my favourite activity is watching TV.	*Neben Schlafen ist Fernsehen meine Lieblingsbeschäftigung.*
I'm used to hearing his complaints.	*Ich bin es gewohnt, seine Klagen zu hören.*

Bei einer Reihe von Verben kann vor der darauf folgenden **ing**-Form noch ein Objekt oder eine Possessivform stehen:

appreciate	*zu schätzen wissen*
excuse	*entschuldigen*
mind	*etwas dagegen haben*
miss	*vermissen*
remember	*sich daran erinnern*
resent	*übel nehmen*
understand	*verstehen*

I remember him/his burning the photo.	*Ich erinnere mich daran, wie er das Foto verbrannte.*
I can understand them/their wanting to be alone.	*Ich kann es verstehen, dass sie alleine sein wollen.*

Dasselbe gilt für die folgenden Kombinationen aus einem Verb und einer Präposition. Auch hier kann vor der darauf folgenden **ing**-Form ein Objekt oder eine Possessivform stehen:

be afraid of	*davor Angst haben*
be fed up with	*die Nase voll von etwas haben*
be used to	*es gewöhnt sein*
hear about	*davon hören*
look forward to	*sich darauf freuen*
object to	*etwas dagegen haben*

I'm fed up with you/your running around with other women.	*Ich habe die Nase voll davon, dass du mit anderen Frauen herumläufst.*
They objected to people('s) sunbathing naked.	*Sie hatten etwas dagegen, dass sich Leute nackt sonnen.*

Let, have und *make*

Im Deutschen kann man das Verb *lassen* zusammen mit einem Infinitiv verwenden. Dabei kann *lassen* zwei unterschiedliche Bedeutungen haben: Zum einen kann es im Sinne von *erlauben* oder *zulassen* gebraucht werden, zum anderen kann *lassen* jedoch auch *veranlassen* oder *zwingen* bedeuten.

„NORMALE" SÄTZE	„KLEINE" SÄTZE
Die Schüler gehen.	*Der Lehrer lässt die Schüler früh gehen.*
Der Hund hat die Möbel zerstört.	*Frieda hat den Hund die Möbel zerstören lassen.*

Im Englischen benutzt man für diese unterschiedlichen Bedeutungen auch unterschiedliche Verben. Die englische Entsprechung zu *lassen* im Sinne von *erlauben* oder *zulassen* ist das Verb **let**. Dem deutschen *lassen* im Sinne von *veranlassen* entspricht im Englischen das Verb **have**, und wenn man *lassen* in der Bedeutung *zwingen* ausdrücken möchte, dann benutzt man im Englischen das Verb **make**.

Erlauben:	**The teacher lets the pupils go home early.**
Zwingen:	**The teacher makes the pupils stay longer.**
Zulassen:	**Frieda let the dog destroy the furniture.**
Veranlassen:	**I had my skirt dry-cleaned.**

Let – erlauben, zulassen

Auf das Verb **let** folgt in der Regel immer eine Satzkonstruktion, die aus einem Subjekt und einem Verb im Infinitiv ohne **to** besteht. Nach dem Infinitiv können auch noch weitere Satzelemente (zum Beispiel ein Objekt oder ein Adverb) ergänzt werden:

Despite the complaints, the police let them sing.	*Trotz der Beschwerden hat die Polizei sie singen lassen.*
He let the sand run through his fingers.	*Er hat den Sand durch seine Finger rieseln lassen.*

Nach **let** kann auch eine Satzkonstruktion im Passiv folgen. Das auf **let** folgende Verb steht dann im Infinitiv Passiv (**be** + Past Participle):

The guards let the money be stolen.	*Die Wächter haben es zugelassen, dass das Geld gestohlen wurde.*
The injured athlete let himself be carried off the field.	*Der verletzte Spieler ließ sich vom Feld tragen.*

Have – veranlassen, in Auftrag geben

Auch auf das Verb **have** kann eine Konstruktion aus einem Subjekt und einem Verb im Infinitiv ohne **to** folgen:

The Ellisons are having the carpenter make them a kitchen cabinet.	*Die Ellisons lassen sich vom Schreiner einen Küchenschrank machen.*
Merle had her daughter do the dishes.	*Merle hat ihre Tochter abspülen lassen.*

Nach **have** ist ebenfalls eine Passivkonstruktion möglich, allerdings steht das auf **have** folgende Verb dann nicht im Infinitiv Passiv, sondern im Past Participle:

The priest has the church bells rung before weddings.	*Der Priester lässt die Kirchenglocken vor Hochzeiten läuten.*
I had my suit cleaned only last week.	*Ich habe meinen Anzug erst letzte Woche reinigen lassen.*

Make – veranlassen, zwingen

Auf **make** im Sinne von *veranlassen* oder *zwingen* kann wie bei **let** und **have** eine Satzkonstruktion aus einem Subjekt und einem Verb im Infinitiv ohne **to** folgen. Diese Konstruktion hat bei **make** jedoch immer eine aktive Bedeutung:

Mrs. Grundy made her children give their teacher a present.	*Mrs. Grundy zwang ihre Kinder, ihrer Lehrerin ein Geschenk zu machen.*
Sherrie always makes her little brother take out the garbage.	*Sherrie lässt immer ihren kleinen Bruder den Müll nach draußen bringen.*

Man benutzt die Konstruktion aus **make**, einem Subjekt und dem Verb im Infinitiv ohne **to** auch, wenn etwas unabsichtlich verursacht wird:

Howard's thoughtless remark made his listeners see red.	*Howards gedankenlose Bemerkung ließ seine Zuhörer rotsehen.*
The loud bang made the passers-by run away in fright.	*Der laute Knall ließ die Passanten vor Schreck weglaufen.*

12 Fragewort-Fragen

Die englischen Fragewörter:

what	*was*
which	*welcher, welche, welches*
who	*wer, wen, wem*
whose	*wessen*
whom	*wen, wem*
when	*wann*
where	*wo*
why	*warum*
how	*wie*

Fragen mit Fragewörtern

Genau wie im Deutschen steht das Fragewort in englischen Fragesätzen meist am Satzanfang. Beachte jedoch die jeweils richtige Wortstellung: Bildet das Fragewort gleichzeitig das Subjekt des Fragesatzes, dann findet keine Inversion statt. Das bedeutet, dass in solchen Fragesätzen kein Hilfs- oder Modalverb vor das Subjekt rückt:

Who saw the burglars first?	*Wer hat die Einbrecher zuerst gesehen?*
What caused the accident?	*Was hat den Unfall verursacht?*

Ist das Fragewort nicht gleichzeitig das Subjekt des Fragesatzes, dann rückt ein Hilfs- oder Modalverb vor das Subjekt:

What do you want?	*Was willst du?*
How much does that gold ring cost?	*Wie viel kostet dieser Goldring?*

Um beispielsweise großes Erstaunen auszudrücken, oder um einzelne Satzelemente innerhalb einer Frage besonders hervorzuheben (wenn man zum Beispiel etwas nicht richtig verstanden hat), können Fragesätze jedoch auch – besonders in der gesprochenen Sprache – dieselbe Satzstruktur wie Aussagesätze haben:

SPRECHER A:	
Leah's been eating peach sandwiches.	*Leah hat in letzter Zeit Pfirsichbrote gegessen.*
SPRECHER B:	
Leah's been eating WHAT?	*Leah hat WAS in letzter Zeit gegessen?*

Auf dieselbe Weise kann man sogar nach einem Verb und dem dazugehörigen Objekt fragen. Dazu benutzt man die entsprechende Form von **do** und ein Fragewort:

SPRECHER A:	
Gonzuela gave Peter the keys.	*Gonzuela hat Peter die Schlüssel gegeben.*
SPRECHER B:	
Gonzuela did WHAT**?**	*Gonzuela hat WAS getan?*

Besonders in der gesprochenen Sprache existiert das Fragewort **whom** (*wen/wem*) kaum noch.

Vor allem im amerikanischen Englisch ist **whom** fast völlig verschwunden. Stattdessen benutzt man eher das Fragewort **who:**

Who **did she see?**	*Wen hat sie gesehen?*
Who **were you talking to just now?**	*Mit wem hast du gerade gesprochen?*

In der gehobenen Schriftsprache findet man **whom** jedoch noch häufiger:

Whom **did she see?**	*Wen hat sie gesehen?*
To whom **must one speak about such matters?**	*Mit wem muss man über solche Angelegenheiten sprechen?*

Oft werden in Verbindung mit Fragewörtern auch Präpositionen (**on**, **by**, **in**, **to** usw.) benötigt. Diese können an zwei unterschiedlichen Positionen im Fragesatz stehen.

1. Im formellen, hauptsächlich schriftlichen Sprachgebrauch kann die Präposition im Fragesatz vor dem Fragewort stehen:

On which **corner was the musician standing?**	*An welcher Ecke stand der Musikant?*
To which **thief did the curator show the collection?**	*Welchem Dieb zeigte der Museumsdirektor die Sammlung?*

Auch vor dem eher seltenen Fragewort **whom** kann eine Präposition stehen:

To whom **did you turn then?** *An wen haben Sie sich dann gewendet?*

2. Im normalen Sprachgebrauch aber steht die Präposition am Ende des Fragesatzes:

Which corner was the musician standing on?	*An welcher Ecke ist der Musikant gestanden?*
Which thief did the curator show the collection to?	*Welchem Dieb hat der Museumsdirektor die Sammlung gezeigt?*
Who did you turn to then?	*An wen haben Sie sich dann gewendet?*

Indirekte Fragesätze

Achte bei Fragen im Nebensatz, den so genannten indirekten Fragesätzen, auf die richtige Wortstellung. Bei indirekten Fragesätzen findet keine Inversion statt. Das bedeutet, dass hier kein Hilfs- oder Modalverb vor das Subjekt des Satzes rückt, egal ob das Fragewort das Subjekt des Nebensatzes ist oder nicht. Indirekte Fragesätze haben also dieselbe Wortstellung wie Aussagesätze.

DIREKTE FRAGESÄTZE:	
What did you say?	*Was hast du gesagt?*
How many would you like?	*Wie viele möchten Sie?*
What do we want?	*Was wollen wir?*
INDIREKTE FRAGESÄTZE:	
She asked him what he'd said.	*Sie fragte ihn, was er gesagt hatte.*
The salesclerk asked how many they would like.	*Die Verkäuferin fragte, wie viele sie möchten.*
Simon and Bonnie don't know what they want.	*Simon und Bonnie wissen nicht, was sie wollen.*

13 Relative Clauses – Relativsätze

Relativsätze sind Nebensätze, die in der Regel ein Substantiv beschreiben:

The girl who swims fastest **wins a prize.**	*Das Mädchen, das am schnellsten schwimmt, gewinnt einen Preis.*
The fish which jumped out of the water **was a salmon.**	*Der Fisch, der aus dem Wasser sprang, war ein Lachs.*

Man unterscheidet im Englischen zwei Arten von Relativsätzen: In den Beispielsätzen oben dient der Relativsatz jeweils dazu, das Subjekt des Hauptsatzes (also **The girl** bzw. **The fish**) näher zu bestimmen und dessen Bedeutung genauer zu definieren. Relativsätze, die also zur Bestimmung oder näheren Beschreibung eines Subjekts oder Objekts notwendig sind, bezeichnet man als **defining relative clauses.**

Es gibt jedoch auch Relativsätze, die lediglich dazu dienen, zusätzliche Informationen zu einem Substantiv (bzw. zu einem Subjekt oder Objekt) zu liefern. Solche Relativsätze sind nicht zur genauen Bestimmung oder Identifikation eines Substantivs notwendig, und man bezeichnet sie daher als **non-defining relative clauses**:

The fastest one, who of course wins, **receives a prize.**	*Die Schnellste, die natürlich gewinnt, bekommt einen Preis.*
Peter, who was a bit shy, **kept quiet.**	*Peter, der ein bisschen schüchtern war, blieb still.*

Kommaregel für Relativsätze

In der geschriebenen Sprache kann man sehr einfach zwischen den beiden genannten Arten von Relativsätzen unterscheiden: Zur Identifikation eines Substantivs notwendige Relativsätze (defining relative clauses) werden nicht durch Kommata vom Hauptsatz getrennt. Ist ein Relativsatz jedoch nicht unbedingt notwendig und dient nur dazu, Zusatzinformationen zu liefern (non-defining relative clauses), dann wird er jeweils durch ein Komma davor und danach vom Hauptsatz getrennt:

Those books which everyone has read **are boring.**	*Die Bücher, die jeder gelesen hat, sind langweilig.*
His new book, which everyone has read, **is boring.**	*Sein neues Buch, das jeder gelesen hat, ist langweilig.*

In der gesprochenen Sprache muss man sich meist aus dem Satzzusammenhang erschließen, um welche Art von Relativsatz es sich handelt. Oft macht ein Sprecher jedoch bei einem Komma eine kurze Sprechpause.

Relative Pronouns – Relativpronomen

Die Relativpronomen im Englischen lauten: **who, whom, whose, which, when, where** und **why.** Darüber hinaus gibt es noch das neutrale Relativpronomen **that**.

- Die Relativpronomen **who, whose** und **whom** benutzt man meist bei Personen oder gelegentlich auch bei Haustieren:

I met a man who **can walk on his hands.**	*Ich habe einen Mann getroffen, der auf seinen Händen laufen kann.*
A woman who **was sweeping the sidewalk gave us directions.**	*Eine Frau, die gerade den Gehweg kehrte, erklärte uns den Weg.*
That dog, who **did tricks, followed me home.**	*Dieser Hund, der Kunststücke machen konnte, folgte mir nach Hause.*

Auch als Relativpronomen wird **whom** in der gesprochenen Sprache eher selten gebraucht (▶ Kapitel Fragewort-Fragen). Man verwendet hier eher das Relativpronomen **who:**

The police officer whom **you saw.** → The police officer who **you saw.**	*Der Polizist, den/Die Polizistin, die du gesehen hast.*

Im Gegensatz zu **who** und **whom** kann man **whose** auch bei Gegenständen benutzen:

A chest, whose **hinges were broken, stood in the corner.**	*Eine Kiste, deren Scharniere kaputt waren, stand in der Ecke.*

Anstatt **whose** kann man bei Gegenständen jedoch auch die Konstruktion **of which** benutzen. Achte dabei jedoch auf die richtige Wortstellung im Relativsatz:

A chest**, the hinges** of which **were broken, stood in the corner.**	*Eine Kiste, deren Scharniere kaputt waren, stand in der Ecke.*

- Das Relativpronomen **which** verwendet man ausschließlich bei Gegenständen und Dingen:

The cookies which **I dropped made Fido happy.**	*Die Kekse, die ich fallen ließ, machten Fido glücklich.*

- In Verbindung mit einem Relativpronomen können auch Präpositionen (zum Beispiel **to, for, of** etc.) auftreten. Diese stehen meist – vor allem in der gesprochenen Sprache – eher am Ende des Relativsatzes:

The businesswoman who **Graham was talking** to **was his aunt.**	*Die Geschäftsfrau, mit der Graham gesprochen hat, war seine Tante.*
The vegetables which **the chef had asked** for **were delivered.**	*Das Gemüse, um das der Koch gebeten hatte, wurde geliefert.*

Im formellen Sprachgebrauch steht die Präposition jedoch vor dem Relativpronomen. Hier findet man auch häufiger das Relativpronomen **whom:**

The businesswoman to whom **Graham was talking was his aunt.**	*Die Geschäftsfrau, mit der Graham gesprochen hat, war seine Tante.*

- **When, where** und **why**
  Als Relativpronomen benutzt man when bei verschiedenen Zeitangaben:

Do you remember the time when **Walt scared the neighbours with his trumpet?**	*Erinnerst du dich daran, als Walt mit seiner Trompete die Nachbarn erschreckte?*
That was the night when **the electricity went out.**	*Das war der Abend, an dem der Strom ausgefallen ist.*

Where wird meist bei Ortsangaben verwendet. Es kann aber auch in anderen Zusammenhängen als Relativpronomen auftreten:

I know a restaurant where **you get all you can eat for ten dollars.**	*Ich kenne ein Restaurant, wo man für zehn Dollar so viel bekommt,wie man essen kann.*
It was a situation where **nobody could win.**	*Es war so eine Situation, wo keiner gewinnen konnte.*
I was having a day where **everything went wrong.**	*Ich hatte gerade so einen Tag, wo alles schiefging.*

Das Relativpronomen **why** benutzt man, um einen Grund oder eine Ursache näher zu bestimmen:

I never understood the reason why **he left her.**	*Ich habe nie verstanden, warum er sie verlassen hat.*

That

Sehr häufig verwendet man anstelle von **who** oder **which** auch das neutrale Relativpronomen **that**. Man kann **that** sowohl bei Personen als auch bei Gegenständen oder Dingen benutzen:

The lamp that we bought was very expensive.	*Die Lampe, die wir gekauft haben, war sehr teuer.*
The mouse that lives in my kitchen is quite clever.	*Die Maus, die in meiner Küche lebt, ist ganz schön schlau.*

Präpositionen bleiben bei **that** grundsätzlich am Ende des Relativsatzes:

The chair that Andrew was sitting on collapsed.	*Der Stuhl, auf dem Andrew saß, ist zusammengebrochen.*
The young woman that he was talking about doesn't like us.	*Die junge Frau, von der er geredet hat, mag uns nicht.*

! **That** eignet sich nur für Relativsätze, die unbedingt nötig sind, weil sie etwas näher definieren. Wenn man einen Relativsatz bilden will, der nur zusätzliche Informationen bietet, aber nicht unbedingt nötig ist, muss man ein Relativpronomen verwenden. **That** kann das besitzanzeigende Relativpronomen **whose** nicht ersetzen.

Ohne Pronomen oder *that*

Besonders in der gesprochenen Sprache kann man in einigen Fällen das Relativpronomen auch ganz weglassen:

The hotel they took Debbie to had a swimming pool.	*Das Hotel, in das sie Debbie einluden, hatte einen Swimmingpool.*

Es gibt zwei wichtige Regeln, die man beachten muss, wenn man das Relativpronomen bzw. **that** ganz weglassen möchte:

1. Man kann diese Wörter nur bei Relativsätzen weglassen, die unbedingt nötig sind. Ist ein Relativsatz nicht nötig, d.h. steht er zwischen zwei Kommas, dann muss das entsprechende Relativpronomen benutzt werden.
2. Das Relativpronomen bzw. **that** darf nicht als das Subjekt des Relativsatzes fungieren, wenn es ersetzt werden soll.

the man who/that saw the movie star	*der Mann, der den Filmstar sah*
the man (who/that) the movie star saw	*der Mann, den der Filmstar sah*
the man (who/that) I saw the movie star with	*der Mann, mit dem ich den Filmstar sah*
Peter, who saw the movie star, kissed the girl.	*Peter, der den Filmstar sah, küsste das Mädchen.*

Im ersten Beispiel kann man das Relativpronomen nicht weglassen, da es gleichzeitig das Subjekt des Relativsatzes bildet. Im zweiten und dritten Beispiel hingegen ist es möglich, das Relativpronomen wegzulassen: Beide Relativsätze sind **defining relative clauses**, die ein eigenes Subjekt (**the movie star** bzw. **I**) haben. Im letzten Beispiel wiederum kann das Relativpronomen **who** nicht weggelassen werden, da es sich bei dem Relativsatz um einen **non-defining relative clause** handelt.

Free Relatives – freie Relativsätze

Als freie Relativsätze bezeichnet man Relativsätze, die nicht ein Subjekt oder Objekt näher bestimmen, sondern alleine stehen können. Freie Relativsätze können also selbst als Subjekt oder Objekt eines Satzes fungieren:

SUBJEKT:	
What irritated me so much **was their attitude.**	*Was mich so ärgerte, war ihre Einstellung.*
OBJEKT:	
He likes what he cooks**.**	Er mag, was er kocht.

Grammatik *Relativsätze*

In freien Relativsätzen kann man **what, where, when** und manchmal auch **who** verwenden:

What you need is exercise.	*Was du brauchst, ist Bewegung.*
I have what you want.	*Ich habe, was du willst.*
It wasn't where it was supposed to be.	*Es war nicht dort, wo es hätte sein sollen.*
They came and went when they pleased.	*Sie kamen und gingen, wann es ihnen passte.*

Oft findet man in freien Relativsätzen auch die Relativpronomen **whatever** (*was auch immer*), **wherever** (*wo auch immer*), **whenever** (*wann auch immer*) und **whoever** (*wer auch immer*):

Whoever told you that was lying.	*Wer immer dir das auch gesagt hat, hat gelogen.*
I'll bring whatever you need.	*Ich bringe dir, was immer du brauchst.*
They simply went wherever the bus took them.	*Sie sind einfach dorthin gefahren, wo der Bus gerade hinfuhr.*
We can leave whenever you're ready.	*Wir können gehen, wann immer du fertig bist.*

14 Negation – Verneinung

Wörter mit negativer Bedeutung

Im Englischen kann man einen Satz zum Beispiel mit **not, never** oder **no** verneinen:

I did not say that!	*Das habe ich nicht gesagt!*
You never listen to your parents, do you?	*Du hörst nie auf deine Eltern, oder?*
There is no milk in the fridge.	*Es ist keine Milch im Kühlschrank.*

Darüber hinaus gibt es jedoch noch eine Reihe weiterer Wörter, die einem Satz eine negative Bedeutung geben können:

few - *nur wenige*	**rarely, seldom** - *selten*	**hardly, scarcely, barely** - *kaum*

Any in verneinten Sätzen und bei Fragen

Das Wort **any** und seine Zusammensetzungen (wie zum Beispiel **anyone, anywhere, anything** etc.) verwendet man im Gegensatz zu **some** und den Zusammensetzungen **someone, somewhere, something** meist in verneinten Sätzen oder bei Fragen.

1. Man benutzt **any** und seine Zusammensetzungen oft nach einem verneinten Subjekt:

No one ever said anything.	*Keiner hat jemals etwas gesagt.*

2. Auch in Sätzen, die durch ein Adverb (wie zum Beispiel **seldom** oder **never**) verneint werden, verwendet man häufig **any** und seine Zusammensetzungen:

Kerry seldom talked to anybody.	*Kerry hat selten mit irgend jemandem gesprochen.*

3. Im Deutschen verwendet man gern negative Objekte, Zeitangaben, usw. Wenn diese im englischen Satz nach dem Verb stehen würden, ist es viel üblicher, **not** plus **any**-Wort zu verwenden:

I couldn't find my gloves anywhere.	*Ich konnte meine Handschuhe nirgendwo finden.*

Und schließlich benutzt man **any** und seine Zusammensetzungen auch häufig bei Fragen, auf die man mit ja oder nein antworten kann:

Has anybody seen my raincoat?	*Hat jemand meinen Regenmantel gesehen?*
Has Toby blabbed the secret to anyone yet?	*Hat Toby das Geheimnis schon irgend jemandem ausgeplaudert?*

15 Glossary – Glossar

Active
dt.: Aktiv. Eine Satzform, in der das vom Verb verlangte Subjekt auch tatsächlich als Subjekt dient.
Vgl. Passive.

Adjective
dt.: Eigenschaftswort, Adjektiv. Ein Adjektiv beschreibt ein Substantiv oder eine Nominalphrase.

Adverb
dt.: Umstandswort, Adverb. Ein Adverb ist ein Wort, das ein Verb, ein Adjektiv, ein anderes Adverb oder einen Satz beschreibt.

Article
dt.: Artikel. Ein Artikel steht am Anfang einer Nominalphrase und zeigt an, ob diese bestimmt oder unbestimmt ist.

Auxiliary
dt.: Hilfsverb. Ein Hilfsverb ist eine Art Verb, welches das Vollverb unterstützt – in der Zeitbildung, der Vervollständigung der Bedeutung (bei manchen Modalverben), oder der Erfüllung grammatischer Bedingungen. Im Englischen stehen die Hilfsverben immer vor dem Vollverb.

Full Verb
dt.: Vollverb. Das Vollverb ist das Verb, das die meiste Bedeutung in den Satz bringt. Im Englischen muss jeder vollständige Haupt- bzw. Nebensatz ein Vollverb enthalten, wobei es immer als letztes der Verben auftritt.
Vgl. Verb, Hilfsverb Auxiliary

Gerund
dt.: Gerundium. Das Gerundium ist eine Verbform mit der Endung **-ing**. Es kann als Subjekt, Objekt oder nach bestimmten Adjektiven mit Präposition auftreten.

Hauptsatz
Ein Hauptsatz ist ein Satz, der das Hauptereignis bzw. den Hauptzustand eines Satzes ausdrückt. In **They said that the tree was old** ist **They said** der Hauptsatz, weil der Satz primär ausdrückt, dass jemand etwas gesagt hat.

Hilfsverb
▶ Auxiliary

Infinitive
dt.: Infinitiv, Grundform des Verbs. Der Infinitiv ist die erste Form des Verbs und diejenige, die am wenigsten zeitliche Information enthält.

Modal Verb
dt.: Modalverb. Die primären englischen Modalverben sind **can, could, will, would, shall, should, may, might** und **must.**
Need, **dare** und **ought to** verhalten sich ähnlich wie Modalverben. Das englische Modalverb besitzt weder Infinitiv noch Partizipformen und ändert seine Form nicht, um mit dem Subjekt übereinzustimmen.

Nebensatz
Ein Nebensatz ist ein Teilsatz, der einem Hauptsatz beigefügt ist.

Nominalphrase
Eine Nominalphrase ist eine Phrase mit einem Substantiv als Kern, oder auch einem Pronomen. Sie kann z. B. als Subjekt oder Objekt im Satz fungieren.

Noun
dt.: Hauptwort, Substantiv, Nomen. Ein Substantiv ist ein Wort, das in der Regel einen Gegenstand, ein Lebewesen oder einen abstrakten Begriff bezeichnet.

Objekt
Ein Objekt ist eine Nominalphrase, die nach dem Verb kommt. Manche Verben lassen zwei Objekte zu: Das erste heißt dann *das indirekte Objekt* und das zweite *das direkte Objekt*.

Particle
dt. Partikel. Eine Partikel ist ein nicht beugbares (nicht flektierbares) Wort. Adverbien oder Präpositionen gehören zur Gruppe der Partikeln.

Participle
dt.: Partizip. Ein Partizip ist eine Form des Verbs, die zum einen als Verb, zum anderen als Adjektiv auftreten kann. In ihrer Funktion als Verb können Partizipien im englischen Hauptsatz nur hinter einem Hilfsverb stehen; im Nebensatz können sie allein auftreten. Vgl. Past Participle

Passive
dt.: Passiv. Eine Satzform, bei der das normale Subjekt des Vollverbs seinen Status als Subjekt verliert und entweder nach einer Präposition erscheint (im Englischen **by**) oder sogar verschwindet. Im Deutschen bildet man den Passiv mit dem Hilfsverb *werden*, im Englischen mit **be** oder manchmal mit **get.**

Past Participle
dt.: Partizip Perfekt, dritte Form. Das Past Participle wird bei der Bildung der Perfect Tenses (Hilfsverb: **have**) und des Passivs (Hilfsverb: **be**) verwendet.

Past Subjunctive
dt.: Konjunktiv II / Irrealis. Diese Form wird benötigt, um in **if**-Sätzen eine Situation zu beschreiben, die nicht real, aber theoretisch möglich ist. Für das Verb **be** wird der Past Subjunctive für alle Personen mit der Form **were** gebildet, für alle anderen Verben mit der 2. Form (Simple Past).

Perfect Tenses
dt.: Perfekttempora, „vollendete" Zeiten. Die Perfect Tenses werden mit **have** + Past Participle gebildet. Sie beschreiben, dass ein Ereignis oder Zustand vor einem gegebenen Zeitpunkt geschehen ist bzw. gegolten hat.

Phrasal Verbs
dt.: Verb mit Präposition oder Partikel. Im Englischen gibt es viele Verben, die zusammen mit einer Präposition oder einer Partikel eine gänzlich neue Bedeutung annehmen, als die Grundform vermuten lässt.

Possessive
dt.: possessiv, besitzanzeigend. Possessive Formen erklären, wem etwas gehört, zuzuordnen ist, usw.

Preposition
dt.: Präposition, Verhältniswort. Eine Präposition gibt in erster Linie an, wo jemand oder eine Sache sich befindet oder in welche Richtung sich etwas oder jemand bewegt bzw. bewegt wird.

Progressive Tenses
dt.: Verlaufsformen. Die Progressive Tenses sind Zeiten, die darauf hinweisen, dass ein Geschehen zu einem bestimmten Zeitpunkt im Gange ist.

Pronoun
dt.: Fürwort, Pronomen. Pronomen sind einzelne Wörter, deren Funktion es ist, ein Substantiv oder ganze Wendungen zu ersetzen.

Reflexive Pronoun
dt.: Reflexivpronomen, rückbezügliches Fürwort. Ein Reflexivpronomen ist ein Pronomen, das sich auf dieselbe Person oder dasselbe Ding wie das Subjekt bezieht.

Relative Pronoun
dt.: Relativpronomen. Ein Relativpronomen steht am Anfang eines Relativsatzes, um diesen mit dem davorstehenden Substantiv bzw. der Nominalphrase zu verbinden.

Relative Clause
dt.: Relativsatz. Ein Relativsatz ist ein Nebensatz, der ein Substantiv oder eine Nominalphrase beschreibt. Vgl. Noun, Nominalphrase

Subject
dt.: Subjekt. Das Subjekt ist das Element, um das es im Satz oder Teilsatz geht. Im Deutschen steht das Subjekt fast immer im Nominativ (Wer-Fall) und oft am Satzanfang. Im Englischen steht das Subjekt in der Regel vor dem ersten Verb im Satz, nicht unbedingt direkt am Anfang.

Tense
dt.: Tempus, Zeit. Eine *Tense* ist eine grammatische Zeit.

Verb
Im Deutschen auch „Tätigkeitswort" genannt. Das Verb beschreibt ein Ereignis bzw. einen Zustand oder hilft einem anderen Verb. Vgl. Full verb, Auxiliary

Vollverb
▶ Full Verb, Auxiliary

Stichwortregister

Verben

- Jede Konjugationstabelle bezieht sich auf ein Musterverb mit deutscher Übersetzung.
  In der Kopfleiste findest du darüber hinaus weitere wichtige Informationen zur Konjugation, etwa ob es zu Veränderungen bei der ing-Form kommt oder eine Konsonantenverdopplung vorliegt.

- Unter der eigentlichen Verbtabelle findest du nützliche Hinweise auf weitere Verben, auf die Verwendung von Präpositionen mit dem Verb oder auf andere Besonderheiten bei der Verwendung des Verbs.

- Es handelt sich bei den aufgeführten Verben um eine Auswahl der wichtigsten unregelmäßigen Verben. Eine Liste weiterer unregelmäßiger Verben findest du im Grammatikteil ab Seite 12.

Verben be – was/were – been *sein*

Simple

Present Simple

I	am
you	are
he/she/it	is
we	are
you	are
they	are

Past Simple

I	was
you	were
he/she/it	was
we	were
you	were
they	were

Present Perfect

I	have	been
you	have	been
he/she/it	has	been
we	have	been
you	have	been
they	have	been

Past Perfect

I	had	been
you	had	been
he/she/it	had	been
we	had	been
you	had	been
they	had	been

Progressive

Present Progressive

I	am	being
you	are	being
he/she/it	is	being
we	are	being
you	are	being
they	are	being

Past Progressive

I	was	being
you	were	being
he/she/it	was	being
we	were	being
you	were	being
they	were	being

Present Perfect Progressive

I	have	been	being
you	have	been	being
he/she/it	has	been	being
we	have	been	being
you	have	been	being
they	have	been	being

Past Perfect Progressive

I	had	been	being
you	had	been	being
he/she/it	had	been	being
we	had	been	being
you	had	been	being
they	had	been	being

Future

Future I

I	will	be
you	will	be
he/she/it	will	be
we	will	be
you	will	be
they	will	be

Future I Progressive

I	will	be	being
you	will	be	being
he/she/it	will	be	being
we	will	be	being
you	will	be	being
they	will	be	being

Future II

I	will	have	been
you	will	have	been
he/she/it	will	have	been
we	will	have	been
you	will	have	been
they	will	have	been

Future II Progressive

I	will	have	been	being
you	will	have	been	being
he/she/it	will	have	been	being
we	will	have	been	being
you	will	have	been	being
they	will	have	been	being

Imperative

be

Gerund

being

Past Participle

been

Conditional

Conditional II

I	would	be
you	would	be
he/she/it	would	be
we	would	be
you	would	be
they	would	be

Conditional Past

I	would	have	been
you	would	have	been
he/she/it	would	have	been
we	would	have	been
you	would	have	been
they	would	have	been

Besonderheiten:

Das Verb **be** tritt im Englischen als Voll- und Hilfsverb auf. Als Hilfsverb wird es zur Bildung von Progressive-Formen und für das Passiv benutzt.

begin – began – begun *beginnen/anfangen*

Simple

Present

I	begin
you	begin
he/she/it	begins
we	begin
you	begin
they	begin

Past Simple

I	began
you	began
he/she/it	began
we	began
you	began
they	began

Present Perfect

I	have	begun
you	have	begun
he/she/it	has	begun
we	have	begun
you	have	begun
they	have	begun

Past Perfect

I	had	begun
you	had	begun
he/she/it	had	begun
we	had	begun
you	had	begun
they	had	begun

Progressive

Simple Present Progressive

I	am	beginning
you	are	beginning
he/she/it	is	beginning
we	are	beginning
you	are	beginning
they	are	beginning

Past Progressive

I	was	beginning
you	were	beginning
he/she/it	was	beginning
we	were	beginning
you	were	beginning
they	were	beginning

Present Perfect Progressive

I	have	been	beginning
you	have	been	beginning
he/she/it	has	been	beginning
we	have	been	beginning
you	have	been	beginning
they	have	been	beginning

Past Perfect Progressive

I	had	been	beginning
you	had	been	beginning
he/she/it	had	been	beginning
we	had	been	beginning
you	had	been	beginning
they	had	been	beginning

Future

Future I

I	will	begin
you	will	begin
he/she/it	will	begin
we	will	begin
you	will	begin
they	will	begin

Future I Progressive

I	will	be	beginning
you	will	be	beginning
he/she/it	will	be	beginning
we	will	be	beginning
you	will	be	beginning
they	will	be	beginning

Future II

I	will	have	begun
you	will	have	begun
he/she/it	will	have	begun
we	will	have	begun
you	will	have	begun
they	will	have	begun

Future II Progressive

I	will have been beginning
you	will have been beginning
he/she/it	will have been beginning
we	will have been beginning
you	will have been beginning
they	will have been beginning

Imperative

begin

Gerund

beginning

Past Participle

begun

Conditional

Conditional II

I	would	begin
you	would	begin
he/she/it	would	begin
we	would	begin
you	would	begin
they	would	begin

Conditional Past

I	would have begun
you	would have begun
he/she/it	would have begun
we	would have begun
you	would have begun
they	would have begun

Ähnlich wie **begin** werden auch eine Reihe von weiteren Verben konjugiert. Achte dabei besonders auf den Wechsel der Vokale (i – a – u):

begin began begun – beginnen / anfangen
drink drank drunk – trinken
Weitere Verben: **ring, sing, sink, spring, stink, swim**

Verben break – broke – broken *(zer)brechen*

Simple

Present Simple

I	break
you	break
he/she/it	breaks
we	break
you	break
they	break

Past Simple

I	broke
you	broke
he/she/it	broke
we	broke
you	broke
they	broke

Present Perfect

I	have	broken
you	have	broken
he/she/it	has	broken
we	have	broken
you	have	broken
they	have	broken

Past Perfect

I	had	broken
you	had	broken
he/she/it	had	broken
we	had	broken
you	had	broken
they	had	broken

Progressive

Present Progressive

I	am	breaking
you	are	breaking
he/she/it	is	breaking
we	are	breaking
you	are	breaking
they	are	breaking

Past Progressive

I	was	breaking
you	were	breaking
he/she/it	was	breaking
we	were	breaking
you	were	breaking
they	were	breaking

Present Perfect Progressive

I	have	been	breaking
you	have	been	breaking
he/she/it	has	been	breaking
we	have	been	breaking
you	have	been	breaking
they	have	been	breaking

Past Perfect Progressive

I	had	been	breaking
you	had	been	breaking
he/she/it	had	been	breaking
we	had	been	breaking
you	had	been	breaking
they	had	been	breaking

Future

Future I

I	will	break
you	will	break
he/she/it	will	break
we	will	break
you	will	break
they	will	break

Future I Progressive

I	will	be	breaking
you	will	be	breaking
he/she/it	will	be	breaking
we	will	be	breaking
you	will	be	breaking
they	will	be	breaking

Future II

I	will	have	broken
you	will	have	broken
he/she/it	will	have	broken
we	will	have	broken
you	will	have	broken
they	will	have	broken

Future II Progressive

I	will	have	been	breaking
you	will	have	been	breaking
he/she/it	will	have	been	breaking
we	will	have	been	breaking
you	will	have	been	breaking
they	will	have	been	breaking

Imperative

break

Gerund

breaking

Past Participle

broken

Conditional

Conditional II

I	would	break
you	would	break
he/she/it	would	break
we	would	break
you	would	break
they	would	break

Conditional Past

I	would	have	broken
you	would	have	broken
he/she/it	would	have	broken
we	would	have	broken
you	would	have	broken
they	would	have	broken

Weitere Verben

break down – zusammenbrechen

break up – sich trennen

She broke down in tears. – Sie brach unter Tränen zusammen.

They broke up last week. – Sie haben sich letzte Woche getrennt.

bring – brought – brought *(mit)bringen*

Simple

Present Simple

I	bring
you	bring
he/she/it	brings
we	bring
you	bring
they	bring

Past Simple

I	brought
you	brought
he/she/it	brought
we	brought
you	brought
they	brought

Present Perfect

I	have	brought
you	have	brought
he/she/it	has	brought
we	have	brought
you	have	brought
they	have	brought

Past Perfect

I	had	brought
you	had	brought
he/she/it	had	brought
we	had	brought
you	had	brought
they	had	brought

Progressive

Present Progressive

I	am	bringing
you	are	bringing
she/she/it	is	bringing
we	are	bringing
you	are	bringing
they	are	bringing

Past Progressive

I	was	bringing
you	were	bringing
he/she/it	was	bringing
we	were	bringing
you	were	bringing
they	were	bringing

Present Perfect Progressive

I	have	been	bringing
you	have	been	bringing
he/she/it	has	been	bringing
we	have	been	bringing
you	have	been	bringing
they	have	been	bringing

Past Perfect Progressive

I	had	been	bringing
you	had	been	bringing
he/she/it	had	been	bringing
we	had	been	bringing
you	had	been	bringing
they	had	been	bringing

Future

Future I

I	will	bring
you	will	bring
he/she/it	will	bring
we	will	bring
you	will	bring
they	will	bring

Future I Progressive

I	will	be	bringing
you	will	be	bringing
he/she/it	will	be	bringing
we	will	be	bringing
you	will	be	bringing
they	will	be	bringing

Future II

I	will	have	brought
you	will	have	brought
he/she/it	will	have	brought
we	will	have	brought
you	will	have	brought
they	will	have	brought

Future II Progressive

I	will have been	bringing
you	will have been	bringing
he/she/it	will have been	bringing
we	will have been	bringing
you	will have been	bringing
they	will have been	bringing

Imperative

bring

Gerund

bringing

Past Participle

brought

Conditional

Conditional II

I	would	bring
you	would	bring
he/she/it	would	bring
we	would	bring
you	would	bring
they	would	bring

Conditional Past

I	would have	brought
you	would have	brought
he/she/it	would have	brought
we	would have	brought
you	would have	brought
they	would have	brought

Weitere Verben

bring about – herbeiführen

bring up – ansprechen, aufwerfen

to bring about a change – einen Wandel herbeiführen

to bring up a subject – ein Thema zur Sprache bringen

Verben can/be able to *können*

Simple

Present Simple

I	can/am	able to
you	can/are	able to
he/she/it	can/is able to	
we	can/are	able to
you	can/are	able to
they	can/are	able to

Past Simple

I	could/was	able to
you	could/were	able to
he/she/it	could/was	able to
we	could/were	able to
you	could/were	able to
they	could/were	able to

Present Perfect

I	have	been	able to
you	have	been	able to
he/she/it	has	been	able to
we	have	been	able to
you	have	been	able to
they	have	been	able to

Past Perfect

I	had	been	able to
you	had	been	able to
he/she/it	had	been	able to
we	had	been	able to
you	had	been	able to
they	had	been	able to

Progressive

Present Progressive

—

Past Progressive

—

Present Perfect Progressive

—

Past Perfect Progressive

—

Future

Future I

I	will	be	able to
you	will	be	able to
he/she/it	will	be	able to
we	will	be	able to
you	will	be	able to
they	will	be	able to

Future I Progressive

—

Future II

I	will	havebeen	able to
you	will	havebeen	able to
he/she/it	will	havebeen	able to
we	will	havebeen	able to
you	will	havebeen	able to
they	will	havebeen	able to

Future II Progressive

—

Imperative

be able to

Gerund

being able to

Past Participle

been able to

Conditional

Conditional II

I	would	be	able to
you	would	be	able to
he/she/it	would	be	able to
we	would	be	able to
you	would	be	able to
they	would	be	able to

Conditional Past

I	would	have	been	able to
you	would	have	been	able to
he/she/it	would	have	been	able to
we	would	have	been	able to
you	would	have	been	able to
they	would	have	been	able to

Da **can** und **could** nur im **Present Simple** und **Past Simple** verwendet werden, bezeichnet man das Verb auch als unvollständiges Modalverb.
Für alle übrigen Zeitformen benutzt man die Formel **be able to**:
I will be able to write to you soon! – Ich werde dir bald schreiben können!

choose – chose – chosen *(aus)wählen*

Simple

Present Simple

I	choose
you	choose
he/she/it	chooses
we	choose
you	choose
they	choose

Past Simple

I	chose
you	chose
he/she/it	chose
we	chose
you	chose
they	chose

Present Perfect

I	have	chosen
you	have	chosen
he/she/it	has	chosen
we	have	chosen
you	have	chosen
they	have	chosen

Past Perfect

I	had	chosen
you	had	chosen
he/she/it	had	chosen
we	had	chosen
you	had	chosen
they	had	chosen

Progressive

Present Progressive

I	am	choosing
you	are	choosing
he/she/it	is	choosing
we	are	choosing
you	are	choosing
they	are	choosing

Past Progressive

I	was	choosing
you	were	choosing
he/she/it	was	choosing
we	were	choosing
you	were	choosing
they	were	choosing

Present Perfect Progressive

I	have	been	choosing
you	have	been	choosing
he/she/it	has	been	choosing
we	have	been	choosing
you	have	been	choosing
they	have	been	choosing

Past Perfect Progressive

I	had	been	choosing
you	had	been	choosing
he/she/it	had	been	choosing
we	had	been	choosing
you	had	been	choosing
they	had	been	choosing

Future

Future I

I	will	choose
you	will	choose
he/she/it	will	choose
we	will	choose
you	will	choose
they	will	choose

Future I Progressive

I	will	be	choosing
you	will	be	choosing
he/she/it	will	be	choosing
we	will	be	choosing
you	will	be	choosing
they	will	be	choosing

Future II

I	will	have	chosen
you	will	have	chosen
he/she/it	will	have	chosen
we	will	have	chosen
you	will	have	chosen
they	will	have	chosen

Future II Progressive

I	will	have	been	choosing
you	will	have	been	choosing
he/she/it	will	have	been	choosing
we	will	have	been	choosing
you	will	have	been	choosing
they	will	have	been	choosing

Imperative

choose

Gerund

choosing

Past Participle

chosen

Conditional

Conditional II

I	would	choose
you	would	choose
he/she/it	would	choose
we	would	choose
you	would	choose
they	would	choose

Conditional Past

I	would	have	chosen
you	would	have	chosen
he/she/it	would	have	chosen
we	would	have	chosen
you	would	have	chosen
they	would	have	chosen

Verben come – came – come *kommen* + -ing → ¢

Simple

Present Simple

I	come
you	come
he/she/it	comes
we	come
you	come
they	come

Past Simple

I	came
you	came
he/she/it	came
we	came
you	came
they	came

Present Perfect

I	have	come
you	have	come
he/she/it	has	come
we	have	come
you	have	come
they	have	come

Past Perfect

I	had	come
you	had	come
he/she/it	had	come
we	had	come
you	had	come
they	had	come

Progressive

Present Progressive

I	am	coming
you	are	coming
she/she/it	is	coming
we	are	coming
you	are	coming
they	are	coming

Past Progressive

I	was	coming
you	were	coming
he/she/it	was	coming
we	were	coming
you	were	coming
they	were	coming

Present Perfect Progressive

I	have	been	coming
you	have	been	coming
he/she/it	has	been	coming
we	have	been	coming
you	have	been	coming
they	have	been	coming

Past Perfect Progressive

I	had	been	coming
you	had	been	coming
he/she/it	had	been	coming
we	had	been	coming
you	had	been	coming
they	had	been	coming

Future

Future I

I	will	come
you	will	come
he/she/it	will	come
we	will	come
you	will	come
they	will	come

Future I Progressive

I	will	be	coming
you	will	be	coming
he/she/it	will	be	coming
we	will	be	coming
you	will	be	coming
they	will	be	coming

Future II

I	will	have	come
you	will	have	come
he/she/it	will	have	come
we	will	have	come
you	will	have	come
they	will	have	come

Future II Progressive

I	will	have	been	coming
you	will	have	been	coming
he/she/it	will	have	been	coming
we	will	have	been	coming
you	will	have	been	coming
they	will	have	been	coming

Imperative

come

Gerund

coming

Past Participle

come

Conditional

Conditional II

I	would	come
you	would	come
he/she/it	would	come
we	would	come
you	would	come
they	would	come

Conditional Past

I	would	have	come
you	would	have	come
he/she/it	would	have	come
we	would	have	come
you	would	have	come
they	would	have	come

Weitere Verben:
become – became – become werden
come back – zurückkommen
come over – vorbeikommen

Simple

Present Simple

I	do
you	do
he/she/it	does
we	do
you	do
they	do

Past Simple

I	did
you	did
he/she/it	did
we	did
you	did
they	did

Present Perfect

I	have	done
you	have	done
he/she/it	has	done
we	have	done
you	have	done
they	have	done

Past Perfect

I	had	done
you	had	done
he/she/it	had	done
we	had	done
you	had	done
they	had	done

Progressive

Present Progressive

I	am	doing
you	are	doing
he/she/it	is	doing
we	are	doing
you	are	doing
they	are	doing

Past Progressive

I	was	doing
you	were	doing
he/she/it	was	doing
we	were	doing
you	were	doing
they	were	doing

Present Perfect Progressive

I	have	been	doing
you	have	been	doing
he/she/it	has	been	doing
we	have	been	doing
you	have	been	doing
they	have	been	doing

Past Perfect Progressive

I	had	been	doing
you	had	been	doing
he/she/it	had	been	doing
we	had	been	doing
you	had	been	doing
they	had	been	doing

Future

Future I

I	will	do
you	will	do
he/she/it	will	do
we	will	do
you	will	do
they	will	do

Future I Progressive

I	will	be	doing
you	will	be	doing
he/she/it	will	be	doing
we	will	be	doing
you	will	be	doing
they	will	be	doing

Future II

I	will	have	done
you	will	have	done
he/she/it	will	have	done
we	will	have	done
you	will	have	done
they	will	have	done

Future II Progressive

I	will	have	been	doing
you	will	have	been	doing
he/she/it	will	have	been	doing
we	will	have	been	doing
you	will	have	been	doing
they	will	have	been	doing

Imperative

do

Gerund

doing

Past Participle

done

Conditional

Conditional II

I	would	do
you	would	do
he/she/it	would	do
we	would	do
you	would	do
they	would	do

Conditional Past

I	would	have	done
you	would	have	done
he/she/it	would	have	done
wedo	would	have	done
you	would	have	done
they	would	have	done

Achtung, das Verb **make** und **do** als Vollverb haben beide die Bedeutung *tun* oder *machen*, man kann sie jedoch nicht gleich verwenden und leider gibt es auch keine feste Regel, wann welches Verb verwendet wird. Hier hilft nur, die Verben in ganzen Zusammenhängen zu lernen und im Zweifel im Wörterbuch nachzuschlagen.

What shall we do? – Was sollen wir tun?

Did you make that (shirt) yourself? – Hast du das (Hemd) selber gemacht?

Verben drive – drove – driven *fahren* + -ing → ~~e~~

Simple

Present Simple

I	drive
you	drive
he/she/it	drives
we	drive
you	drive
they	drive

Past Simple

I	drove
you	drove
he/she/it	drove
we	drove
you	drove
they	drove

Present Perfect

I	have	driven
you	have	driven
he/she/it	has	driven
we	have	driven
you	have	driven
they	have	driven

Past Perfect

I	had	driven
you	had	driven
he/she/it	had	driven
we	had	driven
you	had	driven
they	had	driven

Progressive

Present Progressive

I	am	driving
you	are	driving
he/she/it	is	driving
we	are	driving
you	are	driving
they	are	driving

Past Progressive

I	was	driving
you	were	driving
he/she/it	was	driving
we	were	driving
you	were	driving
they	were	driving

Present Perfect Progressive

I	have	been	driving
you	have	been	driving
he/she/it	has	been	driving
we	have	been	driving
you	have	been	driving
they	have	been	driving

Past Perfect Progressive

I	had	been	driving
you	had	been	driving
he/she/it	had	been	driving
we	had	been	driving
you	had	been	driving
they	had	been	driving

Future

Future I

I	will	drive
you	will	drive
he/she/it	will	drive
we	will	drive
you	will	drive
they	will	drive

Future I Progressive

I	will	be	driving
you	will	be	driving
he/she/it	will	be	driving
we	will	be	driving
you	will	be	driving
they	will	be	driving

Future II

I	will	have	driven
you	will	have	driven
he/she/it	will	have	driven
we	will	have	driven
you	will	have	driven
they	will	have	driven

Future II Progressive

I	will	have	been	driving
you	will	have	been	driving
he/she/it	will	have	been	driving
we	will	have	been	driving
you	will	have	been	driving
they	will	have	been	driving

Imperative

drive

Gerund

driving

Past Participle

driven

Conditional

Conditional II

I	would	drive
you	would	drive
he/she/it	would	drive
we	would	drive
you	would	drive
they	would	drive

Conditional Past

I	would	have	driven
you	would	have	driven
he/she/it	would	have	driven
we	would	have	driven
you	would	have	driven
they	would	have	driven

Das Verb **drive** wird meistens benutzt, wenn man selbst am Steuer eines motorisierten Fahrzeuges sitzt.
Vergleiche:
to drive a car – ein Auto fahren
to take the bus – mit dem Bus fahren
to ride by bicycle – mit dem Fahrrad fahren

eat – ate – eaten *essen*

Simple

Present Simple

I	eat
you	eat
he/she/it	eats
we	eat
you	eat
they	eat

Past Simple

I	ate
you	ate
he/she/it	ate
we	ate
you	ate
they	ate

Present Perfect

I	have	eaten
you	have	eaten
he/she/it	has	eaten
we	have	eaten
you	have	eaten
they	have	eaten

Past Perfect

I	had	eaten
you	had	eaten
he/she/it	had	eaten
we	had	eaten
you	had	eaten
they	had	eaten

Progressive

Present Progressive

I	am	eating
you	are	eating
he/she/it	is	eating
we	are	eating
you	are	eating
they	are	eating

Past Progressive

I	was	eating
you	were	eating
he/she/it	was	eating
we	were	eating
you	were	eating
they	were	eating

Present Perfect Progressive

I	have	been	eating
you	have	been	eating
he/she/it	has	been	eating
we	have	been	eating
you	have	been	eating
they	have	been	eating

Past Perfect Progressive

I	had	been	eating
you	had	been	eating
he/she/it	had	been	eating
we	had	been	eating
you	had	been	eating
they	had	been	eating

Future

Future I

I	will	eat
you	will	eat
he/she/it	will	eat
we	will	eat
you	will	eat
they	will	eat

Future I Progressive

I	will	be	eating
you	will	be	eating
he/she/it	will	be	eating
we	will	be	eating
you	will	be	eating
they	will	be	eating

Future II

I	will	have	eaten
you	will	have	eaten
he/she/it	will	have	eaten
we	will	have	eaten
you	will	have	eaten
they	will	have	eaten

Future II Progressive

I	will	have	been	eating
you	will	have	been	eating
he/she/it	will	have	been	eating
we	will	have	been	eating
you	will	have	been	eating
they	will	have	been	eating

Imperative

eat

Gerund

eating

Past Participle

eaten

Conditional

Conditional II

I	would	eat
you	would	eat
he/she/it	would	eat
we	would	eat
you	would	eat
they	would	eat

Conditional Past

I	would	have	eaten
you	would	have	eaten
he/she/it	would	have	eaten
we	would	have	eaten
you	would	have	eaten
they	would	have	eaten

Weitere Verben

eat out – eat up

Shall we eat out today? – Sollen wir heute essen gehen?

He was eaten up with envy. – Er platzte vor Neid.

Eat up your meal. - Iss den Essen auf.

Verben fall – fell – fallen *fallen/stürzen*

Simple

Present Simple

I	fall
you	fall
he/she/it	falls
we	fall
you	fall
they	fall

Past Simple

I	fell
you	fell
he/she/it	fell
we	fell
you	fell
they	fell

Present Perfect

I	have	fallen
you	have	fallen
he/she/it	has	fallen
we	have	fallen
you	have	fallen
they	have	fallen

Past Perfect

I	had	fallen
you	had	fallen
he/she/it	had	fallen
we	had	fallen
you	had	fallen
they	had	fallen

Progressive

Present Progressive

I	am	falling
you	are	falling
he/she/it	is	falling
we	are	falling
you	are	falling
they	are	falling

Past Progressive

I	was	falling
you	were	falling
he/she/it	was	falling
we	were	falling
you	were	falling
they	were	falling

Present Perfect Progressive

I	have	been	falling
you	have	been	falling
he/she/it	has	been	falling
we	have	been	falling
you	have	been	falling
they	have	been	falling

Past Perfect Progressive

I	had	been	falling
you	had	been	falling
he/she/it	had	been	falling
we	had	been	falling
you	had	been	falling
they	had	been	falling

Future

Future I

I	will	fall
you	will	fall
he/she/it	will	fall
we	will	fall
you	will	fall
they	will	fall

Future I Progressive

I	will	be	falling
you	will	be	falling
he/she/it	will	be	falling
we	will	be	falling
you	will	be	falling
they	will	be	falling

Future II

I	will	have	fallen
you	will	have	fallen
he/she/it	will	have	fallen
we	will	have	fallen
you	will	have	fallen
they	will	have	fallen

Future II Progressive

I	will	have	been	falling
you	will	have	been	falling
he/she/it	will	have	been	falling
we	will	have	been	falling
you	will	have	been	falling
they	will	have	been	falling

Imperative

fall

Gerund

falling

Past Participle

fallen

Conditional

Conditional II

I	would	fall
you	would	fall
he/she/it	would	fall
we	would	fall
you	would	fall
they	would	fall

Conditional Past

I	would	have	fallen
you	would	have	fallen
he/she/it	would	have	fallen
we	would	have	fallen
you	would	have	fallen
they	would	have	fallen

Das Verb **fall** lässt sich mit einer Reihe von Präpositionen verbinden. Dadurch erhält man weitere Informationen, z. B. wohin jemand oder etwas fällt, oder auch wo eine Fallbewegung ihren Ursprung hat:

He fell into bed. – Er fiel ins Bett.

Don't fall off the chair! – Fall nicht vom Stuhl!

I almost fell over the cable! – Ich bin fast über das Kabel gestürzt!

Simple

Present Simple

I	find
you	find
he/she/it	finds
we	find
you	find
they	find

Past Simple

I	found
you	found
he/she/it	found
we	found
you	found
they	found

Present Perfect

I	have	found
you	have	found
he/she/it	has	found
we	have	found
you	have	found
they	have	found

Past Perfect

I	had	found
you	had	found
he/she/it	had	found
we	had	found
you	had	found
they	had	found

Progressive

Present Progressive

I	am	finding
you	are	finding
he/she/it	is	finding
we	are	finding
you	are	finding
they	are	finding

Past Progressive

I	was	finding
you	were	finding
he/she/it	was	finding
we	were	finding
you	were	finding
they	were	finding

Present Perfect Progressive

I	have	been	finding
you	have	been	finding
he/she/it	has	been	finding
we	have	been	finding
you	have	been	finding
they	have	been	finding

Past Perfect Progressive

I	had	been	finding
you	had	been	finding
he/she/it	had	been	finding
we	had	been	finding
you	had	been	finding
they	had	been	finding

Future

Future I

I	will	find
you	will	find
he/she/it	will	find
we	will	find
you	will	find
they	will	find

Future I Progressive

I	will	be	finding
you	will	be	finding
he/she/it	will	be	finding
we	will	be	finding
you	will	be	finding
they	will	be	finding

Future II

I	will	have	found
you	will	have	found
he/she/it	will	have	found
we	will	have	found
you	will	have	found
they	will	have	found

Future II Progressive

I	will	have	been	finding
you	will	have	been	finding
he/she/it	will	have	been	finding
we	will	have	been	finding
you	will	have	been	finding
they	will	have	been	finding

Imperative

find

Gerund

finding

Past Participle

found

Conditional

Conditional II

I	would	find
you	would	find
he/she/it	would	find
we	would	find
you	would	find
they	would	find

Conditional Past

I	would	have	found
you	would	have	found
he/she/it	would	have	found
we	would	have	found
you	would	have	found
they	would	have	found

Weitere Verben

find out

Did you find out where he is? – Hast du herausgefunden, wo er steckt?

Verben get – got – got *bekommen*

Simple

Present Simple

I	get
you	get
he/she/it	gets
we	get
you	get
they	get

Past Simple

I	got
you	got
he/she/it	got
we	got
you	got
they	got

Present Perfect

I	have	got
you	have	got
he/she/it	has	got
we	have	got
you	have	got
they	have	got

Past Perfect

I	had	got
you	had	got
he/she/it	had	got
we	had	got
you	had	got
they	had	got

Progressive

Present Progressive

I	am	getting
you	are	getting
he/she/it	is	getting
we	are	getting
you	are	getting
they	are	getting

Past Progressive

I	was	getting
you	were	getting
he/she/it	was	getting
we	were	getting
you	were	getting
they	were	getting

Present Perfect Progressive

I	have	been	getting
you	have	been	getting
he/she/it	has	been	getting
we	have	been	getting
you	have	been	getting
they	have	been	getting

Past Perfect Progressive

I	had	been	getting
you	had	been	getting
he/she/it	had	been	getting
we	had	been	getting
you	had	been	getting
they	had	been	getting

Future

Future I

I	will	get
you	will	get
he/she/it	will	get
we	will	get
you	will	get
they	will	get

Future I Progressive

I	will	be	getting
you	will	be	getting
he/she/it	will	be	getting
we	will	be	getting
you	will	be	getting
they	will	be	getting

Future II

I	will	have	got
you	will	have	got
he/she/it	will	have	got
we	will	have	got
you	will	have	got
they	will	have	got

Future II Progressive

I	will	have	been	getting
you	will	have	been	getting
he/she/it	will	have	been	getting
we	will	have	been	getting
you	will	have	been	getting
they	will	have	been	getting

Imperative

get

Gerund

getting

Past Participle

got/gotten

Conditional

Conditional II

I	would	get
you	would	get
he/she/it	would	get
we	would	get
you	would	get
they	would	get

Conditional Past

I	would	have	got
you	would	have	got
he/she/it	would	have	got
we	would	have	got
you	would	have	got
they	would	have	got

Im AE ist das Partizip Perfekt **gotten**. (Beachte die Konsonantenverdopplung!)

Das Past Participle **got** wird häufig auch in Verbindung mit dem Verb **have** benutzt.

go – went – gone *gehen*

Simple

Present Simple

I	go
you	go
he/she/it	goes
we	go
you	go
they	go

Past Simple

I	went
you	went
he/she/it	went
we	went
you	went
they	went

Present Perfect

I	have	gone
you	have	gone
he/she/it	has	gone
we	have	gone
you	have	gone
they	have	gone

Past Perfect

I	had	gone
you	had	gone
he/she/it	had	gone
we	had	gone
you	had	gone
they	had	gone

Progressive

Present Progressive

I	am	going
you	are	going
he/she/it	is	going
we	are	going
you	are	going
they	are	going

Past Progressive

I	was	going
you	were	going
he/she/it	was	going
we	were	going
you	were	going
they	were	going

Present Perfect Progressive

I	have	been	going
you	have	been	going
he/she/it	has	been	going
we	have	been	going
you	have	been	going
they	have	been	going

Past Perfect Progressive

I	had	been	going
you	had	been	going
he/she/it	had	been	going
we	had	been	going
you	had	been	going
they	had	been	going

Future

Future I

I	will	go
you	will	go
he/she/it	will	go
we	will	go
you	will	go
they	will	go

Future I Progressive

I	will	be	going
you	will	be	going
he/she/it	will	be	going
we	will	be	going
you	will	be	going
they	will	be	going

Future II

I	will	have	gone
you	will	have	gone
he/she/it	will	have	gone
we	will	have	gone
you	will	have	gone
they	will	have	gone

Future II Progressive

I	will	have	been	going
you	will	have	been	going
he/she/it	will	have	been	going
we	will	have	been	going
you	will	have	been	going
they	will	have	been	going

Imperative

go

Gerund

going

Past Participle

gone

Conditional

Conditional II

I	would	go
you	would	go
he/she/it	would	go
we	would	go
you	would	go
they	would	go

Conditional Past

I	would	have	gone
you	would	have	gone
he/she/it	would	have	gone
we	would	have	gone
you	would	have	gone
they	would	have	gone

Das Past Participle **gone** wird nach **be** oft wie ein Adjektiv verwendet, um zu sagen, dass jemand oder etwas nicht mehr da oder verschwunden ist:

He is gone. – Er ist verschwunden.

The butter is gone. – Die Butter ist alle.

Verben **have – had – had** *haben*

+ -ing → e̸

Simple

Present Simple

I	have
you	have
he/she/it	has
we	have
you	have
they	have

Past Simple

I	had
you	had
he/she/it	had
we	had
you	had
they	had

Present Perfect

I	have	had
you	have	had
he/she/it	has	had
we	have	had
you	have	had
they	have	had

Past Perfect

I	had	had
you	had	had
he/she/it	had	had
we	had	had
you	had	had
they	had	had

Progressive

Present Progressive

I	am	having
you	are	having
he/she/it	is	having
we	are	having
you	are	having
they	are	having

Past Progressive

I	was	having
you	were	having
he/she/it	was	having
we	were	having
you	were	having
they	were	having

Present Perfect Progressive

I	have	been	having
you	have	been	having
he/she/it	has	been	having
we	have	been	having
you	have	been	having
they	have	been	having

Past Perfect Progressive

I	had	been	having
you	had	been	having
he/she/it	had	been	having
we	had	been	having
you	had	been	having
they	had	been	having

Future

Future I

I	will	have
you	will	have
he/she/it	will	have
we	will	have
you	will	have
they	will	have

Future I Progressive

I	will	be	having
you	will	be	having
he/she/it	will	be	having
we	will	be	having
you	will	be	having
they	will	be	having

Future II

I	will	have	had
you	will	have	had
he/she/it	will	have	had
we	will	have	had
you	will	have	had
they	will	have	had

Future II Progressive

I	will	have	been	having
you	will	have	been	having
he/she/it	will	have	been	having
we	will	have	been	having
you	will	have	been	having
they	will	have	been	having

Imperative

have

Gerund

having

Past Participle

had

Conditional

Conditional II

I	would	have
you	would	have
he/she/it	would	have
we	would	have
you	would	have
they	would	have

Conditional Past

I	would	have	had
you	would	have	had
he/she/it	would	have	had
we	would	have	had
you	would	have	had
they	would	have	had

Have kann sowohl als Hilfsverb als auch als Vollverb verwendet werden:
Hilfsverb: **He has taken my advice.** – Er hat meinen Rat angenommen.
Vollverb: **He has two children.** – Er hat zwei Kinder.
Besonders im Present Simple findet man in der Umgangssprache auch oft die Konstruktion **have got**, die ebenfalls *haben* oder *besitzen* bedeutet: **He has got two children.** – Er hat zwei Kinder.

hear – heard – heard *hören*

Simple

Present Simple

I	hear
you	hear
he/she/it	hears
we	hear
you	hear
they	hear

Past Simple

I	heard
you	heard
he/she/it	heard
we	heard
you	heard
they	heard

Present Perfect

I	have	heard
you	have	heard
he/she/it	has	heard
we	have	heard
you	have	heard
they	have	heard

Past Perfect

I	had	heard
you	had	heard
he/she/it	had	heard
we	had	heard
you	had	heard
they	had	heard

Progressive

Present Progressive

I	am	hearing
you	are	hearing
he/she/it	is	hearing
we	are	hearing
you	are	hearing
they	are	hearing

Past Progressive

I	was	hearing
you	were	hearing
he/she/it	was	hearing
we	were	hearing
you	were	hearing
they	were	hearing

Present Perfect Progressive

I	have	been	hearing
you	have	been	hearing
he/she/it	has	been	hearing
we	have	been	hearing
you	have	been	hearing
they	have	been	hearing

Past Perfect Progressive

I	had	been	hearing
you	had	been	hearing
he/she/it	had	been	hearing
we	had	been	hearing
you	had	been	hearing
they	had	been	hearing

Future

Future I

I	will	hear
you	will	hear
he/she/it	will	hear
we	will	hear
you	will	hear
they	will	hear

Future I Progressive

I	will	be	hearing
you	will	be	hearing
he/she/it	will	be	hearing
we	will	be	hearing
you	will	be	hearing
they	will	be	hearing

Future II

I	will	have	heard
you	will	have	heard
he/she/it	will	have	heard
we	will	have	heard
you	will	have	heard
they	will	have	heard

Future II Progressive

I	will	have	been	hearing
you	will	have	been	hearing
he/she/it	will	have	been	hearing
we	will	have	been	hearing
you	will	have	been	hearing
they	will	have	been	hearing

Imperative

hear

Gerund

hearing

Past Participle

heard

Conditional

Conditional II

I	would	hear
you	would	hear
he/she/it	would	hear
we	would	hear
you	would	hear
they	would	hear

Conditional Past

I	would	have	heard
you	would	have	heard
he/she/it	would	have	heard
we	would	have	heard
you	would	have	heard
they	would	have	heard

Hear gehört zu den Verben, die normalerweise nicht im **Progessive** benutzt werden.
Hear (hören) wird oft mit **listen** (zuhören) verwechselt.
Dabei benutzt man **hear**, wenn man etwas über das Gehör wahrnimmt und **listen** für bewusstes Zuhören:
Did you hear that noise? – Hast du das Geräusch gehört?
Did you listen to that song? – Hast du dir dieses Lied angehört?

Verben know – knew – known *wissen/kennen*

Simple

Present Simple

I	know
you	know
he/she/it	knows
we	know
you	know
they	know

Past Simple

I	knew
you	knew
he/she/it	knew
we	knew
you	knew
they	knew

Present Perfect

I	have	known
you	have	known
he/she/it	has	known
we	have	known
you	have	known
they	have	known

Past Perfect

I	had	known
you	had	known
he/she/it	had	known
we	had	known
you	had	known
they had known		

Progressive

Present Progressive

—

Past Progressive

—

Present Perfect Progressive

—

Past Perfect Progressive

—

Future

Future I

I	will	know
you	will	know
he/she/it	will	know
we	will	know
you	will	know
they	will	know

Future I Progressive

—

Future II

I	will	have	known
you	will	have	known
he/she/it	will	have	known
we	will	have	known
you	will	have	known
they	will	have	known

Future II Progressive

—

Imperative

know

Gerund

knowing

Past Participle

known

Conditional

Conditional II

I	would	know
you	would	know
he/she/it	would	know
we	would	know
you	would	know
they	would	know

Conditional Past

I	would	have	known
you	would	have	known
he/she/it	would	have	known
we	would	have	known
you	would	have	known
they	would	have	known

Know gehört zu den Verben, die normalerweise nicht im Progessive benutzt werden. Außerdem kann es nicht direkt von einem Verb im Infinitiv gefolgt werden.
Man benutzt die Konstruktion **know how to**:
I know how to drive a car. – Ich kann Auto fahren.

make – made – made *machen*

Simple

Present Simple

I	make
you	make
he/she/it	makes
we	make
you	make
they	make

Past Simple

I	made
you	made
he/she/it	made
we	made
you	made
they	made

Present Perfect

I	have	made
you	have	made
he/she/it	has	made
we	have	made
you	have	made
they	have	made

Past Perfect

I	had	made
you	had	made
he/she/it	had	made
we	had	made
you	had	made
they	had	made

Progressive

Present Progressive

I	am	making
you	are	making
he/she/it	is	making
we	are	making
you	are	making
they	are	making

Past Progressive

I	was	making
you	were	making
he/she/it	was	making
we	were	making
you	were	making
they	were	making

Present Perfect Progressive

I	have	been	making
you	have	been	making
he/she/it	has	been	making
we	have	been	making
you	have	been	making
they	have	been	making

Past Perfect Progressive

I	had	been	making
you	had	been	making
he/she/it	had	been	making
we	had	been	making
you	had	been	making
they	had	been	making

Future

Future I

I	will	make
you	will	make
he/she/it	will	make
we	will	make
you	will	make
they	will	make

Future I Progressive

I	will	be	making
you	will	be	making
he/she/it	will	be	making
we	will	be	making
you	will	be	making
they	will	be	making

Future II

I	will	have	made
you	will	have	made
he/she/it	will	have	made
we	will	have	made
you	will	have	made
they	will	have	made

Future II Progressive

I	will	have	been	making
you	will	have	been	making
he/she/it	will	have	been	making
we	will	have	been	making
you	will	have	been	making
they	will	have	been	making

Imperative

make

Gerund

making

Past Participle

made

Conditional

Conditional II

I	would	make
you	would	make
he/she/it	would	make
we	would	make
you	would	make
they	would	make

Conditional Past

I	would	have	made
you	would	have	made
he/she/it	would	have	made
we	would	have	made
you	would	have	made
they	would	have	made

Achtung, die Verben **make** und **do** als Vollverb haben beide die Bedeutung *tun* oder *machen*, man kann sie jedoch nicht gleich verwenden und leider gibt es auch keine feste Regel, wann welches Verb verwendet wird. Hier hilft nur, die Verben in ganzen Zusammenhängen zu lernen und im Zweifel im Wörterbuch nachzuschlagen.

What shall we do? – Was sollen wir tun?

Did you make that (shirt) yourself? – Hast du das (Hemd) selber gemacht gemacht?

Verben meet – met – met *treffen*

Simple

Present Simple

I	meet
you	meet
he/she/it	meets
we	meet
you	meet
they	meet

Past Simple

I	met
you	met
he/she/it	met
we	met
you	met
they	met

Present Perfect

I	have	met
you	have	met
he/she/it	has	met
we	have	met
you	have	met
they	have	met

Past Perfect

I	had	met
you	had	met
he/she/it	had	met
we	had	met
you	had	met
they	had	met

Progressive

Present Progressive

I	am	meeting
you	are	meeting
he/she/it	is	meeting
we	are	meeting
you	are	meeting
they	are	meeting

Past Progressive

I	was	meeting
you	were	meeting
he/she/it	was	meeting
we	were	meeting
you	were	meeting
they	were	meeting

Present Perfect Progressive

I	have	been	meeting
you	have	been	meeting
he/she/it	has	been	meeting
we	have	been	meeting
you	have	been	meeting
they	have	been	meeting

Past Perfect Progressive

I	had	been	meeting
you	had	been	meeting
he/she/it	had	been	meeting
we	had	been	meeting
you	had	been	meeting
they	had	been	meeting

Future

Future I

I	will	meet
you	will	meet
he/she/it	will	meet
we	will	meet
you	will	meet
they	will	meet

Future I Progressive

I	will	be	meeting
you	will	be	meeting
he/she/it	will	be	meeting
we	will	be	meeting
you	will	be	meeting
they	will	be	meeting

Future II

I	will	have	met
you	will	have	met
he/she/it	will	have	met
we	will	have	met
you	will	have	met
they	will	have	met

Future II Progressive

I	will	have	been	meeting
you	will	have	been	meeting
he/she/it	will	have	been	meeting
we	will	have	been	meeting
you	will	have	been	meeting
they	will	have	been	meeting

Imperative

meet

Gerund

meeting

Past Participle

met

Conditional

Conditional II

I	would	meet
you	would	meet
he/she/it	would	meet
we	would	meet
you	would	meet
they	would	meet

Conditional Past

I	would	have	met
you	would	have	met
he/she/it	would	have	met
we	would	have	met
you	would	have	met
they	would	have	met

Weitere Verben:
bleed – bled – bled bluten
breed – bred – bred züchten, brüten
feed – fed – fed füttern

Simple

Present Simple

I	must/have to
you	must/have to
he/she/it	must/has to
we	must/have to
you	must/have to
they	must/have to

Past Simple

I	had to
you	had to
he/she/it	had to
we	had to
you	had to
they	had to

Present Perfect

I	have	had to
you	have	had to
he/she/it	has	had to
we	have	had to
you	have	had to
they	have	had to

Past Perfect

I	had	had to
you	had	had to
he/she/it	had	had to
we	had	had to
you	had	had to
they	had	had to

Progressive

Present Progressive

I	am	having to
you	are	having to
he/she/it	is	having to
we	are	having to
you	are	having to
they	are	having to

Past Progressive

I	was	having to
you	were	having to
he/she/it	was	having to
we	were	having to
you	were	having to
they	were	having to

Present Perfect Progressive

I	have	been	having to
you	have	been	having to
he/she/it	has	been	having to
we	have	been	having to
you	have	been	having to
they	have	been	having to

Past Perfect Progressive

I	had	been	having to
you	had	been	having to
he/she/it	had	been	having to
we	had	been	having to
you	had	been	having to
they	had	been	having to

Future

Future I

I	will	have to
you	will	have to
he/she/it	will	have to
we	will	have to
you	will	have to
they	will	have to

Future I Progressive

I	will	be	having to
you	will	be	having to
he/she/it	will	be	having to
we	will	be	having to
you	will	be	having to
they	will	be	having to

Future II

I	will	have	had to
you	will	have	had to
he/she/it	will	have	had to
we	will	have	had to
you	will	have	had to
they	will	have	had to

Future II Progressive

I	will	have	been	having to
you	will	have	been	having to
he/she/it	will	have	been	having to
we	will	have	been	having to
you	will	have	been	having to
they	will	have	been	having to

Imperative

–

Gerund

having to

Past Participle

had to

Conditional

Conditional II

I	would	have to
you	would	have to
he/she/it	would	have to
we	would	have to
you	would	have to
they	would	have to

Conditional Past

I	would	have	had to
you	would	have	had to
he/she/it	would	have	had to
we	would	have	had to
you	would	have	had to
they	would	have	had to

Must kann nur in seiner Grundform gebraucht werden. Für die anderen Formen verwendet man **have to.**

Die negative Form **must not** (**mustn't**) bedeutet *nicht dürfen*!
You mustn't read this. – Du darfst das nicht lesen!

Verben put – put – put *setzen/stellen/legen*

Konsonantenverdopplung

Simple

Present Simple

I	put
you	put
he/she/it	puts
we	put
you	put
they	put

Past Simple

I	put
you	put
he/she/it	put
we	put
you	put
they	put

Present Perfect

I	have	put
you	have	put
he/she/it	has	put
we	have	put
you	have	put
they	have	put

Past Perfect

I	had	put
you	had	put
he/she/it	had	put
we	had	put
you	had	put
they	had	put

Progressive

Present Progressive

I	am	putting
you	are	putting
he/she/it	is	putting
we	are	putting
you	are	putting
they	are	putting

Past Progressive

I	was	putting
you	were	putting
he/she/it	was	putting
we	were	putting
you	were	putting
they	were	putting

Present Perfect Progressive

I	have	been	putting
you	have	been	putting
he/she/it	has	been	putting
we	have	been	putting
you	have	been	putting
they	have	been	putting

Past Perfect Progressive

I	had	been	putting
you	had	been	putting
he/she/it	had	been	putting
we	had	been	putting
you	had	been	putting
they	had	been	putting

Future

Future I

I	will	put
you	will	put
he/she/it	will	put
we	will	put
you	will	put
they	will	put

Future I Progressive

I	will	be	putting
you	will	be	putting
he/she/it	will	be	putting
we	will	be	putting
you	will	be	putting
they	will	be	putting

Future II

I	will	have	put
you	will	have	put
he/she/it	will	have	put
we	will	have	put
you	will	have	put
they	will	have	put

Future II Progressive

I	will	have	been	putting
you	will	have	been	putting
he/she/it	will	have	been	putting
we	will	have	been	putting
you	will	have	been	putting
they	will	have	been	putting

Imperative

put

Gerund

putting

Past Participle

put

Conditional

Conditional II

I	would	put
you	would	put
he/she/it	would	put
we	would	put
you	would	put
they	would	put

Conditional Past

I	would	have	put
you	would	have	put
he/she/it	would	have	put
we	would	have	put
you	would	have	put
they	would	have	put

Weitere Verben mit drei gleichen Grundformen (Auswahl):
bet wetten – **cost** kosten – **burst** platzen, bersten – **cut** schneiden – **hit** schlagen – **hurt** verletzen – **let** lassen, erlauben, vermieten – **quit** aufhören, aufgeben, kündigen – **shut** schließen – **split** teilen – **spread** verbreiten, ausbreiten

Simple

Present Simple

I	read
you	read
he/she/it	reads
we	read
you	read
they	read

Past Simple

I	read
you	read
he/she/it	read
we	read
you	read
they	read

Present Perfect

I	have	read
you	have	read
he/she/it	has	read
we	have	read
you	have	read
they	have	read

Past Perfect

I	had	read
you	had	read
he/she/it	had	read
we	had	read
you	had	read
they	had	read

Progressive

Present Progressive

I	am	reading
you	are	reading
he/she/it	is	reading
we	are	reading
you	are	reading
they	are	reading

Past Progressive

I	was	reading
you	were	reading
he/she/it	was	reading
we	were	reading
you	were	reading
they	were	reading

Present Perfect Progressive

I	have	been	reading
you	have	been	reading
he/she/it	has	been	reading
we	have	been	reading
you	have	been	reading
they	have	been	reading

Past Perfect Progressive

I	had	been	reading
you	had	been	reading
he/she/it	had	been	reading
we	had	been	reading
you	had	been	reading
they	had	been	reading

Future

Future I

I	will	read
you	will	read
he/she/it	will	read
we	will	read
you	will	read
they	will	read

Future I Progressive

I	will	be	reading
you	will	be	reading
he/she/it	will	be	reading
we	will	be	reading
you	will	be	reading
they	will	be	reading

Future II

I	will	have	read
you	will	have	read
he/she/it	will	have	read
we	will	have	read
you	will	have	read
they	will	have	read

Future II Progressive

I	will	have	been	reading
you	will	have	been	reading
he/she/it	will	have	been	reading
we	will	have	been	reading
you	will	have	been	reading
they	will	have	been	reading

Imperative

read

Gerund

reading

Past Participle

read

Conditional

Conditional II

I	would	read
you	would	read
he/she/it	would	read
we	would	read
you	would	read
they	would	read

Conditional Past

I	would	have	read
you	would	have	read
he/she/it	would	have	read
we	would	have	read
you	would	have	read
they	would	have	read

Beachte die besondere Aussprache der Past Simple Form und des Past Participle. Im Gegensatz zum Infinitiv wird bei diesen beiden Formen ein kurzer Vokal gesprochen:

Infinitv	Past Simple	Past Participle
read [ri:d]	read [red]	read [red]

Verben see – saw – seen *sehen*

Simple

Present Simple

I	see
you	see
he/she/it	sees
we	see
you	see
they	see

Past Simple

I	saw
you	saw
he/she/it	saw
we	saw
you	saw
they	saw

Present Perfect

I	have	seen
you	have	seen
he/she/it	has	seen
we	have	seen
you	have	seen
they	have	seen

Past Perfect

I	had	seen
you	had	seen
he/she/it	had	seen
we	had	seen
you	had	seen
they	had	seen

Progressive

Present Progressive

I	am	seeing
you	are	seeing
he/she/it	is	seeing
we	are	seeing
you	are	seeing
they	are	seeing

Past Progressive

I	was	seeing
you	were	seeing
he/she/it	was	seeing
we	were	seeing
you	were	seeing
they	were	seeing

Present Perfect Progressive

I	have	been	seeing
you	have	been	seeing
he/she/it	has	been	seeing
we	have	been	seeing
you	have	been	seeing
they	have	been	seeing

Past Perfect Progressive

I	had	been	seeing
you	had	been	seeing
he/she/it	had	been	seeing
we	had	been	seeing
you	had	been	seeing
they	had	been	seeing

Future

Future I

I	will	see
you	will	see
he/she/it	will	see
we	will	see
you	will	see
they	will	see

Future I Progressive

I	will	be	seeing
you	will	be	seeing
he/she/it	will	be	seeing
we	will	be	seeing
you	will	be	seeing
they	will	be	seeing

Future II

I	will	have	seen
you	will	have	seen
he/she/it	will	have	seen
we	will	have	seen
you	will	have	seen
they	will	have	seen

Future II Progressive

I	will	have	been	seeing
you	will	have	been	seeing
he/she/it	will	have	been	seeing
we	will	have	been	seeing
you	will	have	been	seeing
they	will	have	been	seeing

Imperative

see

Gerund

seeing

Past Participle

seen

Conditional

Conditional II

I	would	see
you	would	see
he/she/it	would	see
we	would	see
you	would	see
they	would	see

Conditional Past

I	would	have	seen
you	would	have	seen
he/she/it	would	have	seen
we	would	have	seen
you	would	have	seen
they	would	have	seen

Die Verben **see** und **saw** können leicht miteinander verwechselt werden:
see – saw – seen sehen
saw – sawed – sawn (BE) / **sawed** (AE) sägen

sit – sat – sat *sitzen*

Simple

Present Simple

I	sit
you	sit
he/she/it	sits
we	sit
you	sit
they	sit

Past Simple

I	sat
you	sat
he/she/it	sat
we	sat
you	sat
they	sat

Present Perfect

I	have	sat
you	have	sat
he/she/it	has	sat
we	have	sat
you	have	sat
they	have	sat

Past Perfect

I	had	sat
you	had	sat
he/she/it	had	sat
we	had	sat
you	had	sat
they	had	sat

Progressive

Present Progressive

I	am	sitting
you	are	sitting
he/she/it	is	sitting
we	are	sitting
you	are	sitting
they	are	sitting

Past Progressive

I	was	sitting
you	were	sitting
he/she/it	was	sitting
we	were	sitting
you	were	sitting
they	were	sitting

Present Perfect Progressive

I	have	been	sitting
you	have	been	sitting
he/she/it	has	been	sitting
we	have	been	sitting
you	have	been	sitting
they	have	been	sitting

Past Perfect Progressive

I	had	been	sitting
you	had	been	sitting
he/she/it	had	been	sitting
we	had	been	sitting
you	had	been	sitting
they	had	been	sitting

Future

Future I

I	will	sit
you	will	sit
he/she/it	will	sit
we	will	sit
you	will	sit
they	will	sit

Future I Progressive

I	will	be	sitting
you	will	be	sitting
he/she/it	will	be	sitting
we	will	be	sitting
you	will	be	sitting
they	will	be	sitting

Future II

I	will	have	sat
you	will	have	sat
he/she/it	will	have	sat
we	will	have	sat
you	will	have	sat
they	will	have	sat

Future II Progressive

I	will	have	been	sitting
you	will	have	been	sitting
he/she/it	will	have	been	sitting
we	will	have	been	sitting
you	will	have	been	sitting
they	will	have	been	sitting

Imperative

sit

Gerund

sitting

Past Participle

sat

Conditional

Conditional II

I	would	sit
you	would	sit
he/she/it	would	sit
we	would	sit
you	would	sit
they	would	sit

Conditional Past

I	would	have	sat
you	would	have	sat
he/she/it	would	have	sat
we	would	have	sat
you	would	have	sat
they	would	have	sat

Genauso wie **sit** wird das Verb **spit** konjugiert:
spit – spat – spat spucken

Verben sleep – slept – slept *schlafen*

Simple

Present Simple

I	sleep
you	sleep
he/she/it	sleeps
we	sleep
you	sleep
they	sleep

Past Simple

I	slept
you	slept
he/she/it	slept
we	slept
you	slept
they	slept

Present Perfect

I	have	slept
you	have	slept
he/she/it	has	slept
we	have	slept
you	have	slept
they	have	slept

Past Perfect

I	had	slept
you	had	slept
he/she/it	had	slept
we	had	slept
you	had	slept
they	had	slept

Progressive

Present Progressive

I	am	sleeping
you	are	sleeping
he/she/it	is	sleeping
we	are	sleeping
you	are	sleeping
they	are	sleeping

Past Progressive

I	was	sleeping
you	were	sleeping
he/she/it	was	sleeping
we	were	sleeping
you	were	sleeping
they	were	sleeping

Present Perfect Progressive

I	have	been	sleeping
you	have	been	sleeping
he/she/it	has	been	sleeping
we	have	been	sleeping
you	have	been	sleeping
they	have	been	sleeping

Past Perfect Progressive

I	had	been	sleeping
you	had	been	sleeping
he/she/it	had	been	sleeping
we	had	been	sleeping
you	had	been	sleeping
they	had	been	sleeping

Future

Future I

I	will	sleep
you	will	sleep
he/she/it	will	sleep
we	will	sleep
you	will	sleep
they	will	sleep

Future I Progressive

I	will	be	sleeping
you	will	be	sleeping
he/she/it	will	be	sleeping
we	will	be	sleeping
you	will	be	sleeping
they	will	be	sleeping

Future II

I	will	have	slept
you	will	have	slept
he/she/it	will	have	slept
we	will	have	slept
you	will	have	slept
they	will	have	slept

Future II Progressive

I	will	have	been	sleeping
you	will	have	been	sleeping
he/she/it	will	have	been	sleeping
we	will	have	been	sleeping
you	will	have	been	sleeping
they	will	have	been	sleeping

Imperative

sleep

Gerund

sleeping

Past Participle

slept

Conditional

Conditional II

I	would	sleep
you	would	sleep
he/she/it	would	sleep
we	would	sleep
you	would	sleep
they	would	sleep

Conditional Past

I	would	have	slept
you	would	have	slept
he/she/it	would	have	slept
we	would	have	slept
you	would	have	slept
they	would	have	slept

Weitere Verben:
keep – kept – kept behalten
sweep kehren – **creep** kriechen, schleichen – **feel** fühlen – **kneel** knien – **weep** weinen

speak – spoke – spoken *sprechen*

Simple

Present Simple

I	speak
you	speak
he/she/it	speaks
we	speak
you	speak
they	speak

Past Simple

I	spoke
you	spoke
he/she/it	spoke
we	spoke
you	spoke
they	spoke

Present Perfect

I	have	spoken
you	have	spoken
he/she/it	has	spoken
we	have	spoken
you	have	spoken
they	have	spoken

Past Perfect

I	had	spoken
you	had	spoken
he/she/it	had	spoken
we	had	spoken
you	had	spoken
they	had	spoken

Progressive

Present Progressive

I	am	speaking
you	are	speaking
he/she/it	is	speaking
we	are	speaking
you	are	speaking
they	are	speaking

Past Progressive

I	was	speaking
you	were	speaking
he/she/it	was	speaking
we	were	speaking
you	were	speaking
they	were	speaking

Present Perfect Progressive

I	have	been	speaking
you	have	been	speaking
he/she/it	has	been	speaking
we	have	been	speaking
you	have	been	speaking
they	have	been	speaking

Past Perfect Progressive

I	had	been	speaking
you	had	been	speaking
he/she/it	had	been	speaking
we	had	been	speaking
you	had	been	speaking
they	had	been	speaking

Future

Future I

I	will	speak
you	will	speak
he/she/it	will	speak
we	will	speak
you	will	speak
they	will	speak

Future I Progressive

I	will	be	speaking
you	will	be	speaking
he/she/it	will	be	speaking
we	will	be	speaking
you	will	be	speaking
they	will	be	speaking

Future II

I	will	have	spoken
you	will	have	spoken
he/she/it	will	have	spoken
we	will	have	spoken
you	will	have	spoken
they	will	have	spoken

Future II Progressive

I	will	have	been	speaking
you	will	have	been	speaking
he/she/it	will	have	been	speaking
we	will	have	been	speaking
you	will	have	been	speaking
they	will	have	been	speaking

Imperative

speak

Gerund

speaking

Past Participle

spoken

Conditional

Conditional II

I	would	speak
you	would	speak
he/she/it	would	speak
we	would	speak
you	would	speak
they	would	speak

Conditional Past

I	would	have	spoken
you	would	have	spoken
he/she/it	would	have	spoken
we	would	have	spoken
you	would	have	spoken
they	would	have	spoken

Weitere Verben:

break – broke – broken (zer)brechen
choose – chose – chosen wählen
freeze – froze – frozen (ge)frieren
steal – stole – stolen stehlen
wake – woke – woken (auf)wachen

Verben take – took – taken *nehmen* + -ing → ~~e~~

Simple

Present Simple

I	take
you	take
he/she/it	takes
we	take
you	take
they	take

Past Simple

I	took
you	took
he/she/it	took
we	took
you	took
they	took

Present Perfect

I	have	taken
you	have	taken
he/she/it	has	taken
we	have	taken
you	have	taken
they	have	taken

Past Perfect

I	had	taken
you	had	taken
he/she/it	had	taken
we	had	taken
you	had	taken
they	had	taken

Progressive

Present Progressive

I	am	taking
you	are	taking
he/she/it	is	taking
we	are	taking
you	are	taking
they	are	taking

Past Progressive

I	was	taking
you	were	taking
he/she/it	was	taking
we	were	taking
you	were	taking
they	were	taking

Present Perfect Progressive

I	have	been	taking
you	have	been	taking
he/she/it	has	been	taking
we	have	been	taking
you	have	been	taking
they	have	been	taking

Past Perfect Progressive

I	had	been	taking
you	had	been	taking
he/she/it	had	been	taking
we	had	been	taking
you	had	been	taking
they	had	been	taking

Future

Future I

I	will	take
you	will	take
he/she/it	will	take
we	will	take
you	will	take
they	will	take

Future I Progressive

I	will	be	taking
you	will	be	taking
he/she/it	will	be	taking
we	will	be	taking
you	will	be	taking
they	will	be	taking

Future II

I	will	have	taken
you	will	have	taken
he/she/it	will	have	taken
we	will	have	taken
you	will	have	taken
they	will	have	taken

Future II Progressive

I	will	have	been	taking
you	will	have	been	taking
he/she/it	will	have	been	taking
we	will	have	been	taking
you	will	have	been	taking
they	will	have	been	taking

Imperative

take

Gerund

taking

Past Participle

taken

Conditional

Conditional II

I	would	take
you	would	take
he/she/it	would	take
we	would	take
you	would	take
they	would	take

Conditional Past

I	would	have	taken
you	would	have	taken
he/she/it	would	have	taken
we	would	have	taken
you	would	have	taken
they	would	have	taken

Achte auf die Präpositionen
take off – abheben
take up – aufnehmen, antreten
The plane takes off at five o'clock. Das Flugzeug startet um fünf Uhr.
to take up a job eine Stelle antreten

think – thought – thought *denken*

Simple

Present Simple

I	think
you	think
he/she/it	thinks
we	think
you	think
they	think

Past Simple

I	thought
you	thought
he/she/it	thought
we	thought
you	thought
they	thought

Present Perfect

I	have	thought
you	have	thought
he/she/it	has	thought
we	have	thought
you	have	thought
they	have	thought

Past Perfect

I	had	thought
you	had	thought
he/she/it	had	thought
we	had	thought
you	had	thought
they	had	thought

Progressive

Present Progressive

I	am	thinking
you	are	thinking
he/she/it	is	thinking
we	are	thinking
you	are	thinking
they	are	thinking

Past Progressive

I	was	thinking
you	were	thinking
he/she/it	was	thinking
we	were	thinking
you	were	thinking
they	were	thinking

Present Perfect Progressive

I	have	been	thinking
you	have	been	thinking
he/she/it	has	been	thinking
we	have	been	thinking
you	have	been	thinking
they	have	been	thinking

Past Perfect Progressive

I	had	been	thinking
you	had	been	thinking
he/she/it	had	been	thinking
we	had	been	thinking
you	had	been	thinking
they	had	been	thinking

Future

Future I

I	will	think
you	will	think
he/she/it	will	think
we	will	think
you	will	think
they	will	think

Future I Progressive

I	will	be	thinking
you	will	be	thinking
he/she/it	will	be	thinking
we	will	be	thinking
you	will	be	thinking
they	will	be	thinking

Future II

I	will	have	thought
you	will	have	thought
he/she/it	will	have	thought
we	will	have	thought
you	will	have	thought
they	will	have	thought

Future II Progressive

I	will	have	been	thinking
you	will	have	been	thinking
he/she/it	will	have	been	thinking
we	will	have	been	thinking
you	will	have	been	thinking
they	will	have	been	thinking

Imperative

think

Gerund

thinking

Past Participle

thought

Conditional

Conditional II

I	would	think
you	would	think
he/she/it	would	think
we	would	think
you	would	think
they	would	think

Conditional Past

I	would	have	thought
you	would	have	thought
he/she/it	would	have	thought
we	would	have	thought
you	would	have	thought
they	would	have	thought

Weitere Verben

bring – brought – brought (her)bringen
buy – bought – bought kaufen
fight – fought – fought kämpfen
seek – sought – sought suchen, streben

Verben **write – wrote – written** *schreiben* *+ -ing → ~~e~~*

Simple

Present Simple

I	write
you	write
he/she/it	writes
we	write
you	write
they	write

Past Simple

I	wrote
you	wrote
he/she/it	wrote
we	wrote
you	wrote
they	wrote

Present Perfect

I	have	written
you	have	written
he/she/it	has	written
we	have	written
you	have	written
they	have	written

Past Perfect

I	had	written
you	had	written
he/she/it	had	written
we	had	written
you	had	written
they	had	written

Progressive

Present Progressive

I	am	writing
you	are	writing
he/she/it	is	writing
we	are	writing
you	are	writing
they	are	writing

Past Progressive

I	was	writing
you	were	writing
he/she/it	was	writing
we	were	writing
you	were	writing
they	were	writing

Present Perfect Progressive

I	have	been	writing
you	have	been	writing
he/she/it	has	been	writing
we	have	been	writing
you	have	been	writing
they	have	been	writing

Past Perfect Progressive

I	had	been	writing
you	had	been	writing
he/she/it	had	been	writing
we	had	been	writing
you	had	been	writing
they	had	been	writing

Future

Future I

I	will	write
you	will	write
he/she/it	will	write
we	will	write
you	will	write
they	will	write

Future I Progressive

I	will	be	writing
you	will	be	writing
he/she/it	will	be	writing
we	will	be	writing
you	will	be	writing
they	will	be	writing

Future II

I	will	have	written
you	will	have	written
he/she/it	will	have	written
we	will	have	written
you	will	have	written
they	will	have	written

Future II Progressive

I	will	have	been	writing
you	will	have	been	writing
he/she/it	will	have	been	writing
we	will	have	been	writing
you	will	have	been	writing
they	will	have	been	writing

Imperative

write

Gerund

writing

Past Participle

written

Conditional

Conditional II

I	would	write
you	would	write
he/she/it	would	write
we	would	write
you	would	write
they	would	write

Conditional Past

I	would	have	written
you	would	have	written
he/she/it	would	have	written
we	would	have	written
you	would	have	written
they	would	have	written

Weitere Verben
ride – rode – ridden reiten, fahren

Thematisches Wörterbuch

- Das thematische Wörterbuch bietet dir in 19 thematisch geordneten Kapiteln und 88 Unterkapiteln die Möglichkeit, den Wortschatz systematisch nachzuschlagen und zu lernen.

- Die Kapitel und Unterkapitel wurden nach **Situationen und Themen** zusammengefasst, damit du gezielt den Wortschatz für einen ganz bestimmten Anwendungsbereich lernen kannst. **Aktueller Wortschatz** und **Ausdrücke aus der Umgangssprache** wurden integriert, so dass du dein Vokabular sinnvoll ausbauen kannst und auf dem Laufenden bleibst. **Redewendungen** und **Kollokationen** zu vielen Einträgen erleichtern das Lernen und zeigen auf, wie die Wörter verwendet werden können. Zahlreiche **Info-Boxen** geben zusätzliche Erklärungen zu „falschen Freunden", Besonderheiten bei der Grammatik oder Hinweise zu „Land und Leuten".

- Jedes Kapitel oder Unterkapitel ist mit einem Reiter versehen und verschiedenfarbig hinterlegt. So dass du sofort erkennst, in welchem Lernjahr diese Wörter üblicherweise behandelt bzw. gelernt werden:

Wörter, die im 1. Lernjahr gelernt werden.	1.Lj
Wörter, die im 2. Lernjahr gelernt werden.	2.Lj
Wörter, die im 3. Lernjahr gelernt werden.	3.Lj

- Damit du mögliche Zweifel bei der Aussprache ausräumen kannst, findest du zu allen Einträgen die internationale **Lautschrift (IPA)**. Eine Erläuterung zur Lautschrift findest du auf Seite 162.

- Das **alphabetische Register** ab Seite 425 ermöglicht dir, ein gesuchtes englisches Wort schnell zu finden.

Thematisches Wörterbuch

Inhaltsverzeichnis

Öffentliches Leben

Thematisches Wörterbuch

Verzeichnis allgemeiner Begriffe und Strukturwörter

Thematisches Wörterbuch

Die englische Phonetik

Vokale und Diphthonge

Vowels and diphthongs

[æ]	c**a**t
[ɑː]	f**a**ther
[ɒ]	p**o**t, b**o**ttom
[aɪ]	r**i**de, m**y**
[aʊ]	h**ou**se, ab**ou**t
[e]	p**e**t, b**e**st
[ɜː]	b**i**rd, b**er**th
[ɝ]	keyw**or**d
[ə]	Afric**a**, p**o**tato
[ʌ]	b**u**st, m**u**lti
[eɪ]	r**a**te
[eə]	th**ere**, h**air**
[ɪ]	s**i**t
[i]	abb**ey**
[iː]	r**ea**d, m**ee**t
[ɪə]	h**ere**, b**ee**r
[ɔː]	c**au**ght, **ou**ght
[əʊ]	b**oa**t, r**o**de
[ɔɪ]	b**oy**, n**oi**se
[ɚ]	rum**or**
[uː]	m**oo**se, l**o**se
[ʊ]	b**oo**k, p**u**t
[ʊə]	m**oo**r

Konsonanten

Consonants

[b]	**b**ig
[d]	**d**a**d**
[ð]	**th**is, fa**th**er
[f]	**f**ast
[g]	**g**old
[h]	**h**ello
[j]	**y**ellow
[k]	**c**at, **k**ing
[kw]	**qu**een
[l]	litt**le**
[m]	**m**o**m**
[n]	**n**ice
[ŋ]	ri**ng**, ri**n**k, bi**n**go
[p]	**p**at
[r]	**r**ight
[s]	**s**oft
[ʃ]	**sh**ift
[t]	**t**ake
[tʃ]	**ch**ip, pa**tch**
[θ]	**th**ink, ba**th**
[v]	**v**itamin
[w]	**w**ish, **wh**y
[dʒ]	**j**am, ob**j**ect
[ks]	fi**x**
[z]	**z**ebra, ja**zz**
[ʒ]	plea**s**ure

ː bezeichnet die Länge des vorausgehenden Vokals.
Das Zeichen ˈ gibt den Hauptton, das Zeichen ˌ den Nebenton an.

Sich vorstellen

Persönlicher Bereich

Hello. *interj* [hel'əʊ]	Hallo., Guten Tag.
Hi! *interj* [haɪ]	Hallo!
I *pron* [aɪ]	ich
I am ...	Ich bin ...
call *v* [kɔːl]	nennen; rufen
be called	heißen
name *n* [neɪm]	Name
first/last name; my name is ...	Vor-/Nachname; mein Name ist/ich heiße ...
Mr *n* ['mɪstəʳ]	Herr *(Anrede für Männer)*
Mrs *n* ['mɪsɪz]	Frau *(Anrede für verheiratete Frauen)*
write, wrote, written *v* [raɪt, rəʊt, 'rɪtᵊn]	schreiben
write down one's address	seine Adresse aufschreiben
letter *n* ['letəʳ]	Buchstabe
spell, spelt, spelt/spelled, spelled *(AE)* *v* [spel, spelt/speld]	buchstabieren
live *v* [lɪv]	leben, wohnen
live in/with	leben in/bei
number *n* ['nʌmbəʳ]	Zahl, Nummer; Hausnummer
(tele)phone number	Telefonnummer
address *n* [ə'dres]	Adresse, Anschrift
email address	E-Mail-Adresse
birthday *n* ['bɜːθdeɪ]	Geburtstag
date/birthplace	Geburtsdatum, Geburtsort
be, was/were, been *v* [biː, wɒz/wɜːʳ, biːn]	sein
year *n* [jɪəʳ]	Jahr, Jahrgang
age *n* [eɪʤ]	Alter
at the age of	im Alter von
young *adj* [jʌŋ]	jung
old, older, oldest *adj* [əʊld, 'əʊldə, 'əʊldɪst]	alt, älter, am ältesten
be ... years old; elder, eldest (sister/son)	... Jahre alt sein; ältere/r, älteste/r (Schwester/Sohn)
child, *pl* **children** *n* ['tʃaɪld, 'tʃɪldrən]	Kind, Kinder
only child	Einzelkind
adult *n; adj* ['ædʌlt]	Erwachsene(r); erwachsen
adult life	Erwachsenenleben

Thematisches Wörterbuch

Sich vorstellen – Persönlicher Bereich

1.Lj

like *v* [laɪk]	mögen, gernhaben
spend, spent, spent *v* [spend, spent]	verbringen
spend one's holidays (in/with)	seine Ferien verbringen (in/mit jdm)
hobby *n* ['hɒbi]	Hobby
my hobbies are ...	meine Hobbys sind ...
school *n* [skuːl]	Schule
go to school, be at/in *(AE)* school	zur Schule gehen
work *v* [wɜːk]	arbeiten
work at	arbeiten bei
come, came, come *v* [kʌm, keɪm, kʌm]	kommen
Can you come with us?; come from	Kannst Du/können Sie (mit uns) mitkommen?; kommen aus
from *prep* [frɒm]	aus, von
country *n* ['kʌntri]	Land
nationality *n* [ˌnæʃᵊn'æləti]	Nationalität

2.Lj

born *adj* [bɔːn]	geboren
be born	geboren werden
personal *adj* ['pɜːsᵊnᵊl]	persönlich
personal details	persönliche Angaben
fill in, fill-out *(AE)* *v* [ˌfɪl 'ɪn, ˌfɪl 'aʊt]	ausfüllen
fill in a form	ein Formular ausfüllen
sign *v* [saɪn]	unterzeichnen, unterschreiben
please sign here; sign one's name	bitte hier unterschreiben; mit seinem Namen unterzeichnen
capital *n* ['kæpɪtᵊl]	Großbuchstabe; Hauptstadt
capital letter	Großbuchstabe
Ms *n* [məz]	Frau *(neutrale Anrede für Frauen)*
Miss *n* [mɪs]	Fräulein
aged *adj* ['eɪdʒɪd]	im Alter von
kid *n inf* [kɪd]	Kind
teenage *adj* ['tiːneɪdʒ]	Jugend-, Teenager-
teenage years; teenage clothing	Jugendjahre; Teenagerkleidung
home town *n* ['həʊmtaʊn]	Heimatstadt
language *n* ['læŋgwɪdʒ]	Sprache
first/second language	Erst-/Muttersprache, Zweitsprache
foreign *adj* ['fɒrɪn]	fremd, Fremd-; ausländisch
foreign language	Fremdsprache

Sich vorstellen – Aussehen

3.Lj

introduce *v* [ˌɪntrəˈdjuːs]	vorstellen
introduce sb to sb	jdm jdn vorstellen
print *v* [prɪnt]	in Druckschrift schreiben
print one's name	seinen Namen in Druckschrift schreiben
nickname *n* [ˈnɪkneɪm]	Spitzname
single *n* [ˈsɪŋgl]	unverheiratet; ohne Partner(in)
married *adj* [ˈmærid]	verheiratet
divorce *v* [dɪˈvɔːs]	sich scheiden lassen (von)
get divorced; divorced	sich scheiden lassen; geschieden
sex *n* [seks]	Geschlecht
female *n* [ˈfiːmeɪl]	weiblich, Frauen-
male *n* [meɪl]	männlich, Männer-
childhood *n* [ˈtʃaɪld(h)ʊd]	Kindheit
youth *n* [juːθ]	Jugend; Jugendliche(r)
elderly *adj* [ˈeldᵊli]	ältlich, ältere/r/s
the elderly; elderly people	(die) ältere(n) Menschen
pensioner *n* [ˈpen(t)ʃᵊnəʳ]	Rentner(in), Pensionär(in)
OAP *abbrev of* old age pensioner *(BE)*	Pensionär(in), Rentner(in)
foreigner *n* [ˈfɒrɪnəʳ]	Ausländer(in)
abroad *adv* [əˈbrɔːd]	im Ausland
live/go abroad; be sent abroad (on business)	im Ausland leben/ins Ausland gehen/fahren; (beruflich) ins Ausland geschickt werden
citizen *n* [ˈsɪtɪzᵊn]	Bürger(in), Staatsangehörige(r)
an American citizen; a citizen of	ein(e) amerikanische(r) (Staats-)Bürger(in); ein(e) Bürger(in) von
mother tongue *n* [ˌmʌðəʳˈtʌŋ]	Muttersprache
attend *v* [əˈtend]	teilnehmen, besuchen; beiwohnen
attend school	(eine) Schule besuchen, zur Schule gehen
university *n* [ˌjuːnɪˈvɜːsəti]	Universität
be at/go to university	die Universität besuchen, studieren

Aussehen

1.Lj

fat *adj* [fæt]	dick, fett
big *adj* [bɪg]	groß
little *adj* [ˈlɪtl]	klein
a little girl	ein kleines Mädchen

Thematisches Wörterbuch

Sich vorstellen – Aussehen

1.Lj

short *adj* [ʃɔːt]	kurz; klein
short hair; a short woman	kurzes Haar; eine kleine Frau
girl *n* [gɜːl]	Mädchen
woman, *pl* **women** *n* ['wʊmən, 'wɪmɪn]	Frau, Frauen
boy *n* [bɔɪ]	Junge
man, *pl* **men** *n* [mæn, men]	Mann, Männer
person *n* ['pɜːsᵊn]	Person
bonny *adj (BE)* ['bɒni]	schön, gutaussehend
a bonny baby	ein rosiges Baby
sweet *adj* [swiːt]	süß, niedlich
pretty *adj* ['prɪti]	hübsch
have/ have got *(BE)*, had, had *v* [hæv(gɒt), hæd]	haben, besitzen
have brown hair	braune Haare haben
lovely *adj* ['lʌvli]	hübsch, toll
dark *adj* [dɑːk]	dunkel
dark hair	dunkles Haar
fair *adj* [feəʳ]	blond, hell
fair hair	helles/blondes Haar
hair *n sg + pl* [heəʳ]	Haar, Haare
haircut *n* ['heəʳkʌt]	Haarschnitt, Frisur
beard *n* [bɪəd]	Bart
look *v* [lʊk]	aussehen
look like; look one's best	aussehen wie, ähneln; möglichst vorteilhaft aussehen
like *prep* [laɪk]	(so) wie
What's he/it like?	Wie ist er/es so?
(the) same *adj* [seɪm]	der/die/das Gleiche/-selbe
just the same	genau gleich
change *v* [tʃeɪndʒ]	(sich) ändern, verändern, wechseln
change one's image/style/appearance	sein Image/seinen Stil/sein Erscheinungsbild verändern
beautiful *adj* ['bjuːtɪfᵊl]	schön
fantastic *adj* [fæn'tæstɪk]	fantastisch, toll

2.Lj

tall *adj* [tɔːl]	groß
thin *adj* [θɪn]	dünn
face *n* [feɪs]	Gesicht
pointed face	spitzes Gesicht

Sich vorstellen – Aussehen

2.Lj

similar *adj* ['sɪmɪlə^r]	ähnlich
ugly *adj* ['ʌgli]	hässlich
natural *adj* ['nætʃ^ər^əl]	natürlich, angeboren
natural charm	natürliche Ausstrahlung
style *n* [staɪl]	Stil
hairstyle	Frisur

3.Lj

slight *adj* [slaɪt]	zierlich
pale *adj* [peɪl]	blass, bleich
youthful *adj* ['juːθf^əl]	jugendlich
cute *adj* [kjuːt]	niedlich, süß
he's so cute	er ist so niedlich
magnificent *adj* [mæg'nɪfɪs^ənt]	prächtig, majestätisch
magnificent hair	prächtiges Haar
dreads *n pl* [dreds]	Rastalocken
lock *n* [lɒk]	Locke
a lock of hair	eine Haarlocke/-strähne
greasy *adj* ['griːsi]	fettig
freckle *n* [frekl]	Sommersprosse
freckled	sommersprossig
stubble *n* [stʌbl]	Stoppeln
moustache, **mustache** *(AE) n* [mə'stɑːʃ]	Schnurrbart, Oberlippenbart
image *n* ['ɪmɪdʒ]	(Eben-)Bild; Image; Vorstellung
be the (very/spitting) image of	jdm wie aus dem Gesicht geschnitten sein, jds Ebenbild sein
figure *n* ['fɪgə^r]	Figur, Gestalt
attractive *adj* [ə'træktɪv]	attraktiv
look *n* [lʊk]	Aussehen
good-looking *adj* [ˌgʊd'lʊkɪŋ]	gut aussehend
appealing *adj* [ə'piːlɪŋ]	reizvoll; attraktiv; ansprechend
find sb/sth appealing; look appealing	etw/jdn attraktiv finden; reizvoll aussehen
smart *adj* [smɑːt]	schick, fein
look smart	schick aussehen
beauty *n* ['bjuːti]	Schönheit
That's a beauty!	Ein schönes Exemplar!
similarity *n* [ˌsɪmɪ'lærəti]	Ähnlichkeit

Thematisches Wörterbuch

Sich vorstellen – Charakteraeigenschaften

Charaktereigenschaften

1.Lj

character *n* ['kærəktəʳ]	Person, Charakter
person *n* ['pɜːsᵊn]	Person
change *v* [tʃeɪndʒ]	(sich) ändern, verändern, wechseln
change one's mind	seine Meinung ändern
self-assured *adj* [ˌselfə'ʃʊəʳd]	selbstbewusst
clever *adj* ['klevəʳ]	intelligent, klug
silly *adj* ['sɪli]	dumm, albern
idiot *n* ['ɪdiət]	Idiot(in)
gay *adj* [geɪ]	fröhlich; schwul
funny *adj* ['fʌni]	lustig, ulkig, komisch
kind *adj* [kaɪnd]	nett, freundlich
polite *adj* [pə'laɪt]	höflich
nice *adj* [naɪs]	nett, schön
friendly *adj* ['frendli]	freundlich, freundschaftlich
behave in a very friendly/unfriendly way	sich freundlich/unfreundlich benehmen
sweet *adj* [swiːt]	süß, niedlich
sweet temper	liebenswertes Wesen
quiet *adj* [kwaɪət]	ruhig, still
a quiet person	ein stiller Mensch
quietly *adv* ['kwaɪətli]	leise, ruhig
careful *adj* ['keəfᵊl]	vorsichtig
be careful	vorsichtig sein, Acht geben
bully, bullied, bullied *n; v* ['bʊli, 'bʊlid]	Rabauke, Rüpel, Tyrann; schikanieren
bully around with sb	mit jdm rüpelhaft umspringen
grumpy *adj* ['grʌmpi]	mürrisch

2.Lj

act *v* [ækt]	sich verhalten
act as if one was hurt/surprised	so tun, als ob man verletzt/überrascht wäre
normal *adj* ['nɔːmᵊl]	normal
typical *adj* ['tɪpɪkᵊl]	typisch
typical of sb/sth	typisch für jdn/etw
brave *adj* [breɪv]	tapfer
serious *adj* ['sɪəriəs]	ernst
be serious about sb/sth	es ernst mit etw/jdm meinen
guy *n inf; n pl AE spoken* [gaɪ]	Mann, Kerl; Leute
nice guy; hey guys!	netter Kerl; hallo Leute!

Sich vorstellen – Charaktereigenschaften

2.Lj

passive *adj* ['pæsɪv]	passiv
aggressive *adj* [ə'gresɪv]	aggressiv
violent *adj* ['vaɪəlᵊnt]	gewalttätig; heftig, stark
have a violent temper; a violent quarrel	jähzornig sein; ein heftiger Streit
fascinating *adj* ['fæsɪneɪtɪŋ]	faszinierend
personality *n* [ˌpɜːsᵊn'æləti]	Persönlichkeit
crazy *adj* ['kreɪzi]	verrückt
go crazy	verrückt werden
weird *adj* [weɪəd]	seltsam, komisch; unheimlich
now that's weird	das ist aber verrückt
reason *n* ['riːzᵊn]	Grund; Vernunft
reasonable *adj* ['riːzənəbl]	vernünftig, angemessen
attitude *n* ['ætɪtjuːd]	Einstellung
attitude towards	Einstellung zu
lazy *adj* ['leɪzi]	faul
show-off *n* ['ʃəʊɒf]	Angeber(in)
show off sth *v* [ˌʃəʊ 'ɒf]	mit etw protzen, mit etw angeben
bright *adj* [braɪt]	klug; hell, leuchtend
stupid *adj* ['stjuːpɪd]	dumm, doof
fool *n* [fuːl]	Dummkopf
greed *n* [griːd]	Gier, Habgier
impolite *adj* [ˌɪmpᵊ'laɪt]	unhöflich
rude *adj* [ruːd]	unhöflich, grob

3.Lj

behave *v* [bɪ'heɪv]	sich benehmen
behaviour, **behavior** *(AE)* *n* [bɪ'heɪvjəʳ]	Verhalten, Benehmen
close-to-the-vestbehaviour	Heimlichtuerei
manners *n pl* ['mænəʳz]	Manieren, Umgangsformen
dynamic *adj* [daɪ'næmɪk]	dynamisch
lively *adj* ['laɪvli]	lebhaft; flott; dynamisch
high-octane *adj* [ˌhaɪ'ɒkteɪn]	hyper-dynamisch
snooze *n inf* [snuːz]	ein Langweiler/einschläfernd sein
be a big snooze	total langweilig sein
confident *adj* ['kɒnfɪdᵊnt]	zuversichtlich; selbstbewusst, selbstsicher
be confident that …; be self-confident	zuversichtlich sein, dass …; Selbstvertrauen haben
positive *adj* ['pɒzətɪv]	positiv
positive attitude	positive Haltung/Einstellung
optimistic *adj* ['ɒptɪmɪstɪk]	optimistisch
pessimistic *adj* [ˌpesɪ'mɪstɪk]	pessimistisch

Sich vorstellen – Charaktereigenschaften

3.Lj

glum *adj* [glʌm]	niedergeschlagen, bedrückt
sensible *adj* ['sen(t)sɪbl]	vernünftig
peaceable *adj* ['piːsəbl]	friedlich, friedliebend
brutal *adj* ['bruːtəl]	brutal
cruel *adj* ['kruːəl]	grausam
mean *adj* [miːn]	gemein, hinterhältig
be mean about sth	gemein sein (wegen etw)
selfish *adj* ['selfɪʃ]	egoistisch, selbstsüchtig, eigennützig
ignore *v* [ɪg'nɔːr]	ignorieren, nicht beachten
greedy *adj* ['griːdi]	(geld-)gierig
don't be so greedy	sei nicht so gierig
mad *adj* [mæd]	verrückt; sauer *(AE)*
go mad; drive sb mad; be mad about sth	verrückt werden; jdn verrückt machen; verrückt auf etw sein
charm *n* [tʃɑːm]	Charme, Anmut
humour, humor *(AE) n* ['hjuːmər]	Humor; Stimmung
sense of humour	Sinn für Humor
kindness *n* ['kaɪndnəs]	Güte; Gefälligkeit; Freundlichkeit
gentle *adj* [dʒentl]	sanft, zart
a gentle touch	eine sanfte Berührung
pleasant *adj* ['plezənt]	angenehm
a pleasant character/person	ein angenehmer Charakter/ eine angenehme Person
honest *adj* ['ɒnɪst]	ehrlich
to be honest	um ehrlich zu sein
generous *adj* ['dʒenərəs]	großzügig
respectable *adj* [rɪ'spektəbl]	anständig; ehrbar; ehrenhaft
broadminded *adj* [ˌbrɔːd'maɪndɪd]	tolerant, großzügig
strength *n* [streŋ(k)θ]	Stärke, Kraft, Macht
strength of character; inner strength	Charakterstärke; innere Stärke
see through sb, saw, seen *v* [ˌsiː 'θruː, sɔː, siːn]	jdn durchschauen
You can see right through her.	Man kann sie leicht durchschauen.
hypocrite *n* ['hɪpəkrɪt]	Heuchler(in), Scheinheilige(r)
boastful *adj* ['bəʊstfəl]	prahlerisch
ridiculous *adj* [rɪ'dɪkjələs]	lächerlich
Don't be ridiculous!	Mach dich doch nicht lächerlich!
ignorant *adj* ['ɪgnərənt]	unwissend, ungebildet, ignorant
foolishness *n* ['fuːlɪʃnəs]	Torheit, Dummheit

3.Lj

incredulous *adj* [ɪnˈkredjələs]	ungläubig, skeptisch
doubtful *adj* [ˈdaʊtfəl]	zweifelhaft; zweifelnd; skeptisch
sceptical *adj* [ˈskeptɪkəl]	skeptisch
persuade *v* [pəˈsweɪd]	überreden; verleiten; überzeugen
be persuaded into doing sth; be persuaded of	verleitet werden, etw zu tun; überzeugt sein von
irresponsible *adj* [ˌɪrɪˈspɒn(t)səbl]	unverantwortlich, verantwortungslos
spoil, spoilt, spoilt/spoiled, spoiled *(AE) v* [spɔɪl, spɔɪlt/ spɔɪld]	verwöhnen, verderben
spoilt child/spoiled brat *(AE)*; spoil sb with sth	verwöhntes Kind; jdn mit etw verwöhnen
sharply *adv* [ˈʃɑːplɪ]	bissig, scharf, direkt
ask/criticize sharply	scharf (nach)fragen/kritisieren
surly *adj* [ˈsɜːli]	verdrießlich, missmutig
temper *n* [ˈtempəʳ]	Wesen, Naturell; Wut
He's got such a temper!; lose one's temper	Er kann sehr schwierig/unangenehm werden; die Beherrschung verlieren
practical *adj* [ˈpræktɪkəl]	praktisch; *auch:* vernünftig, realitätsnah
complicated *adj* [ˈkɒmplɪkeɪtɪd]	kompliziert
queer *adj* [kwɪəʳ]	seltsam; schwul *(abwertend)*
abnormal *adj* [æbˈnɔːməl]	anormal
act abnormal	sich nicht normal verhalten
smart *adj* [smɑːt]	intelligent
brilliant *adj* [ˈbrɪliənt]	brillant, großartig
genius *n* [ˈdʒiːniəs]	besondere Gabe; Genie
have a genius; be a genius *(AE)*	eine besondere Gabe haben; ein Genie sein
stern *adj* [stɜːn]	streng, ernst
obsessed *adj* [əbˈsest]	besessen
obsessed with sth	besessen von etw

Gefühle, Lästern und Loben

1.Lj

angry *adj* [ˈæŋgri]	böse, verärgert
excited *adj* [ɪkˈsaɪtɪd]	aufgeregt
excitedly *adv* [ɪkˈsaɪtɪdli]	aufgeregt
surprised *adj* [səˈpraɪzd]	überrascht
sb looks surprised	jd sieht überrascht aus

Thematisches Wörterbuch

Sich vorstellen – Gefühle, Lästern und Loben

1.Lj

feel, felt, felt *v* [fiːl, felt]	fühlen, sich fühlen
feel badly/well	sich schlecht/wohl fühlen
boring *adj* [ˈbɔːrɪŋ]	langweilig
exciting *adj* [ɪkˈsaɪtɪŋ]	aufregend, spannend
strange *adj* [streɪndʒ]	seltsam, merkwürdig
feel strange	sich seltsam fühlen
wonderful *adj* [ˈwʌndəfᵊl]	wunderbar
That's wonderful!	Das ist (ja) wunderbar!
nice *adj* [naɪs]	nett, schön
good *adj* [gʊd]	gut
be good	brav/lieb sein
funny *adj* [ˈfʌni]	lustig, ulkig, komisch
have fun, had, had *v* [hæv ˈfʌn, hæd]	Spaß machen/haben
sb is fun; let's have fun	jd ist lustig/es macht Spaß mit jdm; lasst uns Spaß haben
glad *adj* [glæd]	froh
glad to see you; I'll be glad to help	(ich bin) froh, dich zu sehen; ich freue mich, wenn ich helfen kann
happy *adj* [ˈhæpi]	glücklich, zufrieden, fröhlich
feel happy about sth	über etw erfreut sein
surprise *n* [səˈpraɪz]	Überraschung
merry *adj* [ˈmeri]	fröhlich
hope *v* [həʊp]	hoffen
laugh *v; n* [lɑːf]	lachen; Lachen
laugh at sb/sth	sich lustig machen über
smile *n; v* [smaɪl]	Lächeln; lächeln
smile happily	glücklich lächeln
like *v* [laɪk]	mögen, gernhaben
enjoy *v* [ɪnˈdʒɔɪ]	genießen, gern tun
enjoy swimming/reading; he enjoyed the meal; enjoy life	gern schwimmen/lesen; das Essen hat ihm gut geschmeckt; das Leben genießen
love *n; v* [lʌv]	Liebe; lieben
be in love; love dearly; I'd love to ...	verliebt sein; sehr lieben; Ich würde schrecklich gerne ...
care *v* [keəʳ]	mitfühlen; gerne mögen
care for sb/sth	sich um jdn/etw kümmern/sorgen
proud *adj* [praʊd]	stolz
be proud of sb/sth	stolz auf jdn/etw sein

Sich vorstellen – Gefühle, Lästern und Loben

1.Lj

praise *v* [preɪz]	loben
praise sb/sth for sth	jdn/etw für/wegen etw loben
want *v* [wɒnt]	wollen
not *adv* [nɒt]	nicht
I'm not sure.	Ich bin mir nicht sicher.
Oh dear! *idiom* [əʊ dɪəʳ]	Oje!, Meine Güte!
sad *adj* [sæd]	traurig
feel sad	traurig sein
down *adj* [daʊn]	schlecht, deprimiert
feel/be down and out	total erledigt sein
terrible *adj* ['terəbl]	schrecklich, furchtbar
worry, worried, worried *v* ['wʌri, 'wʌrid]	sich Sorgen machen
be worried about (sb/sth)	sich über etw Sorgen machen
scared *adj* [skeəʳd]	verängstigt
be scared of	Angst haben vor
frightening *adj* ['fraɪtᵊnɪŋ]	Furcht erregend, erschreckend
wrong *adj* [rɒŋ]	falsch, verkehrt
get out of bed on the wrong side	mit dem falschen Fuß aufstehen
leave, left, left *v* [liːv, left]	(ver)lassen, weggehen
Leave me alone!; leave sb cold	Lass mich in Ruhe!; jdn kalt lassen
bother *v* ['bɒðəʳ]	stören
I can't be bothered.	Ich habe keine Lust.
mind *v; n* [maɪnd]	jdm etw ausmachen; Geist, Verstand
he won't mind; would you mind?	es wird ihm nichts ausmachen; würde es Dir/Ihnen etw ausmachen (zu) ...?
stand, stood, stood *v* [stænd, stʊd]	ausstehen, ertragen
I can't stand ... (sb/sth)!	Ich kann (jdn/etw) nicht ausstehen!
miserable *adj* ['mɪzᵊrəbl]	unglücklich, elend
miserably *adv* ['mɪzᵊrəbli]	traurig, schlecht
he failed miserably on the exam	er hat bei der Prüfung total versagt
nasty *adj* ['nɑːsti]	schrecklich, scheußlich
shock *n* [ʃɒk]	Schock
in (a state of) shock	unter Schock stehen
nervous *adj* ['nɜːvəs]	nervös, aufgeregt
nervous about	nervös wegen
popular *adj* ['pɒpjələʳ]	beliebt

2.Lj

annoyed *adj* [ə'nɔɪd]	ärgerlich
He's annoyed right now, let him be.	Er ist gerade verärgert, lass ihn in Ruhe.

Sich vorstellen – Gefühle, Lästern und Loben

2.Lj

pleased *adj* [pliːzd]	zufrieden, erfreut
be pleased with sb/sth	sich über jdn/etw freuen, zufrieden sein mit jdm/etw
tired *adj* ['taɪəd]	müde
be/get (sick and) tired of sb/sth *(idiom)*	genug von jdm/etw haben, jdn/etw satt haben, die Nase voll haben von jdm/etw
become, became, become *v* [be'kʌm, bɪ'keɪm, be'kʌm]	werden
become angry	wütend werden
cheer *n* [tʃɪə^{r}]	Jubelruf
cry, cried, cried *v* [kraɪ, kraɪd]	schreien *(BE);* weinen
cry in one's soup	sinnlos weinen
disappointed *adj* [ˌdɪsə'pɔɪntɪd]	enttäuscht
sorry *adj; interj* ['sɒri]	traurig; Entschuldigung!
feel sorry for sb	Mitleid mit jdm haben
feeling *n* ['fiːlɪŋ]	Gefühl
hurt sb's feelings; good/bad feeling	jds Gefühle verletzen; ein gutes/schlechtes Gefühl
emotion *n* [ɪ'məʊʃ^{ə}n]	Gefühl, Emotion
spirit *n* ['spɪrɪt]	Stimmung; Geist
in high/good/low spirits; independent/ free spirit; team spirit	aufgeregt/gut/schlecht aufgelegt; unabhängiger/ Freigeist; Teamgeist
hate *v* [heɪt]	hassen
I hate that!	Ich kann das nicht leiden/ausstehen!
jealous *adj* ['dʒeləs]	eifersüchtig
be jealous of sb/sth	auf jdn/etw eifersüchtig sein
lonely *adj* ['ləʊnlɪ]	einsam
feel lonely	sich einsam fühlen
luck *n* [lʌk]	Glück
(have) bad luck	Pech (haben)
miss *v* [mɪs]	vermissen
satisfied *adj* ['sætɪsfaɪd]	zufrieden
be satisfied with sth	mit etw zufrieden sein
Shut up! *v interj* [ʃʌt 'ʌp]	Halt(et) den Mund!
upset sb, upset, upset *v* [ʌp'set]	jdn ärgern, kränken
bitterness *n* ['bɪtənəs]	Bitterkeit
blame sb for sth *v* [bleɪm]	jdm die Schuld an etw geben, jdn beschuldigen
boredom *n* ['bɔːdəm]	Langeweile

Sich vorstellen – Gefühle, Lästern und Loben

confused *adj* [kən'fjuːzd]	durcheinander, verwirrt	2.Lj
don't get me confused	verwirr mich nicht	
wish *v* [wɪʃ]	wünschen; wollen	
wish sb (good) luck/well/ill	jdm (viel) Glück/alles Gute/Schlechtes wünschen	
be **fond of** sb/sth, was/were, been *v* [biː 'fɒnd əv, wɒz/wɜːʳ, biːn]	jdn/etw (sehr) gern haben	
enjoyable *adj* [ɪn'dʒɔɪəbl]	nett; unterhaltsam, amüsant	
fascination *n* [ˌfæsɪ'neɪʃᵊn]	Faszination	
fear *n* [fɪəʳ]	Angst, Furcht	
frightened *adj* ['fraɪtᵊnd]	verängstigt, erschrocken	
horror *n* ['hɒrəʳ]	Horror	
to my horror	zu meinem Entsetzen	
peaceful *adj* ['piːsfᵊl]	friedlich	
scary *adj* ['skeəri]	unheimlich, gespenstisch	
pretty scary! *(AE)*	ziemlich unheimlich!	
shaken, shaken-up *(AE) adj* ['ʃeɪkᵊn, ˌʃeɪkᵊn'ʌp]	erschrocken	
worry *n* ['wʌri]	Sorge	
admire *v* [əd'maɪəʳ]	bewundern	3.Lj
impressive *adj* [ɪm'presɪv]	beeindruckend	
it was impressive	es war beeindruckend	
cheer *v* [tʃɪəʳ]	jubeln	
yell *v inf (AE)* [jel]	schreien, brüllen	
adoring *adj* [ə'dɔːrɪŋ]	bewundernd	
thrilled *adj* [θrɪld]	begeistert	
enjoyment *n* [ɪn'dʒɔɪmənt]	Vergnügen, Spaß	
pleasant *adj* ['plezᵊnt]	angenehm	
what a pleasant surprise	was für eine angenehme Überraschung	
pleasure *n* ['pleʒəʳ]	Vergnügen, Freude, Spaß	
my pleasure	gern geschehen/es ist mir ein Vergnügen	
joy *n* [dʒɔɪ]	Freude	
lighthearted *adj* [ˌlaɪt'hɑːtɪd]	sorglos, unbeschwert	
happiness *n* ['hæpɪnəs]	Glück; Glücklichsein	
grin *v* [grɪn]	grinsen	
amazement *n* [ə'meɪzmənt]	Erstaunen, Verblüffung	
astonishing *adj* [ə'stɒnɪʃɪŋ]	erstaunlich	
stare *v* [steəʳ]	(an)starren	

Sich vorstellen – Gefühle, Lästern und Loben

3.Lj

overtake, overtook, overtaken *v* [ˌəʊvəʳˈteɪk, tʊk, ˈteɪkᵊn]	überraschen; übermannen
overtaken by fear	von Furcht befallen
breathtaking *adj* [ˈbreθˌteɪkɪŋ]	atemberaubend
a breathtaking view	eine atemberaubende Aussicht
startled *adj* [ˈstɑːtld]	erschrocken
bore *v* [bɔːʳ]	langweilen
excitement *n* [ɪkˈsaɪtmᵊnt]	Aufregung, Erregung
affection *n* [əˈfekʃᵊn]	Zuneigung, Liebe
caring *adj* [ˈkeərɪŋ]	liebevoll
a caring person/mother	eine liebevolle Person/Mutter
homesick *adj* [ˈhəʊmsɪk]	heimwehkrank
unloved *adj* [ʌnˈlʌvd]	ungeliebt
commiserating *adj* [kəˈmɪzᵊreɪtɪŋ]	mitfühlend
pity *n* [ˈpɪti]	Mitleid
That's/what a pity.; take pity on sb	Das ist aber schade/wie schade!; jdn bemitleiden
sympathize *v* [ˈsɪmpəθaɪz]	mitfühlen, mitleiden, Verständnis haben
I can sympathize with you.	Ich kann mir vorstellen, wie du dich fühlst.
touchy-feely *adj inf* [ˈtʌtʃiˌfiːli]	*offen und meist durch Berührung seine Gefühle zeigend*
He's too touchy-feely.	Er ist zu gefühlsbetont.
care *v* [keəʳ]	sich kümmern; egal sein, nichts ausmachen, keinen Unterschied machen
care for sb/sth; I don't care./ What do I care? *(AE)*	sich um jdn sorgen/kümmern; Es ist mir egal.
misery *n* [ˈmɪzᵊri]	Elend
unwanted *adj* [ʌnˈwɒntɪd]	unerwünscht, ungewollt
frustrated *adj* [frʌsˈtreɪtɪd]	frustriert
loneliness *n* [ˈləʊnlɪnəs]	Einsamkeit
depression *n* [dɪˈpreʃᵊn]	Depression
comfort *n* [ˈkʌm(p)fət]	Trost
sympathy *n* [ˈsɪmpəθi]	Mitleid, Mitgefühl
desperate *adj* [ˈdespᵊrət]	verzweifelt
tear *n* [tɪəʳ]	Träne
in tears; burst into tears	unter Tränen; in Tränen ausbrechen
weep, wept, wept *v* [wiːp, wept]	weinen
grief *n* [griːf]	Leid, Trauer
troubled *adj* [ˈtrʌbld]	beunruhigt, bekümmert

Sich vorstellen – Gefühle, Lästern und Loben

be **afraid of** sb/sth, was/were, been sb/sth *v* [biː əˈfreɪd əv, wɒz/wɜːʳ, biːn]	sich fürchten, Angst haben
be afraid of heights	Höhenangst haben
frantic *adj* [ˈfræntɪk]	verzweifelt, fieberhaft, wild
be **terrified of** sb/sth, was/were, been *v* [biː ˈterəfaɪd əv, wɒz/wɜːʳ, biːn]	fürchterliche Angst haben vor jdm/etw
panic, panicked, panicked *n; v* [ˈpænɪk, ˈpænɪkt]	Panik; in Panik geraten
frighten *v* [ˈfraɪtᵊn]	(jdn) erschrecken
awful *adj* [ˈɔːfᵊl]	schrecklich
feel awful	sich schrecklich fühlen
shock *v* [ʃɒk]	schockieren, in Schock versetzen
it shocks sb/sb is shocked (to see/hear etc sth);	es schockiert jdn/jd, jd ist schockiert; (etw zu sehen/hören etc.)
shock other people	andere Leute schockieren
frenzy *n* [ˈfrenzi]	Raserei, wahnsinnige Aufregung
Don't get into a frenzy about it!	Gerate nicht in (überflüssige) Aufregung!
relief *n* [rɪˈliːf]	Erleichterung, Erlösung
thankful *adj* [ˈθæŋkfᵊl]	dankbar, froh
relieved *adj* [rɪˈliːvd]	erleichtert
peacefulness *n* [ˈpiːsfᵊlnəs]	Friedlichkeit, Ruhe
harmony *n* [ˈhɑːməni]	Harmonie, Eintracht
peace *n* [piːs]	Friede, Frieden, Ruhe
give sb no peace; leave sb in peace	jdn nicht in Ruhe lassen; jdn in Ruhe lassen
horrible *adj* [ˈhɒrəbl]	fürchterlich, schrecklich, grauenhaft
That's horrible!	Das ist ja schrecklich!
row *n* [raʊ]	Streit
wound *v* [wuːnd]	kränken; verletzen
cussword *n* [ˈkʌswɜːd]	Schimpfwort
anger *n* [ˈæŋgəʳ]	Wut
frown *v* [fraʊn]	die Stirn runzeln
hatred *n* [ˈheɪtrɪd]	Hass
upset *adj; v* [ʌpˈset]	betrübt, bestürzt; beunruhigen
be upset about sth	über etw beunruhigt/bestürzt sein
dare *v* [deəʳ]	sich trauen, wagen
How dare you!; Don't you dare!	Wie wagst Du es ...!; Wage es ja nicht ...!
furious *adj* [ˈfjʊəriəs]	wütend
temper *n* [ˈtempəʳ]	Wut; Laune
be in a good/bad temper/mood *(AE)*	wütend sein; gute/schlechte Laune haben

Sich vorstellen – Gefühle, Lästern und Loben

3.Lj

regret *v* [rɪ'gret]	bereuen, bedauern
We regret to inform you that …	Wir bedauern es, Sie darüber informieren zu müssen, dass …
sigh *n; v* [saɪ]	Seufzer, Seufzen; seufzen
guilty *adj* ['gɪlti]	schuldig
feel guilty about sth; be guilty of sth	sich wegen etw schuldig fühlen; Schuld an etw sein
ashamed *adj* [ə'ʃeɪmd]	beschämt
be/feel ashamed of sth	sich wegen etw schämen
sadness *n* ['sædnəs]	Traurigkeit
bother *n* ['bɒðəʳ]	Plage, Ärger
It's no bother./Don't bother, I'll do it. *(AE)*	Das tue ich doch gern., Es ist überhaupt nicht lästig.
annoying *adj* [ə'nɔɪɪŋ]	lästig, nervig
razz *v sl* [ræz]	jdn nerven
be **nuts,** was/were, been *v inf* [biː 'nʌts, wɒz/wɜːʳ, biːn]	spinnen
drive sb nuts	jdn verrückt machen
tease *v* [tiːz]	hänseln
stop teasing sb	aufhören, jdn zu hänseln
fool *n* [fuːl]	Narr, Dummkopf
make a fool of sb	jdn zum Narren machen
rif/rag on sb *v (AE) sl* ['rɪf/'ræg ɒn]	sich über jdn lustig machen
nonsense *n* ['nɒnsᵊn(t)s]	Unsinn
talk nonsense; just plain nonsense *(AE)*	Unsinn reden; (das ist) blanker Unsinn
mad *adj* [mæd]	verrückt; sauer *(AE)*
be mad at sb; make sb mad *(AE)*	auf jdn sauer sein; jdn wütend machen
the Look *n inf* [ðə 'lʊk]	strafender Blick
give sb the Look	jdm einen strafenden Blick zuwerfen
embarrassment *n* [ɪm'bærəsmənt]	Verlegenheit, Beschämung, Peinlichkeit
tongue-tied *adj* ['tʌŋˌtaɪd]	stumm, sprachlos *(aus Verlegenheit)*
The cat got your tongue! *(idiom)*	Hast du deine Zunge verschluckt?
awkward *adj* ['ɔːkwəd]	verlegen
feel awkward (in sb's company); be in an awkward situation	verlegen sein/sich in jds Gesellschaft nicht wohl fühlen; in einer peinlichen Situation sein
mood *n* [muːd]	Stimmung, Laune
be in a bad mood	in schlechter Stimmung sein, schlechte Laune haben
impression *n* [ɪm'preʃᵊn]	Eindruck
hopeful *adj* ['həʊpfᵊl]	hoffnungsvoll
hope *n* [həʊp]	Hoffnung
desire *n* [dɪ'zaɪəʳ]	Wunsch

Sich vorstellen – Gefühle, Lästern und Loben

3.Lj

envy, envied, envied *v* ['envi, 'envi:d]	beneiden
belittle *v* [bɪ'lɪtl]	schmälern; heruntermachen
tolerate *v* ['tɒlᵊreɪt]	tolerieren, (er)dulden
self-esteem *n* ['selfəsˌti:m]	Selbstwertgefühl
please *v* [pli:z]	zufrieden stellen; gefallen
satisfaction *n* [ˌsætɪs'fækʃᵊn]	Zufriedenheit
appreciate *v* [ə'pri:ʃieɪt]	(etw) schätzen, dankbar sein für, anerkennen
adore *v* [ə'dɔ:ʳ]	über alles lieben, etw leidenschaftlich gern tun
prefer, preferred, preferred *v* [prɪ'fɜ:ʳ, prɪ'fɜ:d]	bevorzugen; vorziehen; lieber tun
prefer sth (to sth)	etw (etw anderem) vorziehen
encourage *v* [ɪn'kʌrɪʤ]	ermutigen
suffer *v* ['sʌfəʳ]	(er)leiden
suffer from	unter/an etw leiden
endure *v* [ɪn'djʊəʳ]	aushalten, ertragen
hopefully *adv* ['həʊpfᵊli]	hoffentlich
fall for, fell, fallen *v* ['fɔ:l fɔ:ʳ, fel, 'fɔ:lən]	sich vergaffen in; hereinfallen auf
fall for a joke	auf einen Scherz hereinfallen
smooth-talk sb *v inf* ['smu:θˌtɔ:k]	sich bei jdm einschmeicheln
bear, bore, born *v* [beəʳ, bɔ:ʳ, bɔ:n]	ertragen, aushalten
I can't bear it any longer.	Ich kann es nicht mehr länger ertragen.
fortunately *adv* ['fɔ:tʃᵊnətli]	zum Glück, glücklicherweise
Fortunately, it's over.	Zum Glück ist es vorbei.
shame *n* [ʃeɪm]	Schande, Scham
That's a shame.; Ain't that a shame! *(AE)*	Das ist aber schade/wie schade!; Ist das nicht eine Schande!
unfortunately *adv* [ʌn'fɔ:tʃᵊnətli]	leider, bedauerlicherweise

Zu Hause – Familienangehörige

Zu Hause

Familienangehörige

1.Lj

family, *pl* **families** *n* ['fæmᵊli]	Familie, Familien
family holiday/car; the whole family	Familienurlaub/-auto; die ganze Verwandtschaft
parents, folks *(AE) n pl* ['peərᵊnts, fəʊks]	Eltern
mother *n* ['mʌðəʳ]	Mutter
mum *(BE)*, **mom/mommy** *(AE) n inf* [mʌm, 'mʌmi]	Mama, Mutti
father *n* ['fɑːðəʳ]	Vater
dad, daddy *n inf* [dæd, 'dædi]	Vati, Papi
child, *pl* **children** *n* ['tʃaɪld, 'tʃɪldrən]	Kind, Kinder
(be an) only child	(ein) Einzelkind (sein)
baby, *pl* **babies** *n* ['beɪbi, 'beɪbiz]	Baby, Babys
girl *n* [gɜːl]	Mädchen
boy *n* [bɔɪ]	Junge
sister *n* ['sɪstəʳ]	Schwester
brother *n* ['brʌðəʳ]	Bruder
look after *v* [lʊk 'ɑːftəʳ]	aufpassen (auf jdn), (jdn) hüten
babysitting *n* ['beɪbiˌsɪtɪŋ]	Babysitten
babysitter	Babysitter(in)
daughter *n* ['dɔːtəʳ]	Tochter
son *n* [sʌn]	Sohn
young, younger, youngest *adj* [jʌŋ, 'jʌŋgəʳ, 'jʌŋgɪst]	jung, jünger, am jüngsten
old, older, oldest *adj* [əʊld, əʊldəʳ, əʊldɪst]	alt, älter, am ältesten
elder, eldest/oldest *(AE)* sister/daughter/ brothers and sisters	ältere/r/s, älteste/r/s Schwester/Tochter/ Geschwister
grandma, granny *n inf* ['græn(d)mɑː, 'græni]	Oma
grandpa, gran(d)dad *n inf* ['græn(d)pɑː, 'grændæd]	Opa
member *n* ['membəʳ]	Mitglied
family member	Familienmitglied
aunt *n* [ɑːnt]	Tante
cousin *n* ['kʌzᵊn]	Cousin(e)
uncle *n* ['ʌŋkl]	Onkel
wife, *pl* **wives** *n* [waɪf, waɪvz]	Ehefrau, Ehefrauen

Zu Hause – Familienangehörige

2.Lj

wedding ['wedɪŋ]	Hochzeit
wedding ring	Ehering
engaged *adj* [ɪn'geɪʤd]	verlobt
be engaged to sb; get engaged	mit jdm verlobt sein; sich verloben
marriage *n* ['mærɪʤ]	Ehe
have a happy marriage	eine glückliche Ehe führen
husband *n* ['hʌsbənd]	Ehemann
darling, honey *(AE) n* ['dɑːlɪŋ, 'hʌni]	Liebling, Schatz *(Kosename)*
grandparents *n pl* ['græn(d)ˌpeərənts]	Großeltern
grandchild, *pl* **grandchildren** *n* ['græn(d)tʃaɪld, 'græn(d)tʃɪldrən]	Enkel(kind/er)
granddaughter *n* ['græn(d)ˌdɔːtər]	Enkelin
grandson *n* ['græn(d)ˌsʌn]	Enkel
teen(ager) *n* ['tiːn(eɪʤər)]	Jugendliche(r), Teenager
kid, *pl* **kids** *n inf* [kɪd, kɪdz]	Kind
belong (to) *v* [bɪ'lɒŋ(tuː)]	dazugehören, gehören (zu)
related *adj* [rɪ'leɪtɪd]	verwandt; zusammenhängend
be related to sb	mit jdm verwandt sein
ancestor *n* ['ænsestər]	Vorfahr(in)
relative *n* ['relətɪv]	Verwandte(r)
be a relative of sb	mit jdm verwandt sein

3.Lj

married *adj* ['mærid]	verheiratet
be married to sb; get married; a married man *(AE)*	mit jdm verheiratet sein; heiraten; ein verheirateter Mann
couple *n* ['kʌpl]	Paar; Ehe-/Liebespaar
married couple	Ehepaar
marital row *(BE)*, **marital dispute/problems** *(AE) n form* [ˌmærɪtəl 'raʊ, ˌmærɪtəl dɪ'spjuːt/'prɒbləms]	Ehekrach, Eheprobleme
separate *v* ['sepərət]	(sich) trennen
be separated	getrennt (leben)
divorce *n; v* [dɪ'vɔːs]	Scheidung; sich scheiden lassen (von)
get divorced; divorced	sich scheiden lassen; geschieden
single parent *n* ['sɪŋgl ˌpeərənt]	allein erziehender Elternteil
raise *v* [reɪz]	auf-, großziehen
raising a family	ein Familie großziehen
youngster *n* ['jʌŋ(k)stər]	Kind, Jugendliche(r)
generation *n* [ˌʤenə'reɪʃən]	Generation

Zu Hause – Familienfeiern und Feiertage

3.Lj	**grandfather** *n* ['græn(d)ˌfɑːðəʳ]	Großvater
	grandmother *n* ['græn(d)ˌmʌðəʳ]	Großmutter
	distant *adj* ['dɪstᵊnt]	(weit) entfernt, fern
	a distant cousin/relative	ein entfernter Cousin/Verwandter
	relation *n* [rɪ'leɪʃᵊn]	Verhältnis
	be a relation of sb	mit jdm verwandt sein
	inseparable *adj* [ɪn'sepᵊrəbl]	unzertrennlich
	relationship *n* [rɪ'leɪʃᵊnʃɪp]	Beziehung, Verhältnis; Verwandtschaft
	have a relationship with	eine Beziehung haben mit

Familienfeiern und Feiertage

1.Lj	**birthday** *n* ['bɜːθdeɪ]	Geburtstag
	date/place of birth	Geburtsdatum/-ort
	happy *adj* ['hæpi]	glücklich, zufrieden, fröhlich
	Happy Birthday!	Herzlichen Glückwunsch zum Geburtstag!
	party *n* ['pɑːti]	Party, Feier
	present *n* ['prezᵊnt]	Geschenk
	invite *v* ['ɪnvaɪt]	einladen
	invitation *n* [ˌɪnvɪ'teɪʃᵊn]	Einladung
	Christmas *n* ['krɪs(t)məs]	Weihnachten
	Christmas Eve *n* ['krɪs(t)məsˌiːv]	Heiligabend
	Christmas carol; Christmas tree	Weihnachtslied; Weihnachtsbaum
	Christmas Day *n* ['krɪs(t)məsˌdeɪ]	erster Weihnachtsfeiertag
	Boxing Day *n* ['bɒksɪŋˌdeɪ]	zweiter Weihnachtsfeiertag
	Christmas pudding *n* ['krɪs(t)məsˌpʊdɪŋ]	kuchenartige Weihnachtssüßspeise
	mince pie *n* ['mɪn(t)spaɪ]	gefülltes Weihnachtsgebäck
	Father Christmas, Santa Claus *(AE) n* [ˌfɑːðəʳ'krɪs(t)məs, ˌsæntə'klɔːz]	Weihnachtsmann, Nikolaus
	merry *adj* ['meri]	fröhlich
	Merry Christmas!	Fröhliche Weihnachten!
	Easter *n* ['iːstəʳ]	Ostern
	Easter Sunday/Monday; Happy Easter!	Ostersonntag/-montag; Frohe Ostern!
2.Lj	**holiday** *n* ['hɒlədeɪ]	Feiertag
	bank holiday *(BE)*, public holiday *(AE)*; holiday season	gesetzlicher Feiertag; Weihnachtszeit

Zu Hause – Familienfeiern und Feiertage

2.Lj

New Year's Day *n* [ˌnjuːjɪəʳzˈdeɪ]	Neujahrstag
Happy New Year!	Frohes Neues Jahr!
New Year's Eve *n* [ˌnjuːjɪəʳzˈiːv]	Silvester**wish** *v* [wɪʃ] wünschen; wollen
wish sb a happy birthday/Merry Christmas; wish sb (good) luck/well	jdm alles Gute zum Geburtstag/fröhliche Weihnachten wünschen; jdm (viel) Glück/ alles Gute wünschen
Valentine's Day *n* [ˈvæləntaɪnzˌdeɪ]	Valentinstag *(14. Februar)*
a valentine	*Karte zum Valentinstag; jd, dem man eine Karte zum Valentinstag schickt*
christened *adj* [ˈkrɪsᵊnd]	getauft
christening *n* [ˈkrɪsᵊnɪŋ]	Taufe
boat christening	Bootstaufe
baptism *n* [ˈbæptɪzᵊm]	katholische Taufe
Congratulations! *interj* [kənˌgrætʃʊˈleɪʃᵊnz]	Herzlichen Glückwunsch!
celebrate *v* [ˈseləbreɪt]	feiern
celebration *n* [ˌseləˈbreɪʃᵊn]	Feier
family celebration	Familienfeier
communion *n* [kəˈmjuːniən]	Kommunion
confirmation *n* [ˌkɒnfəˈmeɪʃᵊn]	Konfirmation
bar/bat mitzvah *n* [ˌbɑːʳ/ˌbæt ˈmɪtsvə]	*Feier zur Einführung 13jähriger jüd. Jungen/ Mädchen in die Glaubensgemeinschaft*
Halloween *n* [ˌhæləʊˈwiːn]	Halloween *(31. Oktober)*
pumpkin *n* [ˈpʌmpkɪn]	Kürbis
carved pumpkin	ausgehöhlter Kürbis, geschnitzte Kürbislaterne
fireworks *n pl* [ˈfaɪəʳˌwɜːks]	Feuerwerk
unforgettable *adj* [ˌʌnfəˈgetəbl]	unvergesslich
unforgettable time	unvergessliche Zeit

3.Lj

welcome *n, adj, interj; v* [ˈwelkəm]	Willkommen, Willkommens-,Willkommen!; begrüßen, willkommen heißen
let's give sb a big welcome; welcome-home party; Welcome to ...!	lass(t) uns jdm einen tollen Empfang bereiten; Willkommensparty; Willkommen in/bei ...!
occasion *n* [əˈkeɪʒᵊn]	Anlass
on the occasion of	anlässlich/aus Anlass
festive *adj* [ˈfestɪv]	festlich
assembled *adj* [əˈsembld]	versammelt; zusammengebaut
the assembled family/congregation/parishioners; the assembled parts/pieces to a toy	die versammelte(n) Familie/Gemeinde/ Gemeindemitglieder; die zusammengebauten Teile eines Spielzeugs

Thematisches Wörterbuch

Zu Hause – Wohnungen und Häuser

3.Lj

toast *v; n* [təʊst]	auf jds Wohl trinken, auf jdn/etw trinken; Trinkspruch
toast sb; propose a toast to sb	einen Trinkspruch/Toast auf jdn ausbringen
marry, married, married *v* ['mæri, 'mærid]	heiraten
get married	heiraten
wedding *n* ['wedɪŋ]	Hochzeit
wedding ceremony; wedding ring	Hochzeitszeremonie; Ehering
tear, tore, torn *v* [teəʳ, tɔːʳ, tɔːn]	(zer)reißen
tear up; tear to pieces/bits; tear apart (the wrapping paper)	aufreißen; in Stücke reißen; (das Geschenkpapier) auseinanderreißen
anniversary *n* [ænɪ'vɜːsᵊri]	Jahrestag; Hochzeitstag
wedding anniversary	Hochzeitstag
Labor Day *n (AE)* ['leɪbəʳ ˌdeɪ]	Tag der Arbeit in den USA *(erster Montag im September)*
funeral *n* ['fjuːnᵊrəl]	Beerdigung, Begräbnis

Wohnungen und Häuser

1.Lj

home *n; adv* [həʊm]	Zuhause, Heim; nach Hause
get home; take sb home; at home	nach Hause kommen; jdn nach Hause bringen; zu Hause
go, went, gone *v* [gəʊ, went, gɒn]	gehen, fahren
go home; go in/out; go inside; go up	nach Hause gehen; hinein-/hinausgehen; hineingehen; hinaufgehen, steigen
door *n* [dɔːʳ]	Tür
at the door; front/back door	an der Tür; Haus-/Hintertür
step *n* [step]	Stufe; Schritt
open *adj; v* ['əʊpᵊn]	offen, geöffnet; öffnen, aufmachen
open the door	die Tür öffnen
locked *adj* [lɒkt]	abgeschlossen
key *n* [kiː]	Schlüssel
door key	Haus(tür)schlüssel
lock *n; v* [lɒk]	Schloss; ab-/zuschließen
come, came, come *v* [kʌm, keɪm, kʌm]	kommen
come in; Come on in! *(AE)*; come home	hereinkommen; Komm/t rein!; heimkommen
pull *v* [pʊl]	ziehen
pull a door shut	eine Tür zuziehen/schließen

Zu Hause – Wohnungen und Häuser

alone *adj* [ə'ləʊn]	allein
alone at home; all alone	allein zu Hause; ganz allein
downstairs *adv; adj* [daʊn'steəz]	unten; untere/r/s *(in Gebäuden)*
upstairs *adv; adj* [ʌp'steəz]	oben; obere/r/s *(in Gebäuden)*
upstairs toilet *(BE)*/bathroom *(AE)*	die obere Toilette/Toilette im oberen Stockwerk
top *adj* [tɒp]	oberste/r/s
top floor	oberstes Stockwerk
upper *adj* ['ʌpəʳ]	obere/r/s
upper floor(s)	das obere (die oberen) Stockwerk(e)
ground *n* [graʊnd]	Boden, Erde
ground floor *(BE)*	Erdgeschoss
floor *n* [flɔːʳ]	Stockwerk; Fußboden
first floor; on the first floor	erster Stock *(BE)*, Erdgeschoss *(AE)*; im ersten Stock/Erdgeschoss
lift *n (BE)* [lɪft]	Aufzug, Fahrstuhl
take the lift (to the ... floor)	den Aufzug nehmen, mit dem Aufzug (in den ... Stock) fahren
neighbour *(BE)*, **neighbor** *(AE)* *n* ['neɪbəʳ]	Nachbar(in)
neighbourhood *(BE)*, **neighborhood** *(AE)* *n* ['neɪbəhʊd]	Nachbarschaft, Wohnviertel
How's the neighbourhood?	Wie ist die Nachbarschaft/Gegend so?
own *adj* [əʊn]	eigene/r/s
house *n* [haʊs]	Haus
cottage *(BE)*, **cabin** *(AE)* *n* ['kɒtɪdʒ, 'kæbɪn]	Häuschen
log cabin	Blockhaus
flat *n (BE)* [flæt]	Wohnung
let, let, let *v* [let]	vermieten
be to let; rooms to let	zu vermieten sein; Zimmer zu vermieten
sale *n* [seɪl]	Verkauf
for sale	zu verkaufen
hall *n* [hɔːl]	Diele, Flur
corridor *n* ['kɒrɪdɔːʳ]	Korridor, Gang
garage *n* ['gærɑːʒ]	Garage
two-car garage attached	angebaute Doppelgarage
room *n* [ruːm]	Raum, Zimmer
back *adj* [bæk]	Hinter-
right at the back of	ganz hinten, im hintersten Teil von
window *n* ['wɪndəʊ]	Fenster

Thematisches Wörterbuch

Zu Hause – Wohnungen und Häuser

2.Lj

ring, rang, rung *v* [rɪŋ, ræŋ, rʌŋ]	läuten
bell *n* [bel]	Glocke, Klingel
ring the (door)bell	klingeln
enter *v* ['entəʳ]	betreten
shut, shut, shut *v* [ʃʌt]	schließen
shut the door/window; shut	schließ(t) die Tür/das Fenster; geschlossen
stairs *n pl* [steəz]	Treppe, Treppenhaus
go up the stairs	die Treppe hinaufgehen
elevator *n (AE)* ['elɪveɪtɚ]	Fahrstuhl, Aufzug
take the elevator (to the … floor)	den Aufzug nehmen; mit dem Aufzug (in den … Stock) fahren
heating *n* ['hiːtɪŋ]	Heizung
central heating	Zentralheizung
turn up sth *v* [tɜːn'ʌp]	etw aufdrehen
turn up/down the heating	die Heizung auf-/abdrehen
light *n* [laɪt]	Licht
turn on the light(s)	das Licht (die Lichter) einschalten
wall *n* [wɔːl]	Wand
brick *n* [brɪk]	Ziegel
brick wall	Ziegelsteinmauer
build, built, built *v* [bɪld, bɪlt]	bauen
bulldozer *n* ['bʊldəʊzəʳ]	Bulldozer
construction *n* [kən'strʌkʃᵊn]	Struktur, Konstruktion
under construction; construction site	im Bau; Baustelle
frame *n* [freɪm]	Rahmen
window frame	Fensterrahmen
hut *n* [hʌt]	Hütte
wood *n* [wʊd]	Holz; Wald
made of wood	aus Holz, hölzern
move *v* [muːv]	umziehen
move to	nach … (um)ziehen
belongings *n pl* [bɪ'lɒŋɪŋz]	Besitz
remove *v* [rɪ'muːv]	entfernen
remove from	entfernen aus/von
rent *v* [rent]	mieten
rent (out)	vermieten
apartment *n (AE)* [ə'pɑːtmənt]	Wohnung
apartment house *(AE)*	Wohnblock

Zu Hause – Wohnungen und Häuser

2.Lj

resident *n* ['rezɪdᵊnt]	Bewohner(in); Einwohner(in)
local resident; residents only	Anwohner(in); Anlieger frei
owner *n* ['əʊnəʳ]	Besitzer(in), Eigentümer(in)
house owner	Hausbesitzer
grounds *n pl* [graʊndz]	Anlagen, Gelände
building *n* ['bɪldɪŋ]	Gebäude
tower *n* [taʊəʳ]	Turm
skyscraper *n* ['skaɪˌskreɪpəʳ]	Wolkenkratzer

3.Lj

gate *n* [geɪt]	Tor
doorway *n* ['dɔːʳweɪ]	Tür, Eingang
in the doorway	am/im Eingang
knock *n; v* [nɒk]	das Klopfen; (an-)klopfen
knock on the door	an der Tür klopfen
doorbell *n* ['dɔːʳbel]	(Tür-)Klingel
duck *v* [dʌk]	sich ducken
back out *v* [ˌbæk 'aʊt]	rückwärts hinausgehen; einen Rückzieher machen
latch *v* [lætʃ]	verriegeln
on the latch	nur eingeklinkt *(Tür)*
chain *n* [tʃeɪn]	Kette
safety chain	Sicherheitskette
bang *v* [bæŋ]	schlagen, knallen
bang the door	mit der Tür knallen, die Tür zuschlagen
entrance *n* ['entrən(t)s]	Eingang
exit *n; v* ['eksɪt]	Ausgang; hinausgehen
emergency exit	Notausgang
lobby *n* ['lɒbi]	Eingangshalle
block *n* [blɒk]	Block
a block of flats *(BE)*; tower block; office block	Wohnblock; Hochhaus, Wohnblock; Bürogebäude
council flat/ house *n (BE)* ['kaʊn(t)sᵊl ˌflæt/ˌhaʊs]	Sozialwohnung(en)
bungalow *n* ['bʌŋgᵊləʊ]	*Haus mit nur einem Stockwerk*
townhouse *n (AE)* ['taʊnhaʊs]	Stadtwohnung; Reihenhaus *(AE)*
penthouse *n* ['penthaʊs]	Penthouse, Dachterrassenwohnung
estate *n* [ɪs'teɪt]	Grund-/Landbesitz, Landgut
estate agent	Immobilienmakler(in)
farmhouse *n* ['fɑːmhaʊs]	Bauernhaus
shack *n* [ʃæk]	Hütte, Schuppen

Zu Hause – Wohnungen und Häuser

3.Lj

shelter *n* [ˈʃəltəʳ]	Schutzhütte
rent *n* [rent]	Miete
for rent *(AE)*; renter	zu vermieten *(Haus)*; Mieter
house-hunting *n* [ˈhaʊs ˌhʌntɪŋ]	Haussuche
vacant *adj* [ˈveɪkᵊnt]	leer, leer stehend
fit *adj* [fɪt]	günstig; geeignet
settle down *v* [ˌsetl ˈdaʊn]	sich niederlassen; sesshaft werden
own *v* [əʊn]	besitzen
housing estate *n (BE)* [ˈhaʊzɪŋɪsˌteɪt]	Wohnsiedlung
house *v* [haʊs]	unterbringen
share *v* [ʃeəʳ]	teilen
share a flat/a room	sich eine Wohnung/ein Zimmer teilen
house swap *n* [ˈhaʊs swɒp]	Haustausch
suburb, burb *(inf) n* [ˈsʌbɜːb, bɜːb]	Vorort
knock down *v* [nɒk ˈdaʊn]	abreißen
ruins *n pl* [ˈruːɪnz]	Ruinen, Trümmer
redevelopment *n* [ˌriːdɪˈveləpmənt]	Sanierung
rebuild, rebuilt, rebuilt *v* [ˌriːˈbɪld, ˌriːˈbɪlt]	wieder aufbauen
electricity *n* [ˌelɪkˈtrɪsəti]	Strom, Elektrizität
monthly electricity usage	monatlicher Energieverbrauch
switch *n* [swɪtʃ]	(Licht-)Schalter
lightbulb *n* [ˈlaɪtbʌlb]	Glühbirne
exterior *n; adj* [ɪkˈstɪəriə]	Außenseite, das Äußere; äußere/r/s, Außen-
interior *n; adj* [ɪnˈtɪəriəʳ]	Innenraum, das Innere; Innen-
clear out *v* [klɪəʳ ˈaʊt]	ausräumen
rearrange *v* [ˌriːəˈreɪndʒ]	umstellen, ändern
place *v* [pleɪs]	stellen, platzieren
furniture *n sg* [ˈfɜːnɪtʃəʳ]	Möbel
modern *adj* [ˈmɒdᵊn]	modern
comfortable *adj* [ˈkʌm(p)ftəbl]	wohlhabend, gut situiert; gemütlich
a comfortable lifestyle; comfortable sofa	ein angenehmer Lebensstil; gemütliches Sofa
wooden *adj* [ˈwʊdᵊn]	Holz-, hölzern
staircase *n* [ˈsteəʳkeɪs]	Treppe, Treppenhaus
spiral staircase	Wendeltreppe
banister *n* [ˈbænɪstəʳ]	Geländer
wing *n* [wɪŋ]	Flügel; Seite
ceiling *n* [ˈsiːlɪŋ]	Zimmerdecke
roof *n* [ruːf]	Dach

Zu Hause – Wohn- und Arbeitsbereiche

3.Lj

chimney *n* ['tʃɪmni]	Schornstein, Schlot
roof-top *n* ['ruːftɒp]	Dachspitze, Dach von oben gesehen

Wohn- und Arbeitsbereiche

1.Lj

chair *n* [tʃeəʳ]	Stuhl
sit, sat, sat *v* [sɪt, sæt]	sitzen
sit at a desk; sit in front of a window	an einem Tisch sitzen; am Fenster sitzen
desk *n* [desk]	Schreibtisch, Pult
paper *n* ['peɪpəʳ]	Papier
a piece of paper; papers	ein Stück/Blatt Papier; Papiere
do, did, done *v* [duː, dɪd, dʌn]	tun, machen
that will do; the best thing to do; have work to do	das ist ausreichend; das Beste wäre, ...; etw/Arbeit zu erledigen haben
dining room/area *(AE)* *n* ['daɪnɪŋ ˌruːm/ˌeəriə]	Esszimmer
table *n* ['teɪbl]	Tisch
dining-room table; coffee table	Esstisch; Couchtisch
sit down, sat, sat *v* [sɪt 'daʊn, sæt]	sich hinsetzen
Sit down please!; sit down on a chair	Setz dich bitte/nehmen Sie bitte Platz!; sich auf einen Stuhl setzen
candle *n* ['kændl]	Kerze
candlelight	Kerzenlicht
floor *n* [flɔːʳ]	Boden, Fußboden
carpet *n* ['kɑːpɪt]	Teppich
fitted carpet	Teppichboden
living room, sitting room *(BE)*, **seating area** *(AE)* *n* ['lɪvɪŋ ˌruːm, 'sɪtɪŋ ˌruːm, 'siːtɪŋ ˌeəriə]	Wohnzimmer
picture *n* ['pɪktʃəʳ]	Bild
picture frame	Bilderrahmen
flowerpot *n* ['flaʊəʳˌpɒt]	Blumentopf
fish tank *n* ['fɪʃtæŋk]	Aquarium
shelf, *pl* **shelves** *n* [ʃelf, ʃelvz]	Regalbrett
bookshelf, -shelves	Bücherregal
clock *n* [klɒk]	Uhr
around the clock; cuckoo-clock	rund um die Uhr; Kuckucksuhr

Zu Hause – Schlaf- und Kinderzimmer

1.Lj	**TV,** *abbrev of* **television** *n* [ˌtiːˈviː, ˈtelɪvɪʒᵊn]	Fernsehen
	on TV; watch TV; TV set	im Fernsehen; fernsehen; Fernseher
	curtain *n* [ˈkɜːtᵊn]	Vorhang, Gardine
2.Lj	close/draw/shut the curtains/drapes *(AE)*	die Vorhänge schließen
	light, lit/lighted, lit/lighted *v; n* [laɪt, lɪt/laɪtɪd]	anzünden; beleuchten; Licht
	light a fire/a candle; indirect light(ing)	ein Feuer/eine Kerze anzünden; indirekte(s) Licht/Beleuchtung
	sofa *n* [ˈsəʊfə]	Sofa
	comfortable *adj* [ˈkʌm(p)ftəbl]	bequem
	sort *v* [sɔːt]	sortieren
	sort sth into sth; sort through sth	etw einsortieren; etw durchgehen
3.Lj	**glow** *n; v* [gləʊ]	Leuchten; leuchten, strahlen
	candle glow, romantic glow (in the room)	(romantischer) Kerzenschein/-schimmer (im Zimmer)
	painting *n* [ˈpeɪntɪŋ]	Gemälde
	hang a painting on the wall	ein Bild an die Wand hängen
	parlour, parlor *(AE) n* [ˈpɑːləʳ]	Salon, Wohnzimmer
	china *adj; n* [ˈtʃaɪnə]	Porzellan-; Porzellan
	music centre *n* [ˈmjuːzɪk ˌsentəʳ]	Stereoanlage
	entertainment center *n (AE)* [ˌentəˈteɪnmənt ˌsentəʳ]	*Mediaschrank mit Fernseher, DVD- und CD-Spieler, Radio*
	remote control *n* [rɪˈməʊt kənˌtrəʊl]	Fernbedienung
	loudspeakers *n pl* [ˈlaʊdˌspiːkəʳz]	Lautsprecher
	swivel stool *n* [ˈswɪvᵊlˌstuːl]	Drehhocker
	study *n* [ˈstʌdi]	Arbeitszimmer
	be done with sth, was/were, been *v* [biː ˈdʌn wɪθ, wɒz/wɜːʳ, biːn]	fertig sein mit etw, etw erledigt haben
	be done with one's homework/the housework	das wär's mit den Hausaufgaben/der Hausarbeit

Schlaf- und Kinderzimmer

1.Lj	**bedroom** *n* [ˈbedruːm]	Schlafzimmer
	bed *n* [bed]	Bett
	go to bed; make the bed; in bed;	ins Bett gehen; das Bett machen; im Bett;

Zu Hause – Schlaf- und Kinderzimmer

1.Lj

twin beds; single bed	zwei Einzelbetten; Einzelbett
pillow *n* ['pɪləʊ]	Kopfkissen
sleepy *adj* ['sliːpi]	schläfrig
lie, lay, lain *v* [laɪ, leɪ, leɪn]	liegen
lie down (for a moment)	sich (einen Moment) hinlegen
sleep, slept, slept *v* [sliːp, slept]	schlafen
sleep well	schlaf(t) gut
dream *n* [driːm]	Traum
have a dream; Sweet dreams!	einen Traum haben; Süße Träume/träum süß!
wake up, woke, woken *v* [weɪk 'ʌp, wəʊk, wəʊkᵊn]	aufwachen, aufwecken
wake up early/late	früh/spät aufwachen
tired *adj* ['taɪəd]	müde
sit up, sat, sat *v* [sɪt 'ʌp, sæt]	sich aufsetzen
get up, got, got *v* [get 'ʌp, gɒt]	aufstehen
cupboard *(BE)*, **wardrobe** *(AE) n* ['kʌbəd, 'wɔːdrəʊb]	Schrank
look after *v* [ˌlʊk'ɑːftəʳ]	aufpassen, hüten
babysitting *n* ['beɪbiˌsɪtɪŋ]	das Babysitten
child's room, *pl* **children's room** *n* ['tʃaɪldz ˌruːm, 'tʃɪldrənz ˌruːm]	Kinderzimmer
teddy *n* ['tedi]	Teddybär
toy *n* [tɔɪ]	Spielzeug

2.Lj

cry, cried, cried *v* [kraɪ, kraɪd]	schreien *(BE)*, weinen
sleepless *adj* ['sliːpləs]	schlaflos
nightmare *n* ['naɪtmeəʳ]	Albtraum
have a nightmare	einen Albtraum haben
care *v; n* [keəʳ]	sich kümmern um; (Für-)Sorge, Sorgfalt
care about sb/sth, take care of sb/sth	sich um jdn/etw kümmern, für jdn/etw sorgen
Barbie® doll *n* ['bɑːbi ˌdɒl]	Barbie®-Puppe
curtain *n* ['kɜːtᵊn]	Vorhang, Gardine
close/shut/draw the curtains/drapes *(AE)*	die Vorhänge zuziehen

3.Lj

bedtime *n* ['bedtaɪm]	Schlafenszeit
a bedtime story	eine Gutenachtgeschichte
hard *adj* [hɑːd]	streng
be hard on sb	streng zu jdm sein
untidy *(BE)*, **messy** *(AE) adj* [ʌn'taɪdi, 'mesi]	unaufgeräumt, unordentlich

Zu Hause – In der Küche

3.Lj

pick up *v* [pɪk 'ʌp]	aufräumen, aufsammeln
read, read, read *v* [riːd, red]	lesen
read to sb	jdm vorlesen
snooze *v* [snuːz]	dösen
sleep *n* [sliːp]	Schlaf
have a good night's sleep	sich ordentlich ausschlafen
blanket *n* ['blæŋkɪt]	(Woll-)Decke
rise, rose, risen *v* [raɪz, rəʊz, 'rɪzᵊn]	sich erheben; aufgehen
the sun is rising; rise and shine *(AE)*	die Sonne geht auf; gutgelaunt aufstehen
shake, shook, shaken *v; n* [ʃeɪk, ʃʊk, 'ʃeɪkᵊn]	schütteln, Schütteln
give oneself/sb a shake	sich selbst/jdn schütteln
drawer *n* ['drɔːəʳ]	Schublade
chest of drawers/set of drawers *(AE)*	Kommode
closet *n (AE)* ['klɒzɪt]	(Einbau-)Schrank
spare *adj* [speəʳ]	Ersatz-, momentan nicht im Gebrauch
spare room; spare bed	Gäste(schlaf)zimmer; Gästebett

In der Küche

1.Lj

Good morning! *interj* [gʊd'mɔːnɪŋ]	Guten Morgen!
kitchen *n* ['kɪtʃɪn]	Küche
hungry *adj* ['hʌŋgri]	hungrig
thirsty *adj* ['θɜːsti]	durstig
breakfast *n* ['brekfəst]	Frühstück
have breakfast; breakfast in bed	frühstücken; Frühstück im Bett
table *n* ['teɪbl]	Tisch
kitchen table; dinner table	Küchentisch; Tafel
make, made, made *v* [meɪk, meɪd]	machen
make breakfast	Frühstück machen
bring, brought, brought *v* [brɪŋ, brɔːt]	bringen
bring the newspaper	die Zeitung bringen
on *adj* [ɒn]	eingeschaltet, an
the radio is on	das Radio läuft
food *n* [fuːd]	Essen
lunch *n* [lʌn(t)ʃ]	Mittagessen
have lunch	zu Mittag essen
hot *adj* [hɒt]	heiß

Zu Hause – In der Küche

meal *n* [miːl]	Mahlzeit, Essen
a hot meal	eine warme Mahlzeit
recipe *n* [ˈresɪpi]	(Koch-)Rezept
tea *n* [tiː]	Tee; Mahlzeit am frühen Abend (Abendbrot) *(BE)*
a cup of tea	eine Tasse Tee
cut, cut, cut *v* [kʌt]	schneiden
cut sth in half	etw in der Mitte durchschneiden
use *v* [juːz]	benutzen
ready *adj* [ˈredi]	bereit, fertig
get oneself/sth ready; get dinner ready	sich/etw fertigmachen/vorbereiten; das Abendessen zubereiten
put, put, put *v* [pʊt]	setzen, stellen, legen
put sth down; put sth out; put sth away; put sth aside; put in	etw abstellen/weglegen; etw herauslegen; etw weglegen; etw beiseite legen; einsetzen, hineintun
cook *v* [kʊk]	kochen, garen
taste *v* [teɪst]	schmecken; probieren
taste like; taste of; take/have a taste	schmecken wie; schmecken nach; etw probieren
eat, ate, eaten *v* [iːt, et, ˈiːtᵊn]	essen
try, tried, tried *v* [traɪ, traɪd]	versuchen, (aus)probieren
try doing sth, try to do sth; try sth	versuchen, etw zu tun; etw probieren
lay, laid, laid *v* [leɪ, leɪd]	legen
lay the table, set the table *(AE)*	den Tisch decken
knife, *pl* **knives** *n* [naɪf, naɪvz]	Messer
spoon *n* [spuːn]	Löffel
teaspoon	Teelöffel
fork *n* [fɔːk]	Gabel
plate *n* [pleɪt]	Teller
soup/dinner plate	Suppenteller; Teller
tea-cosy *n* [ˈtiː ˌkəʊzi]	Teewärmer, Kaffeemütze
cup *n* [kʌp]	Tasse
a cup of coffee	eine Tasse Kaffee
sugar *n* [ˈʃʊgəʳ]	Zucker
drink, drank, drunk *v* [drɪŋk, dræŋk, drʌŋk]	trinken
empty *adj* [ˈem(p)ti]	leer
glass *n* [glɑːs]	Glas
a glass of milk	ein Glas Milch
bottle *n* [ˈbɒtl]	Flasche
lemonade *n* [ˌleməˈneɪd]	Limonade
mineral water *n* [ˈmɪnᵊrᵊl ˌwɔːtəʳ]	Mineralwasser

Thematisches Wörterbuch

Zu Hause – In der Küche

pass *v* [pɑːs]	reichen, weitergeben
pass the salt	das Salz reichen
cornflakes *n* ['kɔːnfleɪks]	Cornflakes
packet *n (BE)* ['pækɪt]	Päckchen
a packet of cornflakes/box of cornflakes *(AE)*	eine Packung Cornflakes
milk *n* [mɪlk]	Milch
porridge *(BE),* **oatmeal** *(AE) n* ['pɒrɪdʒ, 'əʊtmiːl]	Haferbrei
marmalade *n* ['mɑːmᵊleɪd]	Orangenmarmelade
sweet *adj* [swiːt]	süß
jam *n* [dʒæm]	Marmelade
egg *n* [eg]	Ei
cheese *n* [tʃiːz]	Käse
sausage *n* ['sɒsɪdʒ]	Würstchen, Wurst
butter *n* ['bʌtəʳ]	Butter
bread *n* [bred]	Brot
a loaf (of bread)	ein Laib Brot
ham *n* [hæm]	gekochter Schinken
sandwich *n* ['sænwɪdʒ]	Butterbrot
ham and cheese sandwich	Schinken-Käse-Sandwich/-Brot
vegetable n ['vedʒtəbl]	Gemüse
veggi, *pl* veggies *(inf)*	Gemüse
potato, *pl* **potatoes** *n* [pə'teɪtəʊ, pə'teɪtəʊz]	Kartoffel, Kartoffeln
chips *(BE),* **french fries** *(AE) n pl* [tʃɪps, 'fren(t)ʃ ˌfraɪz]	Pommes frites
fish and chips	(fritierter) Fisch und Pommes Frites
roast potatoes *n pl* [ˌrəʊst pə'teɪtəʊz]	im Ofen gebratene Kartoffeln
fishfingers, fish sticks *(AE) n pl* [ˌfɪʃ'fɪŋgəz, 'fɪʃˌstɪks]	Fischstäbchen
crisps *(BE),* **potato chips** *(AE) n pl* [krɪsps, pə'teɪtəʊ ˌtʃɪps]	Kartoffelchips
lamb *n* [læm]	Lamm, Lammfleisch
lamb chops	Lammkoteletts
beef *n* [biːf]	Rindfleisch
roast beef; ground beef	Rinderbraten; Rinderhackfleisch
curry *n* ['kʌri]	Curry *(indisches Gericht);* Currygewürz
add curry	mit Curry würzen
mince *(BE),* **hamburger meat** *(AE) n* [mɪn(t)s, 'hæmbɜːgəʳ ˌmiːt]	Hackfleisch

Zu Hause – In der Küche

burger *n* ['bɜːgəʳ]	Hamburger *(flacher Hackfleischbratling)*
meat *n* [miːt]	Fleisch
roast beef *n* [ˌrəʊst 'biːf]	Rinderbraten
sauerkraut *n* ['saʊəkraʊt]	Sauerkraut
soup *n* [suːp]	Suppe
pizza *n* ['piːtsə]	Pizza
ice cream *n* ['aɪskriːm]	Eiskrem
sweet *(BE)*, **candy** *(AE) n* [swiːt, 'kændi]	Bonbon; Süßigkeit; Dessert
cream *n* [kriːm]	Sahne
strawberries and cream	Erdbeeren mit Sahne
biscuit *n* ['bɪskɪt]	Keks; Brötchen *(AE)*
cake *n* [keɪk]	Kuchen, Torte
fruit cake; chocolate cake *(AE)*	englischer Kuchen; Schokoladenkuchen
bar *n* [bɑːʳ]	Tafel, Stück; Stange
a bar of chocolate	eine Tafel Schokolade
chocolate *n* ['tʃɒkᵊlət]	Schokolade
peanut *n* ['piːnʌt]	Erdnuss
peanut butter	Erdnussbutter
popcorn *n* ['pɒpkɔːn]	Popcorn
fruit *n* [fruːt]	Obst, Frucht, Früchte
fresh fruit	frisches Obst
apple *n* ['æpl]	Apfel
banana *n* [bə'nɑːnə]	Banane
housework *n* ['haʊswɜːk]	Hausarbeit
dirty *adj* ['dɜːti]	schmutzig, dreckig
housekeeper, cleaning lady *(AE) n* ['haʊsˌkiːpəʳ, 'kliːnɪŋ ˌleɪdi]	Haushälter(in)
clean *v* [kliːn]	putzen, sauber machen
wash *n* [wɒʃ]	Wäsche, Waschen
give sth a wash, put the wash in the washer *(AE)*	etw waschen
rubbish *(BE)*, **trash/garbage** *(AE) n* ['rʌbɪʃ, træʃ/'gɑːbɪdʒ]	Abfall, Müll
rubbish bin *(BE)*; garbage can *(AE)*	Mülleimer
untidy *adj* [ʌn'taɪdi]	unordentlich
tidy up, tidied, tidied *v* [ˌtaɪdi 'ʌp, 'taɪdid]	aufräumen
mess *n* [mes]	Unordnung
make a mess	Dreck/Unordnung machen
look for *v* ['lʊk ˌfɔːʳ]	suchen
look for the car keys	die Autoschlüssel suchen

Thematisches Wörterbuch

Zu Hause – In der Küche

1.Lj

muddle *n* ['mʌdl]	Durcheinander
tidy *adj* ['taɪdi]	ordentlich, aufgeräumt
washing-up *n (BE)* [ˌwɒʃɪŋ 'ʌp]	Abwasch
do the washing-up *(BE)*, do the dishes *(AE)*	den Abwasch machen, spülen
sink *n* [sɪŋk]	Spülbecken
kitchen sink	Küchenspüle
water *n* ['wɔːtəʳ]	Wasser
waste water, dirty dish water *(AE)*	Ab(wasch)wasser
bucket *n* ['bʌkɪt]	Eimer
clean *adj* [kliːn]	sauber
cupboard *n* ['kʌbəd]	Schrank
kitchen cupboards	Küchenschränke
drop, dropped, dropped *v* [drɒp, drɒpt]	fallen(lassen)
come off, came, come *v* [ˌkʌm 'ɒf, keɪm, kʌm]	herunterfallen
break, broke, broken *v* [breɪk, brəʊk, 'brəʊkᵊn]	brechen, kaputtmachen
break a wine glass	ein Weinglas zerbrechen
broken *adj* ['brəʊkᵊn]	zerbrochen, kaputt
lend, lent, lent *v* [lend, lent]	leihen
lend sb a hand	jdm helfen

2.Lj

picnic *n* ['pɪknɪk]	Picknick
snack *n* [snæk]	Imbiss, Zwischenmahlzeit
dinner *n* ['dɪnəʳ]	Hauptmahlzeit; warmes Mittag-/Abendessen
have dinner; for dinner	zu Mittag/Abend essen; zum (Mittag-/Abend)Essen
fridge, *abbrev of* **refrigerator** *n inf* [frɪʤ, ri'frɪʤəˌreɪtə]	Kühlschrank
microwave (oven) *n* ['maɪkrəʊˌweɪv('ʌvᵊn)]	Mikrowelle(nherd)
cookbook *n* ['kʊkbʊk]	Kochbuch
heat *v* [hiːt]	erhitzen, heiß machen; heizen
heat up some leftovers	Reste aufwärmen
oil *n* [ɔɪl]	Öl
pepper *n* ['pepəʳ]	Pfeffer
salt *n* [sɔːlt]	Salz
sea salt	Meersalz
roast *v* [rəʊst]	rösten
stir, stirred, stirred *v* [stɜːʳ, stɜːʳd]	rühren
stir sth with sth; stir sth into sth; stir sth in	etw mit etw umrühren; etw in etw einrühren
sauce *n* [sɔːs]	Soße

Zu Hause – In der Küche

pot *n* [pɒt]	Topf; Kanne; Krug
coffee-/teapot; pots and pans	Kaffee-/Teekanne; Töpfe und Pfannen
lid *n* [lɪd]	Deckel
cover the soup with a tight lid	die Suppe mit einem fest schließenden Deckel bedecken
pan *n* [pæn]	Pfanne
frying pan; non-stick pan	Bratpfanne; antihaftbeschichtete Pfanne
burn, burnt, burnt *(BE)*/burned, burned *(AE)* *v* [bɜːn, bɜːnt/bɜːnd]	(ver-/nieder-)brennen
burn the dinner	das Essen anbrennen lassen
burned *adj (AE)* [bɜːnd]	verbrannt
fall, fell, fallen *v* [fɔːl, fel, ˈfɔːlən]	fallen
fall off sth	von etw herunterfallen
breakable *adj* [ˈbreɪkəbl]	zerbrechlich
knock over *v* [nɒk ˈəʊvəʳ]	umwerfen, umstoßen
fetch *v* [fetʃ]	holen
hand *v; n* [hænd]	reichen, geben; Hand
give sb a hand	jdm helfen
set, set, set *v* [set]	setzen; stellen; legen
set sth down (on ...); set an example	etw abstellen (auf); ein Beispiel geben
lift *v* [lɪft]	(hoch)heben
reach for sth *v* [ˈriːtʃ ˌfɔːʳ]	greifen (nach)
within arm's reach	in greifbarer Nähe
smell, smelt, smelt *v; n* [smel, smelt]	riechen, duften; Geruch
smell like; the smell of sth	riechen wie; der Geruch von
hot *adj* [hɒt]	scharf (gewürzt)
dish *n* [dɪʃ]	Gericht
pitcher *n* [ˈpɪtʃəʳ]	Krug
chopstick *n* [ˈtʃɒpstɪk]	(Ess-)Stäbchen
rice *n* [raɪs]	Reis
mix *v* [mɪks]	mischen
salad *n* [ˈsæləd]	Salat
green salad; Caesar's salad	grüner Salat; Cäsarsalat
bowl *n* [bəʊl]	Schüssel
salad bowl	Salatschüssel
dressing *n* [ˈdresɪŋ]	Salatsoße
French dressing	French Dressing, französische Salatsoße
bone *n* [bəʊn]	Knochen, Gräte
honey *n* [ˈhʌni]	Honig

Zu Hause – In der Küche

2.Lj

thin *adj* [θɪn]	dünn
a thin slice of bread	eine dünne Scheibe Brot
cookie *(AE)*, **biscuit** *(BE) n* ['kʊki, 'bɪskɪt]	Keks

3.Lj

cooled *adj* [ku:ld]	gekühlt
can *n* [kæn]	(Konserven-)Dose *(AE)*, Büchse
a can of beer	eine Dose Bier, eine Bierdose
beer *n* [bɪər]	Bier
a cold beer	ein kaltes Bier
cocoa *n* ['kəʊkəʊ]	Kakao
hot cocoa	heißer Kakao
juice *n* [ʤu:s]	Saft
lemon *n* ['lemən]	Zitrone
squeeze *v* [skwi:z]	(aus)pressen, (zer)quetschen
squeeze a lemon	eine Zitrone auspressen
cherry *n* ['tʃeri]	Kirsche
mint *n* [mɪnt]	Minze
mint sauce	Pfefferminzsauce
saucepan *n* ['sɔ:spæn]	Kochtopf
sauté *v* ['səʊteɪ]	kurz anbraten, andünsten
sauté the onions	die Zwiebeln (an)dünsten
bubble *v* ['bʌbl]	brodeln
tender *adj* ['tendəʳ]	weich, zart
tough *adj* [tʌf]	zäh
tender/tough meat/steak	ein zartes/zähes Fleisch/Steak
marinate *v* ['mærɪneɪt]	marinieren, einlegen
marinate the meat overnight	das Fleisch über Nacht marinieren/einlegen
taste *n* [teɪst]	Geschmack
sense of taste/smell; tasty	Geschmacks-/Geruchssinn; schmackhaft
sour *adj* ['saʊəʳ]	sauer
bitter *adj* ['bɪtəʳ]	bitter
chili pepper *n* ['tʃɪli ˌpepəʳ]	Peperoni
garlic *n* ['gɑ:lɪk]	Knoblauch
garlic bread	Knoblauchbrot
pork *n* [pɔ:k]	Schweinefleisch
pork roast	Schweinebraten
tortilla *n* [tɔ: 'ti:ə]	Tortilla *(flacher, runder Kuchen aus Maismehl)*
Mexican tortilla	mexikanische Tortilla

Zu Hause – In der Küche

fill *v* [fɪl]	füllen
empty, emptied, emptied *v; adj* ['em(p)ti, 'em(p)tid]	(aus)leeren, (sich) leeren; leer
left *adj* [left]	übrig
plate *n* [pleɪt]	Platte
serving plate/plater *(AE)*	Servierplatte
go *n (BE)* [gəʊ]	Versuch
eat sth in one go	alles auf einmal essen
boil *v* [bɔɪl]	kochen, erhitzen, zum Kochen bringen
a boiled egg; bring to a boil	ein (hart)gekochtes Ei; zum Kochen bringen, aufkochen
fry, fried, fried *v* [fraɪ, fraɪd]	braten; fritieren
fry an egg; fried eggs/potatoes	ein Ei in die Pfanne schlagen/Spiegelei machen; Spiegeleier/Bratkartoffeln
simmer *v* ['sɪməʳ]	kochen bei niedriger Hitze, köcheln
simmer the stew for 3 hours	den Eintopf 3 Stunden köcheln (lassen)
dish *n* [dɪʃ]	Pfanne, Form
edge *n* [edʒ]	Kante; Schneide; Rand
edge of a knife; edge of a table	Schneide eines Messers; Tischkante
brown *v* [braʊn]	(an)bräunen
peel *v* [piːl]	schälen
peel the potatoes	Kartoffeln schälen
prepare *v* [prɪ'peəʳ]	vorbereiten; zubereiten
supper *n* ['sʌpəʳ]	Abendessen, Abendbrot
thick *adj* [θɪk]	dick; breit, stark
thick pea soup	dicke Erbsensuppe
slice *v* [slaɪs]	(in Scheiben) schneiden
whip, whipped, whipped *v* [(h)wɪp, (h)wɪpt]	schlagen
whipped cream	Schlagsahne
butter *v* ['bʌtəʳ]	buttern
spoil, spoilt, spoilt/spoiled, spoiled *(AE) v* [spɔɪl, spɔɪlt/spɔɪld]	verderben, ruinieren, zerstören
spoil one's appetite; spoilt food	sich den Appetit verderben; verdorbenes Essen
contain *v* [kən'teɪn]	enthalten
contains vitamin C	enthält Vitamin C
ingredient *n* [ɪn'griːdiənt]	Zutat
tablespoon *n* ['teɪbl,spuːn]	Esslöffel
a tablespoonful of	ein Esslöffel (von etw)

Zu Hause – In der Küche

3.Lj

mix *v* [mɪks]	(ver)mischen, (ver)rühren
mixing spoon	Rührlöffel
mixer *n* ['mɪksəʳ]	Rührgerät
bake *v* [beɪk]	backen
baking paper	Backpapier
oven *n* ['ʌvᵊn]	(Back-)Ofen
self-cleaning oven; electrical/gas oven	selbstreinigender Ofen; elektrischer/Gasofen
oven-proof *adj* ['ʌvᵊnˌpruːf]	feuerfest
oven-proof baking dish	feuerfeste Backform
baking tin *(BE)*/ **baking pan** *(AE) n* ['beɪkɪŋ ˌtɪn, 'beɪkɪŋ ˌpæn]	Backform
grease the baking tin	Backform einfetten
baking tray *n* ['beɪkɪŋ ˌtreɪ]	Backblech
gas *n* [gæs]	Gas
dessert *n* [dɪ'zɜːt]	Nachtisch
pie *n* [paɪ]	Obstkuchen; Pastete
tin *n* [tɪn]	(Blech-)Dose, Konservendose *(BE)*
biscuit tin	Keksdose
coffeepot *n* ['kɒfiːˌpɒt] *(AE)*	Kaffeekanne
mug *n* [mʌg]	Becher
saucer *n* ['sɔːsəʳ]	Untertasse/-teller
decaffeinated *adj* [dɪ'kæfɪneɪtɪd]	koffeinfrei, entkoffeiniert
decaf coffee *(AE)*	entkoffeinierter Kaffee
side *n* [saɪd]	Seite
right side up	richtig herum
omelette *n* ['ɒmlət]	Omelette
scrambled eggs *n pl* [ˌskræmbld 'egz]	Rührei
toast *n* [təʊst]	Toast
a piece of toast	eine Scheibe Toast
toaster *n* ['təʊstəʳ]	Toaster
yoghurt *n* ['jɒgət]	Joghurt
soft drink *(AE)*, **lemonade** *(BE) n* ['sɒft ˌdrɪŋk, ˌlemə'neɪd]	Limonade
ice-cold soft drink	eiskalte Limonade
pour *v* [pɔːʳ]	gießen; einschenken
Can I pour you a drink?	Kann ich dir etwas zu trinken einschenken?
sip *v* [sɪp]	schlürfen, nippen
househusband *n* ['haʊsˌhʌsbənd]	Hausmann
housewife *n* ['haʊswaɪf]	Hausfrau

Zu Hause – In der Küche

electrical *adj* [ɪ'lektᵊrɪkᵊl]	elektrisch, Elektro-
electrical appliance	Elektrogerät
household *n; adj* ['haʊshəʊld]	Haushalt, Haushalts-
a 4 person household; household appliance	ein Vier-Personen-Haushalt; Haushaltsgerät
iron *n; v* ['aɪən]	Bügeleisen; etw bügeln
switch on/off the iron; iron the laundry	das Bügeleisen ein-/ausschalten; die Wäsche bügeln
vacuum cleaner *n* ['vækjuːm ˌkliːnəʳ]	Staubsauger
sweep, swept, swept *n; v* [swiːp, swept]	(das) Fegen; fegen
give the floor a good sweep, sweep up the floor	den Boden gründlich kehren/fegen
dust *n; v* [dʌst]	Staub; abstauben
give sth a dust	etw abstauben
neat *adj* [niːt]	ordentlich; sauber
a neat room	ein ordentliches/sauberes Zimmer
live in *v; adj* ['lɪv ˌɪn, ˌlɪv 'ɪn]	im Haus *(nicht außerhalb)* wohnen(d)
live-in worker	im Haus lebende(r) Hausangestellte(r)
cleaner *n* ['kliːnəʳ]	Reinigungskraft; Putzmittel
dirt *n* [dɜːt]	Schmutz, Dreck; Erde
filth *n* [fɪlθ]	Dreck, Schmutz
messed up *adj* [mest 'ʌp]	durcheinander, ruiniert
messed up papers	durcheinandergeratene Papiere
apron *n* ['eɪprən]	Schürze
dishes *n pl* ['dɪʃɪz]	Geschirr
do/wash *(AE)* the dishes	abspülen
tap, faucet *(AE) n* [tæp, 'fɑːsɪt]	Wasserhahn
towel *n* ['taʊəl]	Handtuch
kitchen towel, tea towel	Geschirrtuch
dishwasher *n* ['dɪʃ ˌwɒʃəʳ]	Spülmaschine
cleanliness *n* ['klenlɪnəs]	Sauberkeit, Reinlichkeit
washing *n* ['wɒʃɪŋ]	Wäsche, Waschen
do the washing	waschen, die Wäsche waschen
washing machine, washer *(AE) n* ['wɒʃɪŋməˌʃiːn, 'wɒʃəʳ]	Waschmaschine
washing powder, detergent *(AE) n* ['wɒʃɪŋˌpaʊdər, dɪ'tɜːðənt]	Waschpulver

Thematisches Wörterbuch

Zu Hause – Im Bad

Im Bad

1.Lj	**bathroom** *n* ['bɑːθruːm]	Badezimmer
	bath *n* [bɑːθ]	Bad, Badewanne
	have/take a bath; bubble bath	ein Bad nehmen, baden; Schaumbad
	bathtub *n* ['bɑːθtʌb]	Badewanne
	water *n* ['wɔːtəʳ]	Wasser
	wet *adj* [wet]	nass
	towel *n* ['taʊəl]	Handtuch
	bath towel	Badetuch
	soap *n* [səʊp]	Seife
	soap dish	Seifenschale
	toilet *n* ['tɔɪlɪt]	Toilette
	mirror *n* ['mɪrəʳ]	Spiegel
	wash, wash up *(AE)* *v* [wɒʃ, wɒʃ 'ʌp]	(sich) waschen
	dirty *adj* ['dɜːti]	schmutzig, dreckig
	clean *adj* [kliːn]	sauber
	cut, cut, cut *v* [kʌt]	schneiden
	have one's hair cut	sich die Haare schneiden lassen
2.Lj	**lipstick** *n* ['lɪpstɪk]	Lippenstift
	spray *n; v* [spreɪ]	Spray; sprühen
	hair spray; spray sb with sth *(perfume)*	Haarspray; jdn mit etw *(Parfum)* be-/einsprühen
	dry, dried, dried *v; adj* [draɪ, draɪd]	(ab)trocknen; trocken
	hair dryer; dry one's hair	Föhn; sich die Haare föhnen
	toothbrush *n* ['tuːθbrʌʃ]	Zahnbürste
	electrical toothbrush	elektrische Zahnbürste
	toothpaste *n* ['tuːθpeɪst]	Zahnpasta/-creme
3.Lj	**cream** *n* [kriːm]	Gesichtscreme
	soften *v* ['sɒfᵊn]	weich/sanft werden
	soften dry skin	trockene Haut pflegen
	foam *n* [fəʊm]	Schaum
	shaving foam	Rasierschaum
	tissue *n* ['tɪʃuː]	Papier-/Kosmetiktuch
	a box of tissues; Kleenex® *(AE)*	eine Schachtel Papiertücher; Tempo®(-taschentuch)
	loo *(inf BE)*, **bathroom** *(AE)* *n* [luː, 'bɑːθruːm]	Toilette
	shower *n; v* ['ʃaʊəʳ]	Dusche; duschen
	take/have a shower	duschen

tap, faucet *(AE) n* [tæp, ˈfɑːsɪt]	Wasserhahn	3.Lj
hot/cold tap; turn the taps on/off	Heiß-/Kaltwasserhahn; das Wasser auf-/abdrehen	

Freunde und Freizeit

Freunde

Hello. *interj* [helˈəʊ]	Hallo., Guten Tag.	1.Lj
Hi!, Howdy! *(AE) interj* [haɪ, ˈhaʊdi]	Hallo!	
How are you? *interj* [haʊ ˈɑːʳ juː]	Wie geht es dir/euch/Ihnen?	
friend *n* [frend]	Freund(in)	
make friends with; be friends with	sich anfreunden mit; befreundet sein	
best *adj* [best]	beste/r/s	
best friend	bester Freund, beste Freundin	
joke *n; v* [dʒəʊk]	Witz, Scherz; scherzen	
penfriend *(BE)* **pen pal** *(AE) n* [ˈpenfrend, ˈpen ˌpæl]	Brieffreund(in)	2.Lj
guy *n inf; n pl AE spoken* [gaɪ]	Mann, Kerl; Leute	
you guys	ihr *(ugs. Anrede für eine Gruppe von Männern und/oder Frauen)*	
date *n* [deɪt]	Verabredung	
boyfriend *n* [ˈbɔɪfrend]	(fester) Freund	
steady boy-/girlfriend *(AE)*	fester Freund/feste Freundin	
girlfriend *n* [ˈgɜːlfrend]	(feste) Freundin	
go (out) with sb, went, gone *v* [gəʊ ˈaʊt wɪθ, went, gɒn]	mit jdm (aus)gehen	
kiss *n; v* [kɪs]	Kuss; küssen	
touch *n* [tʌtʃ]	Berührung	3.Lj
keep in touch; get in touch with	in Verbindung bleiben; mit jdm Kontakt aufnehmen	
hold hands, held, held *v* [həʊld ˈhændz, held]	Händchen halten	
stroke *v* [strəʊk]	streicheln	
inseparable *adj* [ɪnˈsepᵊrəbl]	unzertrennlich	

Thematisches Wörterbuch

Freunde und Freizeit – Sport und Fitness

3.Lj

break up, broke, broken *v* [breɪk 'ʌp, brəʊk, 'brəʊkᵊn]	auseinandergehen
mate *n* [meɪt]	Kumpel, Freund(in), Kollege/Kollegin (*ugs*)
G'day mate! *(Australian)*	Hallo Kumpel/Kollege/Kollegin!
pal *n* [pæl]	Kumpel, Freund (*ugs*)
pen pal	Brieffreund(in)
buddy *pl* **buddies, bud** *(AE) n* ['bʌdi, 'bʌdiz, bʌd]	Kumpel, Freund
He's an old golfing bud.;	Er ist ein alter Golfkumpel (von mir).;
We're drinking buddies.	Wir sind Saufkumpanen.
friendship *n* ['fren(d)ʃɪp]	Freundschaft
easygoing *adj* ['iːziˌgəʊɪŋ]	lässig; gelassen
get on, got, got/**get along,** got, gotten *(AE) v* [get 'ɒn, gɒt, gɒt/get əlɒŋ, gɒt, gɒtᵊn]	miteinander auskommen
hit it off, hit, hit *v* [ˌhɪt ɪt 'ɒf]	von Anfang an gut verstehen
We hit it off immediately.	Wir haben uns von Anfang an gut verstanden.
folks *n pl* [fəʊks]	Leute *(ugs)*
You folks are fine here. *(AE)*	*etwa:* Ihr lasst es euch gutgehen!
nickname *n* ['nɪkneɪm]	Spitzname
What's new? *interj* [(h)wɒts 'njuː]	Was gibt's?
What's wrong? *interj* [(h)wɒts 'rɒŋ]	Was ist los?
What's up? *interj (AE)* [(h)wɒts 'ʌp]	Was gibt's?
turn up *v* [tɜːn 'ʌp]	auftauchen

Sport und Fitness

1.Lj

activity *n* [æk'tɪvəti]	Tätigkeit, Unternehmung
leisure activities	Freizeitaktivitäten
sport *n* [spɔːt]	Sport
winter sport	Wintersport
competition *n* [ˌkɒmpə'tɪʃᵊn]	Wettbewerb; Preisausschreiben
rule *n* [ruːl]	Regel
try hard, tried, tried *v* [traɪ 'hɑːd, traɪd]	(sich) anstrengen
try harder	sich mehr anstrengen
practise, practice *(AE) v* ['præktɪs]	üben; trainieren
practice *n* ['præktɪs]	Übung, Training
rest *v; n* [rest]	sich ausruhen; Pause

have a rest; rest at ease	eine Pause machen; sich zurücklehnen, sich wohl fühlen
win, won, won *v* [wɪn, wʌn]	gewinnen
winner *n* ['wɪnəʳ]	Gewinner(in)
champion *n* ['tʃæmpiːən]	Champion-, Meister-
world *n* [wɜːld]	Welt
world record; World Cup; world champion	Weltrekord; Weltmeisterschaft; Weltmeister
idol *n* ['aɪdᵊl]	Idol
sponsor *n* ['spɒn(t)səʳ]	Geldgeber(in)
prize *n* [praɪz]	Preis, Gewinn
start *n* [stɑːt]	Start
race *n* [reɪs]	Wettlauf, Rennen
run *n* [rʌn]	Lauf(en)
break into a run	zu laufen anfangen
quick *adj* [kwɪk]	schnell
quickly *adv* ['kwɪkli]	schnell, rasch
finish *n* ['fɪnɪʃ]	Ziel
goal *n* [gəʊl]	Tor *(beim Sport)*
team *n* [tiːm]	Mannschaft
mascot *n* ['mæskɒt]	Maskottchen
fan *n* [fæn]	Fan
lap *n* [læp]	Runde
sports centre, sports arena *(AE) n* ['spɔːts ˌsentəʳ, 'spɔːts əˌriːnə]	Sportzentrum
(swimming) pool *n* [('swɪmɪŋ) ˌpuːl]	Schwimmbad
swimming things/area	Schwimmsachen, Schwimmbadbereich
swim, swam, swum *v; n* [swɪm, swæm, swʌm]	schwimmen; (das) Schwimmen
go swimming	schwimmen gehen
playing field, athletic field/grounds *(AE) n* ['pleɪɪŋ ˌfiːld, æθ'letɪk ˌfiːld/ ˌgraʊndz]	Sportplatz
throw, threw, thrown *v; n* [θrəʊ, θruː, θrəʊn]	werfen; Wurf
ball *n* [bɔːl]	Ball
catch, caught, caught *v* [kætʃ, kɔːt]	nehmen; *(rechtzeitig)* erwischen, fangen
catch the ball in time	den Ball gerade noch rechtzeitig fangen
jump *n; v* [dʒʌmp]	Sprung; springen
get, got, got/gotten *(AE) v* [get, gɒt, gɒt/gɒtᵊn]	bekommen; fangen, auffangen; holen, erwischen
kick *v* [kɪk]	treten, mit dem Fuß stoßen, kicken
move *v* [muːv]	(sich) bewegen
play, *played, played v* [pleɪ, pleɪd]	spielen

Thematisches Wörterbuch

Freunde und Freizeit – Sport und Fitness

1.Lj

player *n* ['pleɪəʳ]	Spieler(in)
cricket *n* ['krɪkɪt]	Kricket *(englischer Rasensport)*
badminton *n* ['bædmɪntən]	Federballspiel, Badminton
tennis *n* ['tenɪs]	Tennis
table tennis, ping pong *(AE) n* ['teɪbl ˌtenɪs, 'pɪŋ ˌpɒŋ]	Tischtennis
football *(BE)*, **soccer** *(AE) n* ['fʊtbɔːl, 'sɒkəʳ]	Fußball
whistle *n; v* ['(h)wɪsl]	Pfeife, Pfiff; pfeifen (nach)
hockey *n* ['hɒki]	Eishockey *(AE)*, Hockey
row *v* [rəʊ]	rudern
boat *n* [bəʊt]	Boot
fishing/row/motor/sail boat	Fischer-/Ruder-/Motor-/Segelboot
ice rink, rink *(AE) n* ['aɪs ˌrɪŋk, rɪŋk]	Eisbahn
skater *n* ['skeɪtəʳ]	Skateboardfahrer(in), Rollschuhläufer(in), Schlittschuhläufer(in)
skate *n; v* [skeɪt]	Schlittschuh, Rollschuh; Schlittschuh - Rollschuh laufen
Rollerblade® *n* ['rəʊləʳ ˌbleɪd]	Inline-Skate
rent a pair of Rollerblades®	ein Paar Rollerblades ausleihen
skateboard *n* ['skeɪtbɔːd]	Skateboard
bike, *abbrev of* **bicycle** *n* [baɪk, 'baɪsɪkl]	Fahrrad
ride *n; v* [raɪd]	Fahrt, Ritt; reiten, fahren
ride a/one's bicycle; white knuckle ride	Fahrrad fahren; wilde Fahrt *(auf Achterbahn und Ähnlichem)*
climb *v* [klaɪm]	klettern
climb up; climbing	heraufklettern; Bergsteigen, Klettern
walk *n; v* [wɔːk]	Spaziergang; spazierengehen
go for a walk	spazierengehen
bowl *v* [bəʊl]	werfen; kegeln, bowlen

2.Lj

athletics, track and field *(AE) n* [æθ'letɪks, ˌtræk ænd 'fiːld]	Leichtathletik; Sportaktivitäten aller Art und Weise *(AE)*
Our school offers a very good athletics program.	Unsere Schule bietet ein sehr gutes Leichtathletikprogramm an.
runner *n* ['rʌnəʳ]	Läufer(in)
race *v* [reɪs]	rasen, rennen
sprint *v* [sprɪnt]	sprinten, rennen
catch up with sb, caught, caught *v* [kætʃ 'ʌp, kɔːt]	jdn einholen

Freunde und Freizeit – Sport und Fitness

sportsfield *n (BE)* ['spɔːts ˌfiːld]	Sportplatz
bowling alley *n* ['bəʊlɪŋ ˌæli]	Kegelbahn, Bowlingbahn
(bowling) lane	einzelne Kegelbahn
fitness *n* ['fɪtnəs]	Fitness, Kondition; Gesundheit
jog, jogged, jogged *v* [dʒɒg, dʒɒgd]	joggen
gym, *abbrev of* **gymnasium** *n* [dʒɪm, dʒɪm'neɪziəm]	Turnhalle, Sporthalle; Fitnessstudio
high jump *n* ['haɪ ˌdʒʌmp]	Hochsprung
try out (sth), tried, tried *v; n* [traɪ 'aʊt, traɪd]	*(etw) ausprobieren, vorspielen für die Auswahl einer Sportmannschaft; Auswahlspiel*
Try outs for basketball are today.	Die Basketball-Auswahlspiele finden heute statt.
changing room, locker room *(AE) n* ['tʃeɪndʒɪŋ ˌruːm, 'lɒkəʳˌruːm]	Umkleideraum
locker *n* ['lɒkəʳ]	Schließfach
lock *v* [lɒk]	abschließen
equipment *n* [ɪ'kwɪpmənt]	Ausstattung, Ausrüstung
sports equipment; exercise equipment	Sportausrüstung; Fitnessausrüstung/-ausstattung/-geräte
bat *n* [bæt]	Schläger
baseball bat *(AE)*	Baseballschläger
stick *n* [stɪk]	Stock, Schläger
hockey stick	Hockeyschläger
puck *n* [pʌk]	Puck
hockey puck	Hockeypuck
racket *n* ['rækɪt]	Schläger *(für Tennis, Squash u. Ä.)*
court *n* [kɔːt]	(Tennis-)Platz
coach *n* [kəʊtʃ]	Trainer(in)
coach of the year	Trainer(in) des Jahres
train *v* [treɪn]	trainieren
trainer *n* ['treɪnəʳ]	Trainer(in), Ausbilder(in)
training *n* ['treɪnɪŋ]	Training; Ausbildung, Schulung
off-season training	Training außerhalb der Saison
captain *n* ['kæptɪn]	Kapitän(in); Mannschaftsführer(in)
crew *n* [kruː]	Mannschaft
rowing/sailing crew	Ruder-/Segelmannschaft
event *n* [ɪ'vent]	Ereignis, Sportveranstaltung
cheer *n* [tʃɪəʳ]	Jubelruf
cheerleader *(AE)*	Cheerleader(in)
fame *n* [feɪm]	Ruhm

Freunde und Freizeit – Sport und Fitness

2.Lj

match *n* [mætʃ]	(Fußball-)Spiel; Wettbewerb
a good match/contest	gute Konkurrenz
take part, took, taken *v* [teɪk ˈpɑːt, tʊk, ˈteɪkᵊn]	mitmachen, teilnehmen
take part in sth	an etw teilnehmen
compete *v* [kəmˈpiːt]	wetteifern
compete in sth	an einem Wettbewerb teilnehmen
ticket *n* [ˈtɪkɪt]	Eintrittskarte
ticket office/stand *n* [ˌtɪkɪt ˈɒfɪs/ ˈstænd]	Kasse
tournament *n* [ˈtɔːnəmənt]	Wettkampf, Turnier
opponent *n* [əˈpəʊnənt]	Gegner(in)
lead, led, led *v* [liːd, led]	führen
lead a team	eine Mannschaft anführen
referee *n* [ˌrefᵊrˈiː]	Schiedsrichter(in)
beat, beat, beat *v* [biːt, bet]	schlagen
beat sb at sth	jdn in etw schlagen
lose, lost, lost *v* [luːz, lɒst]	verlieren
loser *n* [ˈluːzəʳ]	Verlierer(in)
cup *n* [kʌp]	Pokal, Cup
Football World Cup	Fußballweltmeisterschaft
rugby *n* [ˈrʌgbi]	englischer Rasensport
pitch *n* [pɪtʃ]	(Rugby-)Spielfeld
basketball *n* [ˈbɑːskɪt ˌbɔːl]	Basketball
goalkeeper *n* [ˈgəʊlˌkiːpəʳ]	Torhüter(in)
football *n (AE)* [ˈfʊtbɔːl]	American Football
baseball *n* [ˈbeɪsˌbɔːl]	Baseball
major-league baseball; baseball hat	Profibaseball; Baseballmütze
volleyball *n* [ˈvɒlibɔːl]	Volleyball
outdoor *adj* [ˌaʊtˈdɔːʳ]	Freiluft-, außen, Außen-, draußen
outdoor activities	Aktivitäten im Freien
golf *n* [gɒlf]	Golf
play (a round of) golf; golf course; golf club	(eine Runde) Golf spielen; Golfplatz; Golfschläger
sled, sleigh, toboggan *(AE) n* [sled, sleɪ, təˈbɒgᵊn]	Schlitten
go sledding/tobogganing *(AE)*	Schlitten fahren
ski, ski'd/skied, ski'd/skied *v; n* [skiː, skiːd]	Ski fahren; Ski
ski poles; ski binding; Ski chalet/lodge	Skistöcke; Skibindung; Skihütte
skiing *n* [ˈskiːɪŋ]	(das) Skifahren
go skiing; skiing lessons; skiing instructor; downhill skiing; cross-country skiing	Ski laufen; Skikurs; Skilehrer(in); (der) Abfahrtslauf; (der) Skilanglauf

Freunde und Freizeit – Sport und Fitness

carving *n* ['kɑːvɪŋ]	Carving
snowboard *n* ['snəʊbɔːd]	Snowboard
mogul hill, mogul slope *n* [ˌməʊgəl 'hɪl, ˌməʊgəl 'sləʊp]	Buckelpiste
track *n* [træk]	Loipe
chair lift *n* ['tʃeəʳ lɪft]	Sesselbahn
tow lift, T-bar *n* ['təʊ lɪft, 'tiː bɑːʳ]	Schlepplift
day pass, ski pass *n* ['deɪ pɑːs, 'skiː pɑːs]	Tagespass *(für den Skilift/das Skigebiet)*
climb, rock-climbing *(AE) n* [klaɪm, 'rɒk ˌklaɪmɪŋ]	Klettertour; Besteigung
crack climber *n* ['kræk ˌklaɪmər]	Felsspaltenkletterer(in)
free-climbing *n* ['friː ˌklaɪmɪŋ]	Freiklettern
mountaineering *n* [ˌmaʊntɪ'nɪərɪŋ]	Bergsteigen, Klettern
rider *n* ['raɪdəʳ]	Reiter(in)
horse-back riding *n* ['hɔːsbækˌraɪdɪŋ]	(Pferde) Reiten
riding school	Reitschule
mountainbiking *n* ['maʊntɪnˌbaɪkɪŋ]	Mountainbike fahren
swimsuit, bathing suit *(AE) n* ['swɪm ˌsuːt, 'beɪðɪŋ ˌsuːt]	Badeanzug
swimmer *n* ['swɪməʳ]	Schwimmer(in)
non-swimmer	Nichtschwimmer(in)
dive *v* [daɪv]	tauchen; einen Kopfsprung machen
scuba diving ['skuːbə ˌdaɪvɪŋ]	Gerätetauchen
wetsuit *n* ['wetˌsuːt]	Neopren-, Taucheranzug
harpoon *n* [ˌhɑː'puːn]	Harpune
breathing apparatus *n* ['briːðɪŋ æpəˈrˌeɪtəs]	Sauerstoffgerät
snorkel *n* ['snɔːkəl]	Schnorchel
diving equipment *n* ['daɪvɪŋ ɪˌkwɪpmənt]	Taucherausrüstung
mask *n* [mɑːsk]	Taucherbrille
raft, rubber boat *n* [rɑːft, 'rʌbəʳˌbəʊt]	Schlauchboot, Floß
rafter *n* ['rɑːftəʳ]	Schlauchbootfahrer(in)
river-rafting *n* ['rɪvəʳˌrɑːftɪŋ]	Schlauchboot fahren *(auf einem Fluss)*
paddle *v* ['pædl]	paddeln
paddle down the river	eine Flussfahrt mit dem Paddelboot machen
canoe *n; v* [kə'nuː]	Kanu; Kanu fahren
canoe down the river	eine Flussfahrt mit dem Kanu machen
kayak *n; v* ['kaɪæk]	Kajak; Kajak fahren

Freunde und Freizeit – Sport und Fitness

2.Lj	**whitewater** *adj; n* ['(h)waɪtˌwɔːtəʳ]	Wildwasser-; Wildwasser
	ride the whitewaters; whitewater canoeing/kayaking	Wildwasser befahren; mit dem Kanu/Kajak eine Wildwasserfahrt machen
	rapids *n pl* ['ræpɪdz]	Stromschnellen
	sail *n; v* [seɪl]	Segel; segeln, mit dem Schiff fahren
	mainsail	Großsegel
	hike, backpacking *(AE) n* [haɪk, 'bækˌpækɪŋ]	Wanderung
	hiker *n* ['haɪkəʳ]	Wanderer(in)
	fish *v* [fɪʃ]	fischen, angeln
	go fishing	fischen/angeln gehen
3.Lj	**fishing** *adj; n* ['fɪʃɪŋ]	Angel-, Fischerei-; Angeln, Fischen
	fishing license; fishing pole	Angelschein; Angelrute
	hook *n* [hʊk]	Haken; Köder
	bait *n* [beɪt]	Köder
	live bait	lebender Köder
	rental *n* ['rentᵊl]	Miete, Gebühr
	boat rental	Bootsmiete
	power boat *n* ['paʊəʳbəʊt]	Motorboot
	jet-ski *n; v* ['ʤetskiː]	Jetski; Jetski fahren
	club *n* [klʌb]	Club, Verein
	country club; club member	Golfclub; Clubmitglied
	clubhouse *n* ['klʌbhaʊs]	Clubhaus
	hang-glider *n* ['hæŋ ˌglaɪdəʳ]	Drachen; Drachenflieger(in)
	surf *v* [sɜːf]	surfen, wellenreiten
	surfing *n* ['sɜːfɪŋ]	(das) Wellenreiten, Surfen
	surfboard *n* ['sɜːfbɔːd]	Surfbrett
	windsurfing *n* ['wɪn(d)ˌsɜːfɪŋ]	(das) Windsurfen
	go windsurfing	windsurfen
	active *adj* ['æktɪv]	aktiv
	active holiday; active member; be active in (doing) sth	Aktivurlaub (sportl.); aktives Mitglied; aktiv/tätig sein in/als ...
	fit *adj* [fɪt]	fit, in Form
	arena *n* [ə'riːnə]	Sporthalle
	hockey arena	Hockeyfeld/-halle
	cheer *v* [tʃɪəʳ]	jubeln
	bet, bet/betted, bet/betted *v* [bet, bet/'betɪd]	wetten
	bet on	wetten auf

penalty *n* ['penᵊlti]	Strafe
fight, fought, fought v [faɪt, fɔːt]	kämpfen
closely fought, be a close fight	hart umkämpft
exhausting *adj* [ɪg'zɔːstɪŋ]	anstrengend, erschöpfend
be a breeze, was/were, been *v* [ˌbiː ə 'briːz, wɒz/wɜːʳ, biːn]	leichtes Spiel sein
move *n* [muːv]	Bewegung, Schritt
make the right moves	sich geschickt bewegen
movement *n* ['muːvmənt]	Bewegung
fall behind, fell, fallen *v* [fɔːl bɪ'haɪnd, fel, 'fɔːlᵊn]	zurückbleiben
straggler *n* ['strægləʳ]	Nachzügler(in)
close in *v* [kləʊs 'ɪn]	sich nähern
close in on sb	jdm zu Leibe rücken
defeat *n* [dɪ'fiːt]	Niederlage
hurl *v* [hɜːl]	werfen
toss *n; v* [tɒs]	Wurf; werfen
toss away	wegwerfen
leap, lept/leaped, lept/leaped *v* [liːp, lept/liːpt]	springen
balance *n; v* ['bælən(t)s]	Gleichgewicht; im Gleichgewicht halten; ausgleichen
lose one's balance	das Gleichgewicht verlieren
swing around, swung, swung *v* [ˌswɪŋ ə'raʊnd, swʌŋ]	sich umdrehen
swing around to the left	sich nach links herumdrehen
thrust, thrust, thrust *v* [θrʌst]	stoßen
thrust one's way through	sich seinen Weg (hindurch)bahnen
professional *n; adj* [prə'feʃᵊnᵊl]	Profi, Berufssportler(in); Profi-
turn professional	Profi werden
athlete *n* ['æθliːt]	Athlet(in), Sportler(in)
league *n* [liːg]	Liga
NBA, *abbrev of* **National Basketball Association** *n* [ˌenbiː 'ei, ˌnæʃᵊnᵊl 'bɑːskɪtˌbɔːl əˌsəʊʃi'eɪʃᵊn]	amerikan. Basketball-Profiliga
teammate *n* ['tiːmˌmeɪt]	Mannschaftskamerad(in)

Thematisches Wörterbuch

Freunde und Freizeit – Musik, Konzerte und Partys

Musik, Konzerte und Partys

1.Lj

guitar *n* [gɪ'tɑːʳ]	Gitarre
play the guitar	Gitarre spielen
music *n* ['mjuːzɪk]	Musik
play some music	Musik machen
loud *adj* [laʊd]	laut
loud music	laute Musik
pop music *n* ['pɒp ˌmjuːzɪk]	Popmusik
disco *n* ['dɪskəʊ]	Diskothek
song *n* [sɒŋ]	Lied
sound *n; v* [saʊnd]	Klang, Geräusch; klingen, sich anhören
sound effects; that sounds out of tune	Toneffekte; das hört sich verstimmt an
loudly *adv* ['laʊdli]	laut
play loudly	laut (Musik) spielen
sing, sang, sung *v* [sɪŋ, sæŋ, sʌŋ]	singen
sing along	mitsingen
band *n* [bænd]	(Musik-)Gruppe; Band, Streifen
brass band	Blasorchester
super *adj* ['suːpəʳ]	super, toll
piano *n* [pi'ænəʊ]	Klavier
trumpet *n* ['trʌmpɪt]	Trompete
singer *n* ['sɪŋəʳ]	Sänger(in)
voice *n* [vɔɪs]	Stimme
rhythm *n* ['rɪðᵊm]	Rhythmus
chorus *n* ['kɔːrəs]	Refrain
concert *n* ['kɒnsət]	Konzert
fan *n* [fæn]	Fan
crowd *n* [kraʊd]	Menschenmenge
party *n* ['pɑːti]	Party, Feier
fête *n* [feɪt]	Bazar, Fest
summer fête *(BE)*	Sommerbazar/-fest für wohltätige Zwecke
pocket money *n* ['pɒkɪt ˌmʌni]	Taschengeld
let, let, let *v* [let]	lassen, zulassen
my parents let me come to the party	meine Eltern haben mir erlaubt, zu der Party zu kommen
fair *n* [feəʳ]	Volksfest, Jahrmarkt
county fair	Mischung aus Jahrmarkt und Messe *(BE+AE)*
ride, rode, ridden *n; v* [raɪd, rəʊd, 'rɪdᵊn]	Fahrt; Ritt; reiten, fahren

Freunde und Freizeit – Musik, Konzerte und Partys

1.Lj

have a ride (on); white knuckle ride	fahren (auf); wilde Fahrt
roundabout *(BE)*; **carousel, merry-go-round** *(AE) n* ['raʊndəˌbaʊt, ˌkærə'sel; 'meri gəʊ ˌraʊnd]	Karussell
fairgrounds *n pl* ['feəʳgraʊndz]	Rummelplatz
showman *n* ['ʃəʊmæn]	Schausteller
costume *n* ['kɒstjuːm]	Verkleidung, Kostüm
balloon *n* [bə'luːn]	Ballon
clown *n* [klaʊn]	Clown

2.Lj

carnival *n* ['kɑːnɪvᵊl]	Karneval, Volksfest
theme park, amusement park *(AE) n* ['θiːm ˌpɑːk, ə'mjuːzmənt ˌpɑːk]	Erlebnispark, Vergnügungspark
circus *n* ['sɜːkəs]	Zirkus, Ring
crowded *adj* ['kraʊdɪd]	voll mit Leuten, überfüllt
festival *n* ['festɪvᵊl]	Fest(ival)
take place, took, taken *v* [teɪk 'pleɪs, tʊk, 'teɪkᵊn]	stattfinden
take place next week	nächste Woche stattfinden
instrument *n* ['ɪnstrəmənt]	Instrument
string, strung, strung *n; adj; v* [strɪŋ, strʌŋ]	Saite, Bindfaden; Saiten-; streichen
the strings; string instrument; string one´s bow	die Streicher/Streichinstrumente; Streichinstrument; den Bogen bespannen/besaiten
choir *n* [kwaɪəʳ]	Chor
orchestra *n* ['ɔːkɪstrə]	Orchester
refrain *n* [rɪ'freɪn]	Refrain
tone *n* [təʊn]	Ton, Klang
musical *n* ['mjuːzikᵊl]	Musical
rock'n'roll *n* [rɒkn 'rəʊl]	Rock'n'Roll *(Musikrichtung)*
stir, stirred, stirred *v* [stɜːʳ, stɜːʳd]	rühren; aufwühlen
stir one's blood *(music)*; stir up sth *(trouble)*	ins Blut/in die Beine gehen *(Musik)*; etw *(Ärger)* aufrühren/bringen
dance *v; n* [dɑːn(t)s]	tanzen; Tanz*(veranstaltung)*
go to a dance	zu einer Tanzveranstaltung gehen
dancer *n* ['dɑːn(t)səʳ]	Tänzer(in)
country music *n* ['kʌntri ˌmjuːzɪk]	Countrymusik *(amerikan. Musikrichtung)*
soul, *abbrev of* **soul music** *n* [səʊl, 'səʊl ˌmjuːzɪk]	Soul *(Musikrichtung)*
cool *adj* [kuːl]	toll, klasse, cool

Freunde und Freizeit – Musik, Konzerte und Partys

2.Lj	**magic** *adj* [ˈmædʒɪk]	magisch, Zauber-; Zauber
	a magic show	eine Zaubervorstellung
3.Lj	**musician** *n* [mjuːˈzɪʃᵊn]	Musiker(in)
	bass *n* [bæs]	Bass
	cello *n* [ˈtʃeləʊ]	Cello
	harp *n* [hɑːp]	Harfe
	clarinet *n* [ˌklærɪˈnet]	Klarinette
	flute *n* [fluːt]	Querflöte
	recorder *n* [rɪˈkɔːdəʳ]	Blockflöte
	violin *n* [ˌvaɪəˈlɪn]	Violine, Geige
	bar *n* [bɑːʳ]	Taktstrich
	keep the beat, kept, kept *v* [ˌkiːp ðə ˈbiːt, kept]	Takt halten
	classical music *n* [ˈklæsɪkᵊl ˌmjuːzɪk]	Klassik, klassische Musik
	serenade *n* [ˌserəˈneɪd]	Serenade, Ständchen
	symphony *n* [ˈsɪm(p)fəni]	Sinfonie
	drum, drum set *n* [drʌm, ˈdrʌmset]	Trommel, Schlagzeug
	harmonica *n* [hɑːˈmɒnɪkə]	Mundharmonika
	fiddle *n* [ˈfɪdl]	Fiedel; Geige
	folk *n* [fəʊk]	Folk *(Musikrichtung)*
	folk dancing *n* [ˈfəʊk ˌdɑːn(t)sɪŋ]	Volkstanz
	blues *n sg* [bluːz]	Blues *(Musikrichtung)*
	keyboard *n* [ˈkiːbɔːd]	Keyboard *(Tastatur)*
	keyboards *(pl)*	*Keyboard als Musikinstrument*
	sax, *abbrev of* **saxophone** *n* [sæks, ˈsæksəfəʊn]	Saxofon
	electric guitar *n* [ɪˌlektrɪk gɪˈtɑːʳ]	E-Gitarre
	lead singer *n* [ˈliːd ˌsɪŋəʳ]	Frontmann/-frau
	rap *n* [ræp]	Rap(-Musik)
	rock *n* [rɒk]	Rock *(Musikrichtung)*
	blast *n* [blɑːst]	Explosion *(Geräusch)*
	What a blast!!	Was für ein Spaß!/ Das geht richtig ab! *(inf)*
	techno *n* [ˈteknə(ʊ)]	Techno(-Musik)
	beat *n* [biːt]	Rhythmus
	great beat	toller Rhythmus
	lifestyle *n* [ˈlaɪfstaɪl]	Lebensstil, Lebensweise
	it's your lifestyle	es ist deine/Ihre Art zu leben
	crowd *v* [kraʊd]	(sich) drängen

3.Lj

Don't crowd me!	Drängelt nicht so!
lure *v* [lʊəʳ]	(an)locken
trying to lure sb in	versuchen jdn hereinzulocken
admit *v* [əd'mɪt]	hineinlassen; zugeben
admit sb into/to	jdn einlassen
fabulous *adj* ['fæbjələs]	fabelhaft, wunderbar
roller-coaster *n* ['rəʊləʳˌkəʊstəʳ]	Achterbahn

Gesundheit und Wohlbefinden

Der Körper

1.Lj

man, *pl* **men** *n* [mæn, men]	Mann, Männer
woman, *pl* **women** *n* ['wʊmən, 'wɪmɪn]	Frau, Frauen
partner *n* ['pɑːtnəʳ]	Partner(in)
sexual partner	Sexualpartner(in)
adult *n; adj* ['ædʌlt]	Erwachsene(r); erwachsen
body *n* ['bɒdi]	Körper
strong *adj* [strɒŋ]	stark
leg *n* [leg]	Bein
foot, *pl* **feet** *n* [fʊt, fiːt]	Fuß, Füße
knee *n* [niː]	Knie
toe *n* [təʊ]	Zehe, Zeh
arm *n* [ɑːm]	Arm
hand *n* [hænd]	Hand
the palm of a hand	die Handfläche
shoulder *n* ['ʃəʊldəʳ]	Schulter
finger *n* ['fɪŋgəʳ]	Finger
knuckle *n* ['nʌkl]	Fingerknöchel
head *n* [hed]	Kopf
throat *n* [θrəʊt]	Hals, Rachen
clear one's throat	sich räuspern
face *n* [feɪs]	Gesicht
smile *v; n* [smaɪl]	lächeln; Lächeln

Thematisches Wörterbuch

Gesundheit und Wohlbefinden – Der Körper

1.Lj	**upper** *adj* ['ʌpəʳ]	obere/r/s
	upper arm/jaw/lip	Oberarm/-kiefer/-lippe
	wide *adj* [waɪd]	weit
	wide open *(eyes, mouth)*	weit offen *(Augen, Mund)*
	voice *n* [vɔɪs]	Stimme
	hair *n sg+pl* [heəʳ]	Haar, Haare
	ear *n* [ɪəʳ]	Ohr
	earache	Ohrenschmerzen
	hear, heard, heard *v* [hɪəʳ, hɜːd]	hören
	see, saw, seen *v* [siː, sɔː, siːn]	sehen
	eye *n* [aɪ]	Auge
	mouth *n* [maʊθ]	Mund
	taste *v; n* [teɪst]	schmecken, probieren; Geschmack
	nose *n* [nəʊz]	Nase
	skin *n* [skɪn]	Haut
	sensitive skin	empfindliche Haut
	scratch *v* [skrætʃ]	kratzen
	tummy *n inf* ['tʌmi]	Bauch
	heart *n* [hɑːt]	Herz
2.Lj	**human** *n; adj* ['hjuːmən]	Mensch; menschlich
	man *n* [mæn]	der Mensch
	natural *adj* ['nætʃᵊrᵊl]	natürlich, angeboren
	normal *adj* ['nɔːmᵊl]	normal
	normal height/weight	normale/s Größe/Gewicht
	bone *n* [bəʊn]	Knochen, Gräte
	physical *adj* ['fɪzɪkᵊl]	körperlich
	skeleton *n* ['skelɪtᵊn]	Skelett
	blood *n* [blʌd]	Blut
	blood pressure	Blutdruck
	brain *n* [breɪn]	Gehirn
	tongue *n* [tʌŋ]	Zunge; Sprache
	tooth, *pl* **teeth** *n* [tuːθ, tiːθ]	Zahn, Zähne
	baby, *pl* **babies** *n* ['beɪbi, 'beɪbiz]	Baby, Babys
	having a baby	ein Baby bekommen
	touch *v* [tʌtʃ]	berühren, anfassen
3.Lj	**male** *n* [meɪl]	männlich, Männer-

Gesundheit und Wohlbefinden – Der Körper

female *n* ['fiːmeɪl]	weiblich, Frauen-
human being *n* [ˌhjuːmən 'biːɪŋ]	Mensch, menschliches Wesen
sense *n* [sen(t)s]	Sinn, Verstand
common sense; sense of hearing, sight, smell, taste, touch	gesunder Menschenverstand; Gehör-/Gesichts-/Geruchs-/Geschmacks-/Tastsinn
strength *n* [streŋ(k)θ]	Stärke, Kraft, Macht
physical strength; with all one's strength; strength to do sth	körperliche Kraft; mit all seiner/ihrer Kraft; Stärke, etw zu tun
torso *n* ['tɔːsəʊ]	Oberkörper; Torso
limb, *pl* **limbs** *n* [lɪm, lɪmz]	Glied *pl* Gliedmaßen/Glieder
to risk life and limb *(idiom)*	Kopf und Kragen riskieren (um etw zu tun)
chest *(male)*, **breast** *(female)* *n* [tʃest, brest]	Brust
chest pains	Brustschmerzen
back *n* [bæk]	Rücken, Kreuz
get/have a backache	Rückenschmerzen bekommen/haben
kidney *n* ['kɪdni]	Niere
belly *n inf* ['beli]	Bauch *(ugs)*
bellyache *(inf)*	Bauchschmerzen
stomach *n* ['stʌmək]	Magen, Bauch
upset stomach	verdorbener Magen, Magenprobleme
colon *n* ['kəʊlɒn]	Dickdarm
flesh *n* [fleʃ]	Fleisch
flesh-wound	Fleischwunde
bare *adj* [beəʳ]	nackt, bloß
with bare hands; barefoot(ed)	mit bloßen Händen; barfuß
heel *n* [hiːl]	Ferse
ankle *n* ['æŋkl]	Knöchel
lap *n* [læp]	Schoß
vein *n* [veɪn]	Vene
bosom *n* ['bʊzᵊm]	Busen
temples *n pl* ['templz]	Schläfen
lip *n* [lɪp]	Lippe
tip *n* [tɪp]	Spitze
fingertip; stand tiptoe/ stand on the tip of one's toes	Fingerspitze; auf den Zehenspitzen stehen
move *n; v* [muːv]	Bewegung, Schritt; (sich) bewegen
swallow *v* ['swɒləʊ]	schlucken
breathe *v* [briːð]	atmen; ausspeien, ausatmen

Thematisches Wörterbuch

Gesundheit und Wohlbefinden – Gesundheit

3.Lj	**sweat** *v* [swet]	schwitzen; sich Sorgen machen *(inf)*

Gesundheit

1.Lj	**healthy** *adj* ['helθi]	gesund
	living *n* ['lɪvɪŋ]	Lebensweise
	healthy living	gesunde Lebensweise
	eat, ate, eaten *v* [iːt, et, 'iːtᵊn]	essen
	drink, drank, drunk *v* [drɪŋk, dræŋk, drʌŋk]	trinken
	take, took, taken *v* [teɪk, tʊk, 'teɪkᵊn]	nehmen
	take drugs	Drogen nehmen
	realize, realise *v* ['rɪəlaɪz]	einsehen, erkennen, sich klar werden
	realize a drug-problem	ein Drogenproblem erkennen
	stop, stopped, stopped *v* [stɒp, stɒpt]	aufhören; verhindern, stoppen
	stop doing sth; stop to do sth; stop sb (from) doing sth	aufhören etw zu tun; (mit etw) aufhören, um etw zu tun; jdn daran hindern, etw zu tun
	smoke *v* [sməʊk]	rauchen
	packet, pack *(AE) n* ['pækɪt, 'pæk]	Päckchen
	a packet/pack of cigarettes	ein Päckchen Zigaretten
2.Lj	**diet** *n* [daɪət]	Diät, Ernährung
	go on a diet	eine Diät machen
	fat-free, low-fat *adj* ['fætfriː, 'ləʊfæt]	fettarm
	low-fat diet	fettarme Ernährung
	everyday *adj* ['evrideɪ]	Alltags-, alltäglich
	everyday life	der Alltag
	affect *v* [ə'fekt]	beeinflussen, sich auswirken auf
	smoking affects your health	Rauchen schadet Ihrer/deiner Gesundheit
	react *v* [ri'ækt]	reagieren
	react to sth	auf etw reagieren
	drunk *adj* [drʌŋk]	betrunken
	get drunk	sich betrinken
	avoid *v* [ə'vɔɪd]	(ver)meiden; ausweichen
	avoid (doing) sth	etw (zu tun) vermeiden
	give up sth, gave, given *v* [gɪv 'ʌp, geɪv, 'gɪvᵊn]	etw aufgeben, aufhören mit etw
	give up smoking	das Rauchen aufgeben, mit dem Rauchen aufhören

Gesundheit und Wohlbefinden – Gesundheit

2.Lj

available *adj* [ə'veɪləbl]	verfügbar, erhältlich
be available; available for; make sth available to sb	frei/erreichbar/zu sprechen sein; zur Verfügung stehen/Zeit haben für; jdm etw zugänglich machen
drug *n* [drʌg]	Droge; Medikament
take drugs; be put on drugs *(by the doctor)*	Medikamente/Drogen nehmen; *(vom Arzt)* Medikamente verabreicht bekommen
liquor *n* ['lɪkəʳ]	Alkohol
smoke *n; v* [sməʊk]	Rauch; rauchen
stuff *n* [stʌf]	Zeug; Stoff, Drogen *(inf)*

3.Lj

alcohol *n* ['ælkəhɒl]	Alkohol
alcoholic *adj* [ˌælkə'hɒlɪk]	alkoholisch
drink *n* [drɪŋk]	*Alkohol im Allgemeinen*
content *n* ['kɒntent]	Inhalt, Gehalt
food with a high fat content	Essen mit hohem Fettgehalt
contain *v* [kən'teɪn]	enthalten
balance *n; v* ['bælən(t)s]	Gleichgewicht; ausgleichen
have a balanced diet	sich ausgewogen ernähren
cholesterol *n* [kə'lestᵊrɒl]	Cholesterin
pipe *n* [paɪp]	(Tabaks-)Pfeife
tobacco *n* [tə'bækəʊ]	Tabak
yellow *v* ['jeləʊ]	vergilben
non-smoker *n* ['nɒnˌsməʊkəʳ]	Nichtraucher(in)
non-smoking area	Nichtraucherbereich
let oneself in for sth, let, let *v idiom* [let wʌnˌself 'ɪn fɔːʳ]	sich auf etw einlassen
drug-dealing *n* ['drʌg ˌdiːlɪŋ]	Drogenhandel, Drogengeschäfte
aware *adj* [ə'weəʳ]	bewusst
be aware of sth	sich einer Sache bewusst sein
harm *v* [hɑːm]	verletzen; schaden
ruin *v* ['ruːɪn]	zerstören, ruinieren
damage *n; v* ['dæmɪdʒ]	Schaden, Zerstörung; (be)schädigen, zerstören
damage one's health	seine Gesundheit schädigen
willing *adj* ['wɪlɪŋ]	willig, bereit
self-control *n* ['self kənˌtrəʊl]	Selbstbeherrschung
have to have some self-control	eine gewisse Selbstbeherrschung benötigen

Thematisches Wörterbuch

Gesundheit und Wohlbefinden – Krankheit, Verletzung und Tod

Krankheit, Verletzung und Tod

1.Lj

better *adj* ['betəʳ]	besser/e/s
be/get better	besser gehen, sich besser fühlen
bad *adj* [bæd]	schlecht, schlimm
he's got a bad cold	er hat eine schlimme Erkältung
worse *adj* [wɜːs]	schlechter/e/s
worst *adj* [wɜːst]	schlechteste/r/s, am schlechtesten
get, got, got/gotten *(AE) v* [get, gɒt, gɒt/gɒtᵊn]	werden, bekommen
Get well.	Gute Besserung.
break, broke, broken *v* [breɪk, brəʊk, 'brəʊkᵊn]	brechen, kaputtmachen
broken *adj* ['brəʊkᵊn]	zerbrochen, kaputt
broken arm	gebrochener Arm
dead *adj* [ded]	tot
fall, fell, fallen *v* [fɔːl, fel, 'fɔːlən]	fallen
fall over; fall off sth	hinfallen, umfallen; von etw herunterfallen
hurt, hurt, hurt *v* [hɜːt]	schmerzen, weh tun, verletzen
hurt one's foot; my foot hurts	sich den Fuß verletzen; mein Fuß schmerzt
sore *adj* [sɔːʳ]	wund, entzündet; weh, schlimm *(inf)*
have a sore throat	Halsweh haben
wheelchair *n* ['wiːltʃeəʳ]	Rollstuhl
headache *n* ['hedeɪk]	Kopfweh
nasty *adj* ['nɑːsti]	schrecklich, scheußlich
nasty cold	schlimme Erkältung
high *adj* [haɪ]	hoch
high fever	hohes Fieber
hot *adj* [hɒt]	heiß
temperature *n* ['temprətʃəʳ]	Fieber; Temperatur
have (got) a temperature	Fieber haben
ill *adj* [ɪl]	krank
life, *pl* **lives** *n* [laɪf, laɪvz]	Leben
shock *n* [ʃɒk]	Schock
suffer from shock; in (a state of) shock	einen Schock erleiden; sich in einem Schockzustand befinden
die, died, died *v* [daɪ, daɪd]	sterben
bury, buried, buried *v* ['beri, 'berid]	begraben, vergraben; beerdigen

2.Lj

fever *n* ['fiːvəʳ]	Fieber

Gesundheit und Wohlbefinden – Krankheit, Verletzung und Tod

2.Lj

cold *n* [kəʊld]	Erkältung
have a cold	erkältet sein
cough *n* [kɒf]	Husten
shiver *v* ['ʃɪvəʳ]	zittern, schaudern
shiver with cold	vor Kälte zittern
sick *adj* [sɪk]	krank *(AE)*, übel *(BE)*
be sick; seasick	krank sein/sich übergeben; seekrank
faint *v* [feɪnt]	in Ohnmacht fallen
burn, burnt, burnt *(BE)*/burned, burned *(AE)* *v* [bɜːn, bɜːnt/bɜːnd]	(ver-/nieder-)brennen
be sunburnt	einen Sonnenbrand haben
sunburn *n* ['sʌnbɜːn]	Sonnenbrand
serious *adj* ['sɪəriəs]	ernst
a serious accident/injury	ein schwerer Unfall/eine schwere Verletzung
alive, live *adj* [ə'laɪv, laɪv]	lebendig, am Leben
survive *v* [sə'vaɪv]	überleben
wound *n* [wuːnd]	Wunde
blood *n* [blʌd]	Blut
injure *v* ['ɪndʒəʳ]	verletzen
bone *n* [bəʊn]	Knochen
corpse *n* [kɔːps]	Leiche
remains *n pl* [rɪ'meɪnz]	sterbliche Überreste
death *n* [deθ]	Tod
disease *n* [dɪ'ziːz]	Krankheit
blind *adj* [blaɪnd]	blind
outbreak *n* ['aʊtbreɪk]	Ausbruch

3.Lj

bear, bore, born *v* [beəʳ, bɔːʳ, bɔːn]	ertragen, aushalten; gebären
ache *n* [eɪk]	Schmerz
muscle ache	Muskelkater
pain *n* [peɪn]	Schmerz, Schmerzen
aches and pains	Gliederschmerzen
suffer *v* ['sʌfəʳ]	(er)leiden
suffer from sth	an etw leiden
migraine (headache) *n* ['miːgreɪn(ˌhedeɪk)]	Migräne
stroke *n* [strəʊk]	Schlag
have/suffer a stroke	einen Schlaganfall haben/erleiden
heart attack *n* ['hɑːt əˌtæk]	Herzanfall
diabetes *n* [ˌdaɪə'biːtiːz]	Zuckerkrankheit

Gesundheit und Wohlbefinden – Krankheit, Verletzung und Tod

3.Lj

diabetic *adj* [ˌdaɪəˈbetɪk]	zuckerkrank
high blood pressure *n* [ˌhaɪ ˈblʌdˌpreʃəʳ]	hoher Blutdruck
high cholesterol *n* [ˌhaɪ kəˈlestᵊrɒl]	hoher Cholesterinspiegel
have high cholesterol	einen hohen Cholesterinspiegel haben
heart disease *n* [ˈhɑːt dɪˌziːz]	Herzkrankheit
heart failure *n* [ˈhɑːt ˌfeɪljə]	Herzversagen
die of heart failure	an Herzversagen sterben
family history of disease *n* [ˈfæmᵊli ˌhɪstᵊri ɒv dɪˈziːz]	Krankheitsgeschichte der Familie
throb, throbbed, throbbed *n* [θrɒb, θrɒbd]	pochen, klopfen
throb with pain; throbbing headache/backache	schmerzhaft pochen; pochende Kopf-/Rückenschmerzen
state *n* [steɪt]	Zustand
in a bad/good state; state of shock	in gutem/schlechtem Zustand sein; Schockzustand
weak *adj* [wiːk]	schwach
delirious *adj* [dɪˈlɪriəs]	im Delirium
sane *adj* [seɪn]	geistig gesund, normal
depression *n* [dɪˈpreʃᵊn]	Depression
nervous *adj* [ˈnɜːvəs]	nervös
nervous wreck; physical wreck	Nervenbündel; körperliches Wrack
trauma *n* [ˈtrɔːmə]	Trauma
dizziness *n* [ˈdɪzɪnəs]	Schwindel
grave *adj* [greɪv]	schlimm; ernst
grave consequences	ernste Konsequenzen
deadly *adj* [ˈdedli]	tödlich
starvation *n* [stɑːˈveɪʃᵊn]	(Ver-)Hungern
starve *v* [stɑːv]	(ver)hungern
loss *n* [lɒs]	Verlust
suffering from a loss of appetite	an Appetitlosigkeit leidend
apathetic *adj* [ˌæpəˈθetɪk]	apathisch, teilnahmslos
reappear *v* [ˌriːəˈpɪəʳ]	wieder erscheinen, wieder auftauchen
spread, spread, spread *v* [spred, spred]	sich verbreiten, sich ausbreiten
spread through/to/across	sich durch/nach/hinüber verbreiten
lay sb **low,** laid, laid *v* [leɪ ˈləʊ, leɪd]	jdn flach legen; jdn schwach werden lassen
be laid low by the flu	von der Grippe flachgelegt werden
healer *n* [ˈhiːləʳ]	Heilmittel
recover *v* [rɪˈkʌvəʳ]	sich erholen
wound *n; v* [wuːnd]	Verletzung; (sich/jdn) verletzen
his wounds are serious	seine Verletzungen sind schwer

Gesundheit und Wohlbefinden – Erste Hilfe und Notruf

3.Lj

bleed, bled, bled *v* [bliːd, bled]	bluten
unstoppable *adj* [ˌʌnˈstɒpəbl]	nicht aufzuhalten, unaufhaltsam
cancer *n* [ˈkæn(t)səʳ]	Krebs
survival *n* [səˈvaɪvᵊl]	das Überleben
resort *n* [rɪˈzɔːt]	Ausweg, Rettung
interment, funeral *n* [ɪntˈɜːmənt, ˈfjuːnᵊrəl]	Beerdigung, Bestattung
funeral home *(AE)*	Beerdigungsinstitut
burial *n* [ˈberiəl]	Beerdigung
twist *v* [twɪst]	verzerren
twisted	verrenkt
shatter *v* [ˈʃætəʳ]	zersplittern, zertrümmern
maimed *adj* [meɪmd]	verstümmelt
paralyzed *adj* [ˈpærəlaɪzd]	paralysiert, gelähmt
amputate *v* [ˈæmpjəteɪt]	amputieren
limp *v* [lɪmp]	humpeln
cane *n* [keɪn]	Stock
Meals on wheels *idiom* [ˌmiːlz ɒnˈwiːlz]	Essen auf Rädern *(Essenslieferung für behinderte/kranke/alte Menschen)*
mouth *v* [maʊθ]	mit Lippensprache sagen
deaf *adj* [def]	taub
hearing-aid *n* [ˈhɪərɪŋ ˌeɪd]	Hörgerät
hard of hearing *adj* [ˌhɑːd əv ˈhɪərɪŋ]	schwerhörig
belch *v* [beltʃ]	ausspeien, ausstoßen; rülpsen
stomach *v* [ˈstʌmək]	vertragen
stick, stuck, stuck *v* [stɪk, stʌk]	stechen; stecken
stick a needle in one's finger;	sich eine Nadel in den Finger stechen;
(sth is) stuck in one's throat	(etw ist) in jds Hals steckengeblieben
tingle *v* [ˈtɪŋgl]	prickeln, kribbeln
numbness *n no pl* [ˈnʌmnəs]	Taubheit
numbness in the limbs	Taubheit in der Gliedmäßen

Erste Hilfe und Notruf

1.Lj

accident *n* [ˈæksɪdᵊnt]	Unfall
ambulance *n* [ˈæmbjələn(t)s]	Krankenwagen
fire brigade, fire department *(AE) n* [ˈfaɪəʳ brɪˌgeɪd, ˈfaɪəʳ dɪˌpɑːtmənt]	Feuerwehr

Gesundheit und Wohlbefinden – Erste Hilfe und Notruf

1.Lj

rescue *v; n* ['reskjuː]	retten, bergen; Rettung, Rettungsdienst
mountain rescue	Bergwacht
save *v* [seɪv]	retten
help *v; n* [help]	helfen; Hilfe
Can I help you?	Kann ich dir/Ihnen/euch helfen?
happen *v* ['hæpᵊn]	passieren, geschehen
What's happened?	Was ist passiert?
person *n* ['pɜːsᵊn]	Person
drown *v* [draʊn]	ertrinken, ertränken
trip, tripped, tripped *v* [trɪp, trɪpt]	stolpern
shout *v* [ʃaʊt]	rufen, schreien
people *n pl* ['piːpl]	Leute
How many people are injured?	Wie viele Leute sind verletzt?
OK, okay *adj inf* [ə(ʊ)'keɪ]	OK, in Ordnung
I'm okay.	Ich bin in Ordnung *(inf)*/mir geht es gut
all right, alright *(AE) adv* [ɔːl 'raɪt]	in Ordnung
It'll be all right.	Das wird schon in Ordnung gehen/klappen.
fine *adj* [faɪn]	fein; gut
I'm fine.; You'll be fine.	Es geht mir gut.; Es wird schon gutgehen.
stand up, stood, stood *v* [ˌstænd 'ʌp, stʊd]	aufstehen
still *adj* [stɪl]	ruhig
keep/lie still	ruhig bleiben/liegen
shock *n* [ʃɒk]	Schock
suffer from shock	einen Schock erlitten haben

2.Lj

first aid *n* [ˌfɜːst 'eɪd]	Erste Hilfe
first aid kit; administer first aid	Verbandskasten; Erste Hilfe leisten
emergency *n* [ɪ'mɜːdʒən(t)si]	Notfall
emergency doctor; in case of emergency; emergency call	Notarzt/-ärztin; im Notfall; Notruf
rescuer *n* ['reskjuːəʳ]	Retter, Helfer, Sanitäter
dial *v* [daɪəl]	(Telefonnummer) wählen, eintippen
dial 911 *(AE)* /999 *(BE)*	den Notruf (112) wählen
poison *n; v* ['pɔɪzən]	Gift; vergiften
alive, live *adj* [ə'laɪv, laɪv]	lebendig, am Leben
be still alive	noch leben, noch am Leben sein
fire *n* ['faɪəʳ]	Feuer
flame *n* [fleɪm]	Flamme

Gesundheit und Wohlbefinden – Erste Hilfe und Notruf

2.Lj

crash *n* [kræʃ]	Unfall, Zusammenstoß; Absturz
plane crash; car crash	Flugzeugabsturz; Autounfall
hit, hit, hit *v* [hɪt]	anfahren; schlagen
hit by a car	vom Auto angefahren
slip, slipped, slipped *v* [slɪp, slɪpt]	ausrutschen
scream *v; n* [skriːm]	schreien, kreischen; Schrei
hysterical *adj* [hɪ'sterɪkᵊl]	hysterisch
the victim is hysterical	das Opfer ist hysterisch

3.Lj

alarm *n* [ə'lɑːm]	Alarm
alarm call	Alarmruf
cry *n* [kraɪ]	Schrei
hear a cry	einen Schrei hören
paramedics *n pl* [ˌpærə'medɪks]	Sanitäter
run over, ran, run *v* [rʌn 'əʊvəʳ, ræn, rʌn]	überfahren
helper *n* ['helpəʳ]	Helfer(in)
a helper was at the scene	ein Helfer war zur Stelle
obliged *adj* [ə'blaɪdʒd]	verpflichtet
obliged to help	verpflichtet zu helfen
disaster *n* [dɪ'zɑːstəʳ]	Katastrophe, Unglück, Desaster
explode *v* [ɪk'spləʊd]	explodieren
explosion *n* [ɪk'spləʊʒᵊn]	Explosion
flaming *adj* ['fleɪmɪŋ]	in Flammen (stehend), brennend
stagger *v* ['stægəʳ]	stolpern
break down, broke, broken *v* [breɪk 'daʊn, brəʊk, 'brəʊkᵊn]	zusammenbrechen
consciousness *n* ['kɒn(t)ʃəsnəs]	Bewusstsein
lose one's consciousness	das Bewusstsein verlieren
breathe *v* [briːð]	atmen; ausspeien, ausatmen
bloody *adj* ['blʌdi]	blutig
bleed, bled, bled *v* [bliːd, bled]	bluten
stiff *adj* [stɪf]	steif
rush *v* [rʌʃ]	schnell hinbringen; eilen
rush sb to the hospital	jdn schnell ins Krankenhaus bringen

Thematisches Wörterbuch

Gesundheit und Wohlbefinden – Beim Arzt

Beim Arzt

1.Lj	**Dr,** *abbrev of* **doctor** *n* ['dɒktəʳ]	Arzt/Ärztin; Anrede für Ärztin/Arzt, Frau/ Herr Doktor
	(have) to go to the doctor's; at the doctor's	zum Arzt gehen (müssen); beim Arzt
	patient *n* ['peɪʃᵊnt]	Patient(in), Kranke(r)
	well *adj; adv* [wel]	gut
	be (not) well/unwell	(nicht) gut/schlecht gehen
	bad *adj* [bæd]	schlecht, schlimm
	he's got a bad cold	er hat eine schlimme Erkältung
	hurt, hurt, hurt *v* [hɜːt]	schmerzen, weh tun, verletzen
	hurt one's foot; my foot hurts	den Fuß verletzen; mein Fuß schmerzt
	ache *n* [eɪk]	Schmerz(en)
	toothache; headache	Zahnschmerzen; Kopfschmerzen
	feel, felt, felt *v* [fiːl, felt]	fühlen
	feel well	sich wohl fühlen
	wrong *adj* [rɒŋ]	falsch, verkehrt
	What's wrong?	Was ist los?
	examine *v* [ɪg'zæmɪn]	untersuchen
	take off, took, taken *v* [teɪk 'ɒf, tʊk, 'teɪkᵊn]	ausziehen
	turn round *v* [tɜːn 'raʊnd]	sich umdrehen
	lie, lay, lain *v* [laɪ, leɪ, leɪn]	liegen
	lie down	sich hinlegen
	still *adj* [stɪl]	ruhig
	keep/lie still	ruhig bleiben/liegenbleiben
	open *v* ['əʊpᵊn]	öffnen, aufmachen
	open one's mouth	den Mund öffnen
	wide *adj* [waɪd]	weit
	wide open	weit offen
	test *n* [test]	Test, Probe
	blood test; test sb for diabetes	Bluttest; jdn auf Diabetes testen
	stand up, stood, stood *v* [stænd 'ʌp, stʊd]	aufstehen
	prescription *n* [prɪ'skrɪpʃᵊn]	(Arzt-)Rezept
	chemist's (shop), pharmacy *(AE) n* ['kemɪsts ˌʃɒp, 'fɑːməsi]	Apotheke, Drogerie
	medicine *n* ['medsᵊn]	Medizin
	take one's medicine	seine Medizin einnehmen
2.Lj	**bend,** bent, bent *v* [bend, bent]	beugen, (ver)biegen

Gesundheit und Wohlbefinden – Beim Arzt

2.Lj

nod *v* [nɒd]	nicken
shut, shut, shut *v* [ʃʌt]	schließen
shut one's eyes; shut *(adj)*	die Augen schließen; geschlossen
fill in sth, **fill-out** sth *(AE)* *v* [fɪl'ɪn/ fɪl'aʊt]	etw einsetzen, ausfüllen
fill in/out a form	ein Formular ausfüllen
dentist *n* ['dentɪst]	Zahnarzt/-ärztin
improve *v* [ɪm'pruːv]	(sich) verbessern
touch *v* [tʌtʃ]	berühren, anfassen
trouble *n* ['trʌbl]	Ärger, Probleme, Beschwerden
have trouble (with)	Probleme haben (mit)
drug *n* [drʌg]	Medikament; Droge
take prescription drugs; be put on drugs *(by the doctor)*	*(verschreibungspflichtige)* Medikamente nehmen; *(vom Arzt)* Medikamente verabreicht bekommen
prick *v* [prɪk]	stechen
prick one's finger *(for a blood test)*	in den Finger stechen *(für einen Bluttest)*
suggest *v* [sə'dʒest]	vorschlagen; andeuten, hindeuten auf
suggest (that); the symptoms suggest that	vorschlagen/andeuten, dass; die Symptome deuten darauf hin, dass

3.Lj

stiff *adj* [stɪf]	steif
stiff neck	steifer Hals/steifes Genick
abnormal *adj* [æb'nɔːməl]	anormal
serious *adj* ['sɪəriəs]	ernst, schwer, schlimm
It's nothing serious.	Es ist nichts Ernstes.
check-up *n* ['tʃek ʌp]	Untersuchung
yearly check-up	jährliche Kontrolluntersuchung
examination *n* [ɪgˌzæmɪ'neɪʃən]	Untersuchung
monthly breast examination	monatliche Brustuntersuchung
appointment *n* [ə'pɔɪntmənt]	Termin; Verabredung
bow *v* [baʊ]	senken, beugen
bow one's head	den Kopf senken
blink *n; v* [blɪŋk]	Blinzeln; blinzeln
don't blink	nicht blinzeln
endure *v* [ɪn'djʊəʳ]	aushalten, ertragen
pressure *n* ['preʃəʳ]	Druck
blood pressure	Blutdruck
pain *n* [peɪn]	Schmerz, Schmerzen
breath *n* [breθ]	Atem(zug)

Gesundheit und Wohlbefinden – Beim Arzt

3.Lj

touch *n* [tʌtʃ]	Berührung
sensitive to the touch	berührungsempfindlich
tablet *n* ['tæblət]	Tablette
healer *n* ['hiːləʳ]	Heilmittel
glasses *n sg+pl* ['glɑːsɪz]	Brille, Brillen
ease *v* [iːz]	lindern; erleichtern
keep in check, kept, kept *v* [ˌkiːpɪn 'tʃek, kept]	unter Kontrolle halten
keep the illness in check/ keep it under control *(AE)*	die Krankheit unter Kontrolle halten
medical *adj* ['medɪkᵊl]	medizinisch
medical insurance; medical treatment	Krankenversicherung; medizinische Versorgung/ Behandlung
treat *v* [triːt]	behandeln
treat sb for/with sth	jdn wegen etw/mit etw behandeln
psychologist *n* [saɪ'kɒlədʒɪst]	Psychologe/Psychologin

Lernen und Arbeiten - Im Klassenzimmer und Hörsaal

Unterricht und Schule

1.Lj

nursery school *n* ['nɜːsᵊri ˌskuːl]	Kindergarten
go, went, gone *v* [gəʊ, went, gɒn]	gehen, fahren
school *n* [skuːl]	Schule
at/in *(AE)* school; school bag	in der Schule; Schultasche
junior *adj* ['dʒuːniəʳ]	Unterstufen-
headteacher, principal *(AE) n* ['hedˌtiːtʃəʳ, 'prɪn(t)səpᵊl]	Schuldirektor(in)
teacher *n* ['tiːtʃəʳ]	Lehrer(in)
tutor *n* ['tjuːtəʳ]	Nachhilfe-, Klassenlehrer(in)
tutor group *n* ['tjuːtəʳ ˌgruːp]	Klasse *(in einer englischen Schule)*
lesson *n* ['lesᵊn]	Unterrichtsstunde
pupil *n* ['pjuːpᵊl]	Schüler(in)
class *n* [klɑːs]	Klasse *(in einer deutschen Schule)*; Unterricht(sstunde)
take a class/classes (in sth)	Stunden (in etw) nehmen
classroom *n* ['klɑːsruːm]	Klassenzimmer
uniform *n* ['juːnɪfɔːm]	Uniform
school uniform	Schuluniform
assembly hall *n* [ə'sembli ˌhɔːl]	Versammlungssaal, Aula
quiet *adj* [kwaɪət]	ruhig, still
Be quiet, please!	Seid bitte leise!
desk *n* [desk]	Schreibtisch, Pult
alphabet *n* ['ælfəbet]	Alphabet
alphabetical *adj* [ælfə'betɪkᵊl]	alphabetisch
in alphabetical order	in alphabetischer Reihenfolge
letter *n* ['letəʳ]	Buchstabe
pen *n* [pen]	Füller
ballpoint pen	Kugelschreiber
ink *n* [ɪŋk]	Tinte
pencil *n* ['pen(t)sᵊl]	Bleistift
pencil case	Federmäppchen
ruler *n* ['ruːləʳ]	Lineal
rubber *(BE)*, **eraser** *(AE) n* ['rʌbəʳ, ɪ'reɪzəʳ]	Radiergummi

Thematisches Wörterbuch

Lernen und Arbeiten – Unterricht und Schule

1.Lj

biro *n (BE)* ['baɪ(ə)rəʊ]	Kugelschreiber, Kuli
paper *n* ['peɪpəʳ]	Papier
a piece of paper; writing paper	ein Stück/Blatt Papier; Schreibpapier
book *n* [bʊk]	Buch
textbook; workbook	Lehrbuch; Übungsbuch
crayon *n* ['kreɪɒn]	Buntstift
draw, drew, drawn *v* [drɔː, druː, drɔːn]	zeichnen
easy *adj* ['iːzi]	leicht, einfach
difficult *adj* ['dɪfɪkᵊlt]	schwierig
exercise *n* ['eksəsaɪz]	Übung, Aufgabe
exercise book *(BE)*, notebook *(AE)*	(Übungs-)Heft
unit, chapter *(AE) n* ['juːnɪt, 'tʃæptəʳ]	Lektion, Kapitel, Einheit
number *n* ['nʌmbəʳ]	Zahl, Nummer
example *n* [ɪg'zɑːmpl]	Beispiel
for example	zum Beispiel
homework *n* ['həʊmwɜːk]	Hausaufgabe, Hausaufgaben
do one's homework	seine Hausaufgaben machen
work *v* [wɜːk]	arbeiten
work at sth; work in pairs	an etw arbeiten; paarweise arbeiten
art *n* [ɑːt]	Kunst
finish *v* ['fɪnɪʃ]	beenden, aufhören
finished *adj* ['fɪnɪʃt]	fertig
be finished	fertig sein
learn, learnt/learned, learnt/learned *v* [lɜːn, lɜːnt/'lɜːnd]	lernen
read, read, read *v* [riːd, red]	lesen
remember *v* [rɪ'membəʳ]	behalten, sich merken, sich erinnern
know, knew, known *v* [nəʊ, njuː, nəʊn]	wissen, kennen
spell, spelled/spelt, spelled/spelt *v* [spel, speld/spelt]	buchstabieren
listen *v* ['lɪsᵊn]	zuhören
understand, understood, understood *v* [ˌʌndə'stænd, ˌʌndə'stʊd]	verstehen
write, wrote, written *v* [raɪt, rəʊt, 'rɪtᵊn]	schreiben
write sth down; written information;	etw aufschreiben; schriftliche Informationen;
write a letter/test	einen Brief/eine Prüfung schreiben
summary *n* ['sʌmᵊri]	Zusammenfassung
role play *n* ['rəʊl pleɪ]	Rollenspiel
correct *v; adj* [kə'rekt]	berichtigen, verbessern; richtig, korrekt

Lernen und Arbeiten – Unterricht und Schule

line *n* [laɪn]	Linie, Zeile
in a straight line; next in line;	geradlinig; der/die Nächste (an der Reihe);
stand in line/a queue	Schlange stehen
right *adj* [raɪt]	richtig
be right; get sth right	Recht haben; etw richtig verstehen
wrong *adj* [rɒŋ]	falsch, verkehrt
mistake *n* [mɪ'steɪk]	Fehler
make a mistake	einen Fehler machen
idea *n* [aɪ'dɪə]	Idee
no idea	keine Ahnung
simple *adj* ['sɪmpl]	einfach
explain *v* [ɪk'spleɪn]	erklären
add *v* [æd]	zusammenzählen, addieren
add sth up; add sth to sth	etw zusammenzählen; etw und etw addieren
complete *v* [kəm'pliːt]	fertig stellen, beenden
practice *n* ['præktɪs]	Übung, Training
listening/sound practice	Hörverstehens-/Ausspracheübung
practise, practice (*AE*) *v* ['præktɪs]	üben; trainieren
forget, forgot, forgotten *v* [fə'get, fə'gɒt, fə'gɒtᵊn]	vergessen
memory *n* ['memᵊri]	Gedächtnis, Erinnerung
have a good/bad memory	ein gutes/schlechtes Gedächtnis haben
by heart *adv* [baɪ 'hɑːt]	auswendig
board *n* [bɔːd]	Tafel
notice/bulletin *(AE)* board	schwarzes Brett
note *n* [nəʊt]	Notiz
make a note of; take notes	sich etw notieren; Notizen machen
break, recess *(AE) n* [breɪk, 'riːses]	Pause
lunch break; at break	Mittagspause; in der Pause
lunch box *n* ['lʌn(t)ʃ bɒks]	*Dose für belegte Brote zum Mittagessen*
playground *n* ['pleɪgraʊnd]	Schulhof, Spielplatz
in the playground	auf dem Schulhof/Spielplatz
cafeteria, lunch room *(AE) n* [ˌkæfə'tɪəriə, 'lʌn(t)ʃ ruːm]	Kantine, Cafeteria
away *adv* [ə'weɪ]	weg, fort
be away *(from school/work/home)*; be away with the flu/the measles/a cold	fort/unterwegs sein; wegen Grippe/der Masern/ einer Erkältung fehlen
holidays *n pl* ['hɒlədeɪz]	Ferien

Thematisches Wörterbuch

Lernen und Arbeiten – Unterricht und Schule

1.Lj

vacation *n (AE)* [vəˈkeɪʃᵊn]	Urlaub, Ferien
be on vacation	im Urlaub sein
term *n* [tɜːm]	Trimester, Schuljahresdrittel
timetable, schedule *(AE) n* [ˈtaɪmˌteɪbl, ˈskedʒl]	Stundenplan
subject *n* [ˈsʌbdʒɪkt]	Fach
favourite/favorite *(AE)* subject	Lieblingsfach
geography *n* [dʒiːˈɒgrəfi]	Erdkunde, Geografie
history *n* [ˈhɪstᵊri]	Geschichte
science *n* [ˈsaɪən(t)s]	Naturwissenschaft
science class	naturwissenschaftliches Fach
humanities *n pl* [hjuːˈmænətiːz]	*(in der Schule)* Geschichte und Erdkunde
technology *n* [tekˈnɒlədʒi]	Computerunterricht; Technisches Werken
mathematics *n* [mæθᵊmˈætɪks]	Mathematikunterricht
maths *(BE)*, **math** *(AE) n inf* [mæθs, mæθ]	Mathe
be good at maths/be good in math *(AE)*	gut in Mathe sein
geometry *n* [dʒiːˈɒmɪtri]	Geometrie
physical education *abbrev* **PE** *n* [ˌfɪzɪkᵊl ˌedʒʊˈkeɪʃᵊn]	Sportunterricht
religious education *abbrev* **RE** *n* [rɪˌlɪdʒəs ˌedʒʊˈkeɪʃᵊn]	Religionsunterricht
music *n* [ˈmjuːzɪk]	Musik
penmanship, handwriting *n* [ˈpenmænˌʃɪp, ˈhændˌraɪtɪŋ]	Schönschreiben *(als Fach)*
speak, spoke, spoken *v* [spiːk, spəʊk, spəʊkᵊn]	sprechen
English *adj; n* [ˈɪŋglɪʃ]	englisch, Englisch
German *adj; n* [ˈdʒɜːmən]	deutsch, Deutsch, Deutsche(r)
Italian *adj; n* [ɪˈtæliən]	italienisch, Italienisch, Italiener(in)
Greek *adj; n* [griːk]	griechisch, Griechisch
French *adj; n* [fren(t)ʃ]	französisch, Französisch
Spanish *adj; n* [ˈspænɪʃ]	spanisch, Spanisch

2.Lj

language *n* [ˈlæŋgwɪdʒ]	Sprache
grammar *n* [ˈgræmə(r)]	Grammatik
grammar book; French grammar	Grammatikbuch; französische Grammatik
punctuation *n* [ˌpʌŋktʃuˈeɪʃᵊn]	Interpunktion
Russian *adj; n* [ˈrʌʃᵊn]	russisch, Russisch, Russe/Russin

Lernen und Arbeiten – Unterricht und Schule

2.Lj

Latin *adj; n* ['lætɪn]	lateinisch, Latein
vocabulary *n* [və(ʊ)'kæbjələri]	Wortschatz, Vokabular
translate *v* [trænz'leɪt]	übersetzen
translate English into German	aus dem Englischen ins Deutsche übersetzen
translation *n* [trænz'leɪʃən]	Übersetzung
biology *n* [baɪ'ɒlədʒi]	Biologie
computer science *n* [kəm'pjuːtər ˌsaɪən(t)s]	Informatik
physics *n* ['fɪzɪks]	Physik
chemistry *n* ['kemɪstri]	Chemie
period *n* ['pɪəriəd]	Unterrichtsstunde
staff *n* [stɑːf]	Lehrkörper
staffroom	Lehrerzimmer
grade *(AE)*, **form** *(BE) n* [greɪd, fɔːm]	Klasse
primary school *(BE)*, **elementary school** *(AE) n* ['praɪməri ˌskuːl, ˌelɪ'mentəri ˌskuːl]	Grundschule

INFO

Staatliche Schulen für Kinder im Alter von 5 - 11 Jahren heißen in Großbritannien **primary schools.** Anschließend besuchen die Kinder dann eine **secondary school.**

2.Lj

secondary school *(BE)*, **middle school, junior high** *(AE) n* ['sekəndəri ˌskuːl, 'mɪdl ˌskuːl, 'dʒuːniər ˌhaɪ]	weiterführende Schule
comprehensive school *(BE)*, **high school** *(AE) n* [ˌkɒmprɪ'hen(t)sɪv ˌskuːl, 'haɪ ˌskuːl]	Gesamtschule

INFO

In den USA haben die Schüler der **High School** und des **College** bestimmte Bezeichnungen. In der 9. Klasse heißen sie **Freshmen**, Schüler der 10. Klasse heißen **Sophomores**, in der 11. Klasse heißen sie **Juniors** und in der 12. Klasse werden sie **Seniors** genannt.

Thematisches Wörterbuch

Lernen und Arbeiten – Unterricht und Schule

2.Lj

grammar school *n* ['græmə(r) ˌskuːl]	Gymnasium in Großbritannien
boarding school, prep school *n* ['bɔːdɪŋ ˌskuːl, 'prep ˌskuːl]	Internat

INFO

In Großbritannien können Jungen zwischen 7 und 13 Jahren oder Mädchen zwischen 7 und 11 Jahren eine **preparatory school** (Privatschule) besuchen, in der sie vor allem für eine **public school** vorbereitet werden.

2.Lj

private *adj* ['praɪvɪt]	privat, Privat-
private school	Privatschule
public *adj* ['pʌblɪk]	öffentlich

INFO

In Großbritannien ist eine **public schoo**l eine Privatschule, oft ein Internat für Jungen ab 13 und für Mädchen ab 11 Jahren. Die meisten dieser Schulen stammen aus dem 19. Jh. Die ältesten Schulen begannen als **grammar schools** für arme Studenten, z. B. Winchester (im 14. Jh.), Eton (im 15. Jh.) und Harrow (im 16. Jh.) und werden heute meist von Kindern reicher Eltern besucht.

2.Lj

student *n (AE)* ['stjuːdənt]	Schüler(in); Student(in)
student government, student council *(AE) n* ['stjuːdənt ˌgʌvənmənt, 'stjuːdənt ˌkaʊn(t)səl]	Schülermitverwaltung
summer camp *n* ['sʌməʳ ˌkæmp]	Sommerlager
summer school *(AE) n* ['sʌməʳ ˌskuːl]	Sommerferienkurse
yearbook *n (AE)* ['jɪəʳbʊk]	Jahrbuch *(einer Schule)*
exchange visit *n* [ɪks'tʃeɪndʒ ˌvɪzɪt]	(Schüler-)Austausch
all-day, full-day *adj* ['ɒːldeɪ, 'fʊldeɪ]	Ganztags-
bell *n* [bel]	Glocke, Klingel
packed lunch *n* ['pækt lʌn(t)ʃ]	Pausenbrot, Lunchpaket
learner *n* ['lɜːnəʳ]	Lernende(r)
mind *n* [maɪnd]	Verstand, Gedanken
concentrate *v* ['kɒn(t)səntreɪt]	sich konzentrieren
mind map *n* ['maɪnd ˌmæp]	Wörternetz zur Gedächtnisstütze

Lernen und Arbeiten – Unterricht und Schule

make sb do sth, made, made *v* [meɪk ˈduː, meɪd]	jdn dazu bringen, etw zu tun
detention *n* [dɪˈten(t)ʃᵊn]	Nachsitzen, Arrest
trouble *n* [ˈtrʌbl]	Ärger, Probleme, Beschwerden
get into trouble (with)	Ärger bekommen (mit)
excused *adj* [ɪksˈkjuːzd]	entschuldigt
be excused	den Unterricht verlassen dürfen
capital letter, upper-case letter *(AE) n* [ˈkæpɪtᵊl ˌletəʳ, ˈʌpəʳ keɪs ˌletəʳ]	Großbuchstabe
in capital/upper-case letters	in Großbuchstaben
small letter, lower-case letter *(AE) n* [ˈsmɔːl ˌletəʳ, ˈləʊəʳ keɪs ˌletəʳ]	Kleinbuchstabe
in small/lower-case letters	in Kleinbuchstaben
board *n* [bɔːd]	(Schul-)Tafel
instructions *n pl* [ɪnˈstrʌkʃᵊnz]	Anleitungen, (Arbeits-)Anweisungen
follow the instructions on the sheet	folgt/folgen Sie den Arbeitsanweisungen auf dem Blatt
understandable *adj* [ˌʌndəˈstændəbl]	verständlich
true *adj* [truː]	wahr, wirklich
True or false?	Richtig oder falsch?
false *adj* [fɔːls]	falsch, verkehrt
multiple choice *adj* [ˌmʌltipl ˈtʃɔɪs]	Multiple-Choice-
a multiple choice question	eine Frage mit vorgegebenen Antwortmöglichkeiten zur Auswahl
beginner *n* [bɪˈgɪnəʳ]	Anfänger
talent *n* [ˈtælənt]	Talent, Begabung
progress *n no pl* [ˈprəʊgres]	Fortschritt
make good/some/any progress	gute/einige Fortschritte machen
improve *v* [ɪmˈpruːv]	(sich) verbessern
improvement *n* [ɪmˈpruːvmənt]	Verbesserung
special help *n* [ˌspeʃᵊl ˈhelp]	Förderunterricht
group *v* [gruːp]	gruppieren, in Gruppen einteilen
talk *n; v* [tɔːk]	Referat, Rede, Gespräch; sprechen
give a talk on sth	ein Referat/eine Rede über etw halten
conversation *n* [ˌkɒnvəˈseɪʃᵊn]	Unterhaltung, Konversation
conversation class	Konversationstraining/-kurs
speak up, spoke, spoken *v* [ˌspiːk ˈʌp, spəʊk, spəʊkᵊn]	sich äußern, die Meinung sagen; lauter sprechen
copy, copied, copied *v* [ˈkɒpi, ˈkɒpid]	kopieren, abschreiben

Thematisches Wörterbuch

Lernen und Arbeiten – Unterricht und Schule

2.Lj

worksheet *n* ['wɜːkʃiːt]	Arbeitsblatt
grid *n* [grɪd]	Tabelle
writing *n* ['raɪtɪŋ]	(Hand-)Schrift; das Schreiben
in writing; writing pad/paper	schriftlich; Schreibblock/-papier
subtract *v* [səb'trækt]	abziehen, subtrahieren
subtract from	abziehen von
divide *v* [dɪ'vaɪd]	teilen, dividieren
divide by	teilen durch
multiply, multiplied, multiplied *v* ['mʌltiplaɪ, 'mʌltiplaɪd]	multiplizieren
multiply by	multiplizieren mit
basics *n pl* ['beɪsɪks]	Grundlagen
gist *n* [dʒɪst]	das Wichtigste, die allgemeine Bedeutung
get the gist	das Wichtigste verstehen
problem *n* ['prɒbləm]	Aufgabe
work out, figure out *(AE) v* [wɜːk 'aʊt, ˌfɪgəʳ 'aʊt]	herausfinden; ausrechnen
guess *v; n* [ges]	vermuten, (er)raten; Schätzung
logical guess	Schätzung, die auf Logik basiert
recall *v* [rɪ'kɔːl]	sich erinnern
study, studied, studied *v* ['stʌdi, 'stʌdid]	lernen, pauken; studieren
repeat *v* [rɪ'piːt]	wiederholen
repeat a year	eine Klasse wiederholen
revise *v* [rɪ'vaɪz]	überarbeiten, korrigieren
recite *v* [rɪ'saɪt]	rezitieren
recite a poem	ein Gedicht vortragen

3.Lj

kindergarten *n* ['kɪndəˌgɑːtᵊn]	Kindergarten
governess *n* ['gʌvᵊnəs]	Gouvernante
basic *adj* ['beɪsɪk]	Grund-
a basic knowledge; basic skills	Grundwissen; Grundfertigkeiten
comprehensive *adj* [ˌkɒmprɪ'hen(t)sɪv]	umfassend, ausführlich
comprehensive education	umfassende Ausbildung
academy *n* [ə'kædəmi]	Akademie, Schule
curriculum *n* [kə'rɪkjəˌləm]	Lehrplan, Stundenplan
education *n* [ˌedʒʊ'keɪʃᵊn]	Ausbildung; Erziehung; Bildung
multi-talented *adj* ['mʌlti ˌtæləntɪd]	vielseitig talentiert
promising *adj* ['prɒmɪsɪŋ]	viel versprechend
genius *n* ['dʒiːniəs]	besondere Gabe, Genie

have a genius *(BE)*	eine besondere Gabe haben
knowledge *n* ['nɒlɪdʒ]	Kenntnis(se), Wissen
wipe *v* [waɪp]	wischen
wipe the chalkboard	die Kreidetafel abwischen
chalkboard *n* ['tʃɔːkbɔːd]	Kreidetafel
overhead projector *n* ['əʊvəhed prə(ʊ)ˌdʒektəʳ]	Tageslichtprojektor
transparency *n* [træns'pærᵊn(t)si]	(Overhead-)Folie
list off *v* [lɪst 'ɒf]	aufzählen; auflisten
sum up, summed, summed *v* [sʌm 'ʌp, sʌmd]	zusammenfassen
figure *n* ['fɪgəʳ]	Zahl
division *n* [dɪ'vɪʒᵊn]	Teilung, Division
calculate *v* ['kælkjəleɪt]	berechnen, ausrechnen
calculation *n* [ˌkælkjə'leɪʃᵊn]	Berechnung
task *n* [tɑːsk]	Aufgabe
set sb a task; be set a task	jdm eine Aufgabe stellen; eine Aufgabe gestellt bekommen
dictate *v* [dɪk'teɪt]	diktieren
effort *n* ['efət]	Anstrengung, Mühe
make an effort; put a lot of effort into sth	sich anstrengen; viel Mühe in etw stecken/ Arbeit investieren
plus *prep* [plʌs]	und, plus
minus *prep* ['maɪnəs]	minus
error *n* ['erəʳ]	Fehler
erase *v* [ɪ'reɪz]	ausradieren; wegwischen
instruct *v* [ɪn'strʌkt]	anweisen
misunderstand, misunderstood, misunderstood *v* [ˌmɪsʌndə'stænd, ˌmɪsʌndə'stʊd]	missverstehen, falsch verstehen
scan, scanned, scanned *v; n* [skæn, skænd]	überfliegen, absuchen, abtasten; Überfliegen, Kontrolle
scan a text/task	einen Text/eine Aufgabe überfliegen
strict *adj* [strɪkt]	streng, strikt
quiet *n* [kwaɪət]	Ruhe, Stille
disturb *v* [dɪ'stɜːb]	stören
classmate *n* ['klɑːsmeɪt]	Klassenkamerad(in)
attention *n* [ə'ten(t)ʃᵊn]	Aufmerksamkeit
Attention, please!; pay attention (to sth/sb); centre/center *(AE)* of attention	Achtung!; aufpassen, etw/jdn beachten, aufmerksam zuhören; Mittelpunkt

Lernen und Arbeiten – Studium und Universität

3.Lj

thought *n* [θɔːt]	Gedanke
mumble *v* [ˈmʌmbl]	murmeln, nuscheln
distract *v* [dɪˈstrækt]	ablenken
distraction *n* [dɪˈstrækʃᵊn]	Ablenkung
overlook *v* [ˌəʊvəʳˈlʊk]	übersehen, hinwegsehen über
approve *v* [əˈpruːv]	billigen, schätzen
attend *v* [əˈtend]	teilnehmen, besuchen; beiwohnen
attend school	die Schule besuchen
drop out, dropped, dropped *v* [drɒp ˈaʊt, drɒpt]	(die Schule) abbrechen; ausscheiden, nicht mehr mitmachen
Homecoming Week *n (AE)* [ˈhəʊmˌkʌmɪŋ ˌwiːk]	*eine feierliche Schulwoche mit besonderen Aktivitäten zur Einstimmung in das neue Schuljahr*
host family *n* [ˈhəʊst ˌfæmᵊli]	Gastfamilie
excursion *n* [ɪksˈkɜːʃᵊn]	Ausflug, Exkursion
go on/make an excursion; excursion ticket	einen Ausflug machen; verbilligte Karte/Ticket

Studium und Universität

1.Lj

note *n* [nəʊt]	Notiz
make a note (of sth); take notes	sich eine Notiz machen (von etw); notieren, sich Notizen machen
tutor *n* [ˈtjuːtəʳ]	Tutor(in)
notice board, bulletin board *(AE) n* [ˈnəʊtɪs ˌbɔːd, ˈbʊlətɪn ˌbɔːd]	schwarzes Brett
student *n* [ˈstjuːdᵊnt]	Student(in)
student I.D. *abbrev of* identification	Studierendenausweis

2.Lj

university *n* [ˌjuːnɪˈvɜːsəti]	Universität
study sth at university; go to university; university lecturer/teacher	etw an der Universität studieren; studieren; Hochschullehrer(in)
professor *n* [prəˈfesəʳ]	Universitätsprofessor(in)
be a professor of sth	Professor(in) für etw sein
course *n* [kɔːs]	Kurs(us)
study *v* [ˈstʌdi]	lernen, pauken; studieren

Lernen und Arbeiten – Zeugnisse, Zertifikate und Abschlüsse

3.Lj

college *n* ['kɒlɪʤ]	Universität *(AE)*; Fach-/Hochschule *(BE)*; Teil einer Universität *(BE)*
start college; go to college; technical college/ College of Technology; College of Art/Music	mit dem Studium beginnen; studieren; (techn.) Fach-/Hochschule; Kunst-/Musikhochschule

INFO

College bezeichnet die Zeit an der Universität bis zum Abschluss des bachelor's degree, normalerweise 4-5 Jahre. Universitäten, an denen die Studenten nur *bachelor's degrees* erwerben können, werden oft *colleges* genannt; ebenso gewisse Berufsschulen. Richtige *universities* dagegen bieten auch *higher degrees*, höhere Abschlüsse, an, wie *master's degrees* und *doctorates*. An *junior colleges* kann man die ersten zwei Collegejahre absolvieren oder einen technischen Beruf erlernen.

3.Lj

education *n* [ˌeʤʊ'keɪʃᵊn]	Ausbildung; Erziehung; Bildung
higher education; further education	Hochschulausbildung; Fort-/Weiterbildung
academic *adj* [ˌækə'demɪk]	akademisch
standard *n* ['stændəd]	Standard
standard of teaching/ life; of a high/ low standard; up to standard	Lehr-/ Lebensstandard; auf hohem/ niedrigem Niveau; dem Standard entsprechend
intellectual *adj* [ˌɪntᵊl'ektjuəl]	intellektuell
intellect *n* ['ɪntᵊlekt]	Intellekt
grant *v* [grɑːnt]	gewähren
award *n* [ə'wɔːd]	Preis, Auszeichnung
win an award; be awarded sth for sth	einen Preis gewinnen; etw für etw zugesprochen bekommen
library *n* ['laɪbrᵊri]	Bibliothek
campus *n* ['kæmpəs]	Campus, Schul-/Universitätsgelände
cafeteria *n (AE)* [ˌkæfə'tɪəriə]	Mensa

Zeugnisse, Zertifikate und Abschlüsse

1.Lj

test *n* [test]	Test, Probe
take a driving test	die Führerscheinprüfung machen
examine *v* [ɪg'zæmɪn]	prüfen, untersuchen

Lernen und Arbeiten – Zeugnisse, Zertifikate und Abschlüsse

1.Lj

well *adj; adv* [wel]	gut
do well *(at school/in an exam)*	Erfolg haben *(in der Schule/bei einer Prüfung)*
best *adj* [best]	beste/r/s
be good/bad; best of all	gut/schlecht sein; am allerbesten
out of *prep* ['aʊt əv]	aus
one out of three *(answers/points)*	eine/r von drei *(Antworten/Punkten)*

2.Lj

point *n* [pɔɪnt]	Punkt
number of points; grade point average *abbrev* GPA	Punktzahl; Notendurchschnittspunktzahl
test *v* [test]	jdn (auf einem Gebiet) prüfen
test sb (on sth)	jdn (in etw) prüfen
level *n* ['levᵊl]	Niveau, Höhe
examination, exam *(inf) n* [ɪgˌzæmɪ'neɪʃᵊn, ɪg'zæm]	Prüfung, Examen
take an exam	eine Prüfung machen
mark, grade *(AE) n* [mɑːk, greɪd]	Note *(in der Schule)*

INFO

In den USA gibt es im Grunde das gleiche Schulnotensystem wie bei uns. Es heißt dort **grading system** und man verwendet die Buchstaben: A, B, C, D, E und F. A ist die beste Note, und F (Fail) bedeutet durchgefallen. Die Buchstaben können außerdem mit einem Plus oder Minus versehen werden. Die Note A+ bedeutet also eine Superleistung.

2.Lj

A- (= A minus) *n* [ˌeɪ 'maɪnəs]	Note zwischen A und B+
school report *n* ['skuːl rɪˌpɔːt]	Schulzeugnis
GCSE, *abbrev of* **General Certificate of Secondary Education** *n* [ˌʤiːsiːes'iː, ˌʤenᵊrᵊl səˌtɪfɪkət əv ˌsekᵊndᵊri ˌeʤʊ'keɪʃᵊn]	*allgemeiner Abschluss der weiterführenden Schulen in Großbritannien*
A Level(s), *abbrev of* **Advanced Level(s)** *n* *(BE)* ['eɪ ˌlevᵊls, əd'vɑːn(t)s tˌlevᵊls]	britische Abiturprüfung *(ein A Level ist jeweils die Prüfung in einem Fach)*

Lernen und Arbeiten – Zeugnisse, Zertifikate und Abschlüsse

> **INFO**
> Die Schüler der 6. Klasse einer höheren Schule in England, Wales und Nordirland legen eine Abschlussprüfung, das **A Level (Advanced Level)**, ab. Die meisten Schüler wählen drei Prüfungsfächer, obwohl es auch möglich ist, nur ein Fach zu nehmen. Mit diesen A Levels kann man dann an einer Universität studieren.

2.Lj

pass *v* [pɑːs]	bestehen
pass a test	eine Prüfung bestehen
cheat *v* [tʃiːt]	mogeln
excellent *adj* ['eksələnt]	ausgezeichnet, hervorragend
result *n* [rɪ'zʌlt]	Ergebnis, Resultat; Folge
certificate *n* [sə'tɪfɪkət]	Zeugnis, Urkunde
get a certificate	ein Zeugnis bekommen
ceremony *n* ['serɪməni]	Zeremonie
speech *n* [spiːtʃ]	Rede
give/make a speech	eine Rede halten

3.Lj

prepare *v* [prɪ'peəʳ]	vorbereiten
effort *n* ['efət]	Anstrengung, Mühe
make an effort; put a lot of effort into sth	sich anstrengen; viel Mühe in etw stecken/Arbeit investieren
deserve *v* [dɪ'zɜːv]	verdienen
honour, honor *(AE)* *n* ['ɒnəʳ]	Ehre
document *n* ['dɒkjəmənt]	Dokument; Urkunde
award *n; v* [ə'wɔːd]	Preis, Auszeichnung; zusprechen, zuerkennen
win the school award; be awarded sth for sth; award sb sth	den Schulpreis gewinnen; etw für etw zuerkannt bekommen; jdm etw zuerkennen/zusprechen

Lernen und Arbeiten – Lehrstellen und Berufsausbildung

In der Ausbildung und im Job

Lehrstellen und Berufsausbildung

1.Lj

start *v* [stɑːt]	beginnen, anfangen
start school/college/work; start a business/company/firm	mit der Schule/dem Studium/der Arbeit beginnen; ein Geschäft/eine Firma eröffnen
job *n* [ʤɒb]	Beruf, Arbeit, Arbeitsplatz
have a job as ...	eine Stelle als ... haben
be going to, was/were, been *v* [biː 'gəʊɪŋ tə, wɒz/wɜː^{r}, biːn]	werden
he's going to be a carpenter	er wird Zimmermann *(sein, d. h. macht gerade die Ausbildung)*
professional *adj* [prə'feʃ^{ə}n^{ə}l]	professionell
professional musician ...; do sth on a professional basis; the professional classes	Berufsmusiker(in) ...; etw (haupt)beruflich machen; die gehobenen Berufe
mind *n* [maɪnd]	Meinung
make up one's mind; change one's mind	sich entscheiden; seine Meinung ändern

2.Lj

notion *n* ['nəʊʃ^{ə}n]	Vorstellung, Idee
basics *n pl* ['beɪsɪks]	Grundlagen
learn the basics of bookkeeping	die Grundlagen der Buchhaltung lernen
suitable *adj* ['suːtəbl]	geeignet, passend
skill *n* [skɪl]	Fähigkeit, Fertigkeit
computer skills; a skilled worker	Computerfertigkeiten; ein(e) Facharbeiter(in)
ability *n* [ə'bɪləti]	Begabung, Fähigkeit
the ability to learn quickly	die Begabung, schnell zu lernen
become, became, become *v* [be'kʌm, be'keɪm, be'kʌm]	werden
become angry; become a doctor	wütend werden; Arzt werden

3.Lj

instruct *v* [ɪn'strʌkt]	anweisen; unterrichten, unterweisen
basis *n* ['beɪsɪs]	Basis, Grundlage
on the basis of; serve as a basis	auf Grund von; als Grundlage dienen
basic *adj* ['beɪsɪk]	Grund-
a basic knowledge (of sth); basic skills	Grundwissen; Grundfertigkeiten
course *n* [kɔːs]	Kurs, Ausbildung
training course; nursing course	Ausbildungskurs; Krankenschwester/-pflegerausbildung

Lernen und Arbeiten – Berufe und Berufsgruppen

3.Lj

train *v* [treɪn]	einarbeiten; anweisen
enable *v* [ɪ'neɪbl]	ermöglichen, befähigen
capable *adj* ['keɪpəbl]	fähig, in der Lage
be capable of doing sth; capable of sth	fähig/in der Lage sein, etw zu tun; etw können, zu etw fähig sein
apprentice *n; v* [ə'prentɪs]	Lehrling, Auszubildende(r); in die Lehre geben
be an apprentice; apprentice plumber/electrician	bei jdm in die Lehre gehen; Klempner-/Elektrikerlehrling

Berufe und Berufsgruppen

1.Lj

assistant *n* [ə'sɪstənt]	Helfer(in), Assistent(in)
personal assistant *abbrev* PA	persönliche Sekretärin/Assistentin, persönlicher Assistent
clerk n [klɑːk]	Büroangestellte(r)
bank clerk	Bankangestellte(r)
fireman/-woman, firefighter *(AE) n* ['faɪəʳ ˌmæn/ ˌwʊmən, 'faɪəʳ ˌfaɪtəʳ]	Feuerwehrmann/-frau
policeman/-woman, police officer *(AE) n* [pə'liːsˌmæn/ ˌwʊmən, pə'liːs ˌɒfɪsəʳ]	Polizist(in)
gardener *n* ['gɑːdənəʳ]	Gärtner(in)
mechanic *n* [mɪ'kænɪk]	Mechaniker(in)
butcher *n* ['bʊtʃəʳ]	Metzger(in)
baker *n* ['beɪkəʳ]	Bäcker(in)
teacher *n* ['tiːtʃəʳ]	Lehrer(in)
actor, actress *n* ['æktə, 'æktrəs]	Schauspieler, Schauspielerin
sales clerk, sales person *(AE)* ['seɪlz klɑːk, 'seɪlz ˌpɜːsən]	Verkäufer(in)
chemist *(BE)*, **pharmacist** *(AE) n* ['kemɪst, 'fɑːməsɪst]	Apotheker(in)
doctor *n* ['dɒktəʳ]	Arzt, Ärztin
nurse *n* [nɜːs]	Krankenschwester/-pfleger
vet, *abbrev of* **veterinary surgeon, veterinarian** *(AE) n* [vet, 'vetərɪnəri ˌsɜːdʒən, ˌvetərɪ'neriən]	Tierarzt/-ärztin
vet's assistant	Tierarzthelfer(in)

Lernen und Arbeiten – Bewerbungen und Lebenslauf

2.Lj	**worker** *n* ['wɜːkəʳ]	Arbeiter(in)
	blue-collar worker; white-collar worker	Arbeiter(in); Schreibtischarbeiter(in), Angestellte(r)
	tradesman *n (AE)* ['treɪdzmən]	Handwerker
	electrician *n* [ˌelɪk'trɪʃᵊn]	Elektriker(in)
	plumber *n* ['plʌməʳ]	Klempner(in)
	hairdresser *n* ['heəʳˌdresəʳ]	Friseur(in)
	writer *n* ['raɪtəʳ]	Schriftsteller(in), Schreiber(in)
	artist *n* ['ɑːtɪst]	Künstler(in)
	officer *n* ['ɒfɪsəʳ]	Offizier(in)
	pilot *n* ['paɪlət]	Pilot(in)
	waiter, waitress *n* ['weɪtəʳ, 'weɪtrɪs]	Ober, Kellner(in)
3.Lj	**lawyer, attorney** *(AE) n* ['lɔɪəʳ, ə'tɜːrni]	(Rechts)-Anwalt/Anwältin
	expert *n* ['ekspɜːt]	Experte, Expertin
	architect *n* ['ɑːkɪtekt]	Architekt(in)
	model *n* ['mɒdᵊl]	Fotomodell, Mannequin, Model
	photographer *n* [fə'tɒgrəfəʳ]	Fotograf(in)
	secretary *n* ['sekrətᵊri]	Sekretär(in)
	shorthand *n* ['ʃɔːthænd]	Kurzschrift; Stenografie
	in shorthand; shorthand typist	in Stenografie, stenografisch; Stenotypist(in)
	musician *n* [mjuː'zɪʃᵊn]	Musiker(in)
	chef *n* [ʃef]	(Chef-)Koch/Köchin; Küchenchef(in)
	set up, set, set *v* [set 'ʌp, set]	aufstellen, aufbauen, errichten, aufschlagen
	set up shop (as)	ein Geschäft eröffnen (als)
	trade *n* [treɪd]	Gewerbe, Branche; Handwerk, Beruf; Handel
	by trade	von Beruf
	flight attendant *n* ['flaɪt əˌtendᵊnt]	Flugbegleiter(in)
	foreman, forewoman, supervisor *(AE) n* ['fɔːʳmæn, 'fɔːʳˌwʊmən, 'suːpəvaɪzər]	Vorarbeiter(in), Polier(in)
	cashier *n* [kæʃ'ɪəʳ]	Kassierer(in)
	teller *n* ['teləʳ]	Schalterangestellte(r) *(bei einer Bank)*

Bewerbungen und Lebenslauf

2.Lj	**application** *n* [ˌæplɪ'keɪʃᵊn]	Bewerbung
	application form; application documents	Bewerbungsformular; Bewerbungsunterlagen
	face to face *adv* [ˌfeɪs tuː 'feɪs]	persönlich, direkt, vis-a-vis

Lernen und Arbeiten – Bewerbungen und Lebenslauf

2.Lj

talk *n* [tɔːk]	Referat, Rede, Gespräch
have a talk; a series of talks on/about	ein Gespräch führen; eine Vortragsreihe über
interview *n* ['ɪntəvjuː]	Interview, (Bewerbungs-)Gespräch
have a job interview	ein Vorstellungsgespräch haben
CV, *abbrev of* **curriculum vitae/ resumé** *(AE)* [ˌsiː'viː, kəˌrɪkjələm 'viːtaɪ, 'rezjuːmeɪ]	Lebenslauf
experience *n* [ɪk'spɪəriən(t)s]	Erlebnis, Erfahrung
work experience	berufliche Erfahrung
flaw *n* [flɔː]	Fehler, Loch
flaw in the CV	Lücke im Lebenslauf
leave out, left, left *v* [liːv 'aʊt, left]	auslassen, weglassen
suitability *n* [ˌsuːtə'bɪləti]	Eignung, Angemessenheit
test one's suitability	die Eignung testen
challenge *n* ['tʃælɪndʒ]	Herausforderung
be a challenge	eine Herausforderung sein
occupation *n* [ˌɒkjə'peɪʃᵊn]	Beschäftigung, Tätigkeit
properly *adv* ['prɒpᵊli]	richtig, ordentlich
properly prepared	sorgfältig vorbereitet
recommend *v* [ˌrekə'mend]	empfehlen
offer *v; n* ['ɒfəʳ]	anbieten; Angebot
offer sb a job; job offer	jdm eine Stelle anbieten; Stellenangebot

3.Lj

proper *adj* ['prɒpəʳ]	normal, richtig, korrekt
proper application letter	korrektes Bewerbungsschreiben
skilful, skillful *(AE) adj* ['skɪlfᵊl]	geschickt
necessary *adj* ['nesəsᵊri]	notwendig, nötig
necessary qualifications	notwendige Qualifikationen
ability *n* [ə'bɪləti]	Fähigkeit
successful *adj* [sək'sesfᵊl]	erfolgreich
be successful in doing sth	erfolgreich in etw sein
accomplishment *n* [ə'kʌmplɪʃmənt]	Leistung; Erfolg
help-wanted ad *n* ['help wɒntɪd ˌæd]	Stellenanzeige
apply, applied, applied *v* [ə'plaɪ, ə'plaɪd]	sich bewerben
apply for a new job; apply (to sb) (bei)	sich um eine neue Stelle bewerben; bewerben
select *v* [sɪ'lekt]	(aus)wählen
select sb to do sth	jdn für etw auswählen

Thematisches Wörterbuch

Lernen und Arbeiten – Korrespondenz

Korrespondenz

1.Lj	**letter** *n* ['letəʳ]	Brief
	note *n* [nəʊt]	Notiz; Briefchen *(informeller Brief)*
	make/ take a note of sth; make/ take notes	sich etw notieren; Notizen machen
	write, wrote, written *v* [raɪt, rəʊt, 'rɪtᵊn]	schreiben
	written information; write about	schriftliche Informationen; schreiben über
	e-mail *n; v* ['iːmeɪl]	E-Mail; E-Mail schreiben
	spam *n* [spæm]	*unerwünschte Massen-E-Mail(s)*
	attachment *n pl* [ə'tætʃmənt]	Anlage
	attachments to an e-mail	Anhänge an einer E-Mail
2.Lj	**copy,** copied, copied *n; v* ['kɒpi, 'kɒpid]	Kopie; kopieren, abschreiben
	short *adj* [ʃɔːt]	kurz
	for short	abgekürzt, kurz
	formal *adj* ['fɔːmᵊl]	formal, formell
	formal letter (of complaint)	formeller (Beschwerde-)Brief
	informal *adj* [ɪn'fɔːmᵊl]	informell; ungezwungen
	informal letter	informeller Brief
	message *n* ['mesɪdʒ]	Nachricht, Mitteilung
	give sb a message	jdm eine Nachricht zukommen lassen/etw ausrichten
	writing *n* ['raɪtɪŋ]	(Hand-)Schrift; Schriftstück, Buch
	in writing; a piece of writing	schriftlich; ein Schriftstück
	dear *adj* [dɪəʳ]	liebe(r); sehr geehrte(r) *(Anrede in Briefen)*
	Dear Sir or Madam; Dear Mary, ...	Sehr geehrte Damen und Herren; Liebe Mary, ...
	madam *n* ['mædəm]	gnädige Frau
	sir *n* [sɜːʳ]	(mein) Herr
	Dear Sir, ...	Sehr geehrter Herr, ...
	look forward to *v* [lʊk 'fɔːwəd ˌtuː]	sich freuen auf
	I look forward to hearing from you.	Ich freue mich auf Ihre Antwort. *(typischer letzter Satz in formellen Briefen)*
	sincerely *adv* [sɪn'sɪəli]	aufrichtig; offen; ernsthaft
	Yours sincerely, ...	Mit freundlichen Grüßen *(Schlussformel in formellen Briefen)*
	enclose *v* [ɪn'kləʊz]	beilegen, beifügen
	let sb **know,** let, let *v* [let 'nəʊ, let]	jdm Bescheid geben/sagen; jdn wissen lassen
3.Lj	**complaint** *n* [kəm'pleɪnt]	Beschwerde
	a letter of complaint	ein Beschwerdebrief

3.Lj

response *n* [rɪˈspɒn(t)s]	Antwort, Reaktion
in response to …	in Antwort auf …
mention *n; v* [ˈmen(t)ʃᵊn]	Erwähnung; erwähnen
at the mention of	bei Erwähnung von
secretary *n* [ˈsekrətᵊri]	Sekretär(in)
reminder *n* [rɪˈmaɪndəʳ]	Erinnerung, Mahnung, Mahnbescheid
follow-up *n* [ˈfɒləʊ ʌp]	*das weitere Verfolgen eines besprochenen Themas*
enquire *v* [ɪnˈkwaɪəʳ]	sich erkundigen
hand *v* [hænd]	reichen, geben
hand out sth	austeilen, verteilen
present *v* [prɪˈzent]	präsentieren, darbieten
reply, replied, replied *v* [rɪˈplaɪ, rɪˈplaɪd]	antworten, erwidern
deal with, dealt, dealt *v* [ˈdiːl wɪθ, delt]	sich kümmern um, zuständig sein für, mit etw fertig werden
deal with orders	Bestellungen erledigen
enclosure *n* [ɪnˈkləʊʒəʳ]	Anlage *(in einem Brief)*
handout *n* [ˈhændaʊt]	Hand-Out *(Informationsunterlage)*
reference *n* [ˈrefᵊrᵊn(t)s]	Erwähnung; Hinweis
with reference to	mit Bezug auf, Bezug nehmend auf
regards *n pl* [rɪˈgɑːdz]	Grüße, Gruß *(Schlussformel in weniger formellen Briefen)*
kindest /with kind regards; send sb one's regards; give him /her my regards	mit freundlichen Grüßen; jdn grüßen lassen; grüßen Sie ihn/sie von mir
reply *n* [rɪˈplaɪ]	Antwort *(Brief);* Erwiderung
in reply to your letter; reply-paid envelope	in Beantwortung Ihres Briefes *(form)*, auf Ihren Brief; Freiumschlag
refer to, referred, referred *v* [rɪˈfɜːʳ ˌtuː, rɪˈfɜːʳd]	erwähnen, sprechen von, sich beziehen auf

Der Arbeitsmarkt

1.Lj

job *n* [ʤɒb]	Beruf, Arbeit, Arbeitsplatz
look for a job; job cuts/losses; guaranteed job	Arbeit suchen; Arbeitsplatzabbau/-verluste; Arbeitsplatzgarantie
jobcentre *(BE)*, **unemployment agency** *(AE) n* [ˈʤɒb ˌsentəʳ, ʌnɪmˌplɔɪmənt ˈeɪʤᵊn(t)si]	Arbeitsamt
firm *n* [fɜːm]	Firma

Thematisches Wörterbuch

Lernen und Arbeiten – Der Arbeitsmarkt

1.Lj	**problem** *n* ['prɒbləm]	Problem
	no problem; a bit of a problem;	kein Problem; etwas problematisch;
	the (only) problem is ...	das (einzige) Problem ist ...
	find, found, found *v* [faɪnd, faʊnd]	finden
	find a job	eine Stelle finden
	difficult *adj* ['dɪfɪk^{ə}lt]	schwierig
	hard *adj* [hɑːd]	hart, schwierig
2.Lj	**broke-up** *adj* ['brəʊkʌp]	kaputt, erledigt
	company *n* ['kʌmpəni]	Firma, Unternehmen, Gesellschaft
	company that takes on trainees	Ausbildungsbetrieb
	shut, shut, shut *v* [ʃʌt]	schließen
	shut down a company/factory	eine Firma/Fabrik schließen
	out of work *adj* [ˌaʊt əv 'wɜːk]	arbeitslos
	agency *n* ['eɪʤ^{ə}n(t)si]	Agentur
	employment agency	(private) Arbeitsvermittlung
	creation *n* [kri'eɪʃ^{ə}n]	(Er-)Schaffung
	job creation; job creation scheme	Arbeitsbeschaffung; Beschäftigungsprogramm
	keep on, kept, kept *v* [kiːp 'ɒn, kept]	weitermachen, nicht aufhören
	keep on doing sth	etw weiter machen
	seek *v* [siːk]	suchen
	seeking employment; job-seeker	arbeitsuchend; Arbeitssuchende(r)
	chance *n* [tʃɑːn(t)s]	Chance
	experienced *adj* [ɪk'spɪəriən(t)st]	erfahren
	inexperienced *adj* [ˌɪnɪk'spɪəriən(t)st]	unerfahren
	regular *adj* ['regjələ^{r}]	regelmäßig; üblich, normal
	manage *v* ['mænɪʤ]	zurechtkommen, es schaffen
	Can you manage?; manage to get a job/a grant	Kommst Du/kommen Sie zurecht?; es schaffen, eine Stelle/ein Stipendium zu bekommen
	live *v* [lɪv]	leben
	hunt *v* [hʌnt]	jagen
	(BE) job hunting	(auf) Arbeitssuche/Stellenjagd
3.Lj	**dole** *n inf (BE)* [dəʊl]	Arbeitslosenhilfe *(ugs)*
	on the dole *(adj BE inf)*	arbeitslos
	lack *v; n* [læk]	mangeln; Mangel
	lack of vacancies	(Lehr-)Stellenmangel
	experience *v* [ɪk'spɪəriən(t)s]	erleben, erfahren
	experience disappointment	Enttäuschung erleben

Lernen und Arbeiten – Der Arbeitsmarkt

face *v* [feɪs]	gegenüberstehen, ins Gesicht schauen
face to face; face the facts/problems	Auge in Auge, direkt; den Tatsachen/ Problemen ins Auge sehen
arise, arose, arisen *v* [ə'raɪz, ə'rəʊz, ə'rɪzᵊn]	sich ergeben, entstehen; sich erheben *(form)*
social problems arise from high unemployment	aus hoher Arbeitslosigkeit entstehen soziale Probleme
employee *n* [ɪm'plɔɪiː]	Angestellte(r)
employment *n* [ɪm'plɔɪmənt]	Arbeit, Anstellung; Beschäftigung
employment exchange	Arbeitsvermittlung *(Amt)*
labour, labor *(AE) n* ['leɪbəʳ]	Arbeit; Arbeitskräfte
labour-market; labour costs	Arbeitsmarkt; Arbeitskosten
equality *n* [ɪ'kwɒləti]	Gleichheit
long-term *adj* [ˌlɒŋ'tɜːm]	Langzeit-
long-term unemployment	Langzeitarbeitslosigkeit
seasonal *adj* ['siːzᵊnᵊl]	saisonal, Saison-, jahreszeitlich bedingt
seasonal unemployment	saisonale Arbeitslosigkeit
rate *n* [reɪt]	Quote
unemployment rate	Arbeitslosenquote
mobility *n* [mə(ʊ)'bɪləti]	Mobilität
adapt *v* [ə'dæpt]	(sich) anpassen
attempt *v; n* [ə'tem(p)t]	versuchen, einen Versuch machen; Versuch
attempt to do sth; attempt sth; make another attempt	versuchen, etw zu tun; etw versuchen; es nochmals versuchen
trial *n* [traɪəl]	Versuch
work on a trial basis	jdm eine (berufliche) Chance geben
probation period *n* [prə(ʊ)'beɪʃᵊn ˌpɪəriɒd]	Probezeit
3 month probation period	3 Monate Probezeit
unable *adj* [ʌn'eɪbl]	nicht imstande, außerstande, unfähig
vacancy *n* ['veɪkᵊn(t)si]	offene/freie Stelle
vacancy for an apprentice	Ausbildungsplatz
hire *v* [haɪəʳ]	einstellen
replace *v* [rɪ'pleɪs]	ersetzen
pensioners are not replaced	Pensionäre/Pensionärinnen werden nicht ersetzt
selective *adj* [sɪ'lektɪv]	selektiv, wählerisch, Auslese-
be selective about sth	wählerisch sein bezüglich etw
acknowledge *v* [ək'nɒlɪdʒ]	anerkennen
turn sb/sth **down** *v* [tɜːn 'daʊn]	jdn/etw ablehnen

Unterwegs - In der Stadt

Auf dem Markt und im Supermarkt

1.Lj

city *n* ['sɪti]	Stadt
city centre, downtown *(AE)*	Stadtzentrum
town *n* [taʊn]	Stadt
in town; drive into town; town centre; outside of town	in der Stadt; in die Stadt fahren; Stadtzentrum; außerhalb der Stadt
market *n* ['mɑːkɪt]	Markt
farmer's market	Bauernmarkt
market square *n* ['mɑːkɪt ˌskweəʳ]	Marktplatz
bring-and-buy sale, flea market *(AE) n* [ˌbrɪŋ ænd 'baɪ seɪl, 'fliː ˌmɑːkɪt]	Flohmarkt
stall *n* [stɔːl]	Stand
shop, store *(AE) n* [ʃɒp, stɔːʳ]	Laden, Geschäft
set up shop; drugstore *(AE)*	ein Geschäft eröffnen; Drogerie
supermarket *n* ['suːpəˌmɑːkɪt]	Supermarkt
open *v; adj* ['əʊpᵊn]	öffnen, aufmachen; offen, geöffnet
open 24 hours	24 Stunden geöffnet
close *v* [kləʊs]	(sich) schließen
close down	(Geschäft) aufgeben, schließen
closed *adj* [kləʊzd]	zu, geschlossen
shopping *n* ['ʃɒpɪŋ]	Einkauf(en); (die) Einkäufe
do one's/some shopping; go shopping/ to the shops; shopping centre	Einkäufe erledigen; einkaufen gehen; Einkaufszentrum
list *n* [lɪst]	Liste
shopping list	Einkaufsliste
counter *n* ['kaʊntəʳ]	Schalter, Theke
much *pron* [mʌtʃ]	viel
How much is it?	Wie viel kostet es?
shop assistant, store clerk *(AE) n* ['ʃɒp əˌsɪstᵊnt, 'stɔːʳ klɑːk]	Verkäufer(in)
customer *n* ['kʌstəməʳ]	Kunde/Kundin
regular customer	Stammkunde/-kundin
choose, chose, chosen *v* [tʃuːz, tʃəʊz, tʃəʊzᵊn]	wählen, aussuchen

Unterwegs – Auf dem Markt und im Supermarkt

1.Lj

choice *n* [tʃɔɪs]	Wahl
have the choice of sth or sth else; make a choice	die Wahl zwischen etw und etw anderem haben; eine Wahl treffen
put back, put, put *v* [pʊt 'bæk, pʊt]	(an seinen Platz) zurückstellen
here *adv* [hɪəʳ]	hier
Here you are. *(idiom)*	Hier, bitte schön.
bag *n* [bæg]	Tasche
shopping bag	Einkaufstasche
thank *v* [θæŋk]	danken
Thank you.; Thank you very much.	Danke schön.; Vielen Dank.
thanks *n pl; interj inf* [θæŋks]	Dank; Danke.
many thanks for	vielen/herzlichen Dank für
want *v* [wɒnt]	wollen; brauchen
like *v* [laɪk]	wünschen, wollen, mögen
I'd like ... (= I would like)	Ich möchte ..., Ich hätte gern
matter *v* ['mætəʳ]	(jdm etw) ausmachen, bedeuten
It doesn't matter.	Es macht nichts.
buy, bought, bought *v* [baɪ, bɔːt]	kaufen
bought in the sale/on sale *(AE)*	im Angebot gekauft
purse *(BE)*, **change purse** *(AE) n* [pɜːs, 'tʃeɪndʒpɜːs]	Geldbörse
pay, paid, paid *v* [peɪ, peɪd]	(be)zahlen
change *n* [tʃeɪndʒ]	Wechselgeld
Here's your change.	Hier ist Ihr Wechselgeld.
spend, spent, spent *v* [spend, spent]	ausgeben
spending money; spending power; spending spree	Taschengeld; Kaufkraft; Großeinkauf
cost, cost, cost *v* [kɒst]	kosten
sell, sold, sold *v* [sel, səʊld]	verkaufen
sale *n* [seɪl]	Verkauf
for sale; not for sale; on sale this weekend only	zu verkaufen; nicht verkäuflich; Angebot nur am Wochende
cheap *adj* [tʃiːp]	billig
expensive *adj* [ɪk'spen(t)sɪv]	teuer
more/ most expensive	teurer/am teuersten
inexpensive *adj* [ˌɪnɪk'spen(t)sɪv]	preisgünstig
carry, carried, carried *v* ['kæri, 'kærid]	tragen

2.Lj

salesman/-woman *n* ['seɪlzˌmæn/ ˌwʊmən], **salesperson** *n* ['seɪlzˌpɜːsᵊn]	Verkäufer(in)

Unterwegs – Auf dem Markt und im Supermarkt

2.Lj	**offer** *v; n* ['ɒfəʳ]	anbieten; Angebot
	offer bargains; special offer	Schnäppchen anbieten; Sonderangebot
	pick *v* [pɪk]	(aus)wählen; pflücken
	pick out sth	etw heraussuchen
	queue *n (BE)* [kjuː]	(Warte-)Schlange
	stand in a queue	Schlange stehen, anstehen
	aisle *n* [aɪl]	Gang *(zwischen den Regalen)*
	push *v* [pʊʃ]	drücken, schubsen, schieben
	bump into sb/sth *v* ['bʌmp ˌɪntə]	gegen jdn/etw stoßen, mit jdm zusammenstoßen
	wonder *v* ['wʌndəʳ]	sich etw überlegen, sich etw fragen
	wonder if/whether	sich fragen, ob
	available *adj* [ə'veɪləbl]	vorrätig, verfügbar, erhältlich
	be (freely) available; readily available	(frei) zugänglich/erhältlich
	wide *adj* [waɪd]	breit, weit
	wide range/variety/selection (of sth)	große Auswahl (an etw)
	prefer, preferred, preferred *v* [prɪ'fɜːʳ, prɪ'fɜːʳd]	bevorzugen; vorziehen; lieber tun
	prefer sth to sth else	etw etw anderem vorziehen
	be afraid, was/were, been *v* [biː ə'freɪd, wɒz/wɜːʳ, biːn]	fürchten, etw bedauern, leidtun
	I'm afraid we've run out of …	Ich fürchte, wir haben kein/e … mehr
	get, got, got/gotten *(AE)* *v* [get, gɒt, 'gɒtᵊn]	bekommen
	complain *v* [kəm'pleɪn]	sich beschweren
	reasonable *adj* ['riːzᵊnəbl]	vernünftig, angemessen
	price *n* [praɪs]	(zu zahlender) Preis
	price increase/cut; prices go up/down	Preiserhöhung/-senkung; die Preise steigen/fallen
	afford *v* [ə'fɔːd]	sich leisten
	coin *n* [kɔɪn]	Münze
	include *v* [ɪn'kluːd]	einschließen
	plastic *n; adj* ['plæstɪk]	Plastik, Plastik-
	plastic bag	Plastiktüte
3.Lj	**nip,** nipped, nipped *v (BE)* [nɪp, nɪpt]	sausen, flitzen *(ugs)*
	I'll just nip down to the shops	ich gehe mal kurz einkaufen
	rush in *v* [rʌʃ 'ɪn]	hereinstürmen
	hustle-bustle *n* ['hʌslbʌsl]	Gewühl, geschäftiges Treiben
	assorted *adj* [ə'sɔːtɪd]	gemischt, verschieden

Unterwegs – Auf dem Markt und im Supermarkt

assorted bargains	verschiedene Schnäppchen
rank *n* [ræŋk]	Reihe
rank after/upon rank (of)	Reihe um Reihe (von)
reduce *v* [rɪ'djuːs]	begrenzen, reduzieren
reduced	ermäßigt, herabgesetzt
sell-by date, expiration date *(AE) n* [ˌselbaɪ 'deɪt, ekspɪˌreɪʃᵊn 'deɪt]	Verfallsdatum
guarantee *n* [ˌgærᵊn'tiː]	Garantie; Rückgaberecht
price-tag *n* ['praɪstæg]	Preisschild
off *prep* [ɒf]	reduziert
3% off; give sb sth off	3% Abzug/Nachlass; jdm eine Ermäßigung geben
discounted *adj* [dɪ'skaʊntɪd]	verbilligt
be out of sth, was/were, been *v* [biː 'aʊt əv, wɒz/wɜːʳ, biːn]	etw nicht mehr vorrätig haben
cash *n* [kæʃ]	Bargeld
in cash; cash a cheque	(in) bar; einen Scheck einlösen
cash card *n* ['kæʃkɑːd]	Scheckkarte
pay by cash card	mit Scheckkarte bezahlen
machine *n* [mə'ʃiːn]	(Geld-)Automat
automated teller machine *abbrev* ATM	Bankomat
note *(BE)*, **bill** *(AE) n* [nəʊt, bɪl]	Geldschein
cheque, check *(AE) n* [tʃek]	Scheck
pay by cheque/check; checkbook *(AE)*	per Scheck bezahlen; Scheckbuch
cashier *n* [kæʃ'ɪəʳ]	Kassierer(in)
cash register *n (AE)* ['kæʃ ˌredʒɪstəʳ]	Kasse
check-out line *n (AE)* ['tʃekaʊt ˌlaɪn]	Warteschlange an der Kasse
ring up, rang, rung *v* [rɪŋ 'ʌp, ræŋ, rʌŋ]	eintippen *(bei einer Registrierkasse)*
charge *v; n* [tʃɑːdʒ]	berechnen, in Rechnung stellen; Gebühr
charge sb money for sth; extra charge; free of charge; charge account/card	jdm Geld für etw berechnen; zusätzliche Gebühr; kostenlos; Kunden(kredit)konto/-karte
wrap, wrapped, wrapped *v* [ræp, ræpt]	(um-/ein-)wickeln, einpacken
dump *v* [dʌmp]	fallen lassen, abladen
dump the shopping bags	die Einkaufstaschen abladen/fallen lassen

Thematisches Wörterbuch

Unterwegs – Warenhäuser, Geschäfte und Boutiquen

Warenhäuser, Geschäfte und Boutiquen

1.Lj

have, had, had *v* [hæv, hæd]	haben
have a look	sich etw ansehen
help *v* [help]	helfen
Can I help you?	Kann ich Ihnen helfen?
look *v; n* [lʊk]	sehen, ansehen; Blick
look at sth, take/have a look (at sth)	(sich) etw anschauen, einen Blick auf etw werfen
spy, spied, spied *v* [spaɪ, spaɪd]	sehen, erspähen
butcher *n* ['bʊtʃəʳ]	Metzger(in)
baker's, bakery *(AE) n* ['beɪkəʳz, 'beɪkəʳi]	Bäckerei
grocer *n* ['grəʊsəʳ]	Lebensmittelhändler(in)
greengrocer *(BE)*	Gemüsehändler(in)
bookshop, bookstore *(AE) n* ['bʊkʃɒp, 'bʊkstɔːʳ]	Buchhandlung
chemist's, pharmacist's *(AE) n* ['kemɪsts, 'fɑːməˌsɪsts]	Apotheke
newsagent's *(BE)*, **newspaper stand** *(AE) n* ['njuːz ˌeɪdʒᵊnts, 'njuːzpeɪpəʳ ˌstænd]	*Laden für Zeitungen, Zeitschriften, Tabakwaren, Süßigkeiten usw.*
pet shop *n* ['pet ʃɒp]	Tierhandlung
shoe shop *n* ['ʃuː ʃɒp]	Schuhgeschäft
children's shoe shop	Kinderschuhgeschäft
florist's *n* ['flɒrɪsts]	Blumengeschäft
department store *n* [dɪ'pɑːtmənt ˌstɔːʳ]	Kaufhaus
shopping centre *(BE)*, **shopping mall** *(AE) n* ['ʃɒpɪŋ ˌsentəʳ, 'ʃɒpɪŋ ˌmɔːl]	Einkaufszentrum
escalator *n* ['eskəleɪtəʳ]	Rolltreppe

2.Lj

downtown *(AE) n* ['daʊntaʊn]	Zentrum von ..., Innenstadt
clothes shop, dress shop *n* ['kləʊ(ð)z ʃɒp, 'dres ʃɒp]	Bekleidungsgeschäft
enter *v* ['entəʳ]	betreten
inside *adv* [ˌɪn'saɪd]	innen, drin
go inside	hineingehen
neon sign *n* ['niɒn ˌsaɪn]	Leuchtreklame
glance *v; n* [glɑːn(t)s]	blicken; Blick
take a glance at sth	einen Blick auf etw werfen
hold *v* [həʊld]	zurücklegen
wander *v* ['wɒndəʳ]	umherwandern

Unterwegs – Kleidung und Accessoires

3.Lj

shopping spree *n* ['ʃɒpɪŋ ˌspriː]	Einkaufsbummel
have sth **done,** had, had *v* [hæv 'dʌn, hæd]	etw machen lassen
have one's hair done	sich die Haare frisieren/schneiden lassen
make-up man/woman *n* ['meɪkʌp ˌmæn/ ˌwʊmən]	Visagist(in)
second-hand *adj* [ˌsekənd 'hænd]	gebraucht, Secondhand-
second-hand shop	Gebrauchtwarenladen
drugstore *n (AE)* ['drʌgstɔːʳ]	Drogerie *(früher auch mit Erfrischungsgetränketheke)*
boutique *n* [buː'tiːk]	Boutique
men's/women's apparel shop *n* [ˌmenz/ˌwɪmɪnz ə'pærəl ʃɒp]	Herren-/Damen-Bekleidungsgeschäft
cosmetic and beauty shop *n* [kɒzˌmetɪk ænd 'bjuːti ʃɒp]	Kosmetikgeschäft
music store *n* ['mjuːzɪk ˌstɔːʳ]	Musikgeschäft
electronic store [ɪlek'trɒnik ˌstɔːʳ]	Elektronik-Fachgeschäft
jewelry store *(AE)*, **jewellery shop** *(BE) n* ['dʒuːəlri ˌstɔː ʳ/ˌʃɒp]	Juwelier, Schmuckgeschäft
sporting goods store *n* [ˌspɔːtɪŋ gʊdz 'stɔːʳ]	Sportgeschäft
shoemaker's *(BE)*, **shoe repair** *(AE) n* ['ʃuːˌmeɪkəʳz, 'ʃuː rɪˌpeəʳ]	Schuster(in), Schuhmacher(in)
watchmaker's *n* ['wɒtʃˌmeɪkəʳ z]	Uhrmacher(in)
children's fashion apparel *n* [ˌtʃɪldrənz fæʃən ə'pærəl]	Kinderbekleidungsgeschäft
serve *v* [sɜːv]	servieren, bedienen
Are you being served?	Werden Sie schon bedient?
entrance *n* ['entrən(t)s]	Eingang
exit *n* ['eksɪt]	Ausgang
emergency exit	Notausgang
revolving door *n* [rɪ'vɒlvɪŋ ˌdɔːʳ]	Drehtür
store-front *adj; n (AE)* ['stɔːʳ frʌnt]	Geschäftsfassade(-)
store-front window	Schaufenster

Kleidung und Accessoires

1.Lj

clothes *n pl* [kləʊ(ð)z]	Kleidung

Thematisches Wörterbuch

Unterwegs – Kleidung und Accessoires

1.Lj

made *adj* [meɪd]	gemacht/hergestellt
made in/of	hergestellt in/aus
special *adj* ['speʃᵊl]	besondere/r/s
specialty shop	Laden mit ausgefallenen Artikeln
good *adj* [gʊd]	gut
good quality; not any good	gute Qualität; nicht viel wert
small *adj* [smɔːl]	klein
(be a size) too small	(eine Nummer) zu klein sein
short *adj* [ʃɔːt]	kurz
be too short	zu kurz sein
lovely *adj* ['lʌvli]	schön, herrlich
new *adj* [njuː]	neu
brand-new	brandneu
hard *adj* [hɑːd]	hart; schwierig
hard material	hartes Material
spot *n* [spɒt]	Fleck
spotless	fleckenlos
dry *adj* [draɪ]	trocken
do not tumble dry; dry clean only	nicht im Wäschetrockner trocknen; nur chemisch reinigen
coat *n* [kəʊt]	Mantel
raincoat	Regenmantel
anorak, parka *(AE) n* ['ænəræk, 'pɑːkə]	Anorak
hat *n* [hæt]	Hut
jeans *n sg + pl* [ʤiːnz]	Jeans
a pair of jeans	eine Jeans
pocket *n* ['pɒkɪt]	Tasche *(bei Kleidung)*
pullover *n* ['pʊlˌəʊvəʳ]	Pullover
dress *n* [dres]	Kleid
jacket *n* ['ʤækɪt]	Jacke
hood *n* [hʊd]	Kapuze
T-shirt *n* ['tiːʃɜːt]	T-Shirt
shirt *n* [ʃɜːt]	Hemd
sweatshirt *n* ['swetʃɜːt]	Sweatshirt
pair *n* [peəʳ]	Paar
a pair of shoes	ein Paar Schuhe
trousers *(BE)*, **pants** *(AE) n sg + pl* ['traʊzəz, pænts]	Hose, Hosen
(a pair of) trousers	(ein Paar) Hosen

Unterwegs – Kleidung und Accessoires

1.Lj

skirt *n* [skɜːt]	Rock
tights *n sg + pl* [taɪts]	Strumpfhose, Strumpfhosen
(a pair of) tights	Strumpfhosen
stocking *n* ['stɒkɪŋ]	Strumpf
(a pair of) stockings	(ein Paar) Strümpfe
sock *n* [sɒk]	Socke
shoe *n* [ʃuː]	Schuh
leather shoes	Lederschuhe
trainers *(BE)*, **tennis shoes** *(AE)*, **sneakers** *(AE) n pl* ['treɪnəʳz, 'tenɪs ˌʃuːz, 'sniːkəʳz]	Turnschuhe
thing *n* [θɪŋ]	Ding, Sache
just the thing	genau das Richtige
ring *n* [rɪŋ]	Ring
bracelet *n* ['breɪslət]	Armband, Armreif
wig *n* [wɪg]	Perücke
wear, wore, worn *v* [weəʳ, wɔːʳ, wɔːn]	tragen *(Kleidung)*
have on, had, had *v* [hæv 'ɒn, hæd]	anhaben *(Kleidung)*
match *v* [mætʃ]	gut zusammenpassen
sth to match (sth else); match sth	etw passend zu (etw anderem); das Dazupassende finden
try on, tried, tried *v* [traɪ 'ɒn, traɪd]	anprobieren

2.Lj

jewellery, jewelry *(AE) n* ['ʤuːəlri]	Schmuck
watch *n* [wɒtʃ]	Armbanduhr
earrings *n pl* ['ɪəʳrɪŋz]	Ohrringe
diamond *n* ['daɪəmənd]	Diamant
real *adj* [rɪəl]	wirklich, echt
real wool/gold	echte Wolle/echtes Gold
gold *n* [gəʊld]	Gold
made of gold	aus Gold
silver *n* ['sɪlvəʳ]	Silber
valuable *adj* ['væljʊəbl]	wertvoll
metal *n* ['metᵊl]	Metall
cotton *n* ['kɒtᵊn]	Baumwolle, Baumwoll-
made of 100% cotton; a cotton shirt	aus 100% Baumwolle; ein Baumwollhemd
material *n* [mə'tɪəriəl]	Material, Stoff
lightweight *adj* ['laɪtweɪt]	leicht(gewichtig)
colourful *adj* ['kʌləʳfʊl]	bunt

Unterwegs – Kleidung und Accessoires

2.Lj

thin *adj* [θɪn]	dünn
thin cotton shirt	dünnes Baumwollhemd
large *adj* [lɑːʤ]	groß
medium *adj* ['miːdiəm]	mittel
flat *adj* [flæt]	flach
dry flat	liegend trocknen
inside *adj* [ˌɪn'saɪd]	Innen-, innere/r/s
inside pocket; wash inside out	Innentasche; von links waschen
stain *n* [steɪn]	Fleck, Klecks
stain-remover	Fleckenwasser, Fleckentferner
washable *adj* ['wɒʃəbl]	waschbar
wash-and-wear	bügelfrei
fade *v* [feɪd]	nachlassen, schwächer werden
keep the colours from fading	die Farben am Ausbleichen hindern
true *adj* [truː]	wahr, wirklich
true value for your money	das ist sein Geld wert
worth *adj* [wɜːθ]	wert
worth buying	kaufenswert
fancy *adj* ['fæn(t)si]	fein, toll, schick
latest *adj* ['leɪtɪst]	aktuell; der/die/das Neueste
latest trend	der neueste Trend
style *n* [staɪl]	Stil
be (not) one's style; going out of style	(nicht) jds Stil sein/entsprechen; aus der Mode kommen
go with, went, gone *v* ['gəʊ wɪθ, went, gɒn]	passen zu, gehören zu
go well with sth	gut zu etw passen
changing room *n* ['tʃeɪnʤɪŋ ˌruːm]	Umkleideraum
size *n* [saɪz]	Größe
a small/medium/large/extra large size; take a size ...	eine kleine/mittlere/große/sehr große Größe; Größe ... haben
sandal *n* ['sændᵊl]	Sandale
scarf *pl* **scarves** *n* [skɑːf, skɑːvz]	Schal, Schals
glove *n* [glʌv]	Handschuh
cardigan *n* ['kɑːdɪgən]	Strickjacke
sweater, jumper *(BE)* *n* ['swetəʳ, 'ʤʌmpəʳ]	Pullover
sleeve *n* [sliːv]	Ärmel
long-/short-sleeved shirt	lang-/kurzärmliges Hemd

Unterwegs – Kleidung und Accessoires

2.Lj

button *n* ['bʌtᵊn]	Knopf
zip, zipper *(AE) n* [zɪp, 'zɪpəʳ]	Reißverschluss
do up/undo a zip *(BE)*, zip/unzip sth	einen Reißverschluss schließen/öffnen
tie, tied, tied *v; n* [taɪ, taɪd]	(fest)binden, anbinden; Krawatte
bow tie; silk tie	Fliege; Seidenkrawatte
chinos *n (AE) sg + pl* ['tʃiːnəʊ(z)]	leichte Baumwollhose(n)
shorts *n pl* [ʃɔːts]	Shorts, kurze Hose(n); Herrenunterhosen *(AE)*
a pair of tennis shorts	ein Paar Tennisshorts
strap *n* [stræp]	Band, Riemen, Gurt
chin strap; shoulder strap; leather watch strap	Kinnriemen; Schultergurt; Lederuhrenarmband
sunglasses *n sg + pl* ['sʌnˌglɑːsɪz]	Sonnenbrille(n)
a pair of sunglasses	eine Sonnenbrille
wallet *n* ['wɒlɪt]	Geldbeutel, Portmonee

3.Lj

fashion *n* ['fæʃᵊn]	Mode
fashion do's and don'ts	*etwa:* Moderegeln
fashionable *adj* ['fæʃᵊnəbl]	modisch
cloth *n* [klɒθ]	Stoff, Tuch
fabric *n* ['fæbrɪk]	Stoff; Bezug
fur *n* [fɜːʳ]	Fell, Pelz
fake fur	Kunstpelz
silk *n* [sɪlk]	Seide
linen *n* ['lɪnɪn]	Leinen
leather *n* ['leðəʳ]	Leder
bead *n* [biːd]	Perle
fine *adj* [faɪn]	fein
fine leather	feines Leder
bordered *adj* ['bɔːdəʳd]	gesäumt, umrandet
bordered with pearls	mit Perlen umrandet
pattern *n* ['pætən]	Struktur, Muster
plaid *adj* [plæd]	kariert
set *adj* [set]	besetzt
set with pearls	mit Perlen besetzt
shiny *adj* ['ʃaɪni]	glänzend
metallic *adj* [mə'tælɪk]	metallisch
soft *adj* [sɒft]	weich
splendid *adj* ['splendɪd]	herrlich, prächtig
downy *adj* ['daʊni]	daunenweich

Unterwegs – Kleidung und Accessoires

3.Lj

luxury *n; adj* ['lʌkʃᵊri]	Luxus; Luxus-
luxury items	Luxusgegenstände
brand *n* [brænd]	Marke
brand name; brand-label *(adj)*	Markenname; Marken-
mediocre *adj* [ˌmiːdi'əʊkəʳ]	mittelmäßig
mediocre quality	mittelmäßige Qualität
second-hand *adj* [ˌsekᵊnd'hænd]	gebraucht, Secondhand-
second-hand clothes	gebrauchte Kleidung
old-fashioned *adj* ['əʊld ˌfæʃᵊnd]	altmodisch
off-the-peg *(BE)*, **off-the-rack** *(AE) adj; adv* [ˌɒf ðə 'peg, ˌɒf ðə 'ræk]	von der Stange
buy one's clothes off-the-peg	seine Kleider von der Stange kaufen
measure *n* ['meʒəʳ]	Maß, Maßeinheit
made-to-measure *(BE)*, custom-made *(AE)*	Maß-, maßgeschneidert
measurement *n* ['meʒəmənt]	Maß
What are your measurements?	Wie lauten Ihre Maße?
standard *adj* ['stændəd]	korrekt, (allgemein) gebräuchlich
standard sizes	Standard-/Konfektionsgrößen
vary, varied, varied *v* ['veəri, 'veərid]	unterschiedlich sein; sich unterscheiden, variieren
contain *v* [kən'teɪn]	enthalten
contains microfibres	enthält Mikrofaser
adjust *v* [ə'dʒʌst]	zurechtrücken
adjust one's hat/tie	seinen Hut/seine Krawatte zurechtrücken
copy *v* ['kɒpi]	nachmachen
copy a style; copycat	einen Stil kopieren/nachmachen; Nachahmer(in)
classic *adj* ['klæsɪk]	klassisch
classic style	klassischer Stil
outfit *n* ['aʊtfɪt]	Ensemble; Kleidung
fit, fit, fit *v* [fɪt]	passen
clinging *adj* ['klɪŋɪŋ]	eng anliegend *(Kleidung)*
slip, slipped, slipped *v* [slɪp, slɪpt]	schlüpfen
slip into sth *(clothes)*	in etw *(Kleidung)* schlüpfen
clothe *v* [kləʊð]	kleiden
clothed in	gekleidet in
clothing *n* ['kləʊðɪŋ]	Kleidung
men's/women's clothing department	Herren-/Damenbekleidungsabteilung

Unterwegs – Kleidung und Accessoires

dress *v* [dres]	sich anziehen/kleiden
get dressed; be dressed (in sth)	sich anziehen; (in etw) gekleidet sein
flash *v* [flæʃ]	auf protzige Weise zeigen; aufblitzen
flash one's pearls	mit seinen Perlen protzen
consist of *v* [ˌkənˈsɪst əv]	bestehen aus
tight *adj* [taɪt]	eng, fest
see-through *adj* [ˈsiː θruː]	durchsichtig
thick *adj* [θɪk]	dick; breit, stark
jersey *n* [ˈdʒɜːzi]	Trikot; Pullover
wristwatch *n* [ˈrɪstwɒtʃ]	Armbanduhr
collar *n* [ˈkɒlə˞]	Kragen
blouse *n* [blaʊz]	Bluse
blazer *n* [ˈbleɪzə˞]	Jackett
dress shirt *n* [ˈdres ʃɜːt]	Herrenhemd
long-sleeved dress shirt	langärmeliges Herrenhemd
high heels *n pl* [ˌhaɪ ˈhiːlz]	Schuhe mit hohen Absätzen
handbag, purse *(AE)* *n* [ˈhændbæg, pɜːs]	Handtasche
belt *n* [belt]	Gürtel
belt buckle	Gürtelschnalle
suit *n* [suːt]	Anzug/Kostüm
pin-striped suit	Nadelstreifenanzug
three-piece suit *n* [ˌθriː piːs ˈsuːt]	Anzug mit Weste
waistcoat, vest *(AE)* *n* [ˈweɪstkəʊt, vest]	Weste
button *v* [ˈbʌtᵊn]	(zu)knöpfen
button up sth	etw zuknöpfen
hook *v; n* [hʊk]	(fest)haken; zugehakt werden *(Kleid)*; Haken
a dress that hooks/is hooked at the back;	ein Kleid, das hinten mit Haken geschlossen wird;
hook in; coat hook	einhaken, einhängen; Kleiderhaken

INFO

Wie in jeder Sprache ändern sich auch im amerikanischen Englisch die Modeausdrücke für „sehr gut" oder „fantastisch". So gibt es z. B. das Modewort *cool*, das auch im Deutschen verwendet wird, zwar noch im amerikanischen Englisch, aber die Teenager von heute benutzen immer häufiger andere Modeausdrücke, wenn sie etwas sehr gut finden: *dope:* „Those shoes are dope!", sweet: "I'm getting a car." – "*Sweet!*", *tight:* "That new CD is tight!" und *phat:* "That's some phat rap!".

Thematisches Wörterbuch

Unterwegs – Im Restaurant und Café

Im Restaurant und Café

1.Lj

restaurant *n* ['restrɒnt]	Restaurant
gourmet restaurant	Feinschmeckerlokal
takeaway, take-out *(AE) n* ['teɪkəˌweɪ, 'teɪkaʊt]	Imbissstube, Schnellgaststätte mit Straßenverkauf
snack bar *n* ['snæk bɑːʳ]	Imbissstube
tea shop *n* ['tiː ʃɒp]	Café, Teestube
coffee shop *n* ['kɒfiː ˌʃɒp]	Café
eat, ate, eaten *v* [iːt, et, 'iːtᵊn]	essen
please *interj* [pliːz]	bitte
Two cups of tea, please.; Yes, please.	Zwei Tassen Tee, bitte.; Ja, bitte.
of course *adv* [əv 'kɔːs]	natürlich, selbstverständlich
like *v* [laɪk]	mögen, gerne haben (wollen)
Would you like ...?	Möchtest du ...?, Möchten Sie ...?
here *adv* [hɪəʳ]	hier
Here you are.	(Hier,) bitte schön.
no *adv* [nəʊ]	nein; kein/e
No, thank you.	Nein, danke.
cup *n* [kʌp]	Tasse
a cup of coffee/tea	eine Tasse Kaffee/Tee
tea *n* [tiː]	Tee
coffee *n* ['kɒfiː]	Kaffee
mineral water, sparkling water *(AE) n* ['mɪnᵊrᵊl ˌwɔːtəʳ, 'spɑːklɪŋ ˌwɔːtəʳ]	Mineralwasser
soda *(AE),* **lemonade** *(BE) n* ['səʊdə, 'leməˌneɪd]	Limonade
wine *n* [waɪn]	Wein
a bottle of wine; the wine list	eine Flasche Wein, Weinkarte
sandwich *n* ['sænwɪdʒ]	*etwa:* Butterbrot
sandwich shop *(AE)*	*etwa*: (Sandwich-)Snackbar
pizza *n* ['piːtsə]	Pizza
fish and chips *(BE) n* [ˌfɪʃ ən 'tʃɪps]	*gebackener Fisch mit Pommes Frites*
hot dog *n* ['hɒt dɒg]	Hotdog
cake *n* [keɪk]	Kuchen, Torte
ice cream *n* ['aɪskriːm]	Eiskrem
ice-cream parlor *(AE)*	Eisdiele, Eiscafé
lady *n* ['leɪdi]	Dame
(the) Ladies' *(BE)*	öffentliche Damentoilette

Unterwegs – Im Restaurant und Café

1.Lj

gentleman *n* ['dʒentlmən]	Herr
(the) Gent's *(BE)*	öffentliche Herrentoilette

2.Lj

café *n* ['kæfeɪ]	Café
meal *n* [miːl]	Mahlzeit; Essen
go out for a meal	essen gehen
book *v* [bʊk]	buchen, reservieren
book a table	einen Tisch reservieren/bestellen
party *(AE) n* ['pɑːti]	Gruppe
How many are in your party?	Wieviele sind Sie?
reservation *n* [ˌrezə'veɪʃᵊn]	Reservierung
reserve *v* [rɪ'zɜːv]	reservieren
waiter, waitress *n* ['weɪtəʳ, 'weɪtrɪs]	Ober, Kellner(in)
order *n; v* ['ɔːdəʳ]	Bestellung; bestellen
Are you ready to order?	Haben Sie schon gewählt?
course *n* [kɔːs]	Gang, -speise
main course	Hauptgang
recommend *v* [ˌrekə'mend]	empfehlen
including *prep* [ɪn'kluːdɪŋ]	einschließlich
including the service charge	inklusive Bedienung
tip, tipped, tipped *n; v* [tɪp, tɪpt]	Trinkgeld; Trinkgeld geben
leave a tip; a 10% tip; tip sb (money)	ein Trinkgeld da lassen; zehn Prozent Trinkgeld; jdm ein Trinkgeld geben

3.Lj

pub, *abbrev of* **public house** *n (BE) inf* [pʌb, 'pʌblɪk ˌhaʊs]	Pub, Kneipe *(Art von Lokal)*
go on a pub crawl	auf eine Kneipentour gehen
diner *(AE) n* ['daɪnəʳ]	Lokal
bar *n* [bɑːʳ]	Kneipe
go on a pub crawl *(BE)*/go bar hopping *(AE)*; lounge bar *(BE)*	auf Kneipentour gehen; Bar mit Tischbedienung
nonsmoker *n* [ˌnɒn 'sməʊkəʳ]	Nichtraucher(in)
nonsmoking area	Nichtraucherbereich
washroom, restroom *n (AE)* ['wɒʃruːm, 'restruːm]	öffentliche Toilette
serve *v* [sɜːv]	servieren; bedienen
pour *v* [pɔːʳ]	gießen; einschenken
waitstaff *n* ['weɪtstɑːf]	*bedienendes Personal im Lokal*

Unterwegs – Im Restaurant und Café

3.Lj

drink *n* [drɪŋk]	Getränk, Drink; *Alkohol im Allgemeinen*
Would you like another drink?; Let's have a drink.	Hättest Du/hätten Sie gern noch etwas zu trinken?; Lass(t) uns etwas trinken (gehen).
pint *n (BE)* [paɪnt]	großes Glas Bier *(ca. 0,5 l Mengenangabe)*
a half-pint of lager; a pint of mild	ein kleines Helles; ein großes Dunkles
soft drink *n (AE)* ['sɒft drɪŋk]	Limonade
beverage *n* ['bevᵊrɪʤ]	Getränk
list of beverages; hot/cold beverages	Getränkekarte; heiße/kalte Getränke
straw *n* [strɔː]	Strohhalm
cocktail *n* ['kɒkteɪl]	Cocktail
forbidden *adj* [fə'bɪdᵊn]	verboten
it's forbidden to serve alcohol to persons under age	es ist verboten, Alkohol an Minderjährige auszuschenken
speciality *(BE)*, **specialty** *(AE) n* [ˌspeʃi'æləti, 'speʃᵊlti]	Spezialität, Besonderheit
specialty of the house	Spezialität des Hauses
chef *n* [ʃef]	(Chef-)Koch/Köchin; Küchenchef(in)
dine *v* [daɪn]	Essen gehen
casual dining	*etwa: Speisen in ungezwungener Atmosphäre*
menu *n* ['menjuː]	Speisekarte
what's on the menu?; take off the menu	was gibt es (auf der Karte)?; von der Karte nehmen/ streichen
table setting *n* ['teɪbl ˌsetɪŋ]	Gedeck
tablecloth *n* ['teɪblklɒθ]	Tischdecke
dessert *n* [dɪ'zɜːt]	Nachtisch
lick *v* [lɪk]	lecken
lick an ice cream	Eiscreme lecken
coffeepot *n* ['kɒfiːˌpɒt]	Kaffeekanne
bottomless cup of coffee *(AE)*	*Kaffee wird immer kostenlos nachgefüllt*
decaffeinated *adj* [dɪ'kæfɪneɪtɪd]	koffeinfrei, entkoffeiniert
treat *v* [triːt]	einladen
treat sb to sth	jdm etw spendieren
bill *(BE)*, **check** *(AE) n* [bɪl, tʃek]	Rechnung
pick up the bill	jdn einladen, die Rechnung selbst zahlen

Kino und Theater

cinema *n* ['sɪnəmə]	Kino
go to the cinema/movie theater *(AE)*	ins Kino gehen
film, movie *(AE) n* [fɪlm, 'muːviː]	Film
film/movie star; at the movies *(AE)*; go to the movies *(AE)*	Filmstar; im Kino; ins Kino gehen
seat *n* [siːt]	Sitz, Sitzplatz
book a seat; take a seat	einen Platz buchen; Platz nehmen
ticket *n* ['tɪkɪt]	Eintrittskarte
action *n* ['ækʃᵊn]	Handlung, Geschehen
there's no action in this film	in dem Film passiert nichts
part *n* [pɑːt]	Rolle, Teil
row *n* [rəʊ]	Reihe
front row	erste Reihe
theatre, theater *(AE) n* ['θɪətəʳ]	Theater
drama *n* ['drɑːmə]	Schauspiel, Drama
there's a drama on at ...	in/im ... läuft ein Schauspiel
comedy *n* ['kɒmədi]	Komödie
romance *n* [rə(ʊ)'mæn(t)s]	Romanze
tragedy *n* ['trædʒədi]	Tragödie
thriller *n* ['θrɪləʳ]	*spannungsgeladener Film*
adventure *n* [əd'ventʃəʳ]	Abenteuergeschichte
animated *adj* ['ænɪmeɪtɪd]	animiert, Zeichentrick-
computer animated film	am Computer erzeugter Zeichentrickfilm
documentary *adj* [ˌdɒkjə'mentᵊri]	dokumentarisch, Dokumentar-
play *n* [pleɪ]	Schauspiel, Theaterstück
scene *n* [siːn]	Szene
behind the scenes	hinter den Kulissen
act *n* [ækt]	Akt
a play in three acts	ein Theaterstück in drei Akten
stage *n* [steɪdʒ]	Bühne
backstage	Bereich hinter der Bühne
actor *n* ['æktəʳ]	Schauspieler
curtain *n* ['kɜːtᵊn]	Vorhang
close *v* [kləʊs]	(sich) schließen
the curtains close	der Vorhang schließt sich
clap, clapped, clapped *v* [klæp, klæpt]	klatschen, Beifall geben

Unterwegs – Straßenverkehr

2.Lj

put on, put, put *v* [pʊt 'ɒn]	aufführen
curtain-call *n* [ˌkɜːtᵊn 'kɔːl]	(Ruf nach) Zugabe
silent *adj* ['saɪlənt]	still, stumm, geräuschlos; schweigsam
screen *n* [skriːn]	Bildschirm, Leinwand
end *v* [end]	(be)enden, ausgehen
happy ending *n* [ˌhæpi 'endɪŋ]	Happyend

3.Lj

admit *v* [əd'mɪt]	(hin)einlassen
admit sb into/to	jdn einlassen (in)
silence *n* ['saɪlən(t)s]	Stille, Schweigen
opera *n* ['ɒpᵊrə]	Oper
ballet *n* ['bæleɪ]	Ballet
actress *n* ['æktrəs]	Schauspielerin
bow *v* [bəʊ]	sich verbeugen
brilliant *adj* ['brɪliənt]	brillant, großartig
a brilliant adaptation	eine großartige Bearbeitung
adaptation *n* [ˌædæp'teɪʃᵊn]	Adaption, Bearbeitung
true-life adaptation	Geschichte, die auf einer wahren Begebenheit basiert
comedy *n* ['kɒmədi]	Komödie
limelight *n* ['laɪmlaɪt]	Rampenlicht
prompter *n* ['prɒm(p)təʳ]	Souffleur/Souffleuse

Im Verkehr

Straßenverkehr

1.Lj

bike, bicycle *n* [baɪk, 'baɪsɪkl]	Fahrrad
ride a bike	mit dem Fahrrad fahren
bus *n* [bʌs]	Bus
bus stop; take the bus	Bushaltestelle; den Bus nehmen
driver *n* ['draɪvəʳ]	Fahrer(in)
bus driver	Busfahrer(in)
seat *n* [siːt]	Sitz, Sitzplatz
front/back seat; take a seat	Vorder-/Rücksitz; Platz nehmen
by *prep* [baɪ]	mit; bei, neben
go by car/bus *(BE)*; take the car/bus *(AE)*	mit dem Auto/dem Bus fahren

Unterwegs – Straßenverkehr

car *n* [kɑːʳ]	Auto
car wash	Autowaschanlage
sunroof *n* ['sʌnruːf]	Schiebedach
wheel *n* [wiːl]	Rad
van *n* [væn]	Kleinlastwagen
coach *n* [kəʊtʃ]	Reisebus
go/travel by coach, go on a chartered bus *(AE)*	mit dem Reisebus fahren/reisen
drive, drove, driven *v* [draɪv, drəʊv, 'drɪvᵊn]	fahren
collect *v* [kɒ'lekt]	abholen; sammeln, einsammeln
take sb **home,** took, taken *v* [teɪk 'həʊm, tʊk, 'teɪkᵊn]	jdn nach Hause bringen
come, came, come *v* [kʌm, keɪm, kʌm]	kommen
the bus is coming	der Bus kommt gerade
pick up *v* [pɪk 'ʌp]	aufheben, abholen
pick sb up at	jdn abholen bei
go, went, gone *v* [gəʊ, went, gɒn]	gehen, fahren
go by bus *(BE)*, go on the bus *(AE)*; go back	mit dem Bus fahren; zurückgehen/-fahren
stop, stopped, stopped *v* [stɒp, stɒpt]	halten, anhalten
stand, stood, stood *v* [stænd, stʊd]	stehen
stand in a queue/in line	in einer Schlange stehen
stuck *adj* [stʌk]	stecken geblieben
get stuck in traffic	im Verkehr stecken bleiben
walk *n; v* [wɔːk]	Spaziergang; zu Fuß gehen
walk to work	zu Fuß zur Arbeit gehen
map *n* [mæp]	Landkarte
road, *abbrev* **Rd.** *n* [rəʊd]	Straße
sign *n* [saɪn]	Schild
road sign	Straßenschild
street *n* [striːt]	Straße
car park *n* ['kɑːʳ pɑːk]	Parkhaus, Parkplatz
tunnel *n* ['tʌnᵊl]	Tunnel
channel tunnel	Kanaltunnel *(zwischen England und Frankreich)*
path *n* [pɑːθ]	Pfad, Weg
way *n* [weɪ]	Weg
(have the) right of way; out of the way; on the way	Vorfahrt (haben); aus dem Weg; unterwegs
rule *n* [ruːl]	Regel
rule on (the) right of way	Vorfahrtsregel
turn *v* [tɜːn]	abbiegen, wenden; werden
turn into main street; turn green	auf die Hauptstraße abbiegen; grün werden

Unterwegs – Straßenverkehr

1.Lj

right *adv* [raɪt]	rechts
turn right; right-hand side	rechts abbiegen; rechts, auf der rechten Seite
left *adv* [left]	links
signal *n* ['sɪgnᵊl]	Signal, Hinweis
turn signal; indicate, use one's turn signal	Blinker; blinken
slow *adj* [sləʊ]	langsam
SLOW / SLOW DOWN	Langsam! *(Verkehrshinweis)*
careful *adj* ['keəfᵊl]	vorsichtig
be careful	vorsichtig sein, Acht geben
carefully *adv* ['keəfᵊˌli]	vorsichtig, sorgfältig
drive carefully	vorsichtig fahren
slippery *adj* ['slɪpᵊri]	rutschig, glatt
slippery roads	glatte Straßen
slowly *adv* ['sləʊli]	langsam
drive slowly	langsam fahren
honk *v* [hɒŋk]	hupen, tuten
accident, car crash *(AE) n* ['æksɪdᵊnt, 'kɑːʳ kræʃ]	Unfall
ride, rode, ridden *n; v* [raɪd, rəʊd, 'rɪdᵊn]	Fahrt; Ritt; reiten, fahren *(Fahrrad, Motorrad)*
ride a/one's bicycle; have a ride on sth; hitch a ride	Fahrrad fahren; auf etw fahren; per Anhalter fahren
fast *adj* [fɑːst]	schnell, rasch
hold, held, held *v* [həʊld, held]	halten
hold on (to sth); Hold on!	(sich an etw) festhalten; Festhalten!
helmet *n* ['helmət]	Helm

2.Lj

double decker bus *n* ['dʌbl dekəʳ ˌbʌs]	Doppeldecker(-Bus)
bus shelter *n* ['bʌs ˌʃəltəʳ]	überdachte Bushaltestelle
stop *n* [stɒp]	Haltestelle
next stop; wait at the bus stop	nächster Halt, nächste Haltestelle; an der Bushaltestelle warten
taxi, cab *(AE) n* ['tæksi, kæb]	Taxi
take a taxi/cab *(AE)*	ein Taxi nehmen
lorry *(BE)*, **truck** *(AE) n* ['lɒri, trʌk]	Lastwagen
ten-ton lorry, 18-wheeler *(AE)*	Zehntonner
limo *abbrev of* **limousine** *n* ['lɪməʊ, ˌlɪmə'ziːn]	Stretchlimousine
transport, transportation *(AE) n* [træn'spɔːt, ˌtræn(t)spɔː'teɪʃᵊn]	Verkehrsmittel; Transport, Beförderung
public transport; road transport	öffentliche Verkehrsmittel; Straßentransport

Unterwegs – Straßenverkehr

passenger *n* ['pæsᵊndʒəʳ]	Passagier(in); Beifahrer(in)
passenger seat	Beifahrersitz
cycle *v* ['saɪkl]	Rad fahren
cyclist *n* ['saɪklɪst]	Radfahrer(in)
motorbike, motorcycle *(AE) n* ['məʊtəʳˌbaɪk, 'məʊtəʳˌsaɪkl]	Motorrad
handlebars *n pl* ['hændlˌbɑːʳz]	Lenkstange
pedal, pedalled, pedalled *n; v* ['pedᵊl, 'pedᵊld]	Pedal; (in die Pedale) treten *(Fahrrad)*, radeln
engine *n* ['endʒɪn]	Motor, Maschine
noisy *adj* ['nɔɪzi]	laut
noisy traffic	lauter Straßenverkehr
sound barriers *n pl (AE)* ['saʊnd ˌbæriəʳz]	Lärmschutzwände
main *adj* [meɪn]	Haupt-
main street/road	Hauptstraße
roadway *n* ['rəʊdweɪ]	Straße
motorway *(BE)*, **freeway** *(AE) n* ['məʊtəʳˌweɪ, 'friːweɪ]	Autobahn
highway *(AE)*, **main road** *(BE) n* ['haɪweɪ, 'meɪn rəʊd]	Fernstraße
service station *n* ['sɜːvɪs ˌsteɪʃᵊn]	Tankstelle
petrol, gas/gasoline *(AE) n* ['petrᵊl, gæs, 'gæsᵊliːn]	Benzin
petrol/gas station	Tankstelle
park *v* [pɑːk]	parken
roadside, curb/shoulder *(AE) n* ['rəʊdsaɪd, kɜːb, 'ʃəʊldər]	Straßenrand, Bordsteinkante
pull over to the curb/shoulder *(AE)*	an den Straßenrand fahren
multi-storey car park, garage *(AE) n* ['mʌlti stɔːri ˌkɑːʳ pɑːk, 'gærɑːʒ]	Parkhochhaus
roadworks, road construction *n (pl)* ['rəʊdwɜːks, 'rəʊd kənˌstrʌkʃᵊn]	Straßenarbeiten
traffic *n* ['træfɪk]	Verkehr
backed-up traffic; traffic sign	Stau, Autoschlange; Verkehrsschild
traffic jam *n* ['træfɪk dʒæm]	Verkehrsstau
traffic lights *n pl* ['træfɪk laɪts]	Verkehrsampel, Verkehrsampeln
driving licence, driver's license *(AE) n* ['draɪvɪŋ ˌlaɪsᵊn(t)s, 'draɪvəʳz ˌlaɪsᵊn(t)s]	Führerschein
headlights *n pl* ['hedlaɪts]	Scheinwerfer
switch on the headlights	die Scheinwerfer einschalten

Unterwegs – Straßenverkehr

3.Lj

safe *adj* [seɪf]	sicher
safe roads	sichere Straßen
safety *n* ['seɪfti]	Sicherheit
safety belt	Sicherheitsgurt
carelessness *n* ['keələsnəs]	Nachlässigkeit
careless *adj* ['keələs]	nachlässig
careless driver	nachlässige(r) Autofahrer(in)
slip, slipped, slipped *v* [slɪp, slɪpt]	ausrutschen
roundabout *(BE) n* ['raʊndəˌbaʊt]	Kreisverkehr
turn *n; v* [tɜːn]	Biegung, Kurve; abbiegen
no left/right turns; no U-turns	Links-/Rechtsabbiegen verboten; Wenden verboten
pass *v* [pɑːs]	vorbeifahren
pass sth/sb	an etw/jdm vorbeifahren
cross *v* [krɒs]	überqueren, kreuzen
cross the street	die Straße überqueren
navigation *n* [ˌnævɪ'geɪʃᵊn]	Navigation
navigation system	Navigationssystem
paved *adj* [peɪvd]	gepflastert
right *n* [raɪt]	Recht
right of way *(no pl)*	Vorfahrt
limit *n* ['lɪmɪt]	Begrenzung, Beschränkung; Grenze
speed limit	Geschwindigkeitsbegrenzung
speed *n* [spiːd]	Geschwindigkeit, Schnelligkeit, Tempo
fasten *v* ['fɑːsᵊn]	zumachen; befestigen
fasten one's seat-belt	sich anschnallen
put on speed, put, put *(BE)*/**speed up,** sped, sped *(AE) v* [ˌpʊt ɒn 'spiːd, pʊt/ spiːd 'ʌp, sped]	schneller fahren
brake *v* [breɪk]	bremsen
hit, hit, hit *v* [hɪt]	(jdn mit einem Fahrzeug) anfahren
hit by a car	von einem Auto angefahren
bump into sb/sth *v* ['bʌmp ˌɪntə]	gegen jdn/etw stoßen, mit jdm zusammenstoßen
damage *v* ['dæmɪdʒ]	beschädigen, zerstören
skid, skidded, skidded *v* [skɪd, 'skɪdəd]	schleudern
crash *n; v* [kræʃ]	Unfall, Zusammenstoß; zusammenstoßen
car crash; crash into sth	Autounfall; in etw hineinkrachen

Unterwegs – Straßenverkehr

4WD, *abbrev of* **four wheel drive** *n* [ˌfɔːʳ dʌbjuː ˈdiː, ˌfɔːʳ wiːl ˈdraɪv]	(Fahrzeug mit) Allradantrieb
vehicle *n* [ˈvɪəkl]	Fahrzeug
SUV, *abbrev of* **sports utility vehicle** *n* [ˌesjuːˈviː, ˌspɔːts juːˌtɪləti ˈvɪəkl]	Geländewagen
chauffeur *n* [ˈʃəʊfəʳ]	Fahrer(in), Chauffeur(in)
slam, slammed, slammed *n; v* [slæm, slæmd]	Zuknallen; zuwerfen/-knallen
slam the door shut *(car)*	die Tür zuwerfen *(Auto)*
drive *n* [draɪv]	Spazierfahrt
take a drive through the countryside	eine Spazierfahrt über Land machen
road block *n* [ˈrəʊdblɒk]	Straßensperre
barriers *n pl* [ˈbæriəʳz]	Planken, Schranke
crash barriers, road barriers	Straßenbegrenzungen
dead end *n* [ˌded ˈend]	Sackgasse
cruise *v* [kruːz]	*etwa:* im Auto ziellos herumfahren *(zum Spaß)*
crossroads *(BE)*, **intersection** *(AE) n (pl)* [ˈkrɒsrəʊdz, ˌɪntəˈsekʃᵊn]	Kreuzung; Kreuz
interstate *adj* [ˌɪnɚˈsteɪt]	zwischenstaatlich
interstate highway *(AE)*	zwischenstaatliche Autobahn in den USA
inner-city *adj* [ˌɪnəʳ ˈsɪti]	Innenstadt-
inner-city circle/traffic	Innenstadtring/-verkehr
lane *n* [leɪn]	Fahrspur, Fahrstreifen; Weg
turn-off lane; move into/take the right-hand lane	Abbiegespur; sich rechts einordnen
alley, alleyway *(AE) n* [ˈæli, ˌæliˈweɪ]	(schmale) Gasse/Durchfahrt
cobble-stoned *adj* [ˌkɒblˈstəʊnd]	mit Kopfsteinen gepflastert
a cobble-stoned road	eine gepflasterte Straße
pavement, sidewalk *(AE) n* [ˈpeɪvmənt, ˈsaɪdwɔːk]	Gehweg, Bürgersteig
jammed *adj* [dʒæmd]	überlastet, verstopft
the streets are jammed with traffic	die Straßen sind überlastet
hindrance *n* [ˈhɪndrən(t)s]	Behinderung, Hindernis
rush hour *n* [ˈrʌʃ aʊəʳ]	Hauptverkehrszeit, Stoßzeit
catch, caught, caught *v* [kætʃ, kɔːt]	bekommen, *(etw rechtzeitig)* schaffen/nehmen
catch a bus	einen Bus kriegen/nehmen
crawl *v* [krɔːl]	kriechen; im Schneckentempo fahren
mph *abbrev of* **miles per hour** *n* [ˌempiːˈeɪtʃ, ˌmaɪlz pɜːʳ ˈaʊəʳ]	Meilenstunden
parking space/lot *(AE) n* [ˈpɑːkɪŋ ˌspeɪs/ˌlɒt]	Parkplatz

Unterwegs – Straßenverkehr

3.Lj

pick-up (truck) *n (AE)* [ˌpɪk ʌp 'trʌk]	Pick-up, offener Kleintransporter
plate *n* [pleɪt]	Schild
number plate *(BE)*, license plate *(AE)*	Nummernschild
rear-view mirror *n* [ˌrɪəʳ vjuː 'mɪrəʳ]	Rückspiegel
sight *n* [saɪt]	Sicht
out of sight	außer Sicht
blind *v; adj* [blaɪnd]	blenden; blind
blind spot	toter Winkel
back out *v* [bæk 'aʊt]	rückwärts herausfahren
blink *v* [blɪŋk]	blinken
boot *(BE)*, **trunk** *(AE) n* [buːt, trʌŋk]	Kofferraum
wheel *n* [wiːl]	Lenkrad
be at the wheel	am Steuer sitzen
spare *adj* [speəʳ]	Ersatz-, momentan nicht im Gebrauch
spare tyres *(BE)*; spare parts	Reservereifen; Ersatzteile
tyre, tire *(AE) n* [taɪəʳ]	(Auto-)Reifen
wipe *v* [waɪp]	wischen
windscreen *(BE)*, **windshield** *(AE) n* ['wɪndskriːn, 'wɪndʃiːld]	Windschutzscheibe
windscreen wipers	Scheibenwischer
tank *n* [tæŋk]	Tank
petrol *(BE)*/gas *(AE)* tank; fill up (the tank)	Benzintank; tanken
cylinder *n* ['sɪlɪndəʳ]	Zylinder
battery *n* ['bætəri]	Batterie
mobility *n* [mə(ʊ)'bɪləti]	Mobilität
flank *v (BE)* [flæŋk]	flankieren
be flanked by *(street)*	flankiert sein von *(Straße)*
roll *v* [rəʊl]	rollen; fahren
roll by, roll over *(AE)*	vorbeifahren *(Auto)*
run over, ran, run *v* [ˌrʌn 'əʊvəʳ, ræn, rʌn]	überfahren
ditch *n* [dɪtʃ]	Graben
head-on *adv; adj* [hed 'ɒn]	frontal
head-on crash	Frontalzusammenstoß
knock off *v* [nɒk 'ɒf]	hinunterstoßen
be knocked off course/off the road	von der Bahn (ab)gedrängt werden, von der Straße gestoßen werden
damage *n* ['dæmɪdʒ]	Schaden, Zerstörung
garage, repair/auto-body shop *(AE) n* ['gærɑːʒ, rɪ'peəʳ /'ɔːtəʊ ˌbɒdi ʃɒp]	Werkstatt

3.Lj

slow down *v* [sləʊ 'daʊn]	langsamer fahren
pull up *v* [pʊl 'ʌp]	anhalten
pull up at the roadside/shoulder *(AE)*	am Straßenrand anhalten
speed, sped, sped *v* [spiːd, sped]	rasen
speeder	Raser
zip, zipped, zipped *v* [zɪp, zɪpt]	vorbeirauschen/-flitzen
steer *v* [stɪəʳ]	lenken, steuern
transport *v* [træn'spɔːt]	transportieren, befördern
lined up *adj* [ˌlaɪnd 'ʌp]	aufgereiht
gate *n* [geɪt]	Tor; *hier:* Schranke
toll gate, toll-way *(AE)*	Mautschranke
toll booth *n* ['təʊl buːð]	Mautstation

Schienenverkehr

1.Lj

seat *n* [siːt]	Sitz, Sitzplatz
book a seat	einen Platz buchen/reservieren
time *n* [taɪm]	Zeit, Uhrzeit
on time; in time	pünktlich; rechtzeitig
ticket *n* ['tɪkɪt]	Fahrkarte, Eintrittskarte
Day Rider Ticket, day pass *(AE)*	Tagesticket
run, ran, run *v* [rʌn, ræn, rʌn]	fahren; laufen, rennen
How often does the train run?	Wie oft fährt der Zug?
timetable, schedule *(AE) n* ['taɪmˌteɪbl, 'skedʒl]	Fahrplan
from ... to *prep* [frɒm tuː]	von ... bis; von ... nach
from eight to six; from London to Stratford	von 8 bis 6; von London nach Stratford
leave, left, left *v* [liːv, left]	abfahren, verlassen, zurücklassen
station *n* ['steɪʃᵊn]	Bahnhof
railway station *(AE)*	Bahnhof
arrive *v* [ə'raɪv]	ankommen
get on/off, got, got/gotten *(AE)* [get 'ɒn/'ɒf, gɒt/gɒtᵊn]	einsteigen/aussteigen
get on the bus	in den Bus einsteigen
wait (for) v ['weɪt fɔːʳ]	warten (auf)
train *n* [treɪn]	Zug
go by train, take a train *(AE)*; on the train	mit dem Zug fahren; im Zug
gone *adj* [gɒn]	weg, verschwunden

Unterwegs – Schienenverkehr

1.Lj	**hurry,** hurried, hurried *v* ['hʌri, 'hʌrid]	sich beeilen
	I'm in a hurry; Hurry up!	Ich habe es eilig; Beeil Dich!
	miss *v* [mɪs]	verpassen
2.Lj	**say,** said, said *v* [seɪ, sed]	sagen *(inf)*, *(geschrieben)* stehen
	It says …	Es heißt hier …, Hier steht …
	public *adj* ['pʌblɪk]	öffentlich
	public transport/transportation *(AE)*	öffentliche Verkehrsmittel
	transport *n* ['trænspɔːt]	Transport
	rail transport	Beförderung/Transport per Eisenbahn
	underground, subway *(AE) n* ['ʌndəʳˌgraʊnd, 'sʌbweɪ]	U-Bahn
	go/travel by underground; catch the subway *(AE)*	mit der U-Bahn fahren
	railway, railroad *(AE) n* ['reɪlweɪ, 'reɪlrəʊd]	Eisenbahn
	railway station	Bahnhof
	platform *n* ['plætfɔːm]	Bahnsteig, Gleis
	express *n* [ɪk'spres]	Express(-zug)
	run *n* [rʌn]	Strecke, Fahrt
	stop *n* [stɒp]	Haltestelle
	change, transfer *(AE) v* [tʃeɪndʒ, træn(t)s'fɜːʳ]	umsteigen
	change trains at …	umsteigen in …
	reservation *n* [ˌrezə'veɪʃᵊn]	Reservierung
	expect *v* [ɪk'spekt]	erwarten
	expected 10:30 am	für 10.30 Uhr erwartet
	announcement *n* [ə'naʊn(t)smənt]	Durchsage, Ansage, Ankündigung, Bekanntmachung
	end *v* [end]	(be)enden, ausgehen
	train ends here	Zug endet hier
	stand/get *(AE)* **in line,** got, got *v* [ˌstænd/ ˌget ɪn 'laɪn, gɒt]	sich anstellen
	make it, made, made *v* ['meɪk ɪt, meɪd]	es schaffen
	make it in time	es rechtzeitig schaffen
3.Lj	**arrival** *n* [ə'raɪvᵊl]	Ankunft
	departure *n* [dɪ'pɑːtʃəʳ]	Abfahrt, Abreise, Abflug
	departures *(pl)*; departure time	Abfahrt *(Schild auf dem Bahnhof)*; Abfahrtszeit
	excursion *n* [ɪk'skɜːʒᵊn]	Ausflug, Exkursion
	go on/make an excursion; excursion ticket;	einen Ausflug machen; verbilligte Karte/Ticket;

3.Lj

excursion train	Sonderzug
track *n* [træk]	Schiene
level *adj* ['levᵊl]	ebenerdig, höhengleich
level crossing	(höhengleicher) Bahnübergang
underground *adj* ['ʌndəʳˌgraʊnd]	unten, unterirdisch
underground railway system	unterirdisches Eisenbahnsystem
carriage *n (BE)* ['kærɪʤ]	Eisenbahnwagen
baggage, luggage *(BE) n no pl* ['bægɪʤ, 'lʌgɪʤ]	Gepäck
luggage rack; left-luggage office	Gepäckablage; Gepäckaufbewahrung
delay *n* [dɪ'leɪ]	Verzögerung, Verspätung; Stockung
a ten minute delay	eine Verspätung von 10 Minuten
hurried *adj* ['hʌrid]	eilig
a hurried departure	eine eilige Abreise
announce *v* [ə'naʊn(t)s]	ankündigen
depart *v* [dɪ'pɑːt]	weggehen, abfahren
rate *n* [reɪt]	Preis, Tarif
valid *adj* ['vælɪd]	gültig, bindend
a valid ticket	eine gültige Fahrkarte

Schiffsverkehr

1.Lj

ferry *n* ['feri]	Fähre
take the ferry across (to); car ferry	die Fähre hinüber (nach) nehmen; Autofähre
hovercraft *n* ['hɒvəʳˌkrɑːft]	Luftkissenboot
promenade *n* [ˌprɒmə'nɑːd]	Promenade
turn *v* [tɜːn]	abbiegen; drehen
flare *n* [fleəʳ]	Leuchtsignal

2.Lj

sail *n; v* [seɪl]	Segel; segeln, mit dem Schiff fahren
mainsail; sail for	Großsegel; nach ... segeln/fahren
crossing *n* ['krɒsɪŋ]	Überfahrt mit der Fähre
deck *n* [dek]	(Schiffs-)Deck
on deck	an Deck
lifeboat *n* ['laɪfbəʊt]	Rettungsboot
lifeboatman/-woman	Seenotrettungsmann/-frau
lifejacket *n* ['laɪf ˌʤækɪt]	Schwimmweste

Unterwegs – Schiffsverkehr

2.Lj

lifebelt, life preserver *n* ['laɪf belt, 'laɪf prɪˌzɜːvəʳ]	Rettungsring
ashore *adv* [ə'ʃɔːʳ]	an Land
be brought ashore	an Land gebracht werden
land *v* [lænd]	landen, an Land gehen
captain *n* ['kæptɪn]	Kapitän(in)
crew *n* [kruː]	Mannschaft
tide table *n* ['taɪd ˌteɪbl]	Gezeitentabelle
ship *n* [ʃɪp]	Schiff
tanker *n* ['tæŋkəʳ]	Tanker

3.Lj

cruise *n* [kruːz]	Kreuzfahrt
pleasure cruise	Vergnügungsfahrt
cruise ship *n* ['kruːz ʃɪp]	Vergnügungsschiff
fleet *n* [fliːt]	Flotte
harbour, harbor *(AE) n* ['hɑːbəʳ]	Hafen
depart *v* [dɪ'pɑːt]	weggehen, abfahren
board *v* [bɔːd]	einsteigen; an Bord gehen
dock at *v* ['dɒk æt]	anlegen in
aboard *adv* [ə'bɔːd]	an Bord
go aboard	an Bord gehen
pull away *v* [ˌpʊl ə'weɪ]	ablegen *(Schiff)*
wave *v; n* [weɪv]	(zu)winken; Welle
wave sb goodbye	jdm zum Abschied winken
draw away, drew, drawn *v* [ˌdrɔː ə'weɪ, druː, drɔːn]	(hinaus)fahren
drift *v* [drɪft]	sich treiben lassen
seasick *adj* ['siːsɪk]	seekrank
sink, sank, sunk *v* [sɪŋk, sæŋk, sʌŋk]	versenken; sinken
pirate *n* ['paɪ(ə)rət]	Seeräuber(in), Pirat(in)
dock *n* [dɒk]	Dock, Pier, Kai
pier *n* [pɪəʳ]	Pier, Anlegestelle
wharf *n* [(h)wɔːf]	Kai; Werft
propeller *n* [prə'peləʳ]	Schraubenwelle, Schiffsschraube
screw *n* [skruː]	Propeller, (Schiffs-)Schraube

Flugverkehr

1.Lj

airport *n* ['eəʳpɔːt]	Flughafen
seat *n* [siːt]	Sitz, Sitzplatz
book a seat	einen Platz buchen/reservieren
time *n* [taɪm]	Zeit, Uhrzeit
what's the time?; in/on time	wieviel Uhr ist es?; rechtzeitig
plane *n* [pleɪn]	Flugzeug
the plane is on time	das Flugzeug ist pünktlich
fly, flew, flown *v* [flaɪ, fluː, fləʊn]	fliegen

2.Lj

check-in *v; n* [tʃek 'ɪn, 'tʃekɪn]	sich anmelden, einchecken; Check-In
electronic check-in	elektronischer Check-In
flight *n* [flaɪt]	Flug
red-eye flight	Nachtflug
full *adj* [fʊl]	voll, ausgebucht
captain *n* ['kæptɪn]	Kapitän(in)
pilot *n* ['paɪlət]	Pilot(in)
crew *n* [kruː]	Mannschaft
steward, stewardess *n* ['stjuːəd, 'stjuːədes]	Steward, Stewardess
man, manned, manned *v* [mæn, mænd]	besetzen *(mit Personal)*
control, controlled, controlled *v* [kən'trəʊl, kən'trəʊld]	beherrschen
safety *n* ['seɪfti]	Sicherheit
checklist *n* ['tʃeklɪst]	Kontrollliste
crash *n* [kræʃ]	Unfall, Zusammenstoß; Absturz
plane crash	Flugzeugabsturz
emergency landing *n* [ɪmˌɜːdʒᵊn(t)si 'lændɪŋ]	Notlandung
emergency exit *n* [ɪmˌɜːdʒᵊn(t)si 'eksɪt]	Notausgang
helicopter *n* ['helɪkɒptəʳ]	Hubschrauber
heliport/-pad	Hubschrauberflug-/landeplatz
expect *v* [ɪk'spekt]	erwarten
expected 10:30 a.m.	erwartete Ankunftszeit 10.30 Uhr
cancel, cancelled, cancelled *v* ['kæn(t)sᵊl, 'kæn(t)sᵊld]	absagen, abbestellen, stornieren
cancel a flight (to Belfast); be cancelled due to	einen Flug (nach Belfast) stornieren; abgesagt werden (wegen)

Unterwegs – Flugverkehr

2.Lj

direct *adj* [dɪ'rekt]	direkt
a direct flight	ein Direktflug
one-way ticket *n* [ˌwʌnweɪ 'tɪkɪt]	einfache Fahrkarte
stopover *n* ['stɒpˌəʊvəʳ]	Zwischenlandung
announcement *n* [ə'naʊn(t)smənt]	Durchsage, Ansage, Ankündigung, Bekanntmachung
P.A. system, *abbrev of* **public address system** *n* [ˌpiːeɪ 'sɪstəm, ˌpʌblɪk əˌdres 'sɪstəm]	Lautsprecheranlage
step in/out, stepped, stepped *v* [step 'ɪn/'aʊt, stept]	hineingehen, hineinsteigen/hinausgehen, hinaussteigen
fasten *v* ['fɑːsᵊn]	zumachen; befestigen
Fasten your seat-belts!	Anschnallen!
passenger *n* ['pæsᵊndʒəʳ]	Passagier(in); Beifahrer(in)

3.Lj

confirm *v* [kən'fɜːm]	bestätigen
booking *n* ['bʊkɪŋ]	Reservierung
change/confirm a booking; overbooked	umbuchen/eine Buchung bestätigen; überbucht
boarding card *n* ['bɔːdɪŋ ˌkɑːd]	Bordkarte
airline *n* ['eəʳlaɪn]	Fluglinie
announce *v* [ə'naʊn(t)s]	ankündigen
announced delays	angekündigte Verspätungen
delay *n* [dɪ'leɪ]	Verzögerung, Verspätung; Stockung
a ten minute delay	eine Verspätung von 10 Minuten
depart *v* [dɪ'pɑːt]	weggehen, abfahren
land *v* [lænd]	landen
just landed	gerade gelandet
landing *n* ['lændɪŋ]	Landung
safe landing	sanfte/sichere Landung
via *prep* ['vaɪə]	über, via, per
fly via Rome	über Rom fliegen, in Rom zwischenlanden
gate *n* [geɪt]	Tor; Flugsteig
arrival *n* [ə'raɪvᵊl]	Ankunft
arrivals *n pl* [ə'raɪvᵊlz]	Ankunft *(Hinweisschild)*
departure *n* [dɪ'pɑːtʃəʳ]	Abreise, Abflug
departure gate; departure time; departure board	Flugsteig, Gate; Abflugzeit; Abfluganzeige
departures *n pl* [dɪ'pɑːtʃəʳz]	Abflug *(Hinweisschild)*
baggage, luggage *(BE) n no pl* ['bægɪdʒ, 'lʌgɪdʒ]	Gepäck
baggage/luggage check-in; baggage cart *(AE)*/ luggage trolley	Gepäckabfertigung; Gepäckkarren

3.Lj

board *v* [bɔːd]	einsteigen; an Bord gehen
board a plane; now boarding	in ein Flugzeug einsteigen; jetzt einsteigen
cabin *n* ['kæbɪn]	Flugzeugkabine
aisle *n* [aɪl]	Gang, Mittelgang
aisle seat	Gang-, Außensitz
flight attendant *n* ['flaɪt əˌtendᵊnt]	Flugbegleiter(in)
seated *adj* ['siːtɪd]	sitzend
please remain seated	bitte bleiben Sie sitzen
runway *n* ['rʌnweɪ]	Start-/Landebahn
soar *v* [sɔːʳ]	aufsteigen
soar (up) into the sky	in den Himmel aufsteigen
parachute *n* ['pærəʃuːt]	Fallschirm

Auf Reisen

Länder und Sprachen

1.Lj

understand, understood, understood *v* [ˌʌndə'stænd, ˌʌndə'stʊd]	verstehen
country *n* ['kʌntri]	Land
nationality *n* [ˌnæʃᵊn'æləti]	Nationalität
Austria *n* ['ɒstriə]	Österreich
Austrian *adj; n* ['ɒstriən]	österreichisch; Österreicher(in)
Finland *n* ['fɪnlənd]	Finnland
Norway *n* ['nɔːweɪ]	Norwegen
Norwegian *adj; n* [nɔː'wiːdʒᵊn]	norwegisch; Norwegisch; Norweger(in)
Sweden *n* ['swiːdᵊn]	Schweden
Swedish *adj; n* ['swiːdɪʃ]	schwedisch; Schwedisch
Iceland *n* ['aɪslənd]	Island
France *n* [frɑːn(t)s]	Frankreich
French *adj; n* [fren(t)ʃ]	französisch; Französisch
Germany *n* ['dʒɜːməni]	Deutschland
German *adj; n* ['dʒɜːmən]	deutsch; Deutsch; Deutsche(r)
Greece *n* [griːs]	Griechenland
Greek *adj; n* [griːk]	griechisch; Griechisch; Grieche/Griechin
Italy *n* ['ɪtᵊli]	Italien
Italian *adj; n* [ɪ'tæliən]	italienisch; Italienisch; Italiener(in)

Thematisches Wörterbuch

Unterwegs – Länder und Sprachen

1.Lj

Luxembourg *n* ['lʌksəmbɜːg]	Luxemburg
Portugal *n* ['pɔːtʃəgəl]	Portugal
Spain *n* [speɪn]	Spanien
Spanish *adj; n* ['spænɪʃ]	spanisch; Spanisch
Spaniard *n* ['spænjəd]	Spanier(in)
the **United Kingdom**, *abbrev* the **UK** *n* [juː ˌnaɪtɪd 'kɪŋdəm, juː'keɪ]	Vereinigtes Königreich von Großbritannien und Nordirland
(Great) Britain *n* [(greɪt) 'brɪtən]	Großbritannien
(the) **British** *adj; n pl* ['brɪtɪʃ]	britisch; die Briten
the British Isles	die Britischen Inseln
Brit *n inf* ['brɪt]	Brite, Britin
England *n* ['ɪŋglənd]	England
English *adj; n* ['ɪŋglɪʃ]	englisch; Englisch
in English; be English	auf Englisch; Engländer(in) sein
Turkey *n* ['tɜːki]	Türkei
Turkish *adj; n* ['tɜːkɪʃ]	türkisch; Türkisch
Turk *n* [tɜːk]	Türke; Türkin
India *n* ['ɪndiə]	Indien
Indian *adj; n* ['ɪndiən]	indisch; Inder(in)
China *n* ['tʃaɪnə]	China
Chinese *adj; n* [tʃaɪ'niːz]	chinesisch; Chinesisch; Chinese/Chinesin
America *n* [ə'merɪkə]	Amerika
North/South America	Nord-/Südamerika
American *adj; n* [ə'merɪkən]	amerikanisch; Amerikaner(in)

2.Lj

accent *n* ['æksənt]	Akzent
speak with/without an accent	mit/ohne Akzent sprechen
local *adj* ['ləʊkəl]	einheimisch
local dialect	einheimischer Dialekt
language *n* ['læŋgwɪdʒ]	Sprache
first/second language	Mutter-/Zweitsprache
translate *v* [trænz'leɪt]	übersetzen
translate sth into sth	etw in etw übersetzen
Pardon? *(BE) interj* ['pɑːdən]	Wie bitte?
beg sb's pardon	jdn um Verzeihung bitten
tongue *n* [tʌŋ]	Sprache; Zunge
mother tongue	Muttersprache
nation *n* ['neɪʃən]	Nation
Poland *n* ['pəʊlənd]	Polen

Polish *adj; n* ['pəʊlɪʃ]	polnisch; Polnisch
Russia *n* ['rʌʃə]	Russland
Russian *adj; n* ['rʌʃᵊn]	russisch; Russisch; Russe/Russin
Czech *adj; n* [tʃek]	tschechisch; Tschechisch; Tscheche/Tschechin
Switzerland *n* ['swɪtsᵊlənd]	Schweiz
Swiss *adj; n* [swɪs]	schweizerisch; Schwyzerdütsch; Schweizer(in)
Belgium *n* ['beldʒəm]	Belgien
Belgian *adj; n* ['beldʒən]	belgisch; Belgier(in)
Denmark *n* ['denmɑːk]	Dänemark
Danish *adj; n* ['deɪnɪʃ]	dänisch; Dänisch
the **Netherlands** *n pl* ['neðələn(d)z]	die Niederlande, Holland
Dutch *adj; n* [dʌtʃ]	holländisch; Holländisch
Egypt *n* ['iːdʒɪpt]	Ägypten
Egyptian *adj; n* [ɪ'dʒɪpʃᵊn]	ägyptisch; Ägypter(in)
Africa *n* ['æfrɪkə]	Afrika
African *adj; n* ['æfrɪkən]	afrikanisch; Afrikaner(in)
Japan *n* [dʒə'pæn]	Japan
Japanese *adj; n* [ˌdʒæpᵊn'iːz]	japanisch; Japanisch; Japaner(in)
West Indian *adj; n* [west 'ɪndiən]	westindisch; Westinder(in)
Asia *n* ['eɪʃə]	Asien
Asian *adj; n* ['eɪʃᵊn]	asiatisch; Asiate/Asiatin
Korea *n* [kə'riːə]	Korea
Korean *adj; n* [kə'riːᵊn]	koreanisch; Koreanisch; Koreaner(in)
Ireland *n* ['aɪələnd]	Irland
Republic of Ireland; Northern Ireland	Republik Irland; Nordirland
Irish *adj; n* ['aɪ(ə)rɪʃ]	irisch; Irisch
Irishman/-woman; the Irish *(pl)*	Ire, Irin; die Iren
Iceni *n* [aɪ'siːnaɪ]	*keltischer Volksstamm*
be of the Iceni	zum Stamm der Iceni gehörend
Celtic *adj* ['keltɪk, 'seltɪk]	keltisch
Celt *n* [kelt]	Kelte, Keltin
Wales *n* [weɪlz]	Wales
Welsh *adj; n* [welʃ]	walisisch; Walisisch
Welshman/-woman	Waliser(in)
Scotland *n* ['skɒtlənd]	Schottland
(the) **Scots** *n pl* [skɒts]	die Schotten *(pl)*
Scotsman/-woman	Schotte/Schottin
Scottish *adj; n* ['skɒtɪʃ]	schottisch; Schottisch
the Scottish *(pl)*	die Schotten

Unterwegs – Reisevorbereitungen

2.Lj

African-American *adj; n* [ˌæfrɪkən əˈmerɪkən]	afroamerikanisch; Afroamerikaner(in)
Indian *adj; n* [ˈɪndiən]	indianisch; Indianer(in)
Native American *adj; n* [ˌneɪtɪv əˈmerɪkən]	indianisch; amerikanische(r) Ureinwohner(in)
USA, *abbrev of* **United States of America** *n* [ˌjuːesˈeɪ, juː ˌnaɪtɪd ˌsteɪts əv əˈmerɪkə]	USA, Vereinigte Staaten von Amerika
abbrev the US, the States	die (Vereinigten) Staaten *(Abk.)*

3.Lj

native *n* [ˈneɪtɪv]	Einheimische(r), Eingeborene(r)
be a native of	ein(e) Einheimische(r) sein von/aus
mother tongue *n* [ˌmʌðəʳ ˈtʌŋ]	Muttersprache
emblem *n* [ˈembləm]	Emblem
national emblem	Nationalsymbol
standard *adj* [ˈstændəd]	korrekt, (allgemein) gebräuchlich
standard English	Standardenglisch
official language *n* [əˌfɪʃᵊl ˈlæŋgwɪʤ]	Staatssprache; Amtssprache
Australia *n* [ɒsˈtrəɪliə]	Australien
Australian *n; adj* [ɒsˈtrəɪliən]	australisch; Australier(in)
down under *n inf* [daʊn ˈʌndəʳ]	*ugs.:* Australien; Ozeanien
aboriginal *n; adj* [ˌæbəˈrɪʤᵊnᵊl]	(der) australische(n) Ureinwohner(in)
aborigine *n* [ˌæbəˈrɪʤᵊni]	australische(r) Ureinwohner(in)
Englishman/-woman *n* [ˈɪŋglɪʃˌmæn/ˌwʊmən]	Engländer(in)
Frenchman/-woman *n* [ˈfren(t)ʃˌmæn/ˌwʊmən]	Franzose, Französin
Canada *n* [ˈkænədə]	Kanada
Canadian *adj; n* [kəˈneɪdiən]	kanadisch; Kanadier(in)
the **Philippines** *n pl* [ˈfɪlɪpiːnz]	die Philippinen
Philippine *adj* [ˈfɪlɪpiːn]	philippinisch
Vietnam *n* [ˌvjetˈnæm]	Vietnam
Vietnamese *adj; n* [ˌvjetnəˈmiːz]	vietnamesisch; Vietnamesisch; Vietnamese/Vietnamesin

Reisevorbereitungen

1.Lj

holiday *n (BE)* [ˈhɒlədeɪ]	Urlaub, Urlaubstag
(BE) on holiday; go on holiday	im Urlaub (sein); in die Ferien/den Urlaub fahren

Unterwegs – Reisevorbereitungen

1.Lj

plan, planned, planned *v* [plæn, plænd]	planen
plan one's holiday/vacation	seinen Urlaub planen
go to, went, gone *v* ['gəʊ tuː, went, gɒn]	gehen nach/zu
adventure *n* [əd'ventʃəʳ]	Abenteuer
adventure holiday	Abenteuerurlaub
travel agency *n* [ˌtrævᵊl 'eɪdʒᵊn(t)si]	Reisebüro
travel agent	Reisebüroangestellte(r)
ready *adj* ['redi]	fertig, bereit
ready to leave; get ready to do sth/for sth	abfahrtbereit; sich bereitmachen etw zu tun/ sich auf etw vorbereiten
bag *n* [bæg]	Tasche
hire *v (BE)* [haɪəʳ]	mieten
hire a car	ein Auto mieten
travel, travelled, travelled/traveled, traveled *(AE) v* ['trævᵊl, 'trævᵊld]	reisen
travel by air/train/car	mit dem Flugzeug/Zug/Auto reisen

2.Lj

vacation *n (AE)* [və'keɪʃᵊn]	Urlaub, Ferien
be on vacation	im Urlaub/in den Ferien sein
arrangement *n* [ə'reɪndʒmənt]	Plan
make arrangements for the holidays	Vorbereitungen treffen für die Ferien
book *v* [bʊk]	buchen, reservieren
book a room	ein Zimmer buchen
reservation *n* [ˌrezə'veɪʃᵊn]	Reservierung, Buchung
taxi *(BE),* **cab** *(AE) n* ['tæksi, kæb]	Taxi
take a taxi/cab *(to the airport)*	ein Taxi *(zum Flughafen)* nehmen
rental *adj* ['rentᵊl]	Miet-
rental car	Mietwagen
rent *v (AE)* [rent]	mieten
for rent; rent a car	zu vermieten; ein Auto mieten
trip *n* [trɪp]	Fahrt, Ausflug, Reise
take a trip (to)	eine Reise machen (nach)
route *n* [ruːt]	Weg, Straße
plan one's route	seine Fahrt planen
journey *n (BE)* ['dʒɜːni]	(lange) Reise
adventurer *n* [əd'ventʃᵊrəʳ]	Abenteurer(in)
explorer *n* [ɪk'splɔːrəʳ]	Entdeckungsreisende(r)
backpack *(AE),* **rucksack** *(BE) n* ['bækpæk, 'rʌksæk]	Rucksack

Unterwegs – Sehenswürdigkeiten

2.Lj	**backpacking** *n (AE)* ['bækˌpækɪŋ]	Bergtouren machen, Bergwandern, mit dem Rucksack reisen
	tour around *v* [ˌtɔːʳ ə'raʊnd]	eine Tour/(Rund-)Reise machen; herumreisen
	pack *v* [pæk]	packen
	trunk *n* [trʌŋk]	Schrankkoffer
	sleeping bag *n* ['sliːpɪŋ ˌbæg]	Schlafsack
	raingear *n* ['reɪngɪəʳ]	Regenausrüstung
	guide *n* [gaɪd]	Reiseführer *(Buch)*

3.Lj	**enquire, inquire** *v* [ɪn'kwaɪəʳ]	sich erkundigen, anfragen
	vacancy *n* ['veɪkᵊn(t)si]	freies Zimmer
	check if there are vacancies	überprüfen, ob es freie Zimmer gibt
	arrange *v* [ə'reɪndʒ]	vereinbaren, ausmachen; arrangieren
	travel *n* ['trævᵊl]	das Reisen
	travel documents	Reisedokumente
	confirm *v* [kən'fɜːm]	bestätigen
	abroad *adv* [ə'brɔːd]	im Ausland
	go abroad; be sent abroad (on business); from abroad	im Ausland leben/ins Ausland gehen/fahren; (beruflich) ins Ausland geschickt werden; aus dem Ausland
	exchange *v; n* [ɪks'tʃeɪndʒ]	(um)tauschen; Wechsel, Tausch
	exchange sth for sth else (money); exchange rate	etw gegen etw eintauschen; Wechselkurs
	valid *adj* ['vælɪd]	gültig, bindend
	check whether your passport is valid	überprüfen, ob der Pass gültig ist

Sehenswürdigkeiten

1.Lj	**visit** *n; v* ['vɪzɪt]	Besuch; besuchen
	tourist *n* ['tʊərɪst]	Tourist(in)
	tourist information centre	Touristeninformation
	guide *n* [gaɪd]	(Fremden-)Führer(in)
	welcome (to) *v* ['welkəm]	willkommen (in)
	ticket *n* ['tɪkɪt]	Eintrittskarte
	look *n; v* [lʊk]	Blick; sehen, schauen
	have a look; look below; look round	sich etw ansehen; nach unten sehen; sich umsehen
	city *n* ['sɪti]	Stadt

Unterwegs – Sehenswürdigkeiten

1.Lj

historical city centre/center *(AE)*	historisches Stadtzentrum
castle *n* ['kɑːsl]	Burg, Schloss
statue *n* ['stætʃuː]	Statue
Statue of Liberty, Statue of David	Freiheitsstatue, Davidsstatue
church *n* [tʃɜːtʃ]	Kirche
postcard *n* ['pəʊstkɑːd]	Postkarte
souvenir *n* [ˌsuːvᵊn'ɪəʳ]	Mitbringsel, Souvenir, Andenken
souvenir shop	Souvenirladen

2.Lj

sight *n* [saɪt]	Sehenswürdigkeit, Anblick
sightseeing *n* ['saɪt ˌsiːɪŋ]	Besichtigungstour
go sightseeing	auf Besichtigungstour gehen
tour *n* [tɔːʳ]	Rundfahrt, Rundgang, Tour, Reise
a tour guide	ein(e) Reiseleiter(in)
attraction *n* [ə'trækʃᵊn]	Attraktion
tourist attraction; main attraction	Touristenattraktion; Hauptattraktion
visitor *n* ['vɪzɪtəʳ]	Besucher(in)
queue (for) *v* [kjuː]	anstehen, Schlange stehen
queue for a ticket	sich für eine Eintrittskarte anstellen
free *adj* [friː]	gratis
free of charge	umsonst, Eintritt frei
tower *n* [taʊəʳ]	Turm
the Tower of London	der Tower *(Festung, in der die Kronjuwelen aufbewahrt und gezeigt werden)*
Beefeater *n* ['biːf ˌiːtəʳ]	*Wächter im Tower von London*
crown *n* [kraʊn]	Krone
Crown Jewels	Kronjuwelen
palace *n* ['pælɪs]	Palast

INFO

Der **Buckingham Palace** in London ist der Hauptwohnsitz der britischen Königin Elizabeth II. Der Palast hat über 600 Räume und wurde von 1821 bis 1830 für König George IV. gebaut.

2.Lj

square *n* [skweəʳ]	Platz
Red Square	der Rote Platz

Unterwegs – Sehenswürdigkeiten

2.Lj

restore *v* [rɪ'stɔːʳ]	restaurieren
restored to its original place	an seinem ursprünglichen Platz wiederaufgebaut/-gestellt
birthplace *n* ['bɜːθpleɪs]	Geburtsort
the house is the birthplace of	das ist das Geburtshaus von
architecture *n* ['ɑːkɪtektʃəʳ]	Architektur
fountain *n* ['faʊntɪn]	Brunnen, Springbrunnen
Trevi Fountain	Trevi-Brunnen
cathedral *n* [kə'θiːdrᵊl]	Kathedrale, Dom
St. Paul's Cathedral	Sankt Pauls-Kathedrale
dome *n* [dəʊm]	Kuppel
chapel *n* ['tʃæpᵊl]	Kapelle
Sistine Chapel	Sixtinische Kapelle
steeple *n* ['stiːpl]	Kirchturm
cemetery *n* ['semətᵊri]	Friedhof
Arlington Cemetery	*Heldenfriedhof in Arlington*
monument *n* ['mɒnjəmənt]	Monument, Bauwerk
Washington Monument	*Denkmal für George Washington*
memorial *n* [mə'mɔːriəl]	Gedenkstätte
Lincoln Memorial	*Gedenkstätte für Abraham Lincoln*
landmark *n* ['lændmɑːk]	Wahrzeichen
remains *n pl* [rɪ'meɪnz]	Überreste
mummy *n* ['mʌmi]	Mumie
tomb *n* [tuːm]	Grab
Tomb of the Unknown Soldiers	*Grab des/der unbekannten Soldaten*
route *n* [ruːt]	Weg, Straße
Route 66	*Fernstraße in den USA*

INFO

Die **Route 66** ist eine berühmte Straße, die von Chicago nach Los Angeles führt. Während der Weltwirtschaftskrise in den dreißiger Jahren zogen viele Menschen über die **Route 66** nach Kalifornien. Sie führt durch acht US-Staaten.

2.Lj

Ellis Island *n* [ˌelɪs 'aɪlənd]	Insel vor Manhattan *(ehem. Durchgangslager für Immigranten, heute Museum)*
Grand Canyon *n* [ˌgrænd 'kænjən]	*Nationalpark in Arizona*

Unterwegs – Ort, Entfernung, Richtung und Wegbeschreibung

nature hikes/walks *n pl* [ˌneɪtʃəʳ ˈhaɪks/ˈwɔːks]	Wanderführung	2.Lj
daily guided nature walks are available	es werden täglich geführte Wanderungen angeboten	
tourism *n* [ˈtʊərɪzᵊm]	Tourismus	3.Lj
Office of Tourism *(AE)*	Tourismusbehörde	
gift *n* [gɪft]	Geschenk	
gift shop	Geschenkeladen	
historical *n* [hɪˈstɒrɪkᵊl]	historisch	
reconstruct a historical building; historical district	ein historisches Gebäude wieder aufbauen; Altstadt	
courtyard *n* [ˈkɔːtjɑːd]	Hof	
inner courtyard	Innenhof	
ancient *adj* [ˈeɪn(t)ʃᵊnt]	(ur)alt	
ruins *n pl* [ˈruːɪnz]	Ruine	
site *n* [saɪt]	Stätte	
historical/archaeological site	historische/Ausgrabungsstätte	
magnificent *adj* [mægˈnɪfɪsᵊnt]	prächtig, majestätisch	
magnificent view	prächtige Aussicht	
world's fair *n* [ˌwɜːldz ˈfeəʳ]	Weltausstellung	

Ort, Entfernung, Richtung und Wegbeschreibung

town *n* [taʊn]	Stadt	1.Lj
in town; in the centre of town; outside of town	in der Stadt; im Stadtzentrum; außerhalb der Stadt	
city *n* [ˈsɪti]	Stadt	
centre, downtown *(AE) n* [ˈsentəʳ, ˈdaʊntaʊn]	Stadtzentrum	
at *prep* [æt]	an, bei	
at the bus stop; at the top of the road	an der Bushaltestelle; am (oberen) Ende der Straße	
back *adv* [bæk]	zurück	
get back; turn back	zurückgelangen; zurückgehen	
down *prep* [daʊn]	herunter, hinunter	
down the road	die Straße hinunter	
up *adv; prep* [ʌp]	nach oben, herauf	
go up	hinaufgehen, -steigen	

Unterwegs – Ort, Entfernung, Richtung und Wegbeschreibung

1.Lj

foot, *pl* **feet** *n* [fʊt, fiːt]	Fuß
(go) on foot; at the foot of	zu Fuß (gehen); am Fuß von
walk *v* [wɔːk]	zu Fuß gehen
near *adj* [nɪəʳ]	nah
be near	in der Nähe/nah sein
far *adj* [fɑːʳ]	weit
How far is it (to ...)?	Wie weit ist es (nach .../zu)?
take, took, taken *v* [teɪk, tʊk, ˈteɪkᵊn]	nehmen; mieten; bringen
take a taxi/bus; take sb home/to ...	ein Taxi/den Bus nehmen; jdn nach Hause/zu ... bringen
map *n* [mæp]	Landkarte
city map	Stadtplan
road, *abbrev* **Rd.** *n* [rəʊd]	Straße
street *n* [striːt]	Straße
turn *v* [tɜːn]	abbiegen; drehen
right *adv; adj* [raɪt]	rechts; der/die/das rechte; richtig
Right?; turn right; on the right-hand side; go right	Nicht wahr?, Richtig?; rechts abbiegen; rechts/auf der rechten Seite; nach rechts gehen
left *adv; adj* [left]	links; der/die/das linke
on the left/left-hand side; go left	auf der linken Seite; nach links gehen
excuse *v* [ɪkˈskjuːz]	entschuldigen, verzeihen
Excuse me.	Entschuldigung., Entschuldigen Sie bitte. *(um Aufmerksamkeit bitten; leid tun)*
look for *v* [ˈlʊk fɔːʳ]	suchen
place *n* [pleɪs]	Ort, Platz
ask *v* [ɑːsk]	fragen
way *n* [weɪ]	Weg
the way to the station; a long way; that way; all the way	der Weg zum Bahnhof; ein langer Weg, eine weite Entfernung; in diese Richtung; den ganzen Weg
wrong *adj* [rɒŋ]	falsch, verkehrt
go wrong; the wrong way	sich verfahren; der falsche Weg
by *prep* [baɪ]	neben, bei; mit, durch
by mistake; by car	aus Versehen; mit dem Auto
here *adv* [hɪəʳ]	hier
there *adv* [ðeəʳ]	da, dort
over there; get there	da drüben, dort; hinkommen
then *adv* [ðen]	dann
corner *n* [ˈkɔːnəʳ]	Ecke

Unterwegs – Ort, Entfernung, Richtung und Wegbeschreibung

1.Lj

on the corner; go round the corner	an der Ecke; um die Ecke gehen
round *prep* [raʊnd]	um ... herum, rund (um), durch ganz ...
turn round; go round sth; go round by	(sich) umdrehen; um etw herumgehen/-fahren; fahren über
straight *adv* [streɪt]	direkt, gerade(wegs)
go straight on; make straight for sb/sth	geradeaus weitergehen; direkt auf jdn/etw zugehen/zusteuern
opposite *prep* [ˈɒpəzɪt]	gegenüber
short *adj* [ʃɔːt]	kurz
(take) a short cut	eine Abkürzung (nehmen)
other *adj; pron* [ˈʌðəʳ]	andere/anderer/anderes
on the other side (of)	auf der anderen Seite (von)
lost *adj* [lɒst]	verirrt; verloren
get lost	sich verirren, verloren gehen
Could you ...? *interj* [ˈkʊd juː]	Könntest du ...?, Könnten Sie ...?
tell, told, told *v* [tel, təʊld]	erzählen; sagen
tell sb the way (to)	jdm den Weg erklären (zu/nach)
show, showed, shown *v* [ʃəʊ, ʃəʊd, ʃəʊn]	zeigen
show the way; show sb around; show sb sth	den Weg zeigen; jdn herumführen; jdm etw zeigen
east *n* [iːst]	Osten, Ost-, östlich
north *n* [nɔːθ]	Norden, Nord-, nördlich
west *n* [west]	Westen, West-, westlich
in the west; (to be) (to the) west of sth	im Westen; westlich von etw (sein)
south *n* [saʊθ]	Süden, Süd-, südlich
(in the) south of sth	im Süden/südlich von etw

2.Lj

across *prep* [əˈkrɒs]	(quer) über; auf der anderen Seite
go right across; across the street; cut across sth	quer durch gehen; gerade gegenüber; eine Abkürzung über etw nehmen
midway *adv* [ˈmɪdweɪ]	auf halbem Weg
past *prep* [pɑːst]	an ... vorbei
go/drive past sb/sth	an jdm/etw vorbeigehen/-fahren
along *prep* [əˈlɒŋ]	entlang
along the road	die Straße entlang
cross *v* [krɒs]	überqueren, kreuzen
cross the street	die Straße überqueren
follow *v* [ˈfɒləʊ]	folgen, befolgen
further *adv* [ˈfɜːðəʳ]	weiter

Thematisches Wörterbuch

Unterwegs – Ort, Entfernung, Richtung und Wegbeschreibung

2.Lj

area *n* ['eəriə]	Gegend, Gebiet
around the area	in der Gegend
position *n* [pə'zɪʃᵊn]	Position, Ausgangspunkt
bridge *n* [brɪʤ]	Brücke
roundabout *n* ['raʊndəˌbaʊt]	Kreisverkehr
village *n* ['vɪlɪʤ]	Dorf
metre, meter *(AE)* *n* ['miːtəʳ]	Meter
a few (hundred) metres	ein paar (hundert) Meter
kilometre/-meter *(AE)*, *abbrev* **km** *n* [kɪ'lɒmɪtəʳ]	Kilometer
several kilometres from, a few miles from *(AE)*	mehrere Kilometer (entfernt) von
direction *n* [dɪ'rekʃᵊn]	Richtung
give directions	(Richtungs-)Anweisungen geben
turn *n* [tɜːn]	Drehung, Kurve; Abzweigung *(AE)*
northbound *adj* ['nɔːθbaʊnd]	Richtung Norden
eastbound *adj* ['iːstbaʊnd]	Richtung Osten
westbound *adj* ['westbaʊnd]	Richtung Westen
southbound *adj* ['saʊθbaʊnd]	Richtung Süden
northern *adj* ['nɔːðᵊn]	nördlich; Nord-
Northern Ireland; the northern lights	Nordirland; die Nordlichter
southern *adj* ['sʌðən]	südlich; Süd-
eastern *adj* ['iːstᵊn]	östlich; Ost-
western *adj* ['westən]	westlich; West-

3.Lj

head for *v* ['hed fɔːʳ]	sich in eine bestimmte Richtung bewegen
I'm headed for ...	Ich möchte nach .../ich bin unterwegs nach ...
end up *v* [end 'ʌp]	(zufällig) landen
out-of-the-way *adj* [ˌaʊt əv ðə 'wei]	abgelegen
location *n* [lə(ʊ)'keɪʃᵊn]	Lage, Standort
point at sth *v* ['pɔɪnt æt]	(auf etw) hinweisen, zeigen, richten auf
ahead *adv* [ə'hed]	vorne, geradeaus; vorwärts
unroll *v* [ʌn'rəʊl]	aufrollen
unroll a map	eine Karte aufrollen *(=aufschlagen)*
locate *v* [lə(ʊ)'keɪt]	finden, ausfindig machen
spot, spotted, spotted *v* [spɒt, spɒtɪd]	finden, entdecken; erkennen
distance *n* ['dɪstᵊn(t)s]	Entfernung
within walking distance	zu Fuß erreichbar
crossroads, intersection *(AE)* *n (pl)* ['krɒsrəʊdz, ˌɪntə'sekʃᵊn]	Kreuzung

Unterwegs – Übernachten, Verpflegung und Unterkunft

3.Lj

forward *adv* ['fɔːwəd]	vorwärts
remote *adj* [rɪ'məʊt]	abgelegen, weit entfernt
simply *adv* ['sɪmpli]	einfach

Übernachten, Verpflegung und Unterkunft

1.Lj

holiday, vacation *(AE) n* ['hɒlədeɪ, və'keɪʃ^ən]	Urlaub
holiday flat/vacation apartment *(AE)*; holiday camp; holiday resort	Ferienwohnung; Ferienlager/-dorf; Ferienort/-anlage
spend, spent, spent *v* [spend, spent]	verbringen
spend holidays; spend the night	die Ferien verbringen; die Nacht verbringen, übernachten
stay *v; n* [steɪ]	bleiben, *(zu Besuch)* wohnen; Aufenthalt
we'll be staying for 2 weeks; night's stay	wir bleiben zwei Wochen; Übernachtung
bath *n* [bɑːθ]	Bad, Badewanne
a room with bath	ein Zimmer mit Bad
towel *n* ['taʊəl]	Handtuch
bed *n* [bed]	Bett
twin beds	zwei Einzelbetten
double *adj* ['dʌbl]	zweimal, Doppel-
a double room/bed	ein Doppelzimmer/-bett
guest *n* [gest]	Gast
guesthouse, lodge *(AE) n* ['gesthaʊs, lɒdʒ]	Pension, Gästehaus
farm *n* [fɑːm]	Bauernhof
accommodation *n* [əˌkɒmə'deɪʃ^ən]	Unterkunft, (Fremden-)Zimmer
hotel *n* [hə(ʊ)'tel]	Hotel
bed and breakfast place *n* [ˌbed ən (d) brekfəst 'pleɪs]	Frühstückspension
B&B, Bed and Breakfast	Übernachtung mit Frühstück
camping *n* ['kæmpɪŋ]	Zelten, Camping
go camping	zelten gehen; Camping-/Zeltplatz
caravan, trailer *(AE) n* ['kærəvæn, 'treɪlə^r]	Wohnwagen
seaside *n* ['siːsaɪd]	Küste
at the seaside; seaside resort	am Meer, an der See; Ferienort an der Küste
dog-free *adj* ['dɒgfriː]	hundefrei
dog-free area	hundefreie Zone
pets allowed *idiom* [ˌpets ə'laʊd]	Haustiere erlaubt

Thematisches Wörterbuch

Unterwegs – Übernachten, Verpflegung und Unterkunft

1.Lj	Are pets allowed?	Sind Haustiere erlaubt?
	room *n* [ruːm]	Raum, Zimmer
	room service	Zimmerservice
	ask for *v* ['aːsk fɔː']	bitten um
	ask for another room	um ein anderes Zimmer bitten
2.Lj	**check-in** *v; n* [tʃek 'ɪn, 'tʃekɪn]	sich anmelden, einchecken; Check-In
	check-out *v; n* [tʃek 'aʊt, 'tʃekaʊt]	abreisen; Abreise
	What time is check-out?	Wann müssen wir abreisen?
	welcome sb *v* ['welkəm]	jdn willkommen heißen
	separate *adj* ['sepᵊrət]	eigen, getrennt, separat
	separate rooms	getrennte Zimmer
	include *v* [ɪn'kluːd]	einschließen
	breakfast included	Halbpension
	occupy, occupied, occupied *v* ['ɒkjəpaɪ, 'ɒkjəpaɪd]	bewohnen; besetzen
	inn *n* [ɪn]	Gasthaus
	landlord, landlady *n* ['lændlɔːd, 'lændˌleɪdi]	Pensionsinhaber(in), Gastwirt(in)
	warden *n (BE)* ['wɔːdᵊn]	Herbergsvater/-mutter, Leiter(in)
	youth hostel *n* ['juːθ ˌhɒstᵊl]	Jugendherberge
	camping site, campground *(AE) n* ['kæmpɪŋ ˌsaɪt, 'kæmpgraʊnd]	Campingplatz
	motel *(AE) n* [məʊ'tel]	Motel
	budget motel	preisgünstiges Motel
	motorhome *n* ['məʊtəʳhəʊm]	Wohnmobil
	cottage *(BE)*, **cabin** *(AE) n* ['kɒtɪʤ, 'kæbɪn]	Ferienhaus
	log cabin	Blockhaus
	excellent *adj* ['eksᵊlᵊnt]	ausgezeichnet, hervorragend
	view *n* [vjuː]	Aussicht, Blick
	a room with a view	ein Zimmer mit Aussicht
	service *n* ['sɜːvɪs]	Bedienung
3.Lj	**share** *v* [ʃeəʳ]	teilen
	share a flat/a room	sich eine Wohnung/ein Zimmer teilen
	single *adj* ['sɪŋgl]	einzeln, Einzel-, allein; einzig
	single bed/room	Einzelbett/-zimmer
	convenient *adj* [kən'viːniənt]	günstig (gelegen), praktisch
	luxury *n; adj* ['lʌkʃᵊri]	Luxus, Luxus-
	lobby *n* ['lɒbi]	Eingangshalle

3.Lj

shower *n* ['ʃaʊəʳ]	Dusche
key, plastic card *n* [kiː, 'plæstɪk ˌkɑːd]	(Zimmer-)Schlüssel
return the keys	die Schlüssel zurückgeben
door code *n* ['dɔːʳ ˌkəʊd]	Zugangscode zum Hotelzimmer
laundry service *n* ['lɔːndri ˌsɜːvɪs]	Hotelwäscherei
neat *adj* [niːt]	ordentlich; sauber
a neat and clean room	ein ordentliches/sauberes Zimmer
disturb *v* [dɪ'stɜːb]	stören
Please do not disturb!	Bitte nicht stören!

In der Natur

Landschaften

1.Lj

beach *n* [biːtʃ]	Strand
sand *n* [sænd]	Sand
sandcastle; sandbar	Sandburg; Sandbank
island *n* ['aɪlənd]	Insel
sea *n* [siː]	das Meer, die See
deep *adj* [diːp]	tief
deep sea	Tiefsee
still *adj* [stɪl]	ruhig
still waters	ruhige Gewässer
lake *n* [leɪk]	(der/ein) See
salt lake	Salzsee
stream *n* [striːm]	Bach, Flüsschen
up-/downstream	flussauf-/abwärts
river *n* ['rɪvəʳ]	Fluss
shallow river	untiefe Stelle am Fluss
flow *v* [fləʊ]	fließen
pond *n* [pɒnd]	Teich
earth *n* [ɜːθ]	Erde
mountain *n* ['maʊntɪn]	Berg
at the foot of the mountain	am Fuß des Berges
steep *adj* [stiːp]	steil
rock *n* [rɒk]	Fels
stone *n* [stəʊn]	Stein

Unterwegs – Landschaften

1.Lj **cave** *n* [keɪv]	Höhle
dripstone cave	Tropfsteinhöhle
hill *n* [hɪl]	Hügel, kleiner Berg
park *n* [pɑːk]	Park
National/State Parks	Nationalpark
rolling *adj* ['rəʊlɪŋ]	rollend
rolling prairie	die ‚rollende' Prärie
forest *n* ['fɒrɪst]	Wald
forest fire; tropical rain forest	Waldbrand; tropischer Regenwald

2.Lj **countryside** *n* ['kʌntriˌsaɪd]	Landschaft, Gegend
land *n* [lænd]	Land
grasslands	Grasprärie
landscape *n* ['lændskeɪp]	Landschaft
landscape gardening	Landschaftsgärtnerei
coast *n* [kəʊst]	Küste
on the coast/coastline	an der Küste
rough *adj* [rʌf]	rau, grob
rough sea	rauhe See
the **Mediterranean Sea** *n* [medɪtᵊrˌeɪniən 'siː]	das Mittelmeer
tide *n* [taɪd]	Flut
ocean *n* ['əʊʃᵊn]	Ozean
whitewater *n; adj* ['(h)waɪt ˌwɔːtəʳ]	Wildwasser(-)
freshwater *n; adj* ['freʃˌwɔːtəʳ]	Süßwasser(-)
freshwater fish	Süßwasserfisch
salt water *n; adj* ['sɔːlt ˌwɔːtəʳ]	Salzwasser(-)
rapids *n pl* ['ræpɪdz]	Stromschnellen
current *n* ['kʌrᵊnt]	Strömung
no current	keine Strömung
spring *n* [sprɪŋ]	Quelle
hot springs	Thermalquelle
brook *n* [brʊk]	Bach
natural *adj* ['nætʃᵊrᵊl]	natürlich, Natur-
swampland *n* ['swɒmplænd]	Sumpf(-gebiet)
waterfall *n* ['wɔːtəʳfɔːl]	Wasserfall
cover *v* ['kʌvəʳ]	bedecken
covered by ice/snow	von Eis/Schnee bedeckt

Unterwegs – Landschaften

2.Lj

ice *n* [aɪs]	Eis
iceberg	Eisberg
valley *n* ['væli]	Tal
canyon *n* ['kænjən]	Schlucht, Cañon
the **Rocky Mountains** *n* [ˌrɒki 'maʊntɪnz]	*Gebirge in den USA und Kanada*
cliff *n* [klɪf]	Klippe; Fels
prairie *n* ['preəri]	Prärie, Grassteppe
open prairie	breite Prärie
wood *n* [wʊd]	Holz; Wald
in the woods	in den Wäldern, im Wald
geology *n* [ʤiː'ɒləʤi]	Geologie
earthquake *n* ['ɜːθkweɪk]	Erdbeben
volcano *n* [vɒl'keɪnəʊ]	Vulkan
geographical *adj* [ˌʤiːə(ʊ)'græfɪkəl]	geografisch
wilderness *n* ['wɪldənəs]	Wildnis
wilderness sanctuary/area	Naturschutzgebiet

3.Lj

nature *n* ['neɪtʃər]	Natur
nature reserve	Naturschutzgebiet
continent *n* ['kɒntɪnent]	Kontinent
chart *v* [tʃɑːt]	kartografisch erfassen
peak *n* [piːk]	Gipfel, Spitze
top *n* [tɒp]	Spitze
on top of; mountain top	auf der Spitze von; Berggipfel
range *n* [reɪnʤ]	Bergkette
rocky *adj* ['rɒki]	felsig, Felsen-
drop-off *n* ['drɒpɒf]	Steilabfall, Abhang
rugged *adj* ['rʌgɪd]	rauh; wild, zerklüftet
rugged terrain	zerklüftete Gelände
slope *n* [sləʊp]	Abhang, Hang
mound *n* [maʊnd]	Hügel; Haufen
huge mounds of earth	riesige Erdhügel
dip *n* [dɪp]	Bodensenke
glade *n* [gleɪd]	Lichtung
scenery *n* ['siːnəri]	Landschaft, Szenerie
bush *n* [bʊʃ]	Busch *(freies oder offenes Land)*
space *n* [speɪs]	Raum, Weltraum; weites, offenes Land
bottoms *n pl (AE)* ['bɒtəmz]	Ebene *(Flachland)*
sweep *n* [swiːp]	*sich weit ausdehnende Landschaft*

Unterwegs – Landschaften

3.Lj

heartland *n* ['hɑːtlænd]	*etwa:* Herz(stück) des Landes
spectacular *adj* [spek'tækjələʳ]	spektakulär
spectacular panorama	spektakulär Rundblick
idyllic *adj* [ɪ'dɪlɪk]	idyllisch
reservoir *n* ['rezəvwɑːʳ]	Reservoir
dam *n* [dæm]	Damm
geyser *n* ['gaɪzəʳ]	Geysir
canal *n* [kə'næl]	Kanal
source *n* [sɔːs]	Ursprung
the source of the Mississippi	der Ursprung des Mississippi
float *v* [fləʊt]	schweben, treiben
lap *v* [læp]	plätschern, schlagen
thunder *v* ['θʌndəʳ]	donnern
a thundering waterfall	ein donnernder Wasserfall
wind, wound, wound *v* [waɪnd, waʊnd]	sich schlängeln
a river winding down to the sea	ein Fluss, der sich zum Meer hinunterschlängelt
Atlantic *n; adj* [ət'læntɪk]	Atlantik
Atlantic Ocean	atlantischer Ozean
Pacific *n; adj* [pə'sɪfɪk]	Pazifik
Pacific Ocean	pazifischer Ozean
shore *n* [ʃɔːʳ]	Küste, Ufer
seashore *n* ['siːʃɔːʳ]	Strand
bay *n* [beɪ]	(Meeres-)Bucht
dune *n* [djuːn]	Düne
reef *n* [riːf]	Riff
coral reef	Korallenriff
cove *n* [kəʊv]	kleine Bucht
lakefront *n* ['leɪkfrʌnt]	Seeufer
bank *n* [bæŋk]	Ufer(-Böschung)
washed up on the bank	angespült ans Ufer
flood *v* [flʌd]	strömen
shallows *n pl* ['ʃæləʊz]	seichte Stelle, Untiefe
mud-puddle *n (BE)* ['mʌdpʌdl]	Schlammpfütze
badlands *n pl* ['bædlændz]	Ödland
The Badlands	*Gegend in South Dakota*
barren *adj* ['bærᵊn]	unfruchtbar, öde
a barren desert	eine unfruchtbare Wüste
desert *n* ['dezət]	Wüste

Flora und Fauna

animal *n* ['ænɪmᵊl]	Tier
wildlife animals	Wildtiere
plant *n* [plɑːnt]	Planze
life *n* [laɪf]	Leben
come to life	lebendig werden, erwachen
leaf, *pl* **leaves** *n* [liːf, liːvz]	Blatt, Blätter
clover leaf	Kleeblatt
flower *n* ['flaʊəʳ]	Blume
petal *n* ['petᵊl]	Blütenblatt
keep, kept, kept *v* [kiːp, kept]	(be)halten
keep a pet	ein Haustier halten
pet *n* [pet]	Haustier
cat *n* [kæt]	Katze
dog *n* [dɒg]	Hund
bark *v* [bɑːk]	bellen
sniff (at sth) *v* [snɪf]	schnuppern, (an etw) schnüffeln
feed, fed, fed *v* [fiːd, fed]	füttern
bird *n* [bɜːd]	Vogel
pony *n* ['pəʊni]	Pony
horse *n* [hɔːs]	Pferd
hamster *n* ['hæm(p)stəʳ]	Hamster
mouse, *pl* **mice** *n* [maʊs, maɪs]	Maus, Mäuse
rabbit *n* ['ræbɪt]	Kaninchen
fish *n sg + pl* [fɪʃ]	Fisch, Fische
freshwater fish	Süßwasserfisch(e)
vet, *abbrev of* **veterinary surgeon, veterinarian** *(AE) n* [vet, ˌvetᵊrɪnᵊri 'sɜːdʒᵊn, ˌvetᵊrɪ'neriən]	Tierarzt/-ärztin
chicken *n* ['tʃɪkɪn]	Huhn
chick *n* [tʃɪk]	Küken
goose, *pl* **geese** *n* [guːs, giːs]	Gans, Gänse
duck *n* [dʌk]	Ente
beetle *n* ['biːtl]	Käfer
feeler *n* ['fiːləʳ]	Fühler
crab *n* [kræb]	Krebs
frog *n* [frɒg]	Frosch
snake *n* [sneɪk]	Schlange

Unterwegs – Flora und Fauna

1.Lj

bear *n* [beəʳ]	Bär
lion *n* ['laɪən]	Löwe
tiger *n* ['taɪgəʳ]	Tiger
elephant *n* ['elɪfənt]	Elefant
seal *n* [siːl]	Robbe
monkey *n* ['mʌŋki]	Affe
tail *n* [teɪl]	Schwanz
hide, hid, hidden *v* [haɪd, hɪd, 'hɪdᵊn]	(sich) verstecken
hole *n* [həʊl]	Loch
dig a hole	ein Loch graben
zoo *n* [zuː]	Zoo
tree *n* [triː]	Baum
oak *n* [əʊk]	Eiche
acorn *n* [eɪ'kɔːn]	Eichel
nut *n* [nʌt]	Nuss
nutshell	Nussschale
walnut *n* ['wɔːlnʌt]	Walnuss
almond *n* ['ɑːmənd]	Mandel
almond blossom	Mandelblüte
hazelnut *n* ['heɪzᵊlˌnʌt]	Haselnuss
fruit *n* [fruːt]	Obst

INFO

fruit (= *Obst; Früchte*) wird in der Einzahl gebraucht: *I like fresh fruit with my muesli; The old pear tree still produces fruit;*
fruits wird für verschiedene Obstsorten gebraucht: *Kate likes apples, bananas, cherries and other fruits.*

1.Lj

grow, grew, grown *v* [grəʊ, gruː, grəʊn]	wachsen, (an)pflanzen

2.Lj

creature *n* ['kriːtʃəʳ]	Kreatur, Wesen
a mythical creature	ein mythisches Wesen
dragon *n* ['drægᵊn]	Drache
monster *n* ['mɒn(t)stəʳ]	Monster, Ungeheuer
maritime *adj* ['mærɪtaɪm]	Meeres-

Unterwegs – Flora und Fauna

wild *adj* [waɪld]	wild
wild sanctuary	Naturschutzgebiet
tame *adj* [teɪm]	zahm
fierce *adj* [fɪəs]	wild, grimmig
live, alive *adj* [laɪv, ə'laɪv]	lebend
live animals; be alive	lebende Tiere; am Leben sein
grounds *n sg + pl* [graʊndz]	Revier; Gelände
roam *v* [rəʊm]	herumwandern
trail *n* [treɪl]	Pfad, Weg; Spur
leave a trail	eine Spur hinterlassen
louse *pl* **lice** *n* [laʊs, laɪs]	Laus, Läuse
fly *n* [flaɪ]	Fliege
ant *n* [ænt]	Ameise
spider *n* ['spaɪdəʳ]	Spinne
spider's web	Spinnennetz
paw *n* [pɔː]	Pfote
whiskers *n pl* ['(h)wɪskəʳz]	Bart; Schnurrhaare *(von Katzen)*
claw *n* [klɔː]	Kralle, Klaue
hide *n* [haɪd]	Tierhaut, -fell
blade *n* [bleɪd]	Halm
a blade of grass	ein Grashalm
rose *n* [rəʊz]	Rose
tulip *n* ['tjuːlɪp]	Tulpe
lily *n* ['lɪli]	Lilie
geranium *n* [dʒə'reɪniəm]	Geranie
sunflower *n* ['sʌnˌflaʊəʳ]	Sonnenblume
herbs *n pl* [hɜːbz]	Kräuter
vegetable *n* ['vedʒtəbl]	Gemüse
vine *n* [vaɪn]	Rebe
grapevine	Weinrebe, Weinstock
grain *n* [greɪn]	Getreide, Korn
take sth with a grain of salt	*etw* nicht für bare Münze nehmen
grass *n* [grɑːs]	Gras
grasslands	Grasprärie
bush *n* [bʊʃ]	Busch
redwood *n* ['redwʊd]	Baumart
fern *n* [fɜːn]	Farn
stump *n* [stʌmp]	Stumpf
tree stump	Baumstumpf

Unterwegs – Flora und Fauna

2.Lj

branch *n* [brɑːn(t)ʃ]	Zweige, Ast
bark *n* [bɑːk]	Rinde
stem *n* [stem]	Stiel
bamboo *n* [bæm'buː]	Bambus
bamboo shoot	Bambusrohr
cactus *n* ['kæktəs]	Kaktus
eagle *n* ['iːgl]	Adler
pigeon *n* ['pɪʤən]	Taube
rat *n* [ræt]	Ratte
buffalo *n* ['bʌfᵊləʊ]	Büffel, Bison
deer *n* *sg + pl* [dɪəʳ]	Reh, Rehe, Hirsch, Hirsche; Rotwild
mule *n* [mjuːl]	Maulesel
gorilla *n* [gə'rɪlə]	Gorilla
alligator *n* ['ælɪgeɪtəʳ]	Alligator
crocodile *n* ['krɒkədaɪl]	Krokodil
vulture *n* ['vʌltʃəʳ]	Geier

3.Lj

insect *n* ['ɪnsekt]	Insekt
bee *n* [biː]	Biene
beehive	Bienenstock
hive *n* [haɪv]	Bienenkorb, Bienenstock
nest *n; v* [nest]	Nest; einnisten
nesting area	Vogelbrutgebiet
egg *n* [eg]	Ei
woodpecker *n* ['wʊdpekəʳ]	Specht
butterfly *n* ['bʌtəflaɪ]	Schmetterling
tadpole *n* ['tædpəʊl]	Kaulquappe
cocoon *n* [kə'kuːn]	Hülle, Kokon
worm *n* [wɜːm]	Wurm
earthworm	Regenwurm
caterpillar *n* ['kætəpɪləʳ]	Raupe
moth *n* [mɒθ]	Nachtfalter, Motte
cricket *n* ['krɪkɪt]	Heuschrecke
wood tick *n* ['wʊd tɪk]	Zecke
fox *n* [fɒks]	Fuchs
pup *n* [pʌp]	Welpe, junger Hund
grown *adj* [grəʊn]	erwachsen
fully grown	ausgewachsen
hound *n* [haʊnd]	(Jagd-)Hund

feed *n* [fiːd]	Futter
hatch *v* [hætʃ]	(aus)brüten
crawl *v* [krɔːl]	kriechen
waddle *v* ['wɒdl]	watscheln
wade *v* [weɪd]	waten
refuge *n* ['refjuːdʒ]	Zuflucht(sort)
instinct *n* ['ɪnstɪŋ(k)t]	Instinkt
killer instinct	Instinkt zum Töten, Killerinstinkt
adapt *v* [ə'dæpt]	(sich) anpassen
eel *n* [iːl]	Aal
whale *n* [(h)weɪl]	Wal
killer whale	Schwertwal, Killerwal
dolphin *n* ['dɒlfɪn]	Delfin
monstrous *adj* ['mɒn(t)strəs]	monströs, grässlich
shark *n* [ʃɑːk]	Hai
bite, bit, bitten *v* [baɪt, bɪt, 'bɪtᵊn]	beißen
exotic *adj* [ɪg'zɒtɪk]	exotisch
koala *n* [kəʊ'ɑːlə]	Koala(bär)
kangaroo *n* [ˌkæŋgᵊr'uː]	Känguruh
lizard *n* ['lɪzəd]	Echse, Eidechse
parrot *n* ['pærət]	Papagei
scavenger *n* ['skævɪndʒəʳ]	Aasgeier
seagull *n* ['siːgʌl]	Möwe
migrant *adj* ['maɪgrᵊnt]	Wander-
migrant bird	Zugvogel
wing *n* [wɪŋ]	Flügel
feather *n* ['feðəʳ]	Feder
fur *n* [fɜːʳ]	Fell, Pelz
squirrel *n* ['skwɪrᵊl]	Eichhörnchen
mushroom *n* ['mʌʃrʊm]	Pilz
shamrock *n* ['ʃæmrɒk]	Klee(blatt)
dandelion *n* ['dændɪlaɪən]	Löwenzahn
pansy *n* ['pænzi]	Stiefmütterchen
daffodil *n* ['dæfədɪl]	Osterglocke
spearmint *n* ['spɪəʳmɪnt]	Grüne Minze
citrus *n; adj* ['sɪtrəs]	Zitruspflanze; Zitronen-
flourishing *n* ['flʌrɪʃɪŋ]	Blüte, Aufblühen
bloom *v* [bluːm]	blühen
bulb *n* [bʌlb]	(Blumen-)Zwiebel

Unterwegs – Das Wetter

3.Lj

seed *n* [siːd]	Samen
root *n* [ruːt]	Wurzel
berry *n* ['beri]	Beere
strawberry; raspberry	Erdbeere; Himbeere

Das Wetter

1.Lj

weather *n* ['weðəʳ]	Wetter
weather forecast/report	Wetterbericht
change *v* [tʃeɪndʒ]	(sich) ändern, verändern, wechseln
sudden change in the weather	Wetterumschlag
will *v irr* [wɪl]	werden *(Hilfsverb)*
tomorrow will be hot and sunny	es wird morgen heiß und sonnig sein
sunny *adj* ['sʌni]	sonnig
hot *adj* [hɒt]	heiß
warm *adj* [wɔːm]	warm
warm breeze	warmer, leichter Wind
dry *adj* [draɪ]	trocken
dry spell	Trockenheit, Trockenperiode
cold *adj* [kəʊld]	kalt
low *adj; n* [ləʊ]	tief; Tiefdruckgebiet
low-pressure; low visibility	Tiefdruck; schlechte Sicht
high *adj; n* [haɪ]	hoch; Hochdruckgebiet
high humidity; high- pressure; high winds	hohe Luftfeuchtigkeit; Hochdruck; starker Wind
wet *adj* [wet]	nass, feucht
snow *n* [snəʊ]	Schnee
storm *n; v* [stɔːm]	Sturm; stürmen
cloud *n* [klaʊd]	Wolke
not a cloud in the sky; cloudburst	wolkenlos; Wolkenbruch
drop *n* [drɒp]	Tropfen
lightning *n* ['laɪtnɪŋ]	Blitzen
a lightning flash	ein Blitz
rain *n; v* [reɪn]	Regen; regnen
It's raining cats and dogs. *(idiom)*	*etwa*: Es regnet in Strömen.
thunder *n; v* ['θʌndəʳ]	Donner; donnern
thunderstorm *n* ['θʌndəʳstɔːm]	Gewitter
blow, blew, blown *v* [bləʊ, bluː, bləʊn]	blasen, pfeifen

Unterwegs – Das Wetter

1.Lj

windy *adj* ['wɪndi]	windig
spring *n* [sprɪŋ]	Frühling
summer *n* ['sʌməʳ]	Sommer
autumn, fall *(AE) n* ['ɔːtəm, fɔːl]	Herbst
winter *n* ['wɪntəʳ]	Winter
zone *n* [zəʊn]	Zone, Bereich
climatic zone	Klimazone

2.Lj

sky *n* [skaɪ]	Himmel
clear sky	klarer Himmel
calm *adj* [kɑːm]	ruhig, windstill
clear *adj; v* [klɪəʳ]	klar; (sich) auflösen
changeable *adj* ['tʃeɪndʒəbl]	wechselhaft
rough *adj* [rʌf]	rau, stürmisch
damp *adj* [dæmp]	feucht
air *n* [eəʳ]	Luft
damp air	feuchte Luft
rainy *adj* ['reɪni]	regnerisch
rainy season	regnerische Jahreszeit
stormy *adj* ['stɔːmi]	stürmisch
cloudy *adj* ['klaʊdi]	bewölkt
partly cloudy	teilweise bewölkt
showery *adj* ['ʃaʊəri]	regnerisch
showers *n pl* ['ʃaʊəʳz]	(Regen-)Schauer
rainstorm *n* ['reɪnstɔːm]	Unwetter, Regenguss
strike, struck, struck *v* [straɪk, strʌk]	treffen, (er)schlagen
be struck by lightning	vom Blitz erschlagen werden
flood *n* [flʌd]	Flut, Überschwemmung
hail *n* [heɪl]	Hagel
hailstorm	Hagelsturm
sun *n* [sʌn]	Sonne
shine, shone, shone *v* [ʃaɪn, ʃɒn]	scheinen, leuchten
moonlight *n* ['muːnlaɪt]	Mondlicht
sunshine *n* ['sʌnʃaɪn]	Sonnenschein
snow *v* [snəʊ]	schneien
wind *n* [wɪnd]	Wind
winds are picking up	der Wind frischt auf
avalanche *n* ['ævᵊlɑːn(t)ʃ]	Schneelawine
ice *n* [aɪs]	Eis

Unterwegs – Das Wetter

2.Lj	**chill** *v; adj* [tʃɪl]	kühlen; kühl
	below *prep* [bɪ'ləʊ]	unten, unter
	above/below zero	über/unter Null
3.Lj	**breeze** *n* [bri:z]	Brise
	climate *n* ['klaɪmət]	Klima
	mild climate	mildes Klima
	tropic, tropical *adj* ['trɒpɪk, 'trɒpɪkᵊl]	tropisch
	tropical climate	tropisches Klima
	heat *n* [hi:t]	Hitze
	heat wave	Hitzewelle
	humid *adj* ['hju:mɪd]	schwül
	cool *adj* [ku:l]	kühl
	chilly *adj* ['tʃɪli]	kühl, frisch
	extreme *adj* [ɪk'stri:m]	äußerst, extrem, besonders, sehr
	extreme weather conditions	extreme Wetterbedingungen
	fierce *adj* [fɪəs]	heftig
	a fierce storm	ein heftiger Sturm
	hideous *adj* ['hɪdiəs]	grauenhaft, scheußlich
	hideous weather	scheußliches Wetter
	fine *adj* [faɪn]	fein, schön
	the weather's fine	das Wetter ist schön
	sunlight *n* ['sʌnlaɪt]	Sonnenlicht
	shadow *n* ['ʃædəʊ]	Schatten
	shade *n* [ʃeɪd]	Schatten, schattige Stelle
	in the shade	im Schatten
	moon *n* [mu:n]	Mond
	temperature *n* ['temprətʃə']	Temperatur
	dropping temperatures	sinkende Temperaturen
	degree *n* [dɪ'gri:]	Grad *(Temperatur)*
	degree centigrade/Celsius (°C); degree Fahrenheit (°F)	Grad Celsius; Grad Fahrenheit *(umrechnen in °C: 32 abziehen, mit 5 multiplizieren und durch 9 teilen)*
	minimum *adj* ['mɪnɪməm]	Mindest-, niedrigst, minimal
	minimum temperature	Tiefsttemperatur
	maximum *adj* ['mæksɪməm]	Höchst-, höchst, maximal
	maximum temperature	Höchsttemperatur
	rise, rose, risen *v* [raɪz, rəʊz, 'rɪzᵊn]	sich erheben, emporsteigen, aufgehen
	the sun will rise at 7 o'clock	die Sonne geht um 7 Uhr auf

3.Lj

freeze, froze, frozen *v* [friːz, frəʊz, frəʊzᵊn]	(er-)frieren, gefrieren
cold *n* [kəʊld]	Kälte
flake *n* [fleɪk]	Flocke
snowflake	Schneeflocke
frost *n* [frɒst]	Frost
melt *v* [melt]	schmelzen
pressure *n* ['preʃəʳ]	Druck
atmospheric pressure	Luftdruck
thermal *n* ['θɜːmᵊl]	Thermik
be about to do sth, was/were, been *v* [biː ə'baʊt tə ˌduː, wɑz/wɜːʳ, biːn]	im Begriff sein/gerade dabei sein, etw zu tun
It's about to rain.	Es regnet gleich.
expect *v* [ɪk'spekt]	erwarten
hurricane *n* ['hʌrɪkən]	Hurrikan, Orkan
warning *n* ['wɔːnɪŋ]	Warnung
tornado *n* [tɔː'neɪdəʊ]	Wirbelsturm
flash *v; adj* [flæʃ]	aufblitzen; blitzschnell
high tide *n* ['haɪ taɪd]	Flut, Hochwasser
pour *v* [pɔːʳ]	gießen
it's pouring rain	es gießt
permit *v* [pə'mɪt]	erlauben
weather permitting	je nach Wetterlage, wenn das Wetter es zuläßt

Umweltschutz

1.Lj

rubbish *(BE)*, **trash/garbage** *(AE) n* ['rʌbɪʃ, træʃ, 'gɑːbɪdʒ]	Abfall, Müll
waste *n* [weɪst]	Abfall
water *n* ['wɔːtəʳ]	Wasser
dirty water; wastewater	Abwasser
die, died, died *v* [daɪ, daɪd]	sterben
die out, die off	aussterben

2.Lj

bottle bank *n* [ˌbɒtl 'bæŋk]	Glascontainer
avoid *v* [ə'vɔɪd]	(ver)meiden; ausweichen
energy *n* ['enədʒi]	Energie
conserve energy	Energie sparen

Unterwegs – Umweltschutz

2.Lj

waste *v* [weɪst]	verschwenden
waste energy/water	Wasser/Energie verschwenden
environment *n* [ɪn'vaɪ(ə)rᵊnmənt]	Umwelt
pollution *n* [pə'luːʃᵊn]	Verschmutzung
pollute *v* [pə'luːt]	verschmutzen
air *n* [eəʳ]	Luft
air pollution	Luftverschmutzung
limit *n* ['lɪmɪt]	Beschränkung, Grenzwert
regulate *v* ['regjəleɪt]	regulieren
exist *v* [ɪg'zɪst]	existieren
existing regulations are not enough	existierende Grenzwerte sind nicht ausreichend
protect *v* [prə'tekt]	(be)schützen
protect the rain forest	den Regenwald schützen
recycle *v* [rɪ'saɪkl]	wieder verwenden
management *n* ['mænɪdʒmənt]	Management, Leitung
waste management	Abfallbewirtschaftung
unpredictable *adj* [ˌʌnprɪ'dɪktəbl]	unvorhersagbar
unpredictable effects	unvorhersagbare Auswirkungen
effect *n* [ɪ'fekt]	Wirkung, Resultat
have no/an effect; be of effect	keine/eine Wirkung haben; Wirkung zeigen, wirksam sein
melt *v* [melt]	schmelzen
melting away of the icecaps	Abschmelzen der Polkappen
atmosphere *n* ['ætməsfɪəʳ]	Atmosphäre
natural *adj* ['nætʃᵊrᵊl]	natürlich
natural resources	natürliche Rohstoffe
nature *n* ['neɪtʃəʳ]	Natur
Mother Nature	Mutter Natur
ranger *n* ['reɪndʒəʳ]	Aufseher(in), Ranger(in)
park ranger	Aufseher(in) eines Nationalparks
species *n sg + pl* ['spiːʃiːz]	(Tier-/Pflanzen-)Art, Arten
drive off, drove, driven *v* [draɪv 'ɒf, drəʊv, 'drɪvᵊn]	vertreiben
animals are driven off their grounds	Tiere werden aus ihren Revieren vertrieben
hunt *v* [hʌnt]	jagen

3.Lj

electricity *n* [ˌelɪk'trɪsəti]	Strom, Elektrizität
green electricity	grüner Strom *(d. h. umweltfreundlich erzeugt)*
dam *n* [dæm]	Damm

Unterwegs – Umweltschutz

power *n* ['paʊəʳ]	Energie
wind power; solar power	Windenergie; Solarenergie
power station/plant *n* [ˌpaʊəʳ'steɪʃᵊn/'plɑːnt]	Kraftwerk
nuclear power plant	Atomkraftwerk
nuclear power *n* [ˌnjuːkliəʳ'paʊəʳ]	Kernkraft, Atomkraft
invisibility *n* [ɪnˌvɪzə'bɪləti]	Unsichtbarkeit
invisibility of effects	Unsichtbarkeit der Auswirkungen
industrial *adj* [ɪn'dʌstriəl]	industriell, Industrie-
massive *adj* ['mæsɪv]	riesig, Riesen-
have massive effects on the environment	massive Auswirkungen auf die Umwelt haben
mark *n* [mɑːk]	Spur
leave marks	Spuren hinterlassen
oxygen *n* ['ɒksɪʤən]	Sauerstoff
unexploited *adj* [ˌʌnɪk'splɔɪtɪd]	ursprünglich, unverdorben
preserve unexploited areas	ursprünglich gebliebene Gebiete bewahren
commissioner *n* [kə'mɪʃᵊnəʳ]	Leiter(in), Verwalter(in)
parks commissioner	Parkverwalter(in)
hunt *n* [hʌnt]	Jagd
whale hunting	Walfang
wildlife *n* ['waɪldlaɪf]	wild lebende Tiere
wildlife conservation	Artenschutz
capture *v* ['kæptʃəʳ]	einfangen
capture endangered animals	gefährdete Tiere fangen
disappearance *n* [ˌdɪsə'pɪərᵊn(t)s]	Verschwinden
environmental *adj* [ɪnˌvaɪ(ə)rᵊn'mentᵊl]	Umwelt-
environmental issues; Environmental Protection Agency *(AE)*	Umweltfragen; Umweltschutzbehörde
contamination *n* [kənˌtæmɪ'neɪʃᵊn]	Verseuchung, Vergiftung; Kontamination
radioactive contamination; asbestos contamination	Strahlenverseuchung; Asbestverseuchung
contaminate *v* [kən'tæmɪneɪt]	vergiften
oil spill *n* ['ɔɪlspɪl]	Ölteppich
pest *n* [pest]	Plage
tip *n* [tɪp]	(Müll-)Kippe
a rubbish tip *(BE)*	eine Müllkippe
landfills *n pl* ['lændfɪlz]	Deponie
reduce landfills; landfill sites	Deponien reduzieren; Deponien
foul *adj* [faʊl]	stinkend, übelriechend

In der Gesellschaft leben – Politik und Staat

Staatsform und Verfassung

1.Lj

people *n* ['pi:pl]	Volk
free *adj* [fri:]	frei
free state/nation	freier Staat
lady *n* ['leɪdi]	Adlige, Lady
lord *n* [lɔ:d]	Adliger, Lord

2.Lj

nation *n* ['neɪʃ^ən]	Nation
state *n* [steɪt]	Staat
type of state; head of state; the State of Montana	Staatsform; Staatsoberhaupt; der (US-Bundes-) Staat Montana
independence *n* [ˌɪndɪ'pendən(t)s]	Unabhängigkeit
government *(BE)*, **administration** *(AE) n* ['gʌvᵊnmənt, ədˌmɪnɪ'streɪʃᵊn]	Regierung
system *n* ['sɪstəm]	System
system of government	Regierungssystem
separation *n* [ˌsepᵊr'eɪʃᵊn]	Teilung, Trennung
separation of powers	Gewaltenteilung
law *n* [lɔ:]	Gesetz
federal or state law *(AE)*; tax law	Bundes- oder Landesgesetz; Steuergesetz
outlaw *v* ['aʊtlɔ:]	verbieten, für ungesetzlich erklären
allow *v* [ə'laʊ]	erlauben, zulassen
right *n* [raɪt]	Recht
by rights	rechtmäßig, von Rechts wegen
human *adj* ['hju:mən]	menschlich
the human race; human rights	die Menschheit; Menschenrechte
freedom *n* ['fri:dəm]	Freiheit
freedom of assembly; freedom of the press	Versammlungsfreiheit; Pressefreiheit
office *n* ['ɒfɪs]	Amt
be in office; the office of ...	im Amt sein, amtieren; das Amt von/des ...
swear, swore, sworn *v* [sweəʳ, swɔ:ʳ, swɔ:n]	schwören
swear on the Bible; swear sb in	auf die Bibel schwören; vereidigen
public *adj* ['pʌblɪk]	öffentlich
public opinion; public services	öffentliche Meinung; staatliche Dienstleistungen
private *adj* ['praɪvɪt]	privat, Privat-
private citizen	Privatperson

In der Gesellschaft leben – Staatsform und Verfassung

2.Lj

president *n* ['prezɪdᵊnt]	Präsident(in)
the US President; Vice President	der Präsident der Vereinigten Staaten (von Amerika); Vizepräsident(in)
crown *n* [kraʊn]	Krone
the Crown	die Krone, das Königshaus
prince *n* [prɪn(t)s]	Prinz
princess *n* [prɪn'ses]	Prinzessin
queen *n* [kwiːn]	Königin
king *n* [kɪŋ]	König
kingdom *n* ['kɪŋdəm]	Königreich
royal *adj* ['rɔɪəl]	königlich
the Royals	*die Mitglieder der engl. Königsfamilie (ugs)*
emperor *n* ['empᵊrəʳ]	Kaiser(in), Herrscher(in)
empire *n* ['empaɪəʳ]	Kaiserreich, Weltreich
the British Empire	das Britische Weltreich
colony *n* ['kɒləni]	Kolonie

3.Lj

burgess *n* ['bɜːges]	freie(r) Bürger(in)
citizen *n* ['sɪtɪzᵊn]	Bürger(in), Staatsangehörige(r)
an American citizen; a citizen of	ein(e) amerikanische(r) (Staats-)Bürger(in); ein(e) Bürger(in) von
public *n* ['pʌblɪk]	Öffentlichkeit
public opinion; public service	die öffentliche Meinung; öffentlicher Dienst
noble *n* ['nəʊbl]	Adelige(r)
imperial *adj* [ɪm'pɪəriəl]	kaiserlich, Kaiser-
monarch *n* ['mɒnək]	Monarch(in)
monarchy *n* ['mɒnəki]	Monarchie
democracy *n* [dɪ'mɒkrəsi]	Demokratie
republican *adj* [rɪ'pʌblɪkən]	republikanisch
democratic *adj* [ˌdemə'krætɪk]	demokratisch
independent *adj* [ˌɪndɪ'pendənt]	unabhängig
union *n* ['juːnjən]	Vereinigung, Union
authority *n* [ɔː'θɒrəti]	Autorität, Amts-/Befehlsgewalt; Behörde
governor *n* ['gʌvᵊnəʳ]	Gouverneur(in)
Governor of California *(AE)*	Gouverneur(in) des Staates Kalifornien
vice- *det* [vaɪs]	Vize-
(madam) vice-president; vice-chairman/ -woman/-person	Vizepräsident(in); stellvertretende(r) Vorsitzende(r)

In der Gesellschaft leben – Staatsform und Verfassung

3.Lj

minister *n* ['mɪnɪstəʳ]	Minister(in)
prime minister	Premierminister(in)
secretary *n* ['sekrətᵊri]	Sekretär(in); Minister(in)
permanent secretary *(BE)*, undersecretary *(AE)*	Staatssekretär(in)
appoint *v* [ə'pɔɪnt]	ernennen
appointed by the Crown	von der Krone ernannt
appointment *n* [ə'pɔɪntmənt]	Ernennung, Berufung
by appointment	mit Voranmeldung, nach Vereinbarung
impeach *v* [ɪm'piːtʃ]	anklagen *(zum Zweck der Amtsenthebung)*
veto *v; n* ['viːtəʊ]	Veto einlegen; Veto
civil *adj* ['sɪvᵊl]	öffentlich, staatlich
civil rights *(pl)*	Bürgerrechte, bürgerliche Rechte
liberty *n* ['lɪbəti]	Freiheit
civil liberties *(pl)*; liberty of speech	bürgerliche (Ehren-)Rechte; Redefreiheit
equality *n* [ɪ'kwɒləti]	Gleichheit
justice *n* ['dʒʌstɪs]	Gerechtigkeit, Recht
do justice to sb	gerecht sein gegenüber jdm
elect *v* [ɪ'lekt]	in ein Amt wählen
House of Commons *n (BE)* [ˌhaʊs əv 'kɒmənz]	*Unterhaus des britischen Parlaments*
House of Lords *n (BE)* [ˌhaʊs əv 'lɔːdz]	*Oberhaus des britischen Parlaments*
parliament *n* ['pɑːləmənt]	Parlament
MP *abbrev of* Member of Parliament *(BE)*	*Mitglied des britischen Unterhauses*
Congress *n* ['kɒŋgres]	der amerikanische Kongress
Congressman/-woman	*Mitglied des amerikanischen Kongresses*
representation *n* [ˌreprɪzen'teɪʃᵊn]	Vertretung *(z. B. im Parlament)*; Mitspracherecht
represent *v* [ˌreprɪ'zent]	vertreten; repräsentieren
representative *n* [ˌreprɪ'zentətɪv]	Abgeordnete(r); Repräsentant(in)
House of Representatives *n (AE)* [ˌhaʊs əv reprɪ'zentətɪvz]	Repräsentantenhaus, Unterhaus des US-Kongresses
senator *n* ['senətəʳ]	Senator(in)
Senate *n (AE)* ['senɪt]	Senat, Oberhaus des US-Kongresses
declaration *n* [ˌdeklə'reɪʃᵊn]	Erklärung
the Declaration of Independence	die amerikanische Unabhängigkeitserklärung *(1776)*
bill *n* [bɪl]	Gesetz(esentwurf)
the Bill of Rights; pass a bill	Bill of Rights *(amerikanischer Verfassungszusatz über die Grundrechte)*; eine Gesetzesvorlage verabschieden

3.Lj

unalienable *adj* [ʌn'eɪliənəbl]	unveräußerlich
unalienable rights	unveräußerliche Rechte *(Bestandteil der amerikanischen Unabhängigkeitserklärung)*
constitution *n* [ˌkɒn(t)stɪ'tjuːʃᵊn]	Verfassung
constitutional *adj* [ˌkɒn(t)stɪ'tjuːʃᵊnᵊl]	verfassungsmäßig
constitutional monarchy; constitutional law	konstitutionelle Monarchie; Staatsrecht
unconstitutional *adj* [ʌnˌkɒn(t)stɪ'tjuːʃᵊnᵊl]	verfassungswidrig
legislation *n* [ˌledʒɪ'sleɪʃᵊn]	Gesetzgebung; Gesetze
force *n* [fɔːs]	Macht
come into/be in force	rechtskräftig werden/sein
permit *v* [pə'mɪt]	gestatten, erlauben
entitle *v* [ɪn'taɪtl]	berechtigen
abolish *v* [ə'bɒlɪʃ]	abschaffen, aufheben
ban *n; v* [bæn]	Verbot; verbieten
a ban on sth/smoking	ein Verbot von etw/Rauchverbot
court *n* [kɔːt]	Gericht
High Court of Justice *(BE)*/Supreme Court *(AE)*	Oberster Gerichtshof

Regierung und Opposition

1.Lj

member *n* ['membəʳ]	Mitglied
party member	Parteimitglied
green *adj; n* [griːn]	grün; Grüne(r)
the Green Party	die Grüne Partei

2.Lj

government *(BE)*, **administration** *(AE) n* ['gʌvᵊnmənt, ədˌmɪnɪ'streɪʃᵊn]	Regierung
form *v* [fɔːm]	formen, bilden
form a government	eine Regierung formen
leader *n* ['liːdəʳ]	Leiter(in), Führer(in)
party leader	Parteichef(in)
opponent *n* [ə'pəʊnənt]	Gegner(in)
statement *n* ['steɪtmənt]	Aussage
speech *n* [spiːtʃ]	Rede
give/make a speech	eine Rede halten
agree *v* [ə'griː]	zustimmen, der gleichen Meinung sein

Thematisches Wörterbuch

In der Gesellschaft leben – Regierung und Opposition

2.Lj	**strife** *n* [straɪf]	Unfriede, Konflikt
	political strife *(between two groups or people)*	politischer Konflikt *(zwischen zwei Gruppen oder Personen)*
	argue *v* ['ɑːgjuː]	argumentieren; streiten
	politician *n* [ˌpɒlɪ'tɪʃᵊn]	Politiker(in)
3.Lj	**politics** *n sg* ['pɒlətɪks]	(die) Politik
	green politics	Umweltpolitik
	political *adj* [pə'lɪtɪkᵊl]	politisch
	party *n* ['pɑːti]	Partei
	party politics	Parteipolitik
	labour *n* ['leɪbəʳ]	Arbeitskräfte, (die) Arbeitnehmer
	the Labour Party *(BE)*	die Labour-Partei *(von Großbritannien)*
	Tory *n; adj (BE)* ['tɔːri]	Tory, Konservative(r); konservativ
	conservative *adj; n* [kən'sɜːvətɪv]	konservativ; Konservative(r)
	the Conservative Party *(BE)*	die Konservative Partei *(von Großbritannien)*
	liberal *adj; n* ['lɪbərəl]	liberal; Liberale(r)
	the Liberal Democratic Party *(BE)*; the Liberal Democrats	die Liberaldemokratische Partei *(in Großbritannien)*; die Liberaldemokraten *(von Großbritannien)*
	republican *adj; n* [rɪ'pʌblɪkən]	republikanisch; Republikaner(in)
	the Republican Party *(AE)*; the Republicans *(pl AE)*	die Republikanische Partei *(in den USA)*; die Republikaner *(Mitglieder der Republikanischen Partei der USA)*
	democratic *adj* [ˌdemə'krætɪk]	demokratisch
	the Democratic Party *(AE)*	die Demokratische Partei *(in den USA)*
	democrat *n* ['deməkræt]	Demokrat(in)
	the Democrats *(AE)*	die Demokraten *(Mitglieder der Demokratischen Partei der USA)*
	candidate *n* ['kændɪdət]	Kandidat(in)
	presidential candidate	Präsidentschaftskandidat(in)
	support *n; v* [sə'pɔːt]	Unterstützung; (unter)stützen
	support sb in sth	jdn bei etw unterstützen
	supporter *n* [sə'pɔːtəʳ]	Anhänger(in), Befürworter(in)
	strong/firm supporter	starke(r) Befürworter(in)
	election *n* [ɪ'lekʃən]	Wahl
	hold elections	Wahlen abhalten
	campaign *n* [kæm'peɪn]	Kampagne, Aktion
	election campaign	Wahlkampf/-kampagne

3.Lj

vote *n* [vəʊt]	(Wähler-)Stimme
take a vote (on sth)	abstimmen (über etw)
voter *n* ['vəʊtəʳ]	Wähler(in), Wahlberechtigte(r)
vote (for) *v* ['vəʊt fɔːʳ]	wählen, die Stimme abgeben (für jdn/etw)
constituency *n* [kən'stɪtjuən(t)si]	Wahlkreis
majority *n* [mə'dʒɒrəti]	Mehrheit
minority *n* [maɪ'nɒrəti]	Minderheit
poll *n* [pəʊl]	Wahl, Abstimmung; (Meinungs-)Umfrage
go to the polls; a public opinion poll	zur Wahl gehen; eine Umfrage zur öffentlichen Meinung
power *n* ['paʊəʳ]	Macht
come to power; be in power	an die Macht kommen; an der Macht sein
elect *v* [ɪ'lekt]	in ein Amt wählen
drop *v* [drɒp]	abwählen
opposition *n* [ɒpə'zɪʃᵊn]	Opposition
oppose *v* [ə'pəʊz]	ablehnen
wing *n* [wɪŋ]	Flügel; Seite
right-wing; left-wing	(politisch) rechts; (politisch) links
defeat *n* [dɪ'fiːt]	Niederlage
address *v* [ə'dres]	sprechen zu

Sozialstaat und Steuern

1.Lj

(the) **rich** *adj; n pl* [rɪtʃ]	reich; die Reichen
the rich pay more taxes	die Reichen zahlen mehr Steuern
(the) **poor** *adj; n pl* [pɔːʳ]	arm; die Armen
care for the poor	für die Armen sorgen

2.Lj

system *n* ['sɪstəm]	System
middle class *n* ['mɪdl ˌklɑːs]	Mittelstand, Mittelschicht
upper/lower middle class	obere/untere Mittelschicht *(der Gesellschaft)*
leave free, left, left *v* [liːv 'friː, left]	frei lassen, offen lassen
leave free a line	eine Zeile frei lassen

3.Lj

income *n* ['ɪŋkʌm]	Einkommen
income tax; income support *(BE)*, welfare (support) *(AE)*	Einkommenssteuer; Sozialhilfe

In der Gesellschaft leben – Sozialstaat und Steuern

3.Lj

comfortable *adj* ['kʌm(p)ftəbl]	wohlhabend, gut situiert
limit *v* ['lɪmɪt]	begrenzen
benefit *n* ['benɪfɪt]	Unterstützung, Beihilfe; Nutzen
for public benefit; sickness/unemployment benefit	im öffentlichen Interesse; Kranken-/ Arbeitslosengeld
tax *n* [tæks]	Steuer
pay tax *(sg)*; after/before tax; collect taxes; property tax	Steuern zahlen; nach/vor Abzug der Steuern; Steuern eintreiben; Vermögenssteuer
taxpayer *n* ['tækspeɪəʳ]	Steuerzahler
taxable *adj* ['tæksəbl]	steuerpflichtig
tax refund, tax rebate *n* ['tæks ˌriː fʌnd, 'tæks ˌriːbeɪt]	Steuerrückerstattung
tax collector *n* ['tæks kəˌlektəʳ]	Steuerbeamter/-beamtin
prepare *v* [prɪ'peəʳ]	*(die Steuererklärung)* vorbereiten, machen
tax preparer	Person, die bei der Steuererklärung hilft; Steuerberater(in)
raise *v* [reɪz]	anheben, erhöhen, steigen lassen
raise taxes	Steuern anheben
raised *adj* [reɪzd]	angehoben
necessity *n* [nə'sesəti]	Notwendigkeit
the bare necessities of life	die lebensnotwendigen Dinge
living *n* ['lɪvɪŋ]	Lebensunterhalt
earn/make a living	sich seinen Lebensunterhalt verdienen
standard of living *n idiom* [ˌstændəd əv 'lɪvɪŋ]	Lebensstandard
amount *n* [ə'maʊnt]	Menge
tax-free amount, tax exemption *(AE)*	Steuerfreibetrag
declaration *n* [ˌdeklə'reɪʃᵊn]	Erklärung
tax declaration *(BE)*, tax return *(AE)*	Steuererklärung
taxation *n* [tæk'seɪʃᵊn]	Besteuerung
be required to, was/were, been *v* [biː rɪ'kwaɪəʳd tu, wɒz/wɜːʳ, biːn]	verpflichtet sein, etw zu tun
citizens are required to pay taxes	(alle) Bürger müssen Steuern bezahlen

In der Gesellschaft leben – Innen- und Außenpolitik

Innen- und Außenpolitik

3.Lj

country *n* ['kʌntri]	Land
home *adj*	einheimisch, inländisch, Heimat-
home country	Heimatland
speak, spoke, spoken *v* [spiːk, spəʊk, spəʊkᵊn]	sprechen
speak in parliament	im Parlament sprechen
assembly *n* [ə'sembli]	Versammlung
general assembly	Vollversammlung
member *n* ['membəʳ]	Mitglied
MP *abbrev of* Member of Parliament *(BE)*	Parlamentsabgeordnete(r)

2.Lj

nation *n* ['neɪʃᵊn]	Nationv
national *adj* ['næʃᵊnᵊl]	national, National-
international *adj* [ˌɪntə'næʃənəl]	international
European *adj; n* [ˌjʊərə'piən]	europäisch, Europa-; Europäer(in)
the European Union/Parliament	die Europäische Union/das Europaparlament
organization, organisation *n* [ˌɔːgᵊnaɪ'zeiʃᵊn]	Organisation
the United Nations Organization (UN)	die Vereinten Nationen (UN, UNO)
conference *n* ['kɒnfᵊrᵊn(t)s]	Konferenz
treaty *n* ['triːti]	Vertrag, Abkommen
sign a treaty; international treaty	einen Vertrag unterzeichnen; Staatsvertrag
capital *n* ['kæpɪtᵊl]	Hauptstadt
border *n* ['bɔːdəʳ]	(Staats-)Grenze
closed/open border	offene/geschlossene Grenze
territory *n* ['terɪtᵊri]	(Staats-/Hoheits-)Gebiet, Territorium
foreign *adj* ['fɒrɪn]	fremd, Fremd-; ausländisch, auswärtig
foreign minister; foreign politics; foreign aid	Außenminister(in); Außenpolitik; Entwicklungshilfe
spy *n* [spaɪ]	Spion(in)
secret *n* ['siːkrət]	Geheimnis
top secret; secret agent/service; in secret	streng geheim; Geheimagent(in)/-dienst; heimlich
secretly *adv* ['siːkrətli]	insgeheim; heimlich
official *adj* [ə'fɪʃᵊl]	offiziell, amtlich
official language	Amtssprache, Staatssprache
office *n* ['ɒfɪs]	Amt; Ministerium
Home Office *(BE)*; Foreign Office *(BE)*	Innenministerium; Außenministerium
ministry *n* ['mɪnɪstri]	Ministerium
foreign ministry; ministry of defence	Außenministerium; Verteidigungsministerium

Thematisches Wörterbuch

In der Gesellschaft leben – Innen- und Außenpolitik

2.Lj

department *n* [dɪ'pɑːtmənt]	Amt; Ministerium
Department of the Interior *(AE)*; State Department *(AE)*	Innenministerium; Außenministerium
officer *n* ['ɒfɪsəʳ]	Beamter, Beamtin
immigration officer	Beamter/Beamtin der Einwanderungsbehörde
immigrant *n* ['ɪmɪgrənt]	Einwanderer, Einwanderin
immigration *n* [ˌɪmɪ'greɪʃᵊn]	Einwanderung
exile *n* ['eksaɪl]	Exil

3.Lj

flag *n* [flæg]	Flagge, Fahne
national flag	Nationalflagge
mighty *adj* ['maɪti]	mächtig
neutral *adj* ['njuːtrᵊl]	neutral
neutral country; politically neutral	neutrales Land; politisch neutral
affair *n* [ə'feəʳ]	Angelegenheit, Sache
foreign affairs; home affairs *(BE)*	auswärtige Angelegenheiten, Außenpolitik; innere Angelegenheiten, Innenpolitik
policy *n* ['pɒləsi]	Politik, Plan
green/foreign/economic policy	grüne/Außen-/Wirtschaftspolitik
secretary *n* ['sekrətᵊri]	Sekretär(in); Minister(in)
Foreign Secretary *(BE)*, Secretary of State *(AE)*	Außenminister(in)
council *n* ['kaʊn(t)sᵊl]	Rat, Ratsversammlung
cabinet council; security council; Council of Europe	Kabinetts-/Ministerrat; Sicherheitsrat; Europarat
bureau *n* ['bjʊərəʊ]	Behörde
official *n* [ə'fɪʃᵊl]	Beamter, Beamtin
government official	Regierungsbeamter/-beamtin
commissioner *n* [kə'mɪʃᵊnəʳ]	Kommissar *(EU)*
power *n* ['paʊəʳ]	(Groß-)Macht
come to power; superpower	an die Macht kommen; Supermacht
talk over *v* ['tɔːk ˌəʊvəʳ]	bereden, besprechen
agreement *n* [ə'griːmənt]	Vereinbarung; Zustimmung
trade agreement; an agreement on sth	Handelsabkommen; ein Abkommen über etw
treason *n* ['triːzᵊn]	Verrat
commit treason	Verrat begehen
develop *v* [dɪ'veləp]	(sich) entwickeln
developing countries	Entwicklungsländer
deportation *n* [ˌdɪpɔː'teɪʃᵊn]	Deportation, Abschiebung
permission *n* [pə'mɪʃᵊn]	Erlaubnis, Genehmigung
the **authorities** *n pl* [ðiː ɔː'θɒrətiːz]	die Behörde(n)

In der Gesellschaft leben – Terrorismus, Krieg und Frieden

Terrorismus, Krieg und Frieden

1.Lj

check *v* [tʃek]	überprüfen, kontrollieren
check sb's identity card	jds Personalausweis überprüfen
warn *v* [wɔːn]	warnen
enemy *n* ['enəmi]	Feind(in)
prisoner *n* ['prɪzᵊnəʳ]	Gefangene(r)
POW *abbrev of* prisoner of war	Kriegsgefangene(r)
kill *v* [kɪl]	töten
killed in action	*(im Dienst)* gefallen

2.Lj

patriotic *adj* [ˌpætrɪ'ɒtik]	patriotisch
parade *n* [pə'reɪd]	Umzug, Parade
ticker-tape parade *(AE)*	Konfettiparade
army *n* ['ɑːmi]	Armee
join the army; be in the army	zum Militär gehen; beim Militär sein
military *adj* ['mɪlɪtri]	militärisch
military police *abbrev* MP *(AE)*	Militärpolizei
soldier *n* ['səʊldʒəʳ]	Soldat(in)
officer *n* ['ɒfɪsəʳ]	Offizier(in)
troops *n pl* ['truːps]	Soldaten, Truppen
battle *n* ['bætl]	Kampf, Schlacht
fight, fought, fought *v* [faɪt, fɔːt]	(be)kämpfen, kämpfen (gegen)
march *v* [mɑːtʃ]	marschieren
attack *v* [ə'tæk]	angreifen
conquer *v* ['kɒŋkəʳ]	erobern
conquest *n* ['kɒŋkwest]	Eroberung
rebellion *n* [rɪ'beliən]	Rebellion, Aufstand
invade (in) *v* [ɪn'veɪd ɪn]	besetzen, einmarschieren in
invasion *n* [ɪn'veɪʒᵊn]	Invasion, Einmarsch
occupation *n* [ˌɒkjə'peɪʃᵊn]	Besetzung
occupy, occupied, occupied *v* ['ɒkjəpaɪ, 'ɒkjəpaɪd]	besetzen
force *v* [fɔːs]	zwingen
violence *n* ['vaɪəlᵊn(t)s]	Gewalt
make an example of sb, made, made *v* [ˌmeɪk æn ɪg'zɑːmpl əv, meɪd]	jdn als (abschreckendes) Beispiel benutzen
rub sb **out** *v* [rʌb 'aʊt]	auslöschen, massakrieren

In der Gesellschaft leben – Terrorismus, Krieg und Frieden

2.Lj

search *n* [sɜːtʃ]	Suche
do a search (of sth)	eine Suche (in etw) durchführen

3.Lj

war *n* [wɔːʳ]	Krieg
declare war; make/wage war on drugs/terror; be at war with	den Krieg erklären; Krieg führen gegen Drogen/den Terrorismus; sich im Krieg befinden mit
peace *n* [piːs]	Friede, Frieden, Ruhe
peace mission	Friedensmission
peaceable *adj* ['piːsəbl]	friedlich, friedliebend
force *n* [fɔːs]	Macht; Gewalt
the forces	die Streitkräfte
regiment *n* ['redʒɪmənt]	Regiment, Kompanie
navy *n* ['neɪvi]	Marine
lieutenant *n* [lefˌtenənt, luːˌtenənt (*AE*)]	Leutnant; Ober-/Kapitänleutnant *(BE)*
lieutenant-general *n* [lefˌtenənt/luːˌtenənt 'dʒenᵊrᵊl (*AE*)]	Generalleutnant
rations *n pl* ['ræʃᵊnz]	(Essens-)Rationen
command *v* [kə'mɑːnd]	kommandieren, befehlen, führen
order *n* ['ɔːdəʳ]	Befehl, Anweisung
follow orders	Anweisungen befolgen
interrogate *v* [ɪn'terəgeɪt]	verhören
fire *v* ['faɪəʳ]	schießen
weapon *n* ['wepən]	Waffe
nuclear weapon	Atomwaffe
machine gun *n* [mə'ʃiːn gʌn]	Maschinengewehr
bomb *n* [bɒm]	Bombe
missile *n* ['mɪsaɪl]	Rakete
cruise missile	Marschflugkörper
free *v* [friː]	befreien
resist *v* [rɪ'zɪst]	Widerstand leisten
secede *v* [sɪ'siːd]	sich abspalten
civil war *n* [ˌsɪvᵊl 'wɔːʳ]	Bürgerkrieg
conflict *n* ['kɒnflɪkt]	Konflikt
rebel, rebelled, rebelled *v; adj; n* ['rebᵊl, 'rebᵊld]	rebellieren, sich auflehnen; rebellisch, aufständisch; Rebell(in)
rebel against sb/sth	gegen jdn/etw rebellieren
revolt *n* [rɪ'vəʊlt]	Revolte, Aufstand
threat *n* [θret]	Drohung, Bedrohung
bomb threat	Bombendrohung

In der Gesellschaft leben – Terrorismus, Krieg und Frieden

invader *n* [ɪnˈveɪdəʳ]	Invasor; Eindringling
capture *v* [ˈkæptʃəʳ]	erobern, einnehmen; einfangen
battleground *n* [ˈbætlˌgraʊnd]	Schlachtfeld
annihilate *v* [əˈnaɪɪleɪt]	vernichten, auslöschen
defeat *n* [dɪˈfiːt]	Niederlage
shelter *v; n* [ˈʃəltəʳ]	schützen; Schutzhütte
shelter sb/sth from sth; air raid shelter	jdn/etw vor etw schützen; Luftschutzbunker
hostage *n* [ˈhɒstɪʤ]	Geisel
hostage crisis	Geiseldrama
kidnap *v* [ˈkɪdnæp]	entführen
victorious *adj* [vɪkˈtɔːriəs]	siegreich
plunder *v* [ˈplʌndəʳ]	(aus)plündern
identity *n* [aɪˈdentɪti]	Identität
identity check	Identitätsüberprüfung
warning *n* [ˈwɔːnɪŋ]	Warnung
terrorism *n* [ˈterᵊrɪzm]	Terrorismus
anti- *adj* [ˈænti]	Anti-, Gegen-
anti-terrorist measures	Anti-Terror-Maßnahmen
assassin *n* [əˈsæsɪn]	Attentäter(in)
massacre *n* [ˈmæsəkəʳ]	Massaker
slaughter *v* [ˈslɔːtəʳ]	(ab)schlachten
execute *v* [ˈeksɪkjuːt]	hinrichten
execution *n* [ˌeksɪˈkjuːʃᵊn]	Hinrichtung
victim *n* [ˈvɪktɪm]	Opfer
attack *n* [əˈtæk]	Angriff
a terrorist attack	ein Terroranschlag
savagery *n* [ˈsævɪʤᵊri]	Brutalität

In der Gesellschaft leben – Bevölkerung

Die Gesellschaft

Bevölkerung

1.Lj	**people** *n pl* ['pi:pl]	Leute, Menschen
2.Lj	**county, borough, district** *n* ['kaʊnti, 'bʌrə, 'dɪstrɪkt]	*(Regierungs-/Verwaltungs-)* Bezirk
	small-town *adj* ['smɔ:l taʊn]	Kleinstadt-
	region *n* ['ri:dʒᵊn]	Region
	highly urbanized region	Ballungsgebiet
	individual *n* [ˌɪndɪ'vɪdʒuəl]	Individuum; Einzelne(r); Einzelperson
	population *n* [ˌpɒpjə'leɪʃᵊn]	Bevölkerung, Einwohnerschaft, Einwohnerzahl
	population policy; population explosion	Bevölkerungspolitik; Bevölkerungsexplosion
	resident *n* ['rezɪdᵊnt]	Bewohner(in), Einwohner(in)
	permanent resident	ständige(r) Einwohner(in)
	immigrant *n* ['ɪmɪgrənt]	Einwanderer, Einwanderin
	ethnic *adj* ['eθnɪk]	ethnisch
	status *n* ['steɪtəs]	Status, Anerkennung
	race *n* [reɪs]	Rasse
	African-American *adj; n* [ˌæfrɪkən ə'merɪkən]	afroamerikanisch; Afroamerikaner(in)
	Hispanic-American *adj; n* [hɪˌspænɪk ə'merɪkən]	hispano-amerikanisch; Hispano-Amerikaner(in)
	reservation *n* [ˌrezə'veɪʃᵊn]	Reservat
	tribe *n* [traɪb]	(Volks-)Stamm
	Indian *adj; n* ['ɪndiən]	indianisch, Indianer(in); indisch, Inder(in)
	Native American *adj; n* [ˌneɪtɪv ə'merɪkən]	indianisch, amerikanische(r) Ureinwohner(in)
	Native American Indian	amerikanische(r) Ureinwohner(in)
3.Lj	**society** *n* [sə'saɪəti]	Gesellschaft
	majority *n* [mə'dʒɒrəti]	Mehrheit
	the majority of foreigners	die Mehrheit der Ausländer(innen)
	minority *n* [maɪ'nɒrəti]	Minderheit, Minorität
	foreigner *n* ['fɒrɪnəʳ]	Ausländer(in)
	background *n* ['bækgraʊnd]	Hintergrund; ethnische/soziale Herkunft
	working-class *adj* [ˌwɜ:kɪŋ 'klɑ:s]	Arbeiterklasse
	middle-class *adj* [ˌmɪdl 'klɑ:s]	bürgerlich; spießig
	middle class *n* [ˌmɪdl 'klɑ:s]	(der) Mittelstand

In der Gesellschaft leben – Sicherheit und Kriminalität

3.Lj

emigrate *v* ['emɪgreɪt]	auswandern, emigrieren
first-generation emigrant/immigrant	Auswanderer/Einwanderer der ersten Generation
emigration *n* [ˌemɪ'greɪʃᵊn]	Auswanderung, Emigration
civilization *n* [ˌsɪvᵊlaɪ'zeɪʃᵊn]	Zivilisation
inhabitant *n* [ɪn'hæbɪtᵊnt]	Bewohner(in), Einwohner(in)
non-resident *n* [ˌnɒn'rezɪdᵊnt]	Nicht(orts)ansässige(r)
outskirts *n pl* ['aʊtskɜːts]	Außenbezirke, Vororte
(the) **slum(s)** *n (pl)* [ðə 'slʌmz]	Elendsviertel, Slum
gap *n* [gæp]	Lücke; Spalte
generation gap	Lücke zwischen den Generationen
elderly *adj* ['eldᵊli]	ältlich, ältere/r/s
the elderly	ältere Menschen
offspring *n sg + pl* ['ɒfsprɪŋ]	Nachkomme(n)
the offspring become absorbed in the culture	die Nachkommen werden in die (neue) Kultur integriert
racial *adj* ['reɪʃᵊl]	Rassen-, rassische
racial minority	rassische Minderheit
native *n* ['neɪtɪv]	Einheimische(r), Eingeborene(r)
be a native of	ein(e) Einheimische(r) sein von
aboriginal *adj; n* [ˌæbə'rɪʤᵊnᵊl]	(der) australischen Ureinwohner(in); australische(r) Ureinwohner(in)
aborigine *n* [ˌæbə'rɪʤᵊni]	australische(r) Ureinwohner(in)

Sicherheit und Kriminalität

1.Lj

police *n; adj* [pə'liːs]	Polizei; Polizei-
police department; police surveillance; police ordinance	Polizeirevier; Polizeiüberwachung; Polizeibefugnis
policeman/-woman, police officer *(AE) n* [pə'liːsˌmæn/ ˌwʊmən, pə'liːs ˌɒfɪsəʳ]	Polizist(in)
sheriff *n* ['ʃerɪf]	Sheriff
bobby *n inf (BE)* ['bɒbi]	Polizist(in)
burglar *n* ['bɜːgləʳ]	Einbrecher(in)
outlaw *n* ['aʊtlɔː]	Gesetzlose(r), Vogelfreie(r), Bandit(in)
dangerous *adj* ['deɪnʤᵊrəs]	gefährlich
shoot, shot, shot *v* [ʃuːt, ʃɒt]	schießen
shoot sb down in broad daylight	jdn am hellichten Tag niederschießen/erschießen

Thematisches Wörterbuch

In der Gesellschaft leben – Sicherheit und Kriminalität

1.Lj

locked *adj* [lɒkt]	abgeschlossen
keep the doors locked	Türen verschlossen halten
go wrong, went, gone *v* [gəʊ 'rɒŋ, went, gɒn]	schiefgehen
hit, hit, hit *v* [hɪt]	schlagen
a hit and run accident	Unfall mit Fahrerflucht
describe *v* [dɪ'skraɪb]	beschreiben
pretend *v* [prɪ'tend]	so tun als ob, etw vorgeben
pretend to be sb (else)	vorgeben, jd (anderes) zu sein
run off, ran, run *v* [rʌn 'ɒf, ræn, rʌn]	weglaufen
catch, caught, caught *v* [kætʃ, kɔːt]	(rechtzeitig) erwischen, fangen
escape *n; v* [ɪs'keɪp]	Flucht, Ausbruch; fliehen, entkommen
escaped convict	geflüchteter Gefangener

2.Lj

constable *n (BE)* ['kʌn(t)stəbl]	Gendarm, Polizist
guard *n* ['gɑːd]	Wächter
call in the guards	Verstärkung holen
patrol *n* [pə'trəʊl]	Kontrollgang
be on patrol	auf Kontrollgang sein
neighbourhood / neighborhood *(AE)* **watch** *n* [ˌneɪbəhʊd 'wɒtʃ]	*Nachbarschaftshilfe zum Schutz vor Kriminalität*
danger *n* ['deɪndʒəʳ]	Gefahr
mugger *n* ['mʌgəʳ]	Straßenräuber(in)
grab, grabbed, grabbed *v* [græb, græbd]	greifen, schnappen
violence *n* ['vaɪəlᵊn(t)s]	Gewalt
domestic violence	häusliche Gewalt
divide *v* [dɪ'vaɪd]	teilen, sich aufteilen
witness *n* ['wɪtnəs]	Zeuge, Zeugin
Any witnesses?	Gibt es (irgendwelche) Zeugen?
description *n* [dɪ'skrɪpʃᵊn]	Beschreibung
mask *n* [mɑːsk]	Maske
recognize *v* ['rekəgnaɪz]	erkennen
recognize/identify sb in a line-up	jdn in einer Gegenüberstellung identifizieren
graffiti *n* [grə'fiːti]	Graffiti
damage *v* ['dæmɪdʒ]	beschädigen, zerstören
notice *v* ['nəʊtɪs]	bemerken
vanish *v* ['vænɪʃ]	verschwinden
steal, stole, stolen *v* [stiːl, stəʊl, 'stəʊlᵊn]	stehlen
thief, *pl* **thieves** *n* [θiːf, θiːvz]	Dieb, Diebe

In der Gesellschaft leben – Sicherheit und Kriminalität

2.Lj

break into sth, broke, broken *v* ['breɪk ˌɪntə, brəʊk, 'brəʊkən]	einbrechen in/bei
leave sb/sth **behind,** left, left *v* [ˌliːv bɪ'haɪnd, left]	jdn/etw verlassen, hinter sich lassen; zurücklassen
leave one's old life behind; leave a trail of destruction	sein altes Leben hinter sich lassen; eine Spur der Zerstörung zurücklassen
gun *n* [gʌn]	Schusswaffe, Pistole, Gewehr
shotgun *n* ['ʃɒtgʌn]	Schrotflinte
search *n; v* [sɜːtʃ]	Suche; suchen
do a search (of sth); search for; search sb's luggage/flat	eine Suche (in etw) durchführen; (durch)suchen nach; jds Gepäck/Wohnung durchsuchen
clue *n* [kluː]	Anhaltspunkt, Spur
have a /no clue; looking for clues	einen/keinen Anhaltspunkt haben; nach Spuren suchen
commit *v* [kə'mɪt]	begehen
commit a crime	ein Verbrechen begehen
crime *n* [kraɪm]	Kriminalität; Verbrechen
prison *n* ['prɪzən]	Gefängnis
gang *n* [gæŋ]	Bande, Gang
gang member	Bandenmitglied
mixed up in sth *adj* [ˌmɪkst 'ʌp ɪn]	verwickelt in etw
trouble *n* ['trʌbl]	Schwierigkeiten, Probleme
get into trouble (with sb/sth)	in Schwierigkeiten geraten (mit jdm/etw)
involvement *n* [ɪn'vɒlvmənt]	Verwicklung
involve *v* [ɪn'vɒlv]	beteiligen, einbeziehen
argument *n* ['ɑːgjəmənt]	Auseinandersetzung, Streit
blame *v* [bleɪm]	die Schuld geben, beschuldigen
blame sb for sth; take the blame	jdm die Schuld an etw geben, jdn einer Sache beschuldigen; die Schuld auf sich nehmen
keep away, kept, kept *v* [ˌkiːp ə'weɪ, kept]	weg-, fernbleiben
keep away from sb/sth	jdm/etw fernbleiben
broke-up *adj* ['brəʊk ʌp]	kaputt, erledigt
beg, begged, begged *v* [beg, begd]	betteln
beg for	um etw betteln

3.Lj

dark *n* [dɑːk]	Dunkelheit
after dark	bei/nach Einbruch der Dunkelheit
c.s. gas, tear gas *n* [ˌsiːes 'gæs, tɪəʳ 'gæs]	Tränengas
bandit *n* ['bændɪt]	Bandit, Räuber(in)

In der Gesellschaft leben – Sicherheit und Kriminalität

3.Lj

gangster *n* ['gæŋ(k)stəʳ]	Gangster, Verbrecher(in)
criminal *adj; n* ['krɪmɪnᵊl]	kriminell; Kriminelle(r), Verbrecher(in)
suspect *n* ['sʌspekt]	Verdächtige(r)
prime suspect	Hauptverdächtige(r)
innocent *adj* ['ɪnəsᵊnt]	unschuldig
innocent victim	unschuldiges Opfer
wanted *adj* ['wɒntɪd]	gesucht
wanted poster; wanted for	Steckbrief; gesucht wegen
drug-dealing *n* ['drʌg ˌdiːlɪŋ]	Drogenhandel, Drogengeschäfte
illegal *adj* [ɪ'liːgᵊl]	illegal
illegal drugs	illegale Drogen
manipulation *n* [məˌnɪpjə'leɪʃᵊn]	Manipulation
loaded *adj* ['ləʊdɪd]	falsch, präpariert; geladen
loaded weapon	geladene Waffe
blackmail *n* ['blækmeɪl]	Erpressung
involved *adj* [ɪn'vɒlvd]	beteiligt; verwickelt
no one wants to get involved (in sth)	niemand will sich (in etw) einmischen/(in etw) verwickelt werden
shoplifting *n* ['ʃɒpˌlɪftɪŋ]	Ladendiebstahl
rob, robbed, robbed *v* [rɒb, rɒbd]	ausrauben
theft *n* [θeft]	Diebstahl
strangle *v* ['stræŋgl]	erwürgen, erdrosseln, strangulieren
murder *n* ['mɜːdəʳ]	Mord
first-degree murder; second-degree murder	vorsätzlicher Mord; Mord im Affekt
murderer *n* ['mɜːdᵊrəʳ]	Mörder(in)
kidnap *v* ['kɪdnæp]	entführen
kidnapper *n* ['kɪdnæpəʳ]	Entführer(in)
rape *n* [reɪp]	Vergewaltigung
rapist *n* ['reɪpɪst]	Vergewaltiger
run *n* [rʌn]	Lauf, Fahrt
on the run	auf der Flucht
prostitute *n* ['prɒstɪtjuːt]	Prostituierte, Strichjunge
prostitution *n* [ˌprɒstɪ'tjuːʃᵊn]	Prostitution
runaway *n; adj* ['rʌnəˌweɪ]	Ausreißer(in); entlaufen
runaway prisoner	entflohener Sträfling
pistol *n* ['pɪstᵊl]	Pistole
shot *n* [ʃɒt]	Schuss
bullet *n* ['bʊlɪt]	Kugel

In der Gesellschaft leben – Sicherheit und Kriminalität

shooting *n* [ˈʃuːtɪŋ]	Schusswechsel, Schießen
shooting attack	Schießerei
victim *n* [ˈvɪktɪm]	Opfer
beating *n* [ˈbiːtɪŋ]	Schlägerei
give sb/get a good beating	jdn zusammenschlagen/jdn wird zusammengeschlagen
spare *v* [speəʳ]	verschonen, ersparen; lassen
spare sb trouble/difficulty/the details	jdm Ärger/Schwierigkeiten/ die Einzelheiten ersparen
detective *n* [dɪˈtektɪv]	Detektiv(in)
private detective	Privatdetektiv(in)
bodyguard *n* [ˌbɒdiˈgɑːd]	Leibwächter(in)
watchdog *n* [ˈwɒtʃdɒg]	Wachhund
guard duty *n* [ˈgɑːd ˌdjuːti]	Wachdienst
circle *v* [ˈsɜːkl]	(um)kreisen
keep a check on sb/sth, kept, kept *v* [ˌkiːp ə ˈtʃek ɒn, kept]	jdn/etw kontrollieren
inspector *n* [ɪnˈspektəʳ]	(Kriminal-)Inspektor(in)
lieutenant *n (AE)* [ˌluːˈtenənt]	*Rang eines/einer höheren Polizeibeamten/ -beamtin*
poor *adj* [pɔːʳ]	schwach, mangelhaft
poor security measures	mangelhafte Sicherheitsvorkehrungen
insufficient *adj* [ˌɪnsəˈfɪʃᵊnt]	ungenügend
insufficient evidence	ungenügendes Beweismaterial
security system *n* [sɪˈkjʊərəti ˌsɪstəm]	Alarmanlage
threat *n* [θret]	Drohung, Bedrohung
bomb threat	Bombendrohung
investigate *v* [ɪnˈvestɪgeɪt]	untersuchen, nachforschen; in einem Fall ermitteln
surveillance *n* [sɜːˈveɪlən(t)s]	Überwachung
keep sb under a 24 hour surveillance	jdn rund um die Uhr überwachen
follow up sth *v* [ˌfɒləʊ ˈʌp]	(einer Sache) nachgehen
raid *v* [reɪd]	eine Razzia durchführen
trace *v* [treɪs]	(zurück)verfolgen, aufspüren
without a trace	ohne Spur
sign *n* [saɪn]	Spur
tell, told, told *v* [tel, təʊld]	wissen, sicherstellen
(one can) tell (that)	man weiß (dass)

In der Gesellschaft leben – Gruppen und Vereine

3.Lj

identify *v* [aɪ'dentɪfaɪ]	identifizieren
identify a corpse	eine Leiche identifizieren
snatch *v* [snætʃ]	schnappen
arrest *v* [ə'rest]	verhaften
you're under arrest	sie sind verhaftet
imprison *v* [ɪm'prɪzᵊn]	inhaftieren
prove *v* [pru:v]	beweisen
finger print *n* ['fɪŋgəʳˌprɪnt]	Fingerabdruck
leave fingerprints	Fingerabdrücke zurücklassen

Gruppen und Vereine

1.Lj

talk about *v* ['tɔ:k əˌbaʊt]	reden über, sprechen über
help *v; n* [help]	helfen; Hilfe
can/cannot help (doing/being) sth	sich nicht helfen können, nichts dafür können (etw zu tun/ zu sein)
helper *n* ['helpəʳ]	Helfer(in)
give away, gave, given *v* [gɪv ə'weɪ, geɪv, 'gɪvᵊn]	weggeben, verschenken
think, thought, thought *v* [θɪŋk, θɔ:t]	denken, glauben; nachdenken über, sich überlegen; vorhaben (etw zu tun)
I don't think so.; think about (doing sth)	Das glaube ich nicht.; darüber nachdenken, (etw zu tun), sich etw ausdenken
join *v* [dʒɔɪn]	beitreten, Mitglied werden
join a club	einem Klub beitreten
member *n* ['membəʳ]	Mitglied
charity *n* ['tʃærɪti]	Wohltätigkeitsverein
club *n* [klʌb]	Klub, Verein
sports/tennis club	Sportverein, Tennisclub
group *n* [gru:p]	Gruppe
youth group	Jugendgruppe

2.Lj

organization, organisation *n* [ˌɔ:gᵊnaɪ'zeiʃᵊn]	Organisation
charitable/volunteer organization; non-profit organization *abbrev* NPO	wohltätige/freiwillige Organisation; *etwa:* gemeinnützige Organisation
found *v* [faʊnd]	gründen
founded in	gegründet im Jahr/in *(Ort)*

In der Gesellschaft leben – Gruppen und Vereine

2.Lj

dues *n pl* [djuːz]	Abgaben, Gebühren, Mitgliedsbeitrag
pay one's dues	seinen Mitgliedsbeitrag bezahlen
involvement *n* [ɪnˈvɒlvmənt]	Engagement, Mitarbeit
helpful *adj* [ˈhelpfᵊl]	hilfsbereit
helpless *adj* [ˈhelples]	hilflos
advice *n no pl* [ədˈvaɪs]	Rat(schlag)
a piece/bit of advice; ask sb's advice	ein Rat; jdn um Rat fragen
opinion *n* [əˈpɪnjən]	Meinung
What's your opinion?; in my opinion	Wie ist Deine/Ihre Meinung?; meiner Meinung nach
used *adj* [juːst]	gewohnt
be used to sth; get used to sb/sth	etw gewohnt sein, an etw gewöhnt sein; sich an jdn/etw gewöhnen
tip *n* [tɪp]	Tipp
tip on (how to do sth); if you take my tip	ein Tipp, wie man etw macht; wenn ich Dir/Ihnen einen Tipp geben darf
argue *v* [ˈɑːgjuː]	argumentieren
argue for/against sth	für/gegen etw argumentieren
disagree, disagreed, disagreed *v* [ˌdɪsəˈgriː, ˌdɪsəˈgriːd]	nicht übereinstimmen, anderer Meinung sein
disagree on sth; disagree with sb	über etw anderer Meinung sein; mit jdm nicht übereinstimmen
mean, meant, meant *v* [miːn, ment]	wollen, beabsichtigen
what is meant by sth	was mit etw erreicht werden soll/beabsichtigt ist
protest *v* [prəˈtest]	protestieren (gegen); beteuern
speak up, spoke, spoken *v* [spiːk ˈʌp, spəʊk, spəʊkᵊn]	sich äußern; die Meinung sagen; lauter sprechen
fight, fought, fought *v* [faɪt, fɔːt]	(be)kämpfen, kämpfen (gegen)
fighting against all odds	trotz aller Aussichtslosigkeit (gegen etw) kämpfen
discuss *v* [dɪˈskʌs]	besprechen, diskutieren
discussion *n* [dɪˈskʌʃᵊn]	Besprechung, Diskussion
a discussion on sth; a heavy discussion	eine Diskussion über etw; eine aufgebrachte Diskussion

3.Lj

chairman/-woman, chairperson *n* [ˈtʃeəʳmæn, ˈtʃeəʳˌwʊmən, ˈtʃeəʳˌpɜːsᵊn]	Vorsitzende(r)
newly elected chairperson	neu gewählte(r) Vorsitzende(r)
party *n* [ˈpɑːti]	Gruppe, Gesellschaft
admit *v* [ədˈmɪt]	hineinlassen, (etw/jdn) zulassen
admit sb into/to	jdn einlassen (in)

In der Gesellschaft leben – Gruppen und Vereine

3.Lj

movement *n* ['muːvmənt]	Bewegung
peace movement	Friedensbewegung
demonstration *n* [ˌdemən'streɪʃᵊn]	Demonstration
peaceful demo	friedliche Demo
feminist *n* ['femɪnɪst]	Feministin
protest march *n* ['prəʊtest ˌmɑːtʃ]	Protestmarsch, Demonstration
supporter *n* [sə'pɔːtəʳ]	Anhänger(in), Befürworter(in)
strong/firm supporter	starke(r) Befürworter(in)
fellow *adj* ['feləʊ]	Mit-
fellow supporters/campaigners; fellow man	Mit-Anhänger/-Demonstranten; Mitmensch
cause *n* [kɔːz]	Sache, Angelegenheit
a good cause	eine gute Sache
aim *v; n* [eɪm]	zielen; Ziel
aim at	(ab)zielen auf
principle *n* ['prɪn(t)səpl]	Prinzip
discipline *n* ['dɪsəplɪn]	Disziplin
self-discipline	Selbstdisziplin
willing *adj* ['wɪlɪŋ]	willig, bereit
involved *adj* [ɪn'vɒlvd]	engagiert
become involved in sth	sich in einer Sache engagieren
active *adj* ['æktɪv]	aktiv
active member; be active in (doing) sth	aktives Mitglied; aktiv/tätig sein in/als ...
depend on *v* [dɪ'pend ˌɒn]	zählen auf, sich verlassen auf
voluntary *adj* ['vɒləntᵊri]	freiwillig
voluntary services, volunteer work *(AE)*	freiwillige Dienste
influence *v* ['ɪnfluən(t)s]	beeinflussen
argument *n* ['ɑːgjəmənt]	Argument
win over, won, won *v* [ˌwɪn 'əʊvəʳ, wʌn]	für sich gewinnen; bekehren
win over public opinion	die öffentliche Meinung für sich gewinnen
contribute *v* [kən'trɪbjuːt]	beitragen
pursue *v* [pə'sjuː]	verfolgen; betreiben; fortsetzen
pursue a plan	einen Plan verfolgen
discriminate against *v* [dɪˌskrɪmɪneɪt ə'gen(t)st]	benachteiligen
discrimination *n* [dɪˌskrɪmɪ'neɪʃᵊn]	Diskriminierung
discrimination against sb	Diskriminierung von jdm
oppose *v* [ə'pəʊz]	ablehnen
deny, denied, denied *v* [dɪ'naɪ, dɪ'naɪd]	vorenthalten, verwehren, verweigern
deny sb sth; deny sb his/her rights	jdm etw verweigern; jdm seine Rechte verweigern
negotiate *v* [nɪ'gəʊʃieɪt]	überwinden *(Hindernis, Schwierigkeit)*

Wirtschaft und Finanzen

Industrie und Handwerk

1.Lj

mechanic *n* [mɪˈkænɪk]	Mechaniker(in)
product *n* [ˈprɒdʌkt]	Produkt
our product; new product; trial product	unser Produkt; neues Produkt; Versuchsprodukt
pump *n* [pʌmp]	Luftpumpe
be wrong, was/were, been *v* [biː ˈrɒŋ, wɒz/ wɜːʳ, biːn]	nicht in Ordnung sein
there is sth wrong with	da stimmt etwas nicht mit
repair *v* [rɪˈpeəʳ]	reparieren
complete *v* [kəmˈpliːt]	fertig stellen, beenden
finished *adj* [ˈfɪnɪʃt]	fertig (gestellt/bearbeitet)
finished goods	Fertigteile/-güter
detail *n* [ˈdiːteɪl]	Detail, Einzelheit
in detail	detailliert
work *n* [wɜːk]	Arbeit
piece of work; works; water works	(eine) Arbeit; Werk(e), Industrieanlage, Fabrik; Wasserwerk(e)

2.Lj

factory, plant *(AE) n* [ˈfæktᵊri, plɑːnt]	Fabrik
machine *n* [məˈʃiːn]	Maschine, Gerät
engine *n* [ˈendʒɪn]	Motor, Maschine
engine failure	Maschinen-/Motorschaden
powerful *adj* [ˈpaʊəfᵊl]	stark, kraftvoll
powerful robotics	starke Robotik
industry *n* [ˈɪndəstri]	Industrie
chamber of industry and commerce	Industrie- und Handelskammer
producer *n* [prəˈdjuːsəʳ]	Produzent(in), Hersteller(in)
producer's documentation/manual	Gebrauchsanweisung/Handbuch des Herstellers
instructions *n pl* [ɪnˈstrʌkʃᵊnz]	Gebrauchsanweisung; Anweisungen
instructions for use; give sb instructions	Gebrauchsanweisung; jdm Anweisungen geben
technology *n* [tekˈnɒlədʒi]	Technologie, Technik
use high technology	hochentwickelte Technik/Technologie verwenden
create *v* [kriˈeɪt]	kreieren, (er)schaffen, erfinden
create new products/jobs	neue Produkte/Stellen schaffen
workshop *n* [ˈwɜːkʃɒp]	Werkstatt, Kurs, Schulung
assembly line *n* [əˌsembli ˈlaɪn]	Fließband

Thematisches Wörterbuch

In der Gesellschaft leben – Industrie und Handwerk

2.Lj

material *n* [məˈtɪəriəl]	Material, Stoff
raw materials	Rohstoffe/-materialien
model *n* [ˈmɒdᵊl]	Modell
sample model	(Produkt-) Muster
item *n* [ˈaɪtəm]	Gegenstand, Stück; Posten
fast-selling item; item in a list	gut gehender Artikel; Posten auf einer Liste
type *n* [taɪp]	Art, Sorte; Typ
prototype	Prototyp
function *v* [ˈfʌŋ(k)ʃᵊn]	funktionieren
spray *v* [spreɪ]	(be)sprühen; spritzlackieren
press *v* [pres]	drücken, pressen
press sth out of sth; press sth/a hole in sth	etw aus etw stanzen/formen/pressen; etw/ ein Loch in etw stanzen
metal *n* [ˈmetᵊl]	Metall
store *v* [stɔːʳ]	lagern
store sth in a warehouse	etw in einem Lagerhaus lagern
out of order *adj idiom* [ˌaʊt əv ˈɔːdəʳ]	außer Betrieb

3.Lj

trade *n* [treɪd]	Gewerbe, Branche, Handwerk
tradesman	Handwerker
craft *n* [krɑːft]	Kunstgewerbe, Handwerk
branch *n* [brɑːn(t)ʃ]	Branche; Filiale
branch of industry	Industriezweig
engineering *n* [ˌendʒɪˈnɪəʳɪŋ]	Technik
mechanical engineering; industrial engineering	Maschinenbau; Fertigungstechnik
engineer *n; v* [ˌendʒɪˈnɪəʳ]	Ingenieur(in), Techniker(in); planen, bauen, konstruieren
aerospace *n* [ˈeərəʊˌspeɪs]	Raumfahrt-
(the) aerospace industry	(die) Raumfahrtindustrie
automobile *n* [ˈɔːtəmə(ʊ)biːl]	Automobil *(formell)*
(the) automobile industry	(die) Auto(mobil)industrie
steel *n* [stiːl]	Stahl
steel mill	Eisenhütte
textile *n* [ˈtekstaɪl]	Textil-
textile mill	Textilfabrik
mill *n* [mɪl]	Fabrik, Mühle
paper mill; cotton mill; saw mill	Papierfabrik; Spinnerei/Weberei; Sägemühle/-werk
shipyard *n* [ˈʃɪpjɑːd]	(Schiffs-)Werft

In der Gesellschaft leben – Industrie und Handwerk

industrial *adj* [ɪn'dʌstriəl]	industriell, Industrie-
industrial fair; industrial technologies	Industriemesse; industrielle Verfahren
method *n* ['meθəd]	Methode, Verfahren
creator *n* [kri'eɪtəʳ]	Schöpfer(in)
design *n; v* [dɪ'zaɪn]	Design, Muster, Schnitt; entwerfen, konstruieren
research and design department	Abteilung für Forschung und Entwicklung
advance *n; v* [əd'vɑːn(t)s]	Fortschritt; voran-/weiterbringen *(Arbeit)*
advanced technology	fortschrittliche Technik
version *n* ['vɜːʃᵊn]	Version
machine *n* [mə'ʃiːn]	Maschine, Automat
forklift *n* ['fɔːklɪft]	Gabelstapler
robot *n* ['rəʊbɒt]	Roboter
industrial robot	Industrieroboter
power *n* ['paʊəʳ]	Kraft, Stärke, Energie
a power cut; power station/plant	ein Stromausfall; Kraftwerk
stretch *n* [stretʃ]	Strecken, Dehnen; Elastizität
be at full stretch	auf Hochtouren laufen *(Maschine)*, bis zum äußersten gedehnt sein *(Material)*
stick *n* [stɪk]	Stange
grease *n* [griːs]	Fett
metallic *adj* [mə'tælɪk]	metallisch
abbreviation *n* [əˌbriːvi'eɪʃᵊn]	Abkürzung
industrial/technical abbreviations	industrielle/technische Abkürzungen
product *n* ['prɒdʌkt]	Produkt, Erzeugnis
produce *v* [prə'djuːs]	herstellen, produzieren
mass *n* [mæs]	Masse, Massen-
production *n* [prə'dʌkʃᵊn]	Produktion, Herstellung
mass-produce *v* [ˌmæs prə'djuːs]	in Massenproduktion/-fabrikation herstellen
overseer *n* ['əʊvəˌsiːəʳ]	Aufseher(in)
production overseer	*(entspricht etwa:)* Schichtleiter(in)
shift *n* [ʃɪft]	(Arbeits-) Schicht
operating on two shifts	in zwei Schichten arbeiten
foreman/-woman *n* ['fɔːʳmæn, 'fɔːʳˌwʊmən]	Vorarbeiter(in), Polier(in)
standard *adj; n* ['stændəd]	korrekt, (allgemein) gebräuchlich; Standard
standard sizes; standard procedure/practice; up to standard; above/below standard	Standardgrößen; Standardvorgehen; den Anforderungen genügen; über/unter der Norm liegen

3.Lj

effective *adj* [ɪ'fektɪv]	effektiv, wirksam
effective operations	effektive Arbeitsweise
poorly *adv* ['pɔːli]	schlecht; ärmlich
poorly done work	schlecht gemachte Arbeit
maintain *v* [meɪn'teɪn]	unterhalten, instand halten, warten, pflegen
maintain a (high-)quality assurance	(Maßnahmen zur) Qualitätssicherung betreiben
assemble *v* [ə'sembl]	zusammenbauen, montieren
connect *v* [kə'nekt]	verbinden
connect sth to sth	etw mit etw verbinden
load *v* [ləʊd]	(be)laden
be loaded with sth; loading bay/dock	etw geladen haben; Ladeplatz
garage, auto-body shop *(AE) n* ['gærɑːʒ, ˌɔːtəʊ rɪˌpeər 'ʃɒp]	(Auto-)Werkstatt
service *v; n* ['sɜːvɪs]	warten *(im Sinne von Wartung);* Wartung, Inspektion
my car is in for a service; services rendered	mein Auto wird/wurde gewartet; erbrachte Dienstleistungen
spare *adj* [speə']	Ersatz-, momentan nicht im Gebrauch
spare parts	Ersatzteile

Landwirtschaft, Bergbau und Fischerei

1.Lj

farm *n* [fɑːm]	Bauernhof
run a turkey farm	einen Truthahnhof betreiben
tractor *n* ['træktə']	Traktor, Trecker
ground *n* [graʊnd]	Boden, Erde
grow, grew, grown *v* [grəʊ, gruː, grəʊn]	wachsen; (an)pflanzen
fruit *n* [fruːt]	Obst, Frucht, Früchte
potato, *pl* **potatoes** *n* [pə'teɪtəʊ, pə'teɪtəʊz]	Kartoffel, Kartoffeln
vegetable *n* ['vedʒtəbl]	(ein) Gemüse
horse *n* [hɔːs]	Pferd
cow *n* [kaʊ]	Kuh
calf, *pl* **calves** *n* [kɑːf, kɑːvz]	Kalb, Kälber
chicken *n* ['tʃɪkɪn]	Huhn
chicken feed	Hühnerfutter
chick *n* [tʃɪk]	Küken
egg *n* [eg]	Ei

In der Gesellschaft leben – Landwirtschaft, Bergbau und Fischerei

1.Lj

cage *n* [keɪdʒ]	Käfig
turkey *n* ['tɜːki]	Truthahn
goose, *pl* **geese** *n* [guːs, giːs]	Gans, Gänse
lamb *n* [læm]	Lamm; Lammfleisch
milk *n* [mɪlk]	Milch
feed, fed, fed *v; n* [fiːd, fed]	füttern; Futter, Fütterung
feed the dogs	die Hunde füttern
pig *n* [pɪg]	Schwein
sheep *n sg + pl* [ʃiːp]	Schaf, Schafe
sheepdog *n* ['ʃiːpdɒg]	Hirtenhund
bean *n* [biːn]	Bohne
cabbage *n* ['kæbɪdʒ]	Kohl
carrot *n* ['kærət]	Karotte, Möhre
fish *n* [fɪʃ]	Fisch

INFO

Der Plural von ***fish*** bleibt in den meisten Fällen unverändert ***fish***: *The fishermen caught hundreds of fish*; wenn man jedoch von verschiedenen Fischarten spricht, verwendet man ***fishes***: *Cod, haddock, herring and other fishes.*

2.Lj

farmer *n* ['fɑːmə^r]	Bauer
field *n* [fiːld]	Feld, Wiese, Weide, Acker
corn field/field of corn	Maisfeld
barn *n* [bɑːn]	Scheune
barnyard	Bauernhof
loft *n* [lɒft]	Heuboden
grain *n* [greɪn]	(Samen-/Getreide-)Korn; Getreide
corn *n (AE)* [kɔːrn]	Mais
sweet corn	Zuckermais
mule *n* [mjuːl]	Maulesel
ranch *n* [rɑːn(t)ʃ]	Ranch, Viehfarm
rancher *n* ['rɑːn(t)ʃə^r]	Rancher(in), Viehzüchter(in)
cattle rancher	Rinder-/Viehzüchter(in)
cattle *n sg + pl* ['kætl]	Rind(-vieh)
milk *v* [mɪlk]	melken
fresh *adj* [freʃ]	frisch

Thematisches Wörterbuch

In der Gesellschaft leben – Landwirtschaft, Bergbau und Fischerei

2.Lj	**pick** *v* [pɪk]	(aus)wählen; pflücken
	grape *n* [greɪp]	Traube
	tomato, *pl* **tomatoes** *n* [tə'mɑːtəʊ, tə'mɑːtəʊz]	Tomate, Tomaten
	tomato vines	Tomatenstauden
	pumpkin *n* ['pʌmpkɪn]	Kürbis
	rice *n* [raɪs]	Reis
	plant *n* [plɑːnt]	Pflanze
	fisherman *n* ['fɪʃəʳˌmæn]	Fischer
	fish *v* [fɪʃ]	fischen, angeln
	live by fishing; set off to catch fish	vom Fischfang leben; zum Fischfang auslaufen
	fishing *n* ['fɪʃɪŋ]	Fischerei
	fishing industry	Fischereibranche
	hunter *n* ['hʌntəʳ]	Jäger(in)
	deer hunter	Rotwildjäger(in)
	hunt *v* [hʌnt]	jagen
	whale hunting	Waljagd
	salmon *n* ['sæmən]	Lachs
	mine *n; v* [maɪn]	Bergwerk, Mine; Bergbau treiben, abbauen, schürfen, (Kohle) fördern
	coalmine	Kohlenbergwerk
	mining *n* ['maɪnɪŋ]	Bergbau
	the mining industry; mining engineer	die Bergbauindustrie; Bergbauingenieur(in)
	miner *n* ['maɪnəʳ]	Bergarbeiter(in)
	oil rig *n* ['ɔɪl rɪg]	Ölbohrplattform
	mineral *n; adj* ['mɪnᵊrᵊl]	Mineral; mineralisch
	minerals *(pl)*/mineral resources *(pl)*; mineral ores *(pl)*	Bodenschätze; Erze
	iron *n* ['aɪən]	Eisen
	ironworks *(pl)*; iron ore	Eisenhütte; Eisenerz
	coal *n* [kəʊl]	Kohle
	coal-mining; layer of coal; coal power station	Kohlenbergbau; Kohlenflöz; Kohlekraftwerk
3.Lj	**agriculture** *n* ['ægrikʌltʃəʳ]	Landwirtschaft
	patch *n* [pætʃ]	Fleck *(Land)*
	a patch of land	ein Stück Land
	run *n* [rʌn]	Gehege, Auslauf, Weide
	chicken-run	Hühnergehege/-auslauf
	soil *n* [sɔɪl]	Erde

In der Gesellschaft leben – Landwirtschaft, Bergbau und Fischerei

corn *n* [kɔːn]	Getreide, Korn
crop *n* [krɒp]	Ernte; Getreide, Feldfrucht/-früchte
bring in the crop(s); corn crops; plant crops	die Ernte einbringen; die Getreideernte; Getreide anpflanzen
plough, plow *(AE) v* [plaʊ]	pflügen
sow, sowed, sown/sowed *v* [səʊ, səʊd, səʊn/səʊd]	aussäen
sow seed	Samen aussäen
prosper *v* ['prɒspəʳ]	gedeihen, blühen
plant *v; n* [plɑːnt]	pflanzen; Pflanze
weed *v; n* [wiːd]	jäten; Unkraut
weed out sth	etw aussortieren
reap *v* [riːp]	ernten; mähen; schneiden
He who will reap, must sow. *(idiom)*	Wer ernten will, muss säen.
wheat *n* [(h)wiːt]	Weizen
oats *n pl* [əʊts]	Hafer; Haferflocken
barley *n* ['bɑːli]	Gerste
rye *n* [raɪ]	Roggen
soy/soya bean *n* [ˌsɔɪ / ˌsɔɪə 'biːn]	Sojabohne
harvest *n; v* ['hɑːvɪst]	Ernte(zeit); ernten
bad harvest; harvest festival	Missernte; Erntedankfest
sack *n* [sæk]	Sack
burlap sacks *(AE)*	Sackleinwand
greens *n pl* [griːnz]	Grüngemüse
lettuce *n* ['letɪs]	(Kopf-/Garten-)Salat
a head of lettuce	ein Salatkopf
mushroom *n* ['mʌʃrʊm]	Pilz
broccoli *n* ['brɒkᵊli]	Brokkoli
squash *n (AE)* [skwɒʃ]	(Pâtisson-)Kürbis
onion *n* ['ʌnjən]	Zwiebel
rib celery *n* ['rɪb ˌselᵊri]	Stangensellerie
orchard *n* ['ɔːtʃəd]	Obstplantage, Obstgarten
raspberry *n* ['rɑːzbᵊri]	Himbeere
redcurrant *n* ['redˌkʌrᵊnt]	(rote) Johannisbeere
strawberry *n* ['strɔːbᵊri]	Erdbeere
apple *n* ['æpl]	Apfel
apple tree	Apfelbaum
grapefruit *n* ['greɪpfruːt]	Grapefruit, Pampelmuse
orange *n* ['ɒrɪndʒ]	Orange

In der Gesellschaft leben – Dienstleistung und Handel

3.Lj

scythe *v; n* [saɪð]	(mit der Sense) mähen; Sense
paddock *n* ['pædək]	Koppel, Weide
graze *v* [greɪz]	grasen, weiden
herd *v* [hɜːd]	zusammentreiben
herded together	zusammengetrieben
sow *n* [saʊ]	Sau
hog *n (AE)* [hɒg]	(Mast-)Schwein *(ugs)*
shear *v* [ʃɪəʳ]	(ab)scheren
slaughter *v* ['slɔːtəʳ]	schlachten
slaughterhouse	Schlachthaus/-hof
hunt *n* [hʌnt]	Jagd
hook *n* [hʊk]	Haken; Köder
eel *n* [iːl]	Aal
tuna fish *n* ['tjuːnə ˌfɪʃ]	Thunfisch
tuna fish nets	Thunfisch(fang)netze
lobster *n* ['lɒbstəʳ]	Hummer
lobster traps	Hummerfallen
trout *n* [traʊt]	Forelle
disaster *n* [dɪ'zɑːstəʳ]	Katastrophe, Unglück, Desaster
mining disaster	Grubenunglück
digger *n* ['dɪgəʳ]	Goldgräber(in); Bergmann/-frau
golddigger	Goldgräber(in)
pipe *v* [paɪp]	in Rohren leiten, pumpen
pipeline *n* ['paɪplaɪn]	Rohrleitung, Pipeline
refinery *n* [rɪ'faɪnᵊri]	Raffinerie

Dienstleistung und Handel

1.Lj

firm *n* [fɜːm]	Firma
law firm	Kanzlei
fair *n* [feəʳ]	Messe
trade fair	Handelsmesse
meeting *n* ['miːtɪŋ]	Treffen, Besprechung
AGM *abbrev of* Annual General Meeting	Jahreshauptversammlung
partner *n* ['pɑːtnəʳ]	Partner(in)
business partners	Geschäftspartner

In der Gesellschaft leben – Dienstleistung und Handel

1.Lj

market *n* ['mɑːkɪt]	(Absatz-) Markt; Absatzgebiet; Börse
analyse/analyze *(AE)* the market; selling market; on the market	eine Marktanalyse durchführen; Absatzmarkt; auf dem Markt
questionnaire *n* [ˌkwestʃə'neəʳ]	Fragebogen
customer *n* ['kʌstəməʳ]	Kunde, Kundin
satisfied customer	zufriedener Kunde
sponsor *n* ['spɒn(t)səʳ]	Geldgeber(in)
official sponsor of	offizieller Sponsor von
bank *n* [bæŋk]	Bank
bank clerk; direct bank	Bankangestellte(r); Direktbank
counter *n* ['kaʊntəʳ]	Schalter, Theke
count *v* [kaʊnt]	zählen
money *n* ['mʌni]	Geld
pocket/spending money; save money	Taschengeld; Geld sparen
euro (€) *n* ['jʊərəʊ]	Euro
euro cent; euro coin; euro (bank)note	(Euro-) Cent; Euro-Münze; Euro-Banknote/Schein
penny (p), *pl* **pence** *n* ['peni, pen(t)s]	Penny *(britische Geldeinheit)*
count one's pennies *(AE)*	sparsam mit Geld umgehen
pound (£) *n* [paʊnd]	Pfund *(britische Währung)*
pound note *(BE)*	Pfundnote *(Geldschein)*
expensive *adj* [ˌɪk'spen(t)sɪv]	teuer
cheap *adj* [tʃiːp]	billig
go cheap *(inf)*	günstig angeboten werden
sell, sold, sold *v* [sel, səʊld]	verkaufen
cost, cost, cost *v* [kɒst]	kosten
buy, bought, bought *v* [baɪ, bɔːt]	kaufen
pay, paid, paid *v* [peɪ, peɪd]	(be)zahlen
save *v* [seɪv]	sparen
spend, spent, spent *v* [spend, spent]	ausgeben
spend money on sth; spending power	Geld für etw ausgeben; Kaufkraft

2.Lj

company *n* ['kʌmpəni]	Firma, Unternehmen, Gesellschaft
family-owned company	Familienbetrieb
plc, Public Limited Company *(BE)*/ **Inc., Incorporated** *(AE)* *n* [ˌpiːel'siː/ ˌpʌblɪk lɪmɪtɪd 'kʌmpəni, ɪn'kɔːpᵊreɪtɪd]	AG, Aktiengesellschaft
president *n (AE)* ['prezɪdᵊnt]	Geschäftsleiter(in), Präsident(in)
be President and CEO *(abbrev of* Chief Executive Officer) of ...	Geschäftsleiter(in) und Vorstandsvorsitzende(r) von ... sein

In der Gesellschaft leben – Dienstleistung und Handel

2.Lj

managing director *n (BE)* [ˌmænɪdʒɪŋ dɪˈrektəʳ]	Geschäftsleiter(in), Präsident(in)
management *n* [ˈmænɪdʒmənt]	Management, Leitung, Führung
proprietor *n* [prəˈpraɪətəʳ]	Geschäftsinhaber(in), Besitzer(in)
sole-proprietorship	Einzelinhaber(in)
agency *n* [ˈeɪdʒᵊn(t)si]	Agentur
section *n* [ˈsekʃᵊn]	Abteilung
section of	Abteilung/Teil von
service *n* [ˈsɜːvɪs]	Dienst(leistung)
customer service; service provider	Kundendienst, Dienstleistung; Dienstleister
insurance *n* [ɪnˈʃʊərᵊn(t)s]	Versicherung
take out insurance; insurance company; insurance agent	eine Versicherung abschließen; Versicherungsgesellschaft; Versicherungsvertreter(in)
insure *v* [ɪnˈʃʊəʳ]	versichern
insure against sth; insured *(n,adj)*	gegen etw versichern; Versicherte(r), versichert
share *n* [ʃeəʳ]	Anteil; Aktie, Wertpapier *(BE)*
share of/in; share index; share price; market share	Anteil von/an; Aktienindex; Aktienkurs; Marktanteil
stocks *n pl (AE)* [stɒks]	Aktien, Anteile
stocks and shares; stock price; stockmarket (crash)	Wertpapiere; Aktienkurs; Börse(nkrach)
shareholder *(BE)*, **stockholder** *(AE) n* [ˈʃeəʳˌhəʊldəʳ, ˈstɒkˌhəʊldəʳ]	Aktionär(in)
downward *adj* [ˈdaʊnwəd]	abwärts, Abwärts-
a downward trend in prices	ein Abwärtstrend bei den Preisen
public *adj* [ˈpʌblɪk]	öffentlich
initial public offering	Börseneinführung
public relations, *abbrev* **PR** *n pl* [ˌpʌblɪk rɪˈleɪʃᵊnz, ˌpiːˈɑːʳ]	Öffentlichkeitsarbeit, Public Relations, PR
public-relations officer	Pressesprecher(in), PR-Referent(in)
billboard *n* [ˈbɪlbɔːd]	Reklametafel
advertisement, *abbrev* **ad** *n* [ədˈvɜːtɪsmənt, æd]	Anzeige, Werbung
start off *v* [stɑːt ˈɒf]	beginnen, anfangen
start off with/by doing sth	anfangen mit/indem man etw tut
run, ran, run *v* [rʌn, ræn, rʌn]	anbieten, organisieren; betreiben
run a business	ein Geschäft betreiben
coin *n* [kɔɪn]	Münze

In der Gesellschaft leben – Dienstleistung und Handel

> **INFO**
>
> Die ***coins*** (Münzen) in den USA haben besondere Namen. Ein *US dollar* sind 100 **cents** und eine Ein-Cent-Münze heißt ein ***penny.*** Die Fünf-Cent-Münze heißt ***nickel.*** Eine Zehn-Cent-Münze wird ***dime*** genannt. Die 25-Cent-Münze ist ein ***quarter*** (Vierteldollar). Es gibt dann noch ***half dollars*** und ***dollar coins.***

2.Lj

cent (¢) *n* [sent]	Cent *(amerikan./europ. Geldeinheit)*
dollar ($) *n* ['dɒləʳ]	Dollar *(amerikanische Währung)*
price *n* [praɪs]	(zu zahlender) Preis
deposit *n* [dɪ'pɒzɪt]	Anzahlung
percentage *n* [pə'sentɪʤ]	Prozentsatz
percent *n* [pə'sent]	Prozent
payment *n* ['peɪmənt]	Zahlung; Bezahlung
offer *v* ['ɒfəʳ]	anbieten
offer services	Dienste/Sonderangebote anbieten
deliver *v* [dɪ'lɪvəʳ]	liefern
remind *v* [rɪ'maɪnd]	erinnern
remind sb to do sth; remind sb of sth	jdn daran erinnern, etw zu tun; jdn an etwas erinnern
settle sth *v* ['setl]	etw erledigen, in Ordnung bringen; festlegen
settle a bill	eine Rechnung begleichen

3.Lj

CEO, *abbrev of* **Chief Executive Officer** *n* [ˌsiːiː'əʊ, ˌtʃiːf ɪgzekjətɪv 'ɒfɪsəʳ]	(Vorstands-)Vorsitzende(r)
vice- *prefix* [vaɪs]	Vize-
vice-chairman/-woman/-person	stellvertretende(r) Vorsitzende(r)
trade *v; n* [treɪd]	tauschen, Geschäfte machen, handeln; Handel
trade in sth; trade with sb; Board of Trade *(AE)*; trading partner	mit einer Sache handeln; mit jdm handeln; Handelskammer; Handelspartner
stock *n no pl* [stɒk]	Anleihe-, Grundkapital *(einer AG)*
stock exchange *n* ['stɒk ɪksˌtʃeɪnʤ]	Börse *(Gebäude, Börsenplatz)*
listed on the stock exchange	börsennotiert *(Firma)*
calculated *adj* ['kælkjəleɪtɪd]	berechnet, kalkuliert
rate *n* [reɪt]	Preis, Rate, Satz
rate of return; rate of revenue; rate of interest	Rendite; Absatzrate; Zinssatz
interest *n* ['ɪntrəst]	Zinsen, Zins-
pay interest on sth; interest rate; interest-free	Zinsen für/auf etw bezahlen; Zinssatz; zinslos

In der Gesellschaft leben – Dienstleistung und Handel

3.Lj

assets *n pl* ['æsets]	(Aktiv-) Vermögen, Aktiva, Vermögensstand
capital assets; assets and liabilities	Anlagevermögen; Aktiva und Passiva
capital *n* ['kæpɪtᵊl]	Kapital, Vermögen
share capital	Aktienkapital
soar *v* [sɔːʳ]	aufsteigen
budget *n* ['bʌdʒɪt]	Budget, Etat
strict budget	*etwa:* knappe Finanzen, begrenztes Geld, knappe Kasse
account *n* [ə'kaʊnt]	(Bank-)Konto; Bericht
bank account; account number; savings account; by all accounts	Bankkonto; Kontonummer; Sparkonto; nach allem, was man hört
estimate *v* ['estɪmeɪt]	(ein)schätzen
value *n* ['vælјuː]	Wert, Nutzen
shareholder value; at value; go down in value; increase/loss in value	*Wert eines Unternehmens aus dem Blickwinkel der Aktionäre;* zum Tageskurs; an Wert verlieren; Wertsteigerung/-verlust
figure out *v (AE)* [ˌfɪgəʳ 'aʊt]	ausrechnen
launch *v* [lɔːn(t)ʃ]	beginnen
deal *n* [diːl]	Abmachung; Geschäft, Handel
do/make a deal with sb; it's a deal!; a deal on the Stock Exchange	ein Geschäft mit jdm machen; abgemacht!; ein Börsengeschäft
invest *v* [ɪn'vest]	investieren; Geld anlegen
investment *n* [ɪn'ves(t)mənt]	Anlage, Investition
make an investment; investment banking house *(AE)*	investieren; Handelsbank
worth *adj; n* [wɜːθ]	wert; Wert, Gegenwert
be worth; worth of credit	(etw) wert sein, sich lohnen; kreditwürdig
worthless *adj* ['wɜːθləs]	wertlos
decision *n* [dɪ'sɪʒᵊn]	Entscheidung
a difficult decision	eine schwierige Entscheidung
real estate *n sg* ['rɪəl ɪsˌteɪt]	Immobilien
(real) estate agent *(BE)*, realtor *(AE)*	Immobilienmakler(in)
document *n* ['dɒkjəmənt]	Dokument; Urkunde
legal/signed documents	rechtliche/unterzeichnete Dokumente
counting-house *n* ['kaʊntɪŋ ˌhaʊs]	Kontor
teller *n* ['teləʳ]	Schalterangestellte(r) *(bei einer Bank)*
charge *v; n* [tʃɑːdʒ]	berechnen, in Rechnung stellen; Gebühr
charge sb money for sth; free of charge; charge account/card	jdm Geld für etw berechnen; kostenlos; Kunden(kredit)konto/-karte

In der Gesellschaft leben – Dienstleistung und Handel

bank account *n* ['bæŋk əˌkaʊnt]	Bankkonto
withdraw (sth) from one's bank account	(etw) vom Girokonto abheben
overdue *adj* [ˌəʊvə'djuː]	überfällig
reminder *n* [rɪ'maɪndəʳ]	Erinnerung, Mahnung, Mahnbescheid
cash *n* [kæʃ]	Bargeld
in cash; cash a cheque; cash on delivery *abbrev* COD	(in) bar; einen Scheck einlösen; per Nachnahme
dime *n* [daɪm]	10 Cent *(amerikanische Münze)*
quarter *n* ['kwɔːtəʳ]	25 Cent *(amerikanische Münze)*
fixed price *n* ['fɪkst praɪs]	Festpreis
off *prep* [ɒf]	reduziert
3% off (for cash)	3% Abzug/Nachlass *(bei Barzahlung)*
PIN *n* [pɪn]	PIN *(persönl. Geheimzahl für Geldautomaten)*
cheque, check *(AE) n* [tʃek]	Scheck
pay by cheque/check	per Scheck bezahlen
bill *n* [bɪl]	Rechnung; Geldschein *(AE)*
dollar bill *(AE)*	Dollarnote
consumer *n* [kən'sjuːməʳ]	Verbraucher(in)
consumer-goods; consumer protection	Konsum-/Verbrauchsgüter; Verbraucherschutz
carry out, carried, carried *v* [ˌkæri 'aʊt, 'kæriːd]	ausführen, befolgen
brand-label *n* ['brænd ˌleɪbᵊl]	Markenzeichen
create a brand-label	ein neues Markenzeichen schaffen
slogan *n* ['sləʊgən]	Werbespruch, Slogan
image *n* ['ɪmɪdʒ]	Image
try to change one's image	versuchen, sein Image zu ändern
advert *n* ['ædvɜːt]	Anzeige, Werbung, Annonce, Inserat
commercial *n* [kə'mɜːʃᵊl]	Werbespot, Werbung
display *n* [dɪ'spleɪ]	Demonstration, Vorführung
market research *n* [ˌmɑːkɪt rɪ'sɜːtʃ]	Marktforschung
marketable *adj* ['mɑːkɪtəbl]	absatz-/marktfähig, gängig
Is it marketable?	Ist es marktfähig?
market *v* ['mɑːkɪt]	vermarkten, werben
marketing *n* ['mɑːkɪtɪŋ]	Marketing, Vertrieb, Absatz
marketing agreement	Marktabsprache
advertise *v* ['ædvətaɪz]	werben; inserieren
presentation *n* [ˌprezᵊn'teɪʃᵊn]	Präsentation
presentation of a new product	Präsentation eines neuen Produkts *(Markteinführung)*

In der Gesellschaft leben – Globalisierung

3.Lj

succeed *v* [sək'siːd]	erfolgreich sein, Erfolg haben
succeed in doing sth	es schaffen etw zu tun
client *n* ['klaɪənt]	Kunde, Kundin
hotline *n* ['hɒtlaɪn]	Hotline *(Telefonanschluss für rasche Serviceleistungen)*
deal with *v* ['diːl wɪθ]	mit etw umgehen; sich mit etw befassen; mit etw fertig werden; etw erledigen
deal with a complaint	sich mit einer Beschwerde befassen
make sure, made, made *v* [meɪk 'ʃʊəʳ, meɪd]	für etw sorgen
make sure that	dafür sorgen, dass
provide *v* [prə(ʊ)'vaɪd]	liefern, zur Verfügung stellen; bieten
provide customer support	Kundenservice/-unterstützung zur Verfügung stellen
solve *v* [sɒlv]	lösen
solve a problem	ein Problem lösen
business *n* ['bɪznɪs]	Sache; Geschäft
be in business; on business; How's business?	als Geschäft existieren; geschäftlich; Wie läuft das Geschäft?

Globalisierung

1.Lj

world *n* [wɜːld]	Welt
around the world; all over the world; world trade	auf der Welt; auf der ganzen Welt; Welthandel
go up/down, went, gone *v* [gəʊ 'ʌp/'daʊn, went, gɒn]	steigen/sinken
prices go up	die Preise steigen
fall, fell, fallen *v* [fɔːl, fel, 'fɔːlən]	fallen
prices have fallen hard	die Preise sind stark gesunken
lend, lent, lent *v* [lend, lent]	leihen, verleihen
make money, made, made *v* [meɪk 'mʌni, meɪd]	Geld verdienen

2.Lj

international *adj* [ˌɪntə'næʃᵊnᵊl]	international
international financial system	internationales Finanzsystem
worldwide *adj; adv* [ˌwɜːld'waɪd]	weltweit
availability *n* [əˌveɪlə'bɪləti]	Vorrätigkeit, Verfügbarkeit

In der Gesellschaft leben – Globalisierung

2.Lj

project *n* ['prɒdʒekt]	Projekt
project manager	Projektmanager(in)
coordinate *v* [kəʊ'ɔːdɪnət]	koordinieren
decide *v* [dɪ'saɪd]	(sich) entscheiden
decide between all options; decide on/against sth	sich zwischen allen Optionen entscheiden; sich für/gegen etw entscheiden
take, took, taken *v* [teɪk, tʊk, 'teɪkᵊn]	erfordern
take time/money	Zeit/Geld erfordern
condition *n* [kən'dɪʃᵊn]	Verhältnis; Bedingung
terms and conditions (of a contract); poor economic conditions *(pl)*	(Vertrags-)Bedingungen; schlechte wirtschaftliche Verhältnisse
afford *v* [ə'fɔːd]	sich leisten
sb can/could (not)/is (not) able to afford to do sth	jd kann/könnte es sich (nicht) leisten, etw zu tun
borrow *v* ['bɒrəʊ]	(aus)leihen
borrow (sth) from sb; borrowing on credit	(sich etw) von jdm ausleihen; Kreditaufnahme
share *n* [ʃeəʳ]	Anteil
share of/in sth	Anteil von/an etw
take over, took, taken *v* [teɪk 'əʊvəʳ, tʊk, 'teɪkᵊn]	übernehmen, wegnehmen
takeover *n* ['teɪkəʊvəʳ]	Übernahme
takeover bid	Übernahmeangebot
spread, spread, spread *v* [spred]	weitersagen; verbreiten, ausbreiten
spread rumours/rumors *(AE)*	Gerüchte verbreiten

3.Lj

cosmopolitanism *n* [ˌkɒzmə'pɒlɪtᵊnɪzm]	Kosmopolitismus
the Third World n [ðə ˌθɜːd 'wɜːld]	die Dritte Welt
headquarters, *abbrev* **HQ** *n sg or pl* ['hedˌkwɔːtəz, ˌeɪtʃ'kjuː]	Hauptverwaltung, Zentrale
the company's headquarters are in/is located at	die Firmenzentrale ist/liegt in
multinational *adj* [ˌmʌlti'næʃᵊnᵊl]	multinational
strategy *n* ['strætədʒi]	Strategie; Vorgehensweise
current economic strategy	aktuelle Wirtschaftsstrategie
prospect *n* ['prɒspekt]	Aussicht
overseas *adj; adv* ['əʊvəsiːz]	(in) Übersee, Übersee-, überseeisch
overseas trade	Überseehandel
economy *n* [ɪ'kɒnəmi]	(Volks-)Wirtschaft
free-market economy; state of the economy	freie Marktwirtschaft; wirtschaftliche Lage/Situation
economic *adj* [ˌiːkə'nɒmɪk]	wirtschaftlich
downward economic trend; economic system/growth	fallende Konjunktur; Wirtschaftssystem/-wachstum

In der Gesellschaft leben – Globalisierung

3.Lj

importation *n* [ˌɪmpɔː'teɪʃᵊn]	Einfuhr, Import
export *n; adj* ['ekˌspɔːt]	Ausfuhr(-), Export(-)
ban on exports; export duty/licence/trade	Ausfuhr-/Exportverbot; Exportzoll/-genehmigung/-handel
export *v* [ɪk'spɔːt]	exportieren
development *n* [dɪ'veləpmənt]	Entwicklung
economic development	wirtschaftlicher Aufbau
develop *v* [dɪ'veləp]	entwickeln
developing country	Entwicklungsland
non-profit organization, *abbrev* **NPO** *n* [nɒnˌprɒfɪt ɔːgᵊnaɪ'zeiʃᵊn, enpiː'əʊ]	gemeinnützige Organisation
Doctors without Borders is an operating NPO	*Ärzte ohne Grenzen* ist eine gemeinnützige Organisation
operate *v* ['ɒpᵊreɪt]	(geschäftlich) tätig sein, arbeiten; verwalten, steuern
operate from HQ in London	von der Firmenzentrale in London aus operieren
supply *n* [sə'plaɪ]	Versorgung, Angebot
be in short supply	knapp sein
recession *n* [rɪ'seʃᵊn]	Wirtschaftskrise, Rezession
a worldwide recession	eine weltweite Wirtschaftskrise
expense *n* [ɪks'pens]	Kosten
at sb's expense	auf jds Kosten
success *n* [sək'ses]	Erfolg
milestone *n* ['maɪlstəʊn]	Meilenstein
standard of living *n* [ˌstændəd əv 'lɪvɪŋ]	Lebensstandard
pay off, paid, paid *v* [peɪ 'ɒf, peɪd]	abzahlen
pay off debt	Schuld/Schulden abzahlen
repay, repaid, repaid *v* [riː'peɪ, riː'peɪd]	zurückzahlen; entschädigen
repay sb sth; repay sb for sth	jdm etw zurückzahlen; jdn für etw entschädigen
enormous *adj* [ɪ'nɔːməs]	enorm, riesig, gigantisch
risk *v* [rɪsk]	riskieren
risk everything	alles riskieren
wealth *n* [welθ]	Reichtum; Vermögen
wealth based on	Reichtum aufgrund von
wealthy *adj* ['welθi]	wohlhabend, reich
wealthy nation	reiches Land
riches *n pl* ['rɪtʃəz]	Reichtum; Reichtümer
amass riches	Reichtümer anhäufen
speculate *v* ['spekjəleɪt]	spekulieren

In der Gesellschaft leben – Geschichte, Politik- und Sozialwissenschaften

3.Lj

investment *n* [ɪn'ves(t)mənt]	Anlage, Investition
foreign investment	Auslandsinvestition
unprofitable *adj* [ʌn'prɒfɪtəbl]	keinen Profit bringend, unrentabel
owe *v* [əʊ]	schulden
owe sth to chance	etw dem Zufall verdanken
refund *v* [riː'fʌnd]	zurückerstatten
discounted *adj* [dɪs'kaʊntɪd]	verbilligt
bootlegging *n (AE)* ['buːtˌlegɪŋ]	*illegale/r Herstellung/Verkauf von Waren*
rival *n; adj* ['raɪvəl]	Konkurrent(in), Rivale/Rivalin; Konkurrenz-,
business rivals	geschäftliche Rivalen/Konkurrenten
boycott *n; v* ['bɔɪkɒt]	Boykott; boykottieren
boycotting the fur trade industry/foreign imports	die Pelzhandelsindustrie/Auslandsimporte boykottieren
long-term *adj* [ˌlɒŋ 'tɜːm]	Langzeit-
long-term planning/investment	Langzeitplanung/-investitionen
overcome, overcame, overcome *v* [ˌəʊvə'kʌm, ˌəʊvə'keɪm, ˌəʊvə'kʌm]	überwinden
overcome difficulties (in sth)	Schwierigkeiten (bei etw) überwinden

Wissenschaft und Forschung

Geschichte, Politik- und Sozialwissenschaften

1.Lj

history *n* ['hɪstəri]	(die) Geschichte
tale *n* [teɪl]	Geschichte, Sage
the Dark Ages *n* [ðə ˌdɑːk 'eɪdʒɪz]	*das frühe Mittelalter (etwa 472-1000 n.C.) in Europa*
the Dark Ages was a declining period for European civilization	das frühe Mittelalter war eine Periode des kulturellen Niedergangs in Europa
the Middle Ages *n* [ðə ˌmɪdl 'eɪdʒɪz]	das Mittelalter
arrow *n* ['ærəʊ]	Pfeil
bow *n* [bəʊ]	Bogen
hang, hanged, hanged *v* [hæŋ, hæŋd]	hängen *(am Galgen)*
gallows *n pl or sg* ['gæləʊz]	Galgen

2.Lj

pie chart *n* ['paɪ tʃɑːt]	Kreisdiagramm

Thematisches Wörterbuch

In der Gesellschaft leben – Geschichte, Politik- und Sozialwissenschaften

2.Lj

grid *n* [grɪd]	Tabelle
archaeologist *n* [ˌɑːki'ɒlədʒɪst]	Archäologe/Archäologin
original *adj* [ə'rɪdʒɪnəl]	ursprünglich, erste/erster/erstes
tradition *n* [trə'dɪʃən]	Tradition
historic *adj* [hɪ'stɒrɪk]	historisch
historic artefacts	historische Artefakte
legend *n* ['ledʒənd]	Legende
AD *(anno domini) num* [ˌeɪ'diː]	nach Christus
in the first century AD	im ersten Jahrhundert nach Christus
BC *(before Christ) num* [biː'siː]	vor Christus
century *n* ['sen(t)ʃəri]	Jahrhundert
the Stone Age *n* [ðə 'stəʊn eɪdʒ]	die Steinzeit
emperor *n* ['empərəʳ]	Kaiser, Herrscher
empire *n* ['empaɪəʳ]	(Kaiser-)Reich
the Roman Empire	das römische Reich
Roman *adj; n* ['rəʊmən]	römisch; Römer(in)
camp *n* [kæmp]	(Heer-)Lager
explorer *n* [ɪk'splɔːrəʳ]	Entdeckungsreisende(r)
colony *n* ['kɒləni]	Kolonie
the Original 13 Colonies	die Gründungsstaaten der USA
settle *v* ['setl]	siedeln
settlement *n* ['setlmənt]	Siedlung
settler *n* ['setləʳ]	Siedler(in)
English/French/Spanish settlers	Siedler aus England/Frankreich/Spanien
wagon *n* ['wægən]	Planwagen
chief *n* [tʃiːf]	(Indianer-)Häuptling
slave *n* [sleɪv]	Sklave/Sklavin
starvation *n* [stɑː'veɪʃən]	Hunger, Hungersnot
sword *n* [sɔːd]	Schwert
knight *n* [naɪt]	Ritter
witch *n* [wɪtʃ]	Hexe
wizard *n* ['wɪzəd]	Zauberer

3.Lj

social *adj* ['səʊʃəl]	sozial, gesellschaftlich
social science/studies; social imperialism	Sozialwissenschaften; Sozialimperialismus
modern *adj* ['mɒdən]	modern
insight *n* ['ɪnsaɪt]	Einblick, Verständnis
survey *n* ['sɜːveɪ]	Untersuchung, Umfrage
a survey of/on sth	eine Untersuchung über etw

In der Gesellschaft leben – Geschichte, Politik- und Sozialwissenschaften

diagram *n* ['daɪəgræm]	Diagramm, Schaubild
statistics *n pl* [stə'tɪstɪks]	Statistik
statistical returns	statistische Angaben
political *adj* [pə'lɪtɪkᵊl]	politisch
political science	Politologie, Politikwissenschaften
politics *n pl + sg* ['pɒlətɪks]	Politik *(Fach)*
historical *adj* [hɪ'stɒrɪkᵊl]	historisch; geschichtlich, Geschichts-
historical research	historische Forschung
origin *n* ['ɒrɪdʒɪn]	Ursprung, Herkunft, Abstammung
court *n* [kɔːt]	(königlicher) Hof
succession *n* [sək'seʃᵊn]	Folge, Nach-/Erbfolge; Thronfolge
(sb's) succession to sb /to the throne	(jds) Nachfolge auf jdn/Thronfolge
throne *n* [θrəʊn]	Thron
duke *n* [djuːk]	Herzog
earl *n* [ɜːl]	Graf
freeman *n* ['friːmæn]	freier Mensch
redcoat *n inf* ['redkəʊt]	britischer Soldat, Rotrock *(ugs)*
revolution *n* [ˌrevᵊl'uːʃᵊn]	Revolution
the American/French Revolution	die amerikanische/französische Revolution
yankee *n* ['jæŋki]	Yankee *(Spitzname für Nordstaatler in den Südstaaten der USA)*
civil war *n* [sɪvᵊl 'wɔːʳ]	Bürgerkrieg
musket *n* ['mʌskɪt]	Muskete
famine *n* ['fæmɪn]	Hungersnot
battleground *n* ['bætlgraʊnd]	Schlachtfeld
tombstone, gravestone *(AE) n* ['tuːmstəʊn, 'greɪvstəʊn]	Grabstein
postwar *adj* ['pəʊstwɔːʳ]	Nachkriegs-
revival *n* [rɪ'vaɪvᵊl]	Wiederaufblühen, Renaissance
flourishing *n* ['flʌrɪʃɪŋ]	Blüte, Aufblühen
flourishing of arts during the Renaissance	Blüte der Kunst während der Renaissance
warlord *n* ['wɔːʳlɔːd]	Kriegsherr, Oberbefehlshaber, Anführer
lance *n* [lɑːn(t)s]	Lanze
spear *n* [spɪəʳ]	Speer
Germanic *adj* [dʒə'mænɪk]	germanisch
legendary *adj* ['ledʒəndᵊri]	legendär, sagenumwoben
civilization *n* [ˌsɪvᵊlaɪ'zeɪʃᵊn]	Zivilisation
the Greek civilization	die griechische Kultur
rule *n; v* [ruːl]	Herrschaft; herrschen

In der Gesellschaft leben – Philosophie und Religion

3.Lj

ruler *n* ['ruːləʳ]	Herrscher(in)
a ruthless ruler	ein rücksichtsloser Herrscher(in)
banish *v* ['bænɪʃ]	verbannen
banish sth from the history books	etw aus den Geschichtsbüchern verbannen
behead *v* [bɪ'hed]	enthaupten, köpfen
subdue *v* [sʌb'djuː]	unterwerfen
the Dreaming, the Dreamtime *n* [ðə 'driːmɪŋ, ðə 'driːmtaɪm]	*die Schöpfungszeit in der Mythologie der australischen Ureinwohner*
traditional *n* [trə'dɪʃᵊnᵊl]	traditionell; überliefert
colonist *n* ['kɒlənɪst]	Kolonist(in), Siedler(in)
slavery *n* ['sleɪvᵊri]	Sklaverei
whip, whipped, whipped *v* [(h)wɪp, (h)wɪpt]	(aus)peitschen; schlagen

Philosophie und Religion

1.Lj

church *n* [tʃɜːtʃ]	Kirche
go to church; church bells	in die Kirche gehen; Kirchenglocken
ghost *n* [gəʊst]	Geist
God *n* [gɒd]	Gott
Son of God	Gottes Sohn
believe *v* [bɪ'liːv]	glauben
believe in sb/sth	an jdn/etw glauben
life, *pl* **lives** *n* [laɪf, laɪvz]	Leben
gift of life	Geschenk des Lebens
question *n* ['kwestʃən]	Frage

2.Lj

religion *n* [rɪ'lɪdʒᵊn]	Religion
religious *adj* [rɪ'lɪdʒəs]	religiös
exist *v* [ɪg'zɪst]	existieren
spiritually *adv* [spɪ'rɪtʃuəli]	spirituell, geistig
spiritually active	geistig aktiv
Hindu *adj; n* [ˌhɪn'duː]	hinduistisch; Hindu
Muslim *adj; n* ['mʊslɪm]	islamisch; Muslim(in)
christen *v* [krɪsᵊn]	taufen
baptize *v* [bæp'taɪz]	katholisch taufen
fortune *n* ['fɔːtʃuːn]	Glück, Schicksal
miracle *n* ['mɪrəkl]	Wunder

2.Lj

mystery *n* ['mɪstəri]	Geheimnis, Rätsel
the mystery of life	das Geheimnis des Lebens
sacred *adj* ['seɪkrɪd]	heilig
sacred ground	heiliger Boden
temple *n* ['templ]	Tempel
desecration *n* ['desɪkreɪʃən]	Entweihung
devil *n* ['devəl]	Teufel
devil worshipping	Teufelsanbetung
hell *n* [hel]	Hölle
heaven *n* ['hevən]	Himmel
death *n* [deθ]	Tod

3.Lj

Christianity *n* [ˌkrɪsti'ænɪti]	Christentum
Catholic *adj; n* ['kæθəlɪk]	katholisch; Katholik(in)
Protestant *adj; n* ['prɒtɪstənt]	protestantisch; Protestant(in)
Unitarian *n* [ˌjuːnɪ'teəriən]	Unitarier(in)
Unitarians believe in individual freedom of belief	die Unitarier glauben an die individuelle Glaubensfreiheit
atheist *n* ['eɪθiɪst]	Atheist(in), Nichtgläubige(r)
sister *n* ['sɪstəʳ]	Ordensschwester
priest *n* [priːst]	Priester, Geistlicher
Catholic Priest	katholischer Pfarrer
abbey *n* ['æbi]	Abtei
abbot *n* ['æbət]	Abt
Pope *n* [pəʊp]	Papst
archbishop *n* ['ɑːtʃˌbɪʃəp]	Erzbischof
bishop *n* ['bɪʃəp]	Bischof
churchman, clergyman *(AE) n* ['tʃɜːtʃmən, 'klɜːdʒimən]	Geistlicher
parishioner *n* [pə'rɪʃənəʳ]	Gemeindemitglied *(bes. der katholischen Kirche)*
sacrament *n* ['sækrəmənt]	Sakrament
the seven sacraments of the Catholic Church	die sieben Sakramente der katholischen Kirche
blessing *n* ['blesɪŋ]	Segen
cardinal *adj* ['kɑːdɪnəl]	Haupt-
cardinal sin	Todsünde
holy *adj* ['həʊli]	heilig
holy water; Holy Week; the Holy Scriptures	Weihwasser; Karwoche; die Heilige Schrift
damnation *n* [dæm'neɪʃən]	Verdammung

In der Gesellschaft leben – Philosophie und Religion

3.Lj

everlasting *adj* ['evəʳˌlɑːstɪŋ]	immerwährend, ewig
everlasting life	ewiges Leben
eternity *n* [ɪ'tɜːnəti]	Ewigkeit
paradise *n* ['pærədaɪs]	Paradies
fulfillment *n* [fʊl'fɪlmənt]	Erfüllung
guardian angel *n* [ˌgɑːdiən 'eɪndʒᵊl]	Schutzengel
prayer *n* ['preəʳ]	Gebet
heathen *adj* ['hiːðᵊn]	heidnisch
soul *n* [səʊl]	Seele
soul-searching	Prüfung des Gewissens
spiritual *adj* ['spɪrɪtʃuəl]	spirituell, geistig; geistlich
spiritual welfare; spiritual values	geistiges Wohl; geistige Werte
supernatural *adj* ['suːpəˌnætʃᵊrᵊl]	übernatürlich
supernatural powers	übernatürliche Kräfte
inspiration *n* [ˌɪn(t)spᵊr'eɪʃᵊn]	Inspiration, Eingebung
myth *n* [mɪθ]	Mythos
Amish *n (AE)* ['eɪmɪʃ]	Amish *(eine streng religiöse und teilweise noch deutschsprachige Bevölkerungsgruppe in den USA, die fast ohne moderne Technologie lebt)*
minister *n* ['mɪnɪstəʳ]	Pfarrer(in) der Presbyterianischen und einiger freier Kirchen
Baptist minister	Pfarrer(in) einer protestantischen Kirche
preach *v* [priːtʃ]	predigen
service *n* ['sɜːvɪs]	Gottesdienst
Sunday service	Sonntagsgottesdienst
mass *n* [mæs]	Messe
midnight mass	Mitternachtsmesse
the Lord *n* [ðə 'lɔːd]	der Herr, Gott
creator *n* [kri'eɪtəʳ]	Schöpfer(in)
Jesus *n* ['dʒiːzəs]	Jesus
Christ *n* [kraɪst]	(Jesus) Christus
cross *n* [krɒs]	Kreuz
pray *v* [preɪ]	beten, hoffen
praying with the Rosary	mit dem/den Rosenkranz beten
endow *v* [ɪn'daʊ]	schenken, geben
wonder *n* ['wʌndəʳ]	Wunder
(it's) no wonder that; do/work wonders	(es ist) kein Wunder, dass; Wunder tun
predict *v* [prɪ'dɪkt]	vorher-, voraussagen

3.Lj

workings *n pl* ['wɜːkɪŋz]	Funktionsweise; System
workings of fate/mind	Wege des Schicksals/Gedankengänge
liturgy *pl* **liturgies** *n* ['lɪtɜːði, 'lɪtɜːðiz]	Liturgie

Sprachwissenschaft und Literatur

1.Lj

drama *n* ['drɑːmə]	Schauspiel
dialogue, dialog *(AE) n* ['daɪəlɒg]	Dialog, Gespräch
character *n* ['kærəktəʳ]	Charakter, Person, Figur
flat/round character	flache *(=einfache)*/runde *(=komplexe)* Figur
end *n* [end]	Ende, Schluss
in the end	schließlich, zum Schluss
ending *n* ['endɪŋ]	Ende, Schluss *(bei Geschichten)*
a story with a happy ending	eine Geschichte mit einem glücklichen Ende/ Ausgang
tell, told, told *v* [tel, təʊld]	erzählen; sagen
tell a story; tell sb about sth	eine Geschichte erzählen; jdm (von) etw erzählen
write about, wrote, written *v* ['raɪt əˌbaʊt, rəʊt, 'rɪtᵊn]	schreiben über
story *n* ['stɔːri]	Geschichte, Erzählung
short story; detective story	Kurzgeschichte; Krimi
tale *n* [teɪl]	Geschichte, Sage
tall tale/story; fairy tale	Lügengeschichte; Märchen
text *n* [tekst]	Text
action *n* ['ækʃᵊn]	Handlung, Geschehen
the action of the play/novel takes place ...	das Stück/der Roman spielt ...
summary *n* ['sʌmᵊri]	Zusammenfassung
write a summary	eine Zusammenfassung schreiben
diary *n* ['daɪəriː]	Tagebuch
keep a diary	Tagebuch schreiben
poem *n* ['pəʊɪm]	Gedicht
rhyme *n* [raɪm]	Reim
line *n* [laɪn]	Linie, Zeile
in line 23 it says ...	in Zeile 23 heißt es ...
rhythm *n* ['rɪðᵊm]	Rhythmus
mean, meant, meant *v* [miːn, ment]	bedeuten

In der Gesellschaft leben – Sprachwissenschaft und Literatur

1.Lj

meaning *n* ['mi:nɪŋ]	Bedeutung
discuss the meaning of a poem	die Bedeutung eines Gedichts diskutieren
word *n* [wɜ:d]	Wort
by word of mouth; word order; word-play; word choice	mündlich; Wortstellung; Wortspiel; Wortwahl
letter *n* ['letəʳ]	Buchstabe
capital/upper-case *(AE)* letter; small/lower-case *(AE)* letter	Großbuchstabe; Kleinbuchstabe
sentence *n* ['sentən(t)s]	Satz
question *n* ['kwestʃən]	Frage, Fragesatz
noun *n* [naʊn]	Substantiv
verb *n* [vɜ:b]	Verb, Zeitwort
irregular *adj* [ɪ'regjələʳ]	unregelmäßig
irregular verb	unregelmäßiges Verb
person *n* ['pɜ:sᵊn]	Person
first/second/third person singular/plural	erste/zweite/dritte Person Singular/Plural
singular *n* ['sɪŋgjələʳ]	Singular, Einzahl
plural *n* ['plʊərᵊl]	Plural, Mehrzahl
infinitive *n* [ɪn'fɪnɪtɪv]	Infinitiv, Grundform *(des Verbs)*
progressive, continuous *adj* [prə(ʊ)'gresɪv, kən'tɪnjuəs]	Verlaufs-
progressive/continuous form	Verlaufsform *(des Verbs)*
simple *adj* ['sɪmpl]	einfach
simple form	einfache Form *(des Verbs)*
present *n* ['prezᵊnt]	Präsens, Gegenwart
simple present; present progressive	(einfache/s) Gegenwart/Präsens; Verlaufsform des Präsens
past *n* [pɑ:st]	Imperfekt, Vergangenheit
simple past; past progressive	(einfache/s) Vergangenheit/Imperfekt; Verlaufsform des Imperfekts
perfect *n* ['pɜ:fɪkt]	Perfekt
present perfect (simple/progressive); past perfect (simple/progressive)	(einfache/Verlaufsform des) Perfekt; (einfache/Verlaufsform des) Plusquamperfekt
future *n* ['fju:tʃəʳ]	Zukunft
will-/going-to-future; future progressive; future perfect	Zukunftsform (mit dem Hilfsverb *will*/der Konstruktion *be going to do* sth); Verlaufsform des will-Futurs; Futur II
adjective *n* ['ædʒɪktɪv]	Adjektiv, Eigenschaftswort
adverb *n* ['ædvɜ:b]	Adverb, Umstandswort

In der Gesellschaft leben – Sprachwissenschaft und Literatur

1.Lj

preposition *n* [ˌprepəˈzɪʃᵊn]	Präposition, Verhältniswort
conjunction *n* [kənˈʤʊŋkʃᵊn]	Konjunktion, Bindewort

2.Lj

author *n* [ˈɔːθəʳ]	Autor(in)
popular contemporary author	beliebte(r) zeitgenössische(r) Autor(in)
writer *n* [ˈraɪtəʳ]	Schriftsteller(in), Schreiber(in)
reader *n* [ˈriːdəʳ]	Leser(in)
reading group *n* [ˌriːdɪŋ ˈgruːp]	Lesezirkel, Lesegruppe
reading groups discuss books read	im Lesezirkel werden gelesene Bücher besprochen
critic *n* [ˈkrɪtɪk]	Kritiker(in)
review *n* [rɪˈvjuː]	Besprechung/Rezension eines Buches, Films, etc.
book review	Buchbesprechung
imagine *v* [ɪˈmæʤɪn]	sich (etw) vorstellen
fantasy *n* [ˈfæntəsi]	Fantasie
fictional *adj* [ˈfɪkʃᵊnᵊl]	(frei) erfunden, erdichtet
writing *n* [ˈraɪtɪŋ]	Schriftstellerei; Schriftstück, Buch
fictional writing	Fiktion, Belletristik
by *prep* [baɪ]	von
by Shakespeare	von Shakespeare (geschrieben)
language *n* [ˈlæŋgwɪʤ]	Sprache
formal *adj* [ˈfɔːmᵊl]	formal, formell
formal style	formeller Stil
informal *adj* [ɪnˈfɔːmᵊl]	informell; ungezwungen
informal language	informelle Sprache
style *n* [staɪl]	Stil
style of writing	Schreibstil
expression *n* [ɪksˈpreʃᵊn]	Ausdruck
atmosphere *n* [ˈætməsfɪəʳ]	Atmosphäre, Stimmung
context *n* [ˈkɒntekst]	Zusammenhang
in context	im Zusammenhang
symbol *n* [ˈsɪmbᵊl]	Symbol
be a symbol of sth	ein Symbol für etw sein
headword, keyword *(AE) n* [ˈhedwɜːd, ˈkiːwɜːd]	Stichwort
introduction *n* [ˌɪntrəˈdʌkʃᵊn]	Einleitung
paragraph *n* [ˈpærəgrɑːf]	Abschnitt, Absatz
hero *n* [ˈhɪərəʊ]	Held, Hauptperson
narrator *n* [nəˈreɪtəʳ]	Erzähler(in)

In der Gesellschaft leben – Sprachwissenschaft und Literatur

2.Lj

limerick *n* [ˈlɪməˈrɪk]	*gereimter britischer Witz mit fünf Zeilen*
speech *n* [spiːtʃ]	Rede
figure of speech; direct/indirect speech	Redewendung; direkte (wörtliche)/indirekte Rede
saying *n* [ˈseɪɪŋ]	Sprichwort, Spruch
phrase *n* [freɪz]	(Teil-)Satz, Wendung
of-phrase	of-Phrase *(Genitiv mit of)*
statement *n* [ˈsteɪtmənt]	Aussage, Aussagesatz
negative *adj* [ˈnegətɪv]	negativ, verneint
negative sentence	verneinter Satz
question tag *n* [ˌkwestʃən ˈtæg]	Bestätigungsfrage, nachgestellte Fragepartikel
gerund *n* [ˈdʒerənd]	Gerund(ium)
subject *n* [ˈsʌbdʒɪkt]	Subjekt; Thema
the subject of a sentence; the subject of the story	das Subjekt eines Satzes; das Thema der Geschichte
object *n* [ˈɒbdʒɪkt]	Objekt, Gegenstand
the object of a sentence/verb; the object of one's writing	das Objekt eines Satzes/Verbs; der Gegenstand von jds Schreiben/Schriftstellerei
reflexive *adj* [rɪˈfleksɪv]	reflexiv, rückbezüglich
reflexive verb/pronoun	reflexives Verb/Pronomen
relative *adj* [ˈrelətɪv]	Relativ-
relative clause/pronoun	Relativsatz/-pronomen
clause *n* [klɔːz]	(Teil-)Satz
main clause; sub(ordinate) clause; if-clause	Hauptsatz; Nebensatz; Bedingungssatz mit *if (=wenn)*
pronoun *n* [ˈprəʊnaʊn]	Pronomen, Fürwort
personal pronoun; possessive pronoun; demonstrative pronoun	Personalpronomen; besitzanzeigendes/ Possessivpronomen; Demonstrativpronomen
punctuation *n* [ˌpʌŋktʃuˈeɪʃən]	Zeichensetzung
punctuation mark	Satzzeichen
mark *n* [mɑːk]	Zeichen, Symbol
exclamation mark/point *(AE) n* [ekskləˌmeɪʃən ˈmɑːk/ ˈpɔɪnt]	Ausrufungszeichen
question mark *n* [ˌkwestʃən ˈmɑːk]	Fragezeichen
comma *n* [ˈkɒmə]	Komma
full stop, period *(AE) n* [ˈfʊl stɒp, ˈpɪəriəd]	Punkt
hyphen *n* [ˈhaɪfən]	Bindestrich
formation *n* [fɔːˈmeɪʃən]	(das) Bilden, Bildung *(grammatisch)*
word formation	Wortbildung
prefix *n* [ˈpriːfɪks]	Präfix, Vorsilbe
vocabulary *n* [və(ʊ)ˈkæbjələri]	Wortschatz, Vokabular

In der Gesellschaft leben – Sprachwissenschaft und Literatur

2.Lj

passive *adj* ['pæsɪv]	passiv
(the) passive voice	das Passiv
tense *n* [ten(t)s]	(grammatische) Zeit, Tempus
present/past tense	Präsens/Imperfekt
past *n* [pɑːst]	(die) Vergangenheit
in the past	in der Vergangenheit
conditional *n* [kən'dɪʃᵊnᵊl]	(das) Konditional (I)
conditional perfect; conditional clause	Konditional II; Konditional-/Bedingungssatz
regular *adj* ['regjələʳ]	regelmäßig; üblich, normal
article *n* ['ɑːtɪkl]	Artikel, Begleiter
definite/indefinite article	bestimmter/unbestimmter Artikel
reported speech *n* [rɪˌpɔːtɪd 'spiːtʃ]	indirekte/berichtete Rede
pronounce *v* [prə'naʊn(t)s]	aussprechen
pronunciation *n* [prəˌnʌn(t)si'eɪʃᵊn]	Aussprache
vowel *n* [vaʊəl]	Vokal
consonant *n* ['kɒn(t)sᵊnənt]	Konsonant
stress *n; v* [stres]	Betonung; betonen
word/sentence stress; the stress is on	Wort-/Satzbetonung; die Betonung liegt auf

3.Lj

fiction *n* ['fɪkʃᵊn]	Fiktion, Erzählliteratur
non-fiction; science fiction *(story)*	Sach-/Fachliteratur; Science-Fiction*(-geschichte)*
comedy *n* ['kɒmədi]	Komödie
tragedy *n* ['trædʒədi]	Tragödie
epic *adj; n* ['epɪk]	episch, lang und abenteuerlich; Epos *(Gedicht, Film etc.)*
prologue *n* ['prəʊlɒg]	Prolog, Vorrede; Vorwort
epilogue *n* ['epɪlɒg]	Epilog, Nachrede; Nachwort
adapted *adj* [ə'dæptɪd]	adaptiert
be adapted for the stage	für die Bühne adaptiert werden
content *n* ['kɒntent]	Inhalt, Gehalt
table of contents; content of a book/essay	Inhaltsverzeichnis; Inhalt eines Buches/Aufsatzes
critical *adj* ['krɪtɪkᵊl]	kritisch
critical review	kritische Besprechung
heroine *n* ['herəʊɪn]	Heldin
imagination *n* [ɪˌmædʒɪ'neɪʃᵊn]	Vorstellungskraft; Fantasie
inspire *v* [ɪn'spaɪəʳ]	inspirieren
narrate *v* [nə'reɪt]	erzählen *(Geschichte)*
picture *v* ['pɪktʃəʳ]	sich (etw) vorstellen
audience *n* ['ɔːdiən(t)s]	Leserschaft

In der Gesellschaft leben – Sprachwissenschaft und Literatur

3.Lj

interpret *v* [ɪnˈtɜːprɪt]	interpretieren, auslegen
analyse, analyze *(AE) v* [ˈænᵊlaɪz]	analysieren, untersuchen
summarize *v* [ˈsʌmᵊraɪz]	zusammenfassen
literal *adj* [ˈlɪtᵊrᵊl]	wörtlich, buchstäblich
literal meaning of sth; take sth literally *(adv)*	wörtliche Bedeutung von etw; etw wörtlich nehmen
sharply *adv* [ˈʃɑːpli]	bissig, scharf, direkt
metaphor *n* [ˈmetəfəʳ]	Metapher, literarisches Bild
mood *n* [muːd]	Stimmung, Laune
humour, humor *(AE) n* [ˈhjuːməʳ]	Humor
poet *n* [ˈpəʊɪt]	Dichter(in), Poet(in)
poetry *n* [ˈpəʊɪtri]	Dichtung, Lyrik
verse *n* [vɜːs]	Strophe, Vers
blank verse	Blankvers *(ungereimter Vers mit zehn Silben)*
reality *n* [riˈæləti]	Realität, Wirklichkeit
realistic *adj* [ˌrɪəˈlɪstɪk]	realistisch, wirklichkeitsnah
literary *adj* [ˈlɪtᵊrᵊri]	literarisch
literary criticism; literary studies *(pl)*	(die) Literaturkritik; Literaturwissenschaft
classic *adj; n* [ˈklæsɪk]	klassisch; Klassiker
autobiography *n* [ˌɔːtəbaɪˈɒgrəfi]	Autobiografie
novel *n* [ˈnɒvᵊl]	Roman
historical novel	historischer Roman
fable *n* [ˈfeɪbl]	Fabel
chapter *n* [ˈtʃæptəʳ]	Kapitel
reference *n* [ˈrefᵊrᵊn(t)s]	Erwähnung; Hinweis
with/in reference to	in Bezug auf, was ... anbetrifft
quotation *n* [kwə(ʊ)ˈteɪʃᵊn]	Zitat
source *n* [sɔːs]	Quelle
cite sources *(pl)*; source material	(literarische) Quellen zitieren; Quellenmaterial
first-person narrator *n* [ˌfɜːst ˌpɜːsᵊn nəˈreɪtəʳ]	Icherzähler(in)
third-person narrator *n* [ˌθɜːd ˌpɜːsᵊn nəˈreɪtəʳ]	Er-/Sieerzähler(in)
point of view *n* [ˌpɔɪnt əv ˈvjuː]	Erzählperspektive; Sicht(weise), Standpunkt
perspective *n* [pəˈspektɪv]	Perspektive, Sichtweise
narrative perspective	Erzählperspektive
limited *adj* [ˈlɪmɪtɪd]	begrenzt, eingeschränkt
limited point of view	*(auf wenige Charaktere)* eingeschränkte Erzählperspektive
setting *n* [ˈsetɪŋ]	Schauplatz

In der Gesellschaft leben – Sprachwissenschaft und Literatur

plot *n* [plɒt]	Handlung(sablauf)
suspense *n* [sə'spen(t)s]	Spannung
lack of suspense	fehlende Spannung
simile *n* ['sɪmɪli]	Gleichnis *(literarisch)*, Vergleich
image *n* ['ɪmɪdʒ]	*(literarisches)* Bild, Metapher
express *v* [ɪks'pres]	ausdrücken
humorous *adj* ['hjuːmᵊrəs]	lustig, witzig; humorvoll
tragic *adj* ['trædʒɪk]	tragisch
ironic *adj* [aɪ(ə)'rɒnɪk]	ironisch
dramatic *adj* [drə'mætɪk]	dramatisch
exaggerated *adj* [ɪg'zædʒᵊreɪtɪd]	übertrieben
point *n* [pɔɪnt]	(Stand-) Punkt, Perspektive, Stelle; Zweck
to the point; the point (of this) is ...	schlicht, sachlich, kurz und bündig; Sinn und Zweck ist ...
moral *n* ['mɒrᵊl]	Moral, Lehre
structure *n* ['strʌktʃəʳ]	Struktur, Aufbau
structure of a text; sentence structure	Aufbau eines Textes; Satzstruktur
antonym *n* ['æntənɪm]	Antonym *(Wort/Wendung mit gegenteiliger Bedeutung)*
synonym *n* ['sɪnənɪm]	Synonym *(Wort/Wendung mit gleicher Bedeutung)*
personal passive *n* [ˌpɜːsᵊnᵊl 'pæsɪv]	persönliches Passiv *(Subjekt des Passivsatzes entspricht indirektem Objekt des Aktivsatzes, meist eine Person)*
active *adj* ['æktɪv]	aktiv
active voice	(das) Aktiv
genitive *n* ['dʒenɪtɪv]	Genitiv
s-genitive	s-Genitiv
define *v* [dɪ'faɪn]	bestimmen, definieren
defining/non-defining relative clause	notwendiger/nicht-notwendiger Relativsatz
participle *n* [pɑː'tɪsɪpl]	Partizip
past/present participle	Partizip Perfekt/Präsens
suffix *n* ['sʌfɪks]	Nachsilbe, Suffix
inversion *n* [ɪn'vɜːʃən]	Inversion *(umgekehrte Stellung von Verb und Subjekt)*
comparison *n* [kəm'pærɪsᵊn]	Steigerung, Vergleich *(sprachlich)*
aspect *n* ['æspekt]	Aspekt
tense and aspect	Zeit und Aspekt *(des Verbs, d. h. ob es in der simple oder progressive form steht)*

Thematisches Wörterbuch

In der Gesellschaft leben – Medizin und Technik

3.Lj

phrasal verb *n* [ˌfreɪzᵊl ˈvɜːb]	*präpositionales Verb mit übertragener Bedeutung*
proverb *n* [ˈprɒvɜːb]	Sprichwort
idiom *n* [ˈɪdiəm]	idiomatische Wendung, Redewendung
American idioms	amerikanische Redewendungen
idiomatic *adj* [ˌɪdiə(ʊ)ˈmætɪk]	idiomatisch
filler *n* [ˈfɪləʳ]	Füllwort
colloquial *adj* [kəˈləʊkwiəl]	umgangssprachlich
colloquial language	Umgangssprache
Romance *adj* [rə(ʊ)ˈmæn(t)s]	romanisch *(bei Sprachen)*
Romance languages *(pl)*	romanische Sprachen

Medizin und Technik

1.Lj

future *n* [ˈfjuːtʃəʳ]	Zukunft
in the future	in (der) Zukunft
earth *n* [ɜːθ]	Erde
examine *v* [ɪgˈzæmɪn]	untersuchen
medicine *n* [ˈmedsᵊn]	Medizin
study medicine	Medizin studieren
try, tried, tried *v* [traɪ, traɪd]	versuchen, (aus)probieren
try doing sth, try sth	versuchen, etw probieren

2.Lj

progress *n no pl* [ˈprəʊgres]	Fortschritt
make good progress in/with sth	gute Fortschritte mit/bei etw machen
technology *n* [tekˈnɒlədʒi]	Technologie, Technik
medical technology	medizinische Technik
discover *v* [dɪˈskʌvəʳ]	entdecken
discovery *n* [dɪˈskʌvᵊri]	Entdeckung
create *v* [kriˈeɪt]	kreieren, (er)schaffen, erfinden
project *n* [ˈprɒdʒekt]	Projekt
long-term project	langfristiges Projekt
disease *n* [dɪˈziːz]	Krankheit
incurable disease	unheilbare Krankheit
alien *n* [ˈeɪliən]	Außerirdische(r)
(the) **Sun** *n* [sʌn]	(die) Sonne

In der Gesellschaft leben – Medizin und Technik

research *n* [rɪ'sɜːtʃ]	Forschung
do research into sth	Forschungen über etw betreiben
develop *v* [dɪ'veləp]	(sich) entwickeln
Research and Development	Forschung und Entwicklung
invent *v* [ɪn'vent]	erfinden
invention *n* [ɪn'ven(t)ʃᵊn]	Erfindung
inventor *n* [ɪn'ventəʳ]	Erfinder(in)
promising *adj* ['prɒmɪsɪŋ]	viel versprechend
promising results	viel versprechende Ergebnisse
launch *v* [lɔːn(t)ʃ]	beginnen
improve *v* [ɪm'pruːv]	(sich) verbessern
state *n* [steɪt]	Zustand
state-of-the-art technology	der neueste Stand der Technik
standard *adj* ['stændəd]	korrekt, (allgemein) gebräuchlich
standard procedure/practice	Standardvorgehen
continuous *adj* [kən'tɪnjuəs]	(an)dauernd, laufend
continuous improvements	ständige Verbesserungen
technical *adj* ['teknɪkəl]	technisch
technological *adj* [ˌteknə'lɒdʒɪkᵊl]	technologisch
achieve a technological breakthrough	einen technologischen Durchbruch erreichen
breakthrough *n* ['breɪkθruː]	Durchbruch
a medical breakthrough	ein Durchbruch auf medizinischem Gebiet
design *v* [dɪ'zaɪn]	entwerfen, konstruieren
reactivate *v* [ri'æktɪveɪt]	reaktivieren
manual *n* ['mænjuəl]	Handbuch
electricity *n* [ɪlekt'rɪsɪti]	Strom, Elektrizität
electronic *adj* [ɪlekt'rɒnɪk]	elektronisch
electronically *adv* [ɪlekt'rɒnɪkli]	elektronisch
electrical *adj* [ɪ'lektᵊrɪkᵊl]	elektrisch, Elektro-
electrical appliance	Elektrogerät
robot *n* ['rəʊbɒt]	Roboter
pressure *n* ['preʃəʳ]	Druck
blood pressure	Blutdruck
space *n* [speɪs]	Raum, Weltraum
space program; from outer space	Raumfahrtprogramm; aus den Tiefen des Weltraums
lunar *adj* ['luːnəʳ]	Mond-
lunar eclipse	Mondfinsternis
solar *adj* ['səʊləʳ]	Sonnen-
solar energy; the Solar System	Sonnenenergie; das Sonnensystem

In der Gesellschaft leben – Chemie, Biologie und Physik

3.Lj

(the) **Moon** *n* [muːn]	(der) Mond
Earth's Moon	der Erdmond
planet *n* ['plænɪt]	Planet
the third planet from the Sun	der dritte Planet von der Sonne aus gesehen
the **Milky Way** *n* [ðə ˌmɪlki 'weɪ]	die Milchstraße
universe *n* ['juːnɪvɜːs]	Universum, All, Kosmos
observatory *n* [əb'zɜːvətri]	Observatorium, Sternwarte
telescope *n* ['telɪskəʊp]	Fernrohr
astronomer *n* [ə'strɒnəmə']	Astronom(in), Himmelsforscher(in)
engineer *n* [ˌendʒɪ'nɪə']	Ingenieur(in)
aerospace engineer	Luft- und Raumfahrtingenieur(in)
NASA *abbrev of* **National Aeronautics and Space Administration** *n no pl* ['næsə, ˌnæʃənəl eərə(ʊ)ˌnɔːtɪks ænd ˌspeɪs ədmɪnɪ'streɪʃən]	*amerikanische Weltraumbehörde*
feature *n* ['fiːtʃə']	Merkmal, Eigenschaft; Funktion
feature of a device	Eigenschaft/Funktion eines Geräts
cancer *n* ['kæn(t)sə']	Krebs
cancer research	Krebsforschung

Chemie, Biologie und Physik

1.Lj

find out, found, found *v* [faɪnd 'aʊt, faʊnd]	entdecken, herausfinden
science *n* ['saɪən(t)s]	Naturwissenschaft(en)

2.Lj

experiment *n* [ɪks'perɪmənt]	Experiment
do an experiment on sth	mit etw experimentieren
biology *n* [baɪ'ɒlədʒi]	Biologie
type *n* [taɪp]	Art, Sorte; Typ
blood type	Blutgruppe
species *n sg + pl* ['spiːʃiːz]	(Tier-/Pflanzen-)Art, Arten
belong to the same/a different species	zur selben/einer anderen Art gehören
extract *n* [ɪks'trækt]	Auszug
react *v* [ri'ækt]	reagieren
react to sth	auf etw reagieren
wave *n* [weɪv]	Welle
light wave; sound wave; wavelength	Lichtwelle; Schallwelle; Wellenlänge

3.Lj

method *n* ['meθəd]	Methode, Verfahren
method of examination	Untersuchungsmethode
approach *n* [ə'prəʊtʃ]	Annäherung
scientific approach to sth	wissenschaftliche Herangehensweise an etw
diagram *n* ['daɪəgræm]	Diagramm, Schaubild
membrane *n* ['membreɪn]	Membran(e)
cell membrane	Zellmembran
molecule *n* ['mɒlɪkjuːl]	Molekül
cell *n* [sel]	Zelle
clone *v; n* [kləʊn]	klonen; Klon
DNA *n* [ˌdiːen'eɪ]	DNS
DNA fingerprinting	genetischer Fingerabdruck
genetic *adj* [dʒə'netɪk]	genetisch, Gen-
genetic engineering	Gentechnik
genetics *n sg* [dʒə'netɪks]	Vererbungslehre, Genetik
core; nucleus, *pl* **nuclei** *n* [kɔːʳ, 'njuːkliəs, 'njuːkliaɪ]	Kern
core of the earth/an apple; nucleus of a cell; atomic nucleus	Erdkern/Apfelkern; Zellkern; Atomkern
reaction *n* [ri'ækʃᵊn]	Reaktion
chemical reaction	chemische Reaktion
nuclear power *n* [ˌnjuːkliəʳ 'paʊəʳ]	Kernkraft, Atomkraft
explosion *n* [ɪks'pləʊʒᵊn]	Explosion
a sudden gas explosion	eine plötzliche Gasexplosion
gas *n* [gæs]	Gas
oxygen *n* ['ɒksɪdʒən]	Sauerstoff
lead *n* [led]	Blei
lens *n* [lenz]	Objektiv

Kommunikation und Medien

Post

1.Lj

letter *n* ['letəʳ]	Brief
card, postcard *n* [kɑːd, 'pəʊstkɑːd]	Karte, Postkarte
Christmas card	Weihnachtskarte

Thematisches Wörterbuch

In der Gesellschaft leben – Post

1.Lj

letterbox, post-box, mailbox *(AE) n* ['letəʳˌbɒks, 'pəʊstbɒks, 'meɪlbɒks]	Briefkasten
stamp *n* [stæmp]	Briefmarke
commemorative stamp *(AE)*	Sondermarke, Gedenkmarke
address *n* [ə'dres]	Adresse, Anschrift
post office, postal service*(AE) n* ['pəʊst ˌɒfɪs, ˌpəʊstᵊl 'sɜːvɪs]	Post, Postamt
send, sent, sent *v* [send, sent]	schicken
text *n* [tekst]	Text
answer *n* ['ɑːn(t)səʳ]	Antwort
come, came, come *v* [kʌm, keɪm, kʌm]	kommen
the mail has come	die Post ist gekommen
dear *adj* [dɪəʳ]	liebe/r/s
Dear Sir or Madam, ...	Sehr geehrte Damen und Herren, ...
Mr *n* ['mɪstəʳ]	Herr *(Anrede für Männer)*
Mrs *n* ['mɪsɪz]	Frau *(Anrede für verheiratete Frauen)*
yours *pron* [jɔːz]	deine/r/s, eure/r/s, Ihre/r/s
Yours sincerely, ...	Hochachtungsvoll, ...

2.Lj

Ms *n* ['mɪz]	Frau *(Anrede für Frauen, ob verheiratet oder nicht)*
PS *abbrev of* **postscript** *n* [ˌpiː'es, 'pəʊstskrɪpt]	PS, Postskriptum
mail *n* [meɪl]	Post
package *n*	Paket
P.O. Box *abbrev of* **post office box** *n* [ˌpiː'əʊ bɒks, ˌpəʊst ɒfɪs 'bɒks]	Postfach
deliver *v* [dɪ'lɪvəʳ]	liefern
express *adj* [ɪks'pres]	express-, Express-
courier *n* ['kʊriəʳ]	Bote, Botin; Kurier
mail courier	Briefbote
take a message, took, taken *v* [ˌteɪk ə 'mesɪʤ, tʊk, 'teɪkᵊn]	eine Nachricht entgegennehmen
sign for sth *v* ['saɪn fɔːʳ]	den Empfang von etw bestätigen
inform sb **about** sth *v* [ɪn'fɔːm əˌbaʊt]	jdn über etw informieren
readable *adj* ['riːdəbl]	lesbar
unreadable ZIP code *(AE)*	unleserliche Postleitzahl
penfriend, pen pal *(AE) n* ['penfrend, 'pen pæl]	Brieffreund(in)

In der Gesellschaft leben – Internt, Multimedia und Computer

3.Lj

mail *v (AE)* [meɪl]	(per Post) schicken
address *v* [ə'dres]	adressieren
slide, slid, slid *v* [slaɪd, slɪd]	schieben; gleiten lassen; rutschen
slide a letter, drop off a letter *(AE)*	einen Brief einwerfen
sender *n* ['sendəʳ]	Absender(in)
receiver *n* [rɪ'siːvəʳ]	Empfänger(in)
receive *v* [rɪ'siːv]	erhalten
respond *v* [rɪ'spɒnd]	antworten; reagieren
respond to a letter	auf einen Brief antworten
contact *n* ['kɒntækt]	Kontakt; Verbindung
be/stay in contact	in Kontakt bleiben
return *v* [rɪ'tɜːn]	zurückschicken
return to sender	zurück an den Absender
distribute *v* ['dɪstrɪˌbjuːt]	verteilen
content *n* ['kɒntent]	Inhalt, Gehalt
register *v* ['redʒɪstəʳ]	registrieren, erfassen (lassen)
registered letter; by registered mail	Einschreiben; als Einschreiben
telegram *n* ['telɪgræm]	Telegramm

Internet, Multimedia und Computer

1.Lj

computer *n* [kəm'pjuːtəʳ]	Computer
computer programme/program *(AE)*	Computerprogramm
word *n* [wɜːd]	Wort
word processing/processor	Textverarbeitung(sprogramm)
World Wide Web *abbrev* **WWW** *n* [ˌwɜːld waɪd 'web, ˌdʌbljuː ˌdʌbljuː 'dʌbljuː]	Internet
e-mail *n* ['iːmeɪl]	E-Mail
Internet *n* ['ɪntənet]	Internet
information *n no pl* [ˌɪnfə'meɪʃᵊn]	Information, Informationen
a piece of information; information technology (IT)	eine Information; Informationstechnologie

2.Lj

network *n* ['netwɜːk]	Netz(-werk)
message *n* ['mesɪdʒ]	Nachricht, Mitteilung
give sb a message	jdm eine Nachricht zukommen lassen/etw ausrichten
online *adj* [ˌɒn'laɪn]	online, im Internet
online shop	virtuelles Geschäft im Internet

Thematisches Wörterbuch

In der Gesellschaft leben – Internt, Multimedia und Computer

2.Lj

link *v* [lɪŋk]	verbinden
link a website	eine Verbindung zu einer Internetseite herstellen
click on sth *v* ['klɪk ɒn]	etw anklicken *(mit der Computer-Maus)*
button *n* ['bʌtᵊn]	Knopf
press a button	einen Knopf drücken
copy, copied, copied *v* ['kɒpi, 'kɒpid]	kopieren, abschreiben
copy and paste	kopieren und einfügen
screen *n* [skriːn]	Bildschirm, Leinwand
flat-screen	Flachbildschirm
software *n* ['sɒf(t)weəʳ]	Software
software update	*Aktualisierung einer Software*
function *v* ['fʌŋ(k)ʃᵊn]	funktionieren
system *n* ['sɪstəm]	System
operating system	Betriebssystem
install *v* [ɪn'stɔːl]	installieren
bit *n* [bɪt]	Bit
eight bits make a byte	acht Bit ergeben ein Byte

3.Lj

connection *n* [kə'nekʃᵊn]	Verbindung, Beziehung
a direct connection	eine Direktverbindung
connect *v* [kə'nekt]	verbinden
connect a computer to the Internet	einen Computer mit dem Internet verbinden
transmit *v* [trænz'mɪt]	übertragen, senden
transmit a message via e-mail; transmit data	eine Nachricht per E-Mail übertragen; Daten übertragen
retrieve *v* [rɪ'triːv]	zurückholen
retrieve data	Daten abrufen
reply *n* [rɪ'plaɪ]	Antwort(-Brief); Erwiderung
in reply to your e-mail/letter	in Beantwortung Ihrer E-Mail/Ihres Briefes *(form)*
reply, replied, replied *v* [rɪ'plaɪ, rɪ'plaɪd]	antworten, erwidern
reply to an e-mail; wait for a reply	auf eine E-Mail antworten; auf eine Antwort warten
communication *n* [kəˌmjuːnɪ'keɪʃᵊn]	Kommunikation; Verständigung
telecommunications *(pl)*	Telekommunikation
communicate *v* [kə'mjuːnɪkeɪt]	kommunizieren
interactive *adj* [ˌɪntəʳ'æktɪv]	interaktiv
interactive computer game	interaktives Computerspiel
virtual *adj* ['vɜːtʃuəl]	virtuell
virtual communication in a chatroom	virtuelle Kommunikation in einem Chatroom
visual *adj* ['vɪʒuəl]	visuell, bildlich

In der Gesellschaft leben – Internt, Multimedia und Computer

chatroom *n* ['tʃætruːm]	Chatroom *(Forum im Internet z. B. zu einem bestimmten Thema)*
display *n* [dɪ'spleɪ]	Demonstration; Anzeige
pop up, popped, popped *v* [pɒp ʌp, pɒpt]	in die Höhe fahren, hochfahren; plötzlich auftauchen
pop-up window	Popup-Fenster *(Hinweismeldung eines Computerprogramms)*
keyboard *n* ['kiːbɔːd]	Tastatur
cordless keyboard	drahtlose Tastatur
microchip *n* ['maɪkrəˌtʃɪp]	Mikrochip
module *n* ['mɒdjuːl]	Modul
error *n* ['erəʳ]	Fehler
error message	Fehlermeldung
file *n* [faɪl]	Datei, (virtuelle) Akte
medium, *pl* **media** *n* ['miːdiəm, 'miːdiə]	Medium, Medien
download *v* ['daʊnləʊd]	herunterladen
download software/music	Software/Musik herunterladen
erase, delete *v* [ɪ'reɪz, dɪ'liːt]	löschen
delete a file	eine Datei löschen
erasure *n* [ɪ'reɪʒəʳ]	(Aus-)Löschen
burn, burnt, burnt *(BE)*/ burned, burned *(AE)* *v* [bɜːn, bɜːnt/ bɜːnd]	(ver)brennen
burn a CD	eine CD brennen
print (out) *v* [prɪnt]	drucken
printer *n* ['prɪntəʳ]	Drucker
laser printer	Laserdrucker
scan, scanned, scanned *v; n* [skæn, skænd]	abtasten, scannen; Scan *(abgetastetes, digitalisiertes Bild)*
scanner *n* [skænəʳ]	Scanner *(Gerät zum Digitalisieren von Bildern)*
site *n* [saɪt]	Ort, Platz
website *n* ['websaɪt]	Internetadresse, Webseite *(gesamter Internetauftritt einer Firma, Person usw.)*
dot *n* [dɒt]	Punkt, Tupfen
dotcom (.com) company	*Internetfirma, die hauptsächlich über ihre Internetadresse identifiziert wird*
hack *v* [hæk]	hacken
hack into a computer system	in ein Computersystem eindringen
upgrade *v* [ʌp'greɪd]	aufrüsten

In der Gesellschaft leben – Telefon und Fax

Telefon und Fax

1.Lj

number *n* ['nʌmbəʳ]	Zahl, Nummer
800-number	*Telefonnummer, bei der keine Kosten für Anrufer entstehen*
phone, telephone *n; v* [fəʊn, 'telɪfəʊn]	Telefon; anrufen
on the (tele)phone	am Telefon
call *v; n* [kɔːl]	rufen, anrufen; Ruf, Anruf
Don't call me, I'll call you.	Bitte nicht anrufen, ich rufe zurück.
give, gave, given *v* [gɪv, geɪv, 'gɪvᵊn]	geben
give sb a call/a ring	jdn anrufen
busy *adj* ['bɪzi]	besetzt
the line is busy	die Leitung ist besetzt
ring, rang, rung *v* [rɪŋ, ræŋ, rʌŋ]	klingeln
ring sb up/back	jdn an-/zurückrufen
answer *v* ['ɑːn(t)səʳ]	antworten, beantworten
answer the phone	ans Telefon gehen
speak, spoke, spoken *v* [spiːk, spəʊk, spəʊkᵊn]	sprechen
speak to sb on the phone	mit jdm am Telefon sprechen
listen *v* ['lɪsᵊn]	zuhören
I'm listening.	Ich höre.
sound *n; v* [saʊnd]	Klang, Geräusch; klingen, sich anhören
hold, held, held *v* [həʊld, held]	halten
please hold the line; get hold of sb (on the phone); put sb on hold	einen Moment bitte; jdn (telefonisch) erreichen; jdn auf Wartestellung schalten
Goodbye./Bye. *interj* [gʊ(d)'baɪ, baɪ]	Auf Wiedersehen., Tschüs.
put the telephone/the receiver *(AE)* **down**, put, put *v* [pʊt ðə 'telɪfəʊn/ðə rɪ'siːvəʳ ˌdaʊn]	den Hörer auflegen

2.Lj

make a call, made, made *v* [ˌmeɪk ə 'kɔːl, meɪd]	jdn anrufen
mobile phone *(BE)*, **cell phone** *(AE) n* ['məʊbaɪl ˌfəʊn, 'sel fəʊn]	Funktelefon, Handy
phone booth *(AE) n* ['fəʊn buːð]	Telefonzelle
entry *n* ['entri]	Eintrag(ung)
phonebook entry	Telefonbucheintrag
dial *v* [daɪəl]	(Telefonnummer) wählen, eintippen

In der Gesellschaft leben – Film, Fernsehen und Radio

2.Lj

local *adj* ['ləʊkəl]	lokal, Orts-
a local call	ein Ortsgespräch
put sb **through to** sb, put, put *v* [pʊt 'θruː tə]	jdn mit jdm verbinden *(Tel.)*
answering machine *n* ['ɑːn(t)sərɪŋ məʃiːn]	Anrufbeantworter
available *adj* [ə'veɪləbl]	erreichbar
not available at the moment	momentan nicht erreichbar
topic *n* ['tɒpɪk]	Thema
topic of conversation	Gesprächsthema
speak up, spoke, spoken *v* [spiːk 'ʌp, spəʊk, spəʊkən]	lauter sprechen
please speak up a little	bitte etwas lauter
fax *n* [fæks]	Fax

3.Lj

line *n* [laɪn]	Telefonanschluss, Leitung, Kabel
the line is free	die Leitung ist frei
hotline *n* ['hɒtlaɪn]	Hotline *(Telefonanschluss für rasche Serviceleistungen)*
mobile *adj* ['məʊbaɪl]	mobil; beweglich
mobile (phone) *(BE)*	Mobiltelefon, Handy
distance *n* ['dɪstən(t)s]	Entfernung
a long-distance call	ein Ferngespräch
get through, got, got *v* [get 'θruː, gɒt]	durchkommen
urgent *adj* ['ɜːdʒənt]	dringend
an urgent call	ein dringender Anruf
chat *v* [tʃæt]	plaudern, sich unterhalten
low *adj* [ləʊ]	niedrig, gering; tief; leise
low sound quality; low reception	geringe Klangqualität; schlechter Empfang
out of range *adj; adv idiom* [ˌaʊt ɒv 'reɪndʒ]	außer Hörweite
catch, caught, caught *v* [kætʃ, kɔːt, kɔːt]	mitbekommen, hören

Film, Fernsehen und Radio

1.Lj

cinema, movie theater *(AE) n* ['sɪnəmə, 'muːviː ˌθɪətəʳ]	Kino
go to the cinema/the movies *(AE)*	ins Kino gehen
TV *n* [ˌtiː'viː]	Fernsehen
a film on TV	ein Film im Fernsehen

Thematisches Wörterbuch

In der Gesellschaft leben – Film, Fernsehen und Radio

1.Lj

radio *n* ['reɪdiəʊ]	Radio
radio station	Radiosender
turn on/off *v* [tɜːn 'ɒn/'ɒf]	ein-/ausschalten
turn on the TV	den Fernseher einschalten
be on, was/were, been *v* [biː 'ɒn, wɒz/wɜːʳ, biːn]	gezeigt werden, laufen
a new movie is on; be on the air	ein neuer Film läuft; gesendet werden
programme *(BE)*, **program** *(AE) n* ['prəʊgræm]	Sendung *(im Radio oder Fernsehen)*; Programm
film *n* [fɪlm]	Film
film star; film studio	Filmstar; Filmstudio
news *n no pl* [njuːz]	Nachricht(en)
Here's the evening news.	Sie sehen jetzt die Abendnachrichten.
weather forecast *n* [ˌweðəʳ 'fɔːkɑːst]	Wetterbericht
quiz *n* [kwɪz]	Ratespiel, Quiz
live *adj* [laɪv]	live, direkt
a live broadcast	eine Live-Übertragung
watch *v* [wɒtʃ]	gucken, zuschauen
act *v* [ækt]	spielen, nachspielen
act on TV/on the radio	fürs Fernsehen/in Hörspielen auftreten/spielen
talk about *v* ['tɔːk əˌbaʊt]	reden über, sprechen über

2.Lj

screen *n* [skriːn]	Bildschirm, Leinwand
on the silver screen	auf der Kinoleinwand, im Kino
cable/satellite TV *n* [ˌkeɪbl / ˌsætəlaɪt tiː'viː]	Kabel-/Satellitenfernsehen
switch on/off *v* [swɪtʃ 'ɒn/'ɒf]	ein-/ausschalten
announcement *n* [ə'naʊn(t)smənt]	Durchsage, Ansage, Ankündigung, Bekanntmachung
special announcement	Sonderdurchsage
appear *v* [ə'pɪəʳ]	erscheinen
appear on the TV screen	auf dem Fernsehschirm erscheinen
interview *n; v* ['ɪntəvjuː]	Interview; interviewen
talk show *n* ['tɔːk ʃəʊ]	Talkshow
talk-show host *n* [ˌtɔːk ʃəʊ 'həʊst]	Talkmaster(in)
report *v* [rɪ'pɔːt]	berichten
TV documentary *n* [tiː'viː dɒkjəˌmentəri]	TV-Dokumentarsendung
(TV) series *n pl* [tiː'vi ˌsɪəriːz]	Fernsehserie(n)
continue *v* [kən'tɪnju]	weitermachen, fortfahren
rerun *n* ['riːrʌn]	Wiederholung *(im Fernsehen)*

In der Gesellschaft leben – Film, Fernsehen und Radio

2.Lj

feature *n* ['fiːtʃəʳ]	Beitrag
a special feature on sth	ein Sonderbeitrag über etw
movie *(AE) n* ['muːviː]	Film
at the movies; go to the movies	im Kino; ins Kino gehen
star *n* [stɑːʳ]	Star; Idol; Stern
film star, movie star *(AE)*	Filmstar
cast, cast, cast *v* [kɑːst]	eine Filmrolle vergeben

3.Lj

channel *n* ['tʃænᵊl]	(Fernseh-)Kanal, Sender, Programm
remote control *n* [rɪˌmeʊt kən'trəʊl]	Fernbedienung
zap, zapped, zapped *v* [zæp, zæpt]	zappen, ständig umschalten
station *n* ['steɪʃᵊn]	Sender *(Radio, Fernsehen)*
satellite station	Satellitensender/-kanal
television *n* ['telɪvɪʒᵊn]	Fernsehen; Fernseher, Fernsehapparat
television set, TV set	Fernsehapparat
telly *n inf (BE)* ['teli]	Fernsehapparat
terrestrial TV *n* [təˌrestriəl tiː'viː]	terrestrisches *(mit normaler Antenne empfangbares)* Fernsehen
licence *n (BE)* ['laɪsᵊn(t)s]	Erlaubnis; Lizenz (*Anmeldung für ein Fernsehgerät)*
tune in to *v* [ˌtjuːn 'ɪn tə]	einstellen (eines Senders)
TV guide *n* [tiːˌviː 'gaɪd]	TV-Programm, -Zeitschrift
receive *v* [rɪ'siːv]	erhalten, empfangen
receive a TV channel	einen Fernsehsender empfangen
receiver *n* [rɪ'siːvəʳ]	Empfänger
regional *adj* ['riːdʒᵊnᵊl]	regional, Regional-
regional radio station	regionaler Radiosender
transmitter *n* [trænz'mɪtəʳ]	Sender
repeat showing *n* [rɪˌpiːt 'ʃəʊɪŋ]	Wiederholung im Fernsehen
soap (opera) *n* ['səʊp ˌɒpᵊrə]	Seifenoper
episode *n* ['epɪsəʊd]	Episode
special *n* ['speʃᵊl]	Sondersendung im Fernsehen
video clip *n* ['vɪdiəʊ ˌklɪp]	Videoclip *(kurzer Videofilm zu einem Musikstück)*
entertain *v* [ˌentə'teɪn]	unterhalten
entertainment *n* [ˌentə'teɪnmənt]	Unterhaltung
commercial *n* [kə'mɜːʃᵊl]	Werbespot, Werbung
jingle *n* ['dʒɪŋgl]	*Erkennungsmelodie in der Werbung*
première *n* ['premieəʳ]	Premiere

In der Gesellschaft leben – Presse und Verlagswesen

3.Lj

interrupt *v* [ˌɪntəˈrʌpt]	unterbrechen
interrupted by commercials	durch Werbung unterbrochen
interruption *n* [ˌɪntəˈrʌpʃᵊn]	Unterbrechung, Störung
incredible *adj* [ɪnˈkredɪbl]	unglaublich
exaggerated *adj* [ɪgˈzæʤᵊreɪtɪd]	übertrieben
presenter *n* [prɪˈzentəʳ]	Moderator(in)
announce *v* [əˈnaʊn(t)s]	ankündigen
announcer *n* [əˈnaʊn(t)sər]	Radio-/Fernsehsprecher(in)
audience *n* [ˈɔːdiən(t)s]	Zuhörer, Zuschauer, Publikum; Leserschaft
listener *n* [ˈlɪsᵊnəʳ]	Zuhörer(in)
public *n* [ˈpʌblɪk]	Öffentlichkeit
ratings *n pl* [ˈreɪtɪŋz]	Einschaltquoten
„sweeps" rating period *(AE)*	*Eine Woche im Februar, in der über das Absetzen von Fernsehserien entschieden wird*
director *n* [dɪˈrektəʳ]	Regisseur(in)
direct *v* [dɪˈrekt]	Regie führen
pose *v* [pəʊz]	posieren
star, starred, starred *v* [stɑːʳ, stɑːʳd]	als Hauptdarsteller(in) auftreten
celebrity *n* [səˈlebrəti]	berühmte Persönlichkeit, Prominente(r)
script *n* [skrɪpt]	Drehbuch
screenplay *n* [ˈskriːnpleɪ]	Drehbuch
soundtrack *n* [ˈsaʊndtræk]	Tonspur eines Films
session *n* [ˈseʃᵊn]	Aufnahme
scenery *n* [ˈsiːnᵊri]	Landschaft, Szenerie
spotlight *n* [ˈspɒtlaɪt]	Rampenlicht
in the spotlight this week	diese Woche im Fokus
close-up *n* [ˈkləʊsʌp]	Nahaufnahme
cut, cut, cut *v* [kʌt, kʌt]	überblenden zu
cross-cutting *n* [ˈkrɒsˌkʌtɪŋ]	Ein- und wieder Ausblenden

Presse und Verlagswesen

1.Lj

book *n* [bʊk]	Buch
book review	Buchbesprechung
magazine *n* [ˌmægəˈziːn]	Zeitschrift
woman's magazine	Frauenzeitschrift
comic *n* [ˈkɒmɪk]	Comic

In der Gesellschaft leben – Presse und Verlagswesen

1.Lj

brochure *n* [ˈbrəʊʃəʳ]	Broschüre, Prospekt
a brochure on sth	eine Broschüre über etw
leaflet *n* [ˈliːflət]	Prospekt, Informationsblatt
report *n* [rɪˈpɔːt]	(Zeitungs-)Reportage, Bericht
a report on sth	ein Bericht über etw
page *n* [peɪdʒ]	Seite
title *n* [ˈtaɪtl]	Titel

2.Lj

newspaper, paper *n* [ˈnjuːzˌpeɪpəʳ, ˈpeɪpəʳ]	Zeitung
online newspaper	Onlinezeitung
copy *n* [ˈkɒpi]	Ausgabe, Kopie, Version
article *n* [ˈɑːtɪkl]	Artikel
newspaper article	Zeitungsartikel
cartoon *n* [kɑːˈtuːn]	Karikatur, Bilderwitz
political cartoon	politische Karikatur
comment *n* [ˈkɒment]	Kommentar
review *n* [rɪˈvjuː]	Besprechung, Rezension; Rückblick
weekly review	Wochenrückblick
comic strip *n* [ˈkɒmɪk ˌstrɪp]	Comicstrip
fact *n* [fækt]	Tatsache
stay to the facts	sich an die Fakten halten
headline *n* [ˈhedlaɪn]	Titel, Schlagzeile
heading *n* [ˈhedɪŋ]	Überschrift
advertisement, *abbrev* **ad** *n* [ˌədˈvɜːtɪsmənt, æd]	Anzeige, Werbung
extract *n* [ˈekstrækt]	Auszug
extract from a book	Auszug aus einem Buch
author *n* [ˈɔːθəʳ]	Autor(in)
critic *n* [ˈkrɪtɪk]	Kritiker(in)
restaurant critic	Restaurantkritiker(in)
writer *n* [ˈraɪtəʳ]	Schriftsteller(in), Schreiber(in)
editor *n* [ˈedɪtəʳ]	Herausgeber(in); Redakteur(in)
editor in chief; letter from the editor; letter to the editor	Chefredakteur(in); Editorial; Leserbrief
reporter *n* [rɪˈpɔːtəʳ]	Reporter(in)

3.Lj

content *n* [ˈkɒntent]	Inhalt
table of contents; content of a book	Inhaltsverzeichnis; Inhalt eines Buches
index *n* [ˈɪndeks]	Stichwortverzeichnis, Register

In der Gesellschaft leben – Presse und Verlagswesen

chapter *n* [ˈtʃæptəʳ]	Kapitel
outline *n* [ˈaʊtlaɪn]	Entwurf, Skizze, Umriss
account *n* [əˈkaʊnt]	Bericht
newspaper account; give an account of sth	Zeitungsbericht; über etw Bericht erstatten
comment on sth *v* [kəˈment ˌɒn]	etw kommentieren
advert *n (BE)* [ˈædvɜːt]	Anzeige, Werbung, Annonce, Inserat
quotation *n* [kwə(ʊ)ˈteɪʃᵊn]	Zitat
current affairs *n pl* [ˌkʌrᵊnt əˈfeəʳz]	aktuelle Themen
issue *v; n* [ˈɪʃuː]	herausgeben, veröffentlichen; Ausgabe
the current issue	die aktuelle Ausgabe
publish *v* [ˈpʌblɪʃ]	veröffentlichen, herausbringen, publizieren
publishing company	Verlag
photographer *n* [fəˈtɒgrəfəʳ]	Fotograf(in)
printing press *n* [ˈprɪntɪŋ ˌpres]	Druckerpresse
daily *adj* [ˈdeɪli]	täglich
daily newspaper	Tageszeitung
factual *adj* [ˈfæktʃʊəl]	faktisch, auf Tatsachen beruhend
abridged *adj* [əˈbrɪdʒd]	gekürzt
unabridged version	ungekürzte Fassung
critical *adj* [ˈkrɪtɪkᵊl]	kritisch
critical issue	kritische Angelegenheit
sensational *adj* [senˈseɪʃᵊnᵊl]	sensationell, Sensations-

Allgemeine Begriffe –
Zeitangaben und numerische Einheiten

Uhrzeit

1.Lj

time *n* [taɪm]	Zeit; Uhrzeit
in time; local time; What time is it?	rechtzeitig; Ortszeit; Wie spät ist es?
clock *n* [klɒk]	Uhr
around the clock; eight o'clock	rund um die Uhr; acht Uhr
hour *n* [aʊəʳ]	Stunde
minute *n* ['mɪnɪt]	Minute
for a minute; per minute; in a few minutes; any minute now	für eine Minute; pro Minute; in ein paar Minuten; jede Minute, gleich
half *n; adj* [hɑːf]	Hälfte; halb
half an hour	eine halbe Stunde
past *prep* [pɑːst]	nach *(bei Uhrzeiten)*
half past two	halb drei
after *prep (AE)* ['ɑːftəʳ]	nach *(bei Uhrzeiten)*
ten after eight	zehn nach acht
quarter *n* ['kwɔːtəʳ]	Viertel; Viertelstunde
a quarter of an hour; a quarter to six	eine Viertelstunde; viertel vor sechs
at *prep* [æt]	an; um *(bei Zeitangaben)*
at lunchtime	in der Mittagspause
in *prep* [ɪn]	in
in one minute	in einer Minute
to *prep* [tuː]	vor *(bei Uhrzeiten)*
a quarter to five	viertel vor fünf
before *prep (AE)* [bɪ'fɔːʳ]	vor *(bei Uhrzeiten)*
twenty before six	zwanzig (Minuten) vor sechs
till *prep (AE)* [tɪl]	vor *(bei Uhrzeiten)*
twenty-five till four	fünfundzwanzig Minuten vor vier
from *prep* [frɒm]	von
from eight to six	von acht bis sechs
morning *n* ['mɔːnɪŋ]	Morgen
in the morning; Sunday morning	morgens; Sonntagmorgen
afternoon *n* [ˌɑːftə'nuːn]	Nachmittag
this afternoon; in the afternoon	heute Nachmittag; nachmittags

Thematisches Wörterbuch

Allgemeine Begriffe – Uhrzeit

1.Lj

evening *n* ['iːvnɪŋ]	Abend
in the evening; Good evening!	abends; Guten Abend!
night *n* [naɪt]	Nacht
all night; at night	die ganz Nacht; nachts
moment *n* ['məʊmənt]	Moment, Augenblick
at the moment	im Moment
around, round *prep* [ə'raʊnd, raʊnd]	um ... herum
round midnight	um Mitternacht herum
early *adj; adv* ['ɜːli]	früh
be early; early bird	(zu) früh dran sein; Frühaufsteher
late *adj; adv* [leɪt]	spät, zu spät
late at night	spät nachts
just *adv* [ʤʌst]	genau, gerade
just then; just in time	in diesem Moment; gerade (noch) rechtzeitig
yet *adv* [jet]	noch, schon
not yet	noch nicht
already *adv* [ɔːl'redi]	schon, bereits
already now	jetzt schon
as soon as *conj* [æz 'suːn æz]	sobald
ASAP, *abbrev of* as soon as possible	so bald wie möglich
now *adv* [naʊ]	jetzt, nun
by now	inzwischen, bis jetzt
right away *adv* ['raɪt əˌweɪ]	sofort
at once *adv* [æt 'wʌn(t)s]	sofort
only *adv* ['əʊnli]	nur, erst
only just	gerade eben
suddenly *adv* ['sʌdᵊnli]	plötzlich
quick *adj* [kwɪk]	schnell
be quick about it	mach/machen Sie schnell
fast *adj; adv* [fɑːst]	schnell, rasch
be 3 minutes fast	drei Minuten vorgehen (Uhr)
slow *adj* [sləʊ]	langsam
be 5 minutes slow	fünf Minuten nachgehen (Uhr)

2.Lj

second *n* ['sekᵊnd]	Sekunde
just a second	Moment mal
tonight *adv* [tə'naɪt]	heute Abend/Nacht
midnight *n* ['mɪdnaɪt]	Mitternacht
at midnight	um Mitternacht

Allgemeine Begriffe – Uhrzeit

2.Lj

for *prep* [fɔːʳ]	seit *(bei Zeitangaben mit Zeitraum)*
for ten minutes	seit zehn Minuten
since *prep* [sɪn(t)s]	seit *(bei Zeitangaben mit Zeitpunkt)*
since four o'clock	seit vier Uhr
by *prep* [baɪ]	bis (spätestens)
by 5 o'clock; by the minute; by then	bis fünf; in Minutenschnelle/auf die Minute; bis dahin
point *n* [pɔɪnt]	(Zeit-)Punkt
at that point	zu dem Zeitpunkt
about *adv* [ə'baʊt]	etwa, circa
at about 5 o'clock; It's about time.	um ca. fünf Uhr; Es wird langsam Zeit.
immediately, instantly *adv* [ɪ'miːdiətli, 'ɪn(t)stəntli]	sofort

3.Lj

dawn *n* [dɔːn]	Morgengrauen; Tagesanbruch
daybreak *n* ['deɪbreɪk]	Tagesanbruch
at daybreak	bei Tagesanbruch
a.m. *adv* [ˌeɪ'em]	morgens *(bei Zeitangaben)*, 0.00-11.59 Uhr
at 10 a.m.	um 10 Uhr (morgens)
noon *n* [nuːn]	Mittag, Mittags-, 12-Uhr-
p.m. *adv* [ˌpi'em]	nachmittags/abends *(bei Zeitangaben)*, 12.00-23.59 Uhr
at 5 p.m.	um 5 Uhr *(nachmittags/abends)*
dusk *n* [dʌsk]	Abenddämmerung
nightfall *n* ['naɪtfɔːl]	Einbruch der Dunkelheit
at nightfall	bei Einbruch der Dunkelheit
after dark *adv* [ˌɑːftəʳ 'dɑːk]	bei Dunkelheit
slip by, slipped, slipped *v* [slɪp 'baɪ, slɪpt]	vorbeigehen *(Zeit)*
near up *adv; v* [nɪəʳ 'ʌp]	fast vorbei; näher rücken *(Zeit)*
nearing (up to) the hour	die Stunde rückt näher
delay *n* [dɪ'leɪ]	Verzögerung, Verspätung; Stockung
a ten minute delay	eine Verspätung von 10 Minuten
pause *n; v* [pɔːz]	Pause; stoppen, innehalten
break, broke, broken *n; v (AE)* [breɪk, brəʊk, brəʊkᵊn]	Pause; stoppen, innehalten
have a break; let's break for a minute	eine Pause machen; lasst uns eine Minute Pause machen
per *prep* [pɜːʳ]	pro, je
per hour	pro Stunde

Thematisches Wörterbuch

Allgemeine Begriffe – Datum

3.Lj

meantime *n* [ˈmiːntaɪm]	Zwischenzeit
in the meantime	in der Zwischenzeit
simultaneous *adj* [ˌsɪmᵊlˈteɪniəs]	simultan, gleichzeitig

Datum

1.Lj

date *n* [deɪt]	Datum, Termin
month *n* [mʌn(t)θ]	Monat
day *n* [deɪ]	Tag
for the day	(für) diesen Tag/den Tag über
today *adv* [təˈdeɪ]	heute
tomorrow *adv* [təˈmɒrəʊ]	morgen
yesterday *adv* [ˈjestədeɪ]	gestern
the day before yesterday *adv* [ðə ˌdeɪ bɪˌfɔːʳ ˈjestədeɪ]	vorgestern
the day after tomorrow *adv* [ðə ˌdeɪ ˌɑːftəʳ təˈmɒrəʊ]	übermorgen
last *adj* [lɑːst]	letzte/r/s
last Christmas	letzte Weihnachten
next *adj* [nekst]	nächste/r/s
next Friday	nächsten Freitag
on *prep* [ɒn]	am, an
on Friday	am Freitag, freitags
till *(inf)*, **until** *prep* [tɪl, ʌnˈtɪl]	bis
until Monday	bis Montag
before *prep* [bɪˈfɔːʳ]	bevor
Monday *n* [ˈmʌndeɪ]	Montag
Tuesday *n* [ˈtjuːzdeɪ]	Dienstag
Wednesday *n* [ˈwenzdeɪ]	Mittwoch
Thursday *n* [ˈθɜːzdeɪ]	Donnerstag
Friday *n* [ˈfraɪdeɪ]	Freitag
Saturday *n* [ˈsætədeɪ]	Samstag, Sonnabend
Sunday *n* [ˈsʌndeɪ]	Sonntag
January *n* [ˈdʒænjuᵊri]	Januar
February *n* [ˈfebruᵊri]	Februar
March *n* [mɑːtʃ]	März
April *n* [ˈeɪprᵊl]	April

Allgemeine Begriffe – Datum

May *n* [meɪ]	Mai
June *n* [dʒuːn]	Juni
July *n* [dʒʊ'laɪ]	Juli
August *n* ['ɔːgəst]	August
September *n* [sep'tembəʳ]	September
October *n* [ɒk'təʊbəʳ]	Oktober
November *n* [nəʊ'vembəʳ]	November
December *n* [dɪ'sembəʳ]	Dezember
first *adj; adv; n; pron* [fɜːst]	erste/r/s; zuerst; (der/die/das) Erste/r/s
for the first time	zum ersten Mal
second *adj* ['sekᵊnd]	zweite/r/s
2nd May, *spoken*: the second of May *(BE)*	der zweite Mai
third *adj* [θɜːd]	dritte/r/s
June 3rd, *spoken*: June third *(AE)*	der dritte Juni
fourth *adj* [fɔːθ]	vierte/r/s
fifth *adj* [fɪfθ]	fünfte/r/s
sixth *adj* [sɪksθ]	sechste/r/s
seventh *adj* ['sevᵊn(t)θ]	siebter/r/s
eighth *adj* [eɪtθ]	achte/r/s
ninth *adj* ['naɪn(t)θ]	neunte/r/s
tenth *adj* [ten(t)θ]	zehnte/r/s
eleventh *adj* [ɪ'levᵊnθ]	elfte/r/s
twelfth *adj* [twelfθ]	zwölfte/r/s
thirteenth *adj* [θɜː'tiːn(t)θ]	dreizehnte/r/s
fourteenth *adj* [ˌfɔː'tiːnθ]	vierzehnte/r/s
fifteenth *adj* [fɪf'tiːnθ]	fünfzehnte/r/s
sixteenth *adj* [ˌsɪk'stiːnθ]	sechzehnte/r/s
seventeenth *adj* ['sevᵊntiːn(t)θ]	siebzehnte/r/s
eighteenth *adj* [eɪ'tiːnθ]	achtzehnte/r/s
nineteenth *adj* [ˌnaɪn'tiːn(t)θ]	neunzehnte/r/s
twentieth *adj* ['twentiɪθ]	zwanzigste/r/s
twenty-first *adj* [ˌtwenti'fɜːst]	einundzwanzigste/r/s
fortnight *n* ['fɔːtnaɪt]	vierzehn Tage, zwei Wochen
a fortnight's holiday; fortnightly	ein vierzehntägiger Urlaub; vierzehntägig

Thematisches Wörterbuch

Allgemeine Begriffe – Kalender

Kalender

1.Lj

diary *n* ['daɪəri:]	Tagebuch, Terminkalender
year *n* [jɪəʳ]	Jahr, Jahrgang
(a) hundred years ago; for ten years	vor hundert Jahren; seit zehn Jahren
season *n* ['si:zᵊn]	Jahreszeit
the four seasons	die vier Jahreszeiten
spring *n* [sprɪŋ]	Frühling
in the spring	im Frühling
summer *n* ['sʌməʳ]	Sommer
in summer	im Sommer
autumn, fall *(AE) n* ['ɔ:təm, fɔ:l]	Herbst
winter *n* ['wɪntəʳ]	Winter
week *n* [wi:k]	Woche
twice a week; weekly; Week 12	zweimal pro Woche; wöchentlich; KW (=Kalenderwoche) 12
weekend *n* ['wi:kend]	Wochenende
at the weekend *(BE)*; on the weekend *(AE)*	am Wochenende
ago *adv* [ə'gəʊ]	vor
a long time ago; three weeks ago	vor langer Zeit; vor drei Wochen
in those days *adv* [ɪn ˌðəʊz 'deɪz]	damals
beginning *n* [bɪ'gɪnɪŋ]	Anfang
at/in the beginning of the century	zu Beginn des Jahrhunderts
back *adv* [bæk]	zurück
back in November	damals im November
next time *adv* ['nekst taɪm]	nächstes Mal
soon *adv* [su:n]	bald
sooner or later; the sooner the better	früher oder später; je früher desto besser
sometimes *adv* ['sʌmtaɪmz]	manchmal
day by day *adv* [ˌdeɪ baɪ 'deɪ]	tagein, tagaus, jeden Tag
future *n* ['fju:tʃəʳ]	Zukunft
ever *adv* ['evəʳ]	je, jemals
for ever, forever	für immer
never *adv* ['nevəʳ]	niemals, nie
after *prep* ['ɑ:ftəʳ]	nach
after a time; ever after	nach einer Weile; bis in Ewigkeit

2.Lj

AD (anno domini) *num* [ˌeɪ'di:]	nach Christus
BC (before Christ) *num* [bi:'si:]	vor Christus

Allgemeine Begriffe – Kalender

2.Lj

century *n* ['sen(t)ʃᵊri]	Jahrhundert
for centuries	jahrhundertelang
past *n* [pɑːst]	Vergangenheit
former *adj* ['fɔːməʳ]	ehemalige(r), frühere(r)
in former times	in früheren Zeiten
since *prep* [sɪn(t)s]	seit
since 1991; since this morning	seit 1991; seit heute früh
nowadays *adv* ['naʊədeɪz]	heutzutage
present-day *adj* [ˌprezᵊnt 'deɪ]	heutig
time after time *adv* [ˌtaɪm ɑːftəʳ 'taɪm]	immer wieder
while *n* [(h)waɪl]	Weile
for a while	für eine Weile
one day *adv* [wʌn 'deɪ]	eines Tages, an einem Tag
forever *adv* [fə'revəʳ]	ewig, für immer

3.Lj

once *adv* [wʌn(t)s]	einst, früher
(every) once in a while; Once upon a time ...	gelegentlich; Es war einmal ...
past *adj* [pɑːst]	letzte/r/s, vergange/r/s
the past two years	die letzten zwei Jahre
lately *adv* ['leɪtli]	in letzter Zeit
throughout *prep* [θruː'aʊt]	hindurch
throughout the year	das ganze Jahr hindurch
annual *adj* ['ænjuəl]	jährlich
annual banquet	jährliches Bankett
year-round *adj* ['jɪəʳ raʊnd]	das ganze Jahr über
daily *adj; adv* ['deɪli]	täglich
daily routine	Tagesroutine
present *adj; n* ['prezᵊnt]	gegenwärtig; Gegenwart
at the present time, presently	zur Zeit
everlasting *adj* [ˌevə'lɑːstɪŋ]	immerwährend, ewig
eternity *n* [ɪ'tɜːnəti]	Ewigkeit

Weitere Raum- und Zeitbegriffe

1.Lj

here *adv* [hɪəʳ]	hier
in here	hier drin
there *adv* [ðeəʳ]	da, dort
there is	es gibt
somewhere *adv* ['sʌm (h)weəʳ]	irgendwo
away *adv* [ə'weɪ]	weg, fort
3 miles away	3 Meilen entfernt
top *adj* [tɒp]	oberste/r/s
up *adv; prep* [ʌp]	nach oben, herauf
up here	hier oben
upper *adj* ['ʌpəʳ]	obere/r/s
upper storey	oberes Stockwerk
over *adj; prep* ['əʊvəʳ]	vorbei, zu Ende; über, darüber
over there	da drüber, dort
middle *n* ['mɪdl]	Mitte
in the middle of	in der Mitte von, mitten in
inside *adv; prep* [ˌɪn'saɪd]	drinnen; hinein, in(nerhalb von)
outside *adv; prep* [ˌaʊt'saɪd]	(draußen) vor, außerhalb (von)
in front of *prep* [ɪn 'frʌnt əv]	vor
at the back *adj* [æt ðə 'bæk]	hinten; im hinteren Teil
at the back of the room	hinten im Zimmer
between *prep* [bɪ'twiːn]	zwischen
next to *prep* ['nekst tuː]	neben
lower *adj* ['ləʊəʳ]	untere/r/s
lower left page	untere linke Seite
under *prep* ['ʌndəʳ]	unter
at the bottom *adj* [æt ðə 'bɒtəm]	ganz unten
side *n* [saɪd]	Seite
side by side	Seite an Seite
zone *n* [zəʊn]	Zone, Bereich
danger zone	Gefahrenbereich
through *prep* [θruː]	durch
straight *adv* [streɪt]	direkt, gerade(wegs)
straight away *(BE)*; straight ahead *(AE)*	sofort; geradeaus
far *adj; adv* [fɑːʳ]	weit
farther/further, farthest/furthest;	weiter entfernt, hintere(r,s), am weitesten entfernt;
farther on; at the farther end	weiter/dahinter; am anderen Ende

Allgemeine Begriffe – Weitere Raum- und Zeitbegriffe

1.Lj

near *adj; prep* [nɪəʳ]	nahe, in der Nähe
high *adj* [haɪ]	hoch
high in price	teuer
low, deep *adj* [ləʊ, diːp]	tief, niedrig
towards *prep* [tə'wɔːdz]	auf … zu; gegen *(zeitlich)*
begin, began, begun *v* [bɪ'gɪn, bɪ'gæn, bɪ'gʌn]	beginnen, anfangen
at first *adv* [æt 'fɜːst]	zuerst
at last *adv* [æt 'lɑːst]	schließlich, zuletzt
always *adv* ['ɔːlweɪz]	immer
again *adv* [ə'gen]	noch einmal, wieder
often *adv* ['ɒfᵊn]	oft
next time *adv* ['nekst taɪm]	nächstes Mal
then *adv* [ðen]	dann
still *adv* [stɪl]	(immer) noch
still more …	noch mehr … *(Menge)*
as *conj* [æz]	während, als
as he was leaving	als er ging
certain *adj* ['sɜːtᵊn]	gewisse/r/s
at a certain time	zu einer bestimmten Zeit
almost *adv* ['ɔːlməʊst]	fast
in the end *adv* [ɪn ðiː 'end]	schließlich, zum Schluss

2.Lj

level *n* ['levᵊl]	Niveau, Höhe
room *n* [ruːm]	Platz
not enough room	zu wenig Platz
region *n* ['riːdʒᵊn]	Region
front *adj* [frʌnt]	Vorder-
front door	Vordertür, Haupteingang
central *adj* ['sentrᵊl]	zentral, Zentral-, in der Mitte, Mittel-
central heating	Zentralheizung
close to *prep* ['kləʊs tu]	nahe bei
beside *prep* [bɪ'saɪd]	neben
next *adv; pron; det/adj* [nekst]	als nächstes; der/die/das Nächste; nächste/r/s
next to	neben
next door *adv* [ˌnekst 'dɔːʳ]	nebenan
back *adj* [bæk]	hintere/r/s, Hinter-
underneath *prep* [ˌʌndə'niːθ]	unter

Allgemeine Begriffe – Weitere Raum- und Zeitbegriffe

2.Lj	**flat** *adj* [flæt]	flach
	chronological *adj* [ˌkrɒnəˈlɒdʒɪkᵊl]	chronologisch, zeitlich geordnet
	in chronological order	in chronologischer Reihenfolge
	in the midst of *prep* [ˌɪn ðə ˈmɪdst əv]	mitten in
	in the midst of summer	mitten im Sommer
	following *prep* [ˈfɒləʊɪŋ]	nach
	further *adj; adv* [ˈfɜːðəʳ]	weiter
	permanent *adj* [ˈpɜːmᵊnənt]	dauerhaft, (be)ständig
	seldom *adv* [ˈseldəm]	selten
	It seldom happens.	Es kommt selten vor.
	rare *adj* [reəʳ]	selten, rar
	afterwards *adv* [ˈɑːftəwədz]	nachher, später, danach
	last *v* [lɑːst]	anhalten, dauern, bleiben
	latest *adj* [ˈleɪtɪst]	aktuell; der/die/das neueste …
	the latest trend/hype	der letzte Schrei
3.Lj	**space** *n* [speɪs]	Raum
	ahead *adv* [əˈhed]	vorne, geradeaus; vorwärts
	go ahead	weiter machen
	upside down *adv* [ˌʌpsaɪd ˈdaʊn]	auf dem Kopf
	spot *n* [spɒt]	Stelle; Punkt; Ort
	on the spot	auf der Stelle
	upright *adj; adv* [ˈʌpraɪt]	aufrecht
	turning point *n* [ˈtɜːnɪŋ ˌpɔɪnt]	Wendepunkt
	mid- *adj* [mɪd]	mittel-, Mittel-, Mitte
	mid-term	mittelfristig
	exterior *n; adj* [ɪksˈtɪəriəʳ]	Außenseite; von außen, äußere/r/s
	outer *adj* [ˈaʊtəʳ]	außenliegend, Außen-
	rear *n* [rɪəʳ]	hinterer Teil, Hinter-
	at the rear	hinten
	background *n* [ˈbækgraʊnd]	Hintergrund
	finally *adv* [ˈfaɪnᵊli]	endlich, schließlich
	beyond *prep* [biˈɒnd]	jenseits; über … hinaus; außerhalb
	nearby *adj* [ˌnɪəˈbaɪ]	nahe
	a nearby church	eine nahe(gelegene) Kirche
	out of range *adj; adv* [ˌaʊt əv ˈreɪndʒ]	außer Hörweite
	previous *adj* [ˈpriːviəs]	vorherig
	apart *adv* [əˈpɑːt]	auseinander
	apart from	abgesehen von

Allgemeine Begriffe – Zahlen und Maße

3.Lj

nowhere *adv* ['nəʊ(h)weə^{r}]	nirgendwo
emptiness *n* ['em(p)tɪnəs]	Leere
all along *adv* [ˌɒːl ə'lɒŋ]	die ganze Zeit schon
eventually *adv* [ɪ'ventʃuəli]	schließlich, letztendlich, nach einiger Zeit
frequent *adj* ['friːkwənt]	häufig
hesitation *n* [ˌhezɪ'teɪʃ^{ə}n]	Zögern, Zaudern
remain *v* [rɪ'meɪn]	(übrig) bleiben
the remaining minutes	die verbleibenden Minuten
postpone *v* [pəʊs(t)'pəʊn]	aufschieben, hinausschieben; verschieben
someday *adv* ['sʌmdeɪ]	irgendwann

Zahlen und Maße

1.Lj

number *n* ['nʌmbə^{r}]	Zahl, Nummer
o *n* [əʊ]	Null *(in Telefonnummern)*
one *adj; pron* [wʌn]	ein/s, eine/r/s
two *adj* [tuː]	zwei
three *adj* [θriː]	drei
four *adj* [fɔː^{r}]	vier
five *adj* [faɪv]	fünf
six *adj* [sɪks]	sechs
seven *adj* ['sev^{ə}n]	sieben
eight *adj* [eɪt]	acht
nine *adj* [naɪn]	neun
ten *adj* [ten]	zehn
eleven *adj* [ɪ'lev^{ə}n]	elf
twelve *adj* [twelv]	zwölf
thirteen *adj* [θɜː'tiːn]	dreizehn
fourteen *adj* [fɔː'tiːn]	vierzehn
fifteen *adj* [fɪf'tiːn]	fünfzehn
sixteen *adj* [ˌsɪk'stiːn]	sechzehn
seventeen *adj* ['sev^{ə}nˌtiːn]	siebzehn
eighteen *adj* [eɪ'tiːn]	achtzehn
nineteen *adj* [ˌnaɪn'tiːn]	neunzehn
twenty *adj* ['twenti]	zwanzig
twenty-one *adj* [ˌtwenti 'wʌn]	einundzwanzig
thirty *adj* ['θɜːti]	dreißig

Allgemeine Begriffe – Zahlen und Maße

1.Lj

forty *adj* ['fɔːti]	vierzig
fifty *adj* ['fɪfti]	fünfzig
sixty *adj* ['sɪksti]	sechzig
seventy *adj* ['sevᵊnti]	siebzig
eighty *adj* ['eɪti]	achtzig
ninety *adj* [ˌnaɪnti]	neunzig
hundred *adj* ['hʌndrəd]	hundert
a/one hundred; one hundred and thirty-three (133)	(ein)hundert; einhundert (und) dreiunddreißig
thousand *adj* ['θaʊzᵊnd]	tausend
fortieth *adj* ['fɔːtiəθ]	vierzigste/r/s
fiftieth *adj* ['fɪftiəθ]	fünfzigste/r/s
sixtieth *adj* ['sɪkstiəθ]	sechzigste/r/s
seventieth *adj* ['sevᵊntiəθ]	siebzigste/r/s
eightieth *adj* ['eɪtiəθ]	achtzigste/r/s
ninetieth *adj* ['naɪntiəθ]	neunzigste/r/s
hundredth *adj* ['hʌndrədθ]	hundertste/r/s
one hundredth	ein Hundertstel
once *adv* [wʌn(t)s]	einmal
once or twice	ein- bis zweimal, ein- oder zweimal
twice *adv* [twaɪs]	zweimal
time *n* [taɪm]	Mal
three times; a thousand times; one more time	dreimal; tausendmal; noch einmal
mile, *abbrev* **ml** *n* [maɪl]	Meile *(entspricht 1760 Yard oder 1,609 km)*
long *adj* [lɒŋ]	lang, lange
short *adj* [ʃɔːt]	kurz
big *adj* [bɪg]	groß
a big person	eine kräftige, dicke Person
tall *adj* [tɔːl]	groß, hoch
a tall person	eine große Person
small *adj* [smɔːl]	klein

2.Lj

zero *n* ['zɪərəʊ]	Null
a third *n* [ə 'θɜːd]	ein Drittel
two thirds	zwei Drittel
three-quarter *adj* [ˌθriː 'kwɔːtəʳ]	Dreiviertel-, dreiviertel
million *n* ['mɪljən]	Million
two million	zwei Millionen
centimetre/-meter *(AE)* *n* ['sentɪmiːtəʳ]	Zentimeter
metre, meter *(AE)* *n* ['miːtəʳ]	Meter

2.Lj

kilometre/-meter *(AE), abbrev* **km** *n* [kɪ'lɒmɪtəʳ]	Kilometer
square, *abbrev* **sq** *adj* [skweəʳ]	Quadrat-
square mile	Quadratmeile
square *n* [skweəʳ]	Platz, Quadrat
wide *adj* [waɪd]	breit, weit
wide open	ganz offen
large *adj* [lɑːʤ]	groß

3.Lj

figure *n* ['fɪgəʳ]	Zahl
measure *v; n* ['meʒəʳ]	messen; Maßeinheit, Maß
measurement *n* ['meʒəmənt]	Maß
premier *adj* ['premiəʳ]	erste/r/s
billion *n* ['bɪliən]	Milliarde *(AE)*, Billion *(BE)*
length *n* ['leŋ(k)θ]	Länge
area *n* ['eəriə]	Fläche
stretch *n* [stretʃ]	Strecke
foot, *pl* **feet,** *abbrev* **ft** *n* [fʊt, fiːt]	Fuß *(entspricht 12 Inch oder 30,48 cm)*
five foot/feet tall	fünf Fuß groß
yard, *abbrev* **yd** *n* [jɑːd]	Längenmaß *(entspricht 3 Fuß oder 91,44 cm)*
mph, *abbrev of* **miles per hour** *n* [ˌempiː'eɪtʃ]	Meilenstunden
broad *adj* [brɔːd]	breit
narrow *adj* ['nærəʊ]	eng
a narrow alley	eine schmale Gasse
tiny *adj* ['taɪni]	winzig
a tiny entrance	ein winziger Eingang

Mengen und Gewichte

1.Lj

a lot of *det* [ə 'lɒt ɒv]	viel/e
(quite) a lot	(ziemlich) viel
many *det; pron* ['meni]	viele
much *det; pron* [mʌtʃ]	viel
too much; very much	zu viel; sehr
more *adv; pron* [mɔːʳ]	mehr

Thematisches Wörterbuch

Allgemeine Begriffe – Mengen und Gewichte

1.Lj

most *adv; det; pron* [məʊst]	am meisten, -ste/r/s, am -sten; äußerst; das meiste, die meisten
most people; most expensive	die meisten Menschen; am teuersten
part *n* [pɑːt]	Rolle, Teil
part of sth	Teil von etw
half, *pl* **halves** *n* [hɑːf, hɑːvz]	die Hälfte
a half pound of/half a pound of	ein halbes Pfund von
piece *n* [piːs]	Stück
some *adv; det; pron* [sʌm]	etwas, ein bisschen, ein paar
few *det; pron* [fjuː]	wenig(e); wenige
a few	ein paar
little *adj; det; pron* ['lɪtl]	klein, gering; wenig
a little bit; have little time	ein kleines bisschen; wenig Zeit haben
bit *n* [bɪt]	ein wenig, ein bisschen; Teil, Stück(chen)
a bit of a problem	etwas/ein bisschen problematisch
least *adj; adv, n* [liːst]	geringste/r/s; am wenigsten; der/die/das Geringste/Wenigste
at least	wenigstens, mindestens
only *adj* ['əʊnli]	einzige/r/s
nothing *pron; det* ['nʌθɪŋ]	nichts
nothing else	sonst nichts
no *adv; det* [nəʊ]	nein; kein/e
heavy *adj* ['hevi]	schwer
pound, *abbrev* **lb** *n* [paʊnd]	Gewichtseinheit *(entspricht 16 ounces oder 453,59 g)*
pint, *abbrev* **pt** *n* [paɪnt]	Flüssigkeitsmaß *(GB: 0,568 l /US: 0,473 l)*; großes Bier *(BE)*
half a pint/a half pint (of beer)	kleines Bier
stone, *abbrev* **st** *n (BE)* [stəʊn]	Gewichtseinheit *(entspricht 14 pounds oder 6,348kg)*

2.Lj

whole *adj* [həʊl]	ganz
the whole of ...	ganz ...
giant *adj* ['dʒaɪənt]	riesig, Riesen-
huge *adj* [hjuːdʒ]	groß, riesig
a huge mistake	ein riesiger Fehler
lots of *det inf* ['lɒts əv]	viel/e
heap *n* [hiːp]	Haufen
a heap of trouble	ein Haufen Ärger

Allgemeine Begriffe – Mengen und Gewichte

2.Lj

plenty *adj* ['plenti]	viel, reichlich
plenty of time	reichlich Zeit
bundle *n* ['bʌndl]	Bündel
average *n* ['ævᵊrɪdʒ]	Durchschnitt
above/below the average	über/unter dem Durchschnitt
several *adj* ['sevᵊrᵊl]	mehrere, einige
a handful (of) *adj* [ə 'hændfʊl əv]	eine Hand voll
single *adj* [sɪŋgl]	einfach
double *adj* ['dʌbl]	zweifach, doppelt
trifle *n* ['traɪfl]	Kleinigkeit; Belanglosigkeit
a trifle	ein bisschen
rest *n* ['rest]	Rest
weigh *v* [weɪ]	wiegen
light *adj* [laɪt]	leicht, gering
kilo(gram), *abbrev* **kg** *n* ['kiːləʊ(græm)]	Kilo, Kilogramm
gallon, *abbrev* **gal** *n* ['gælən]	Gallone *(GB: 4,546 l/US: 3,785 l)*
litre *(BE)*, **liter** *(AE)*, *abbrev* **l** *n* ['liːtəʳ]	Liter

3.Lj

amount *n* [ə'maʊnt]	Menge
total amount	Endsumme
countless *adj* ['kaʊntləs]	zahllos, unzählig
countless times	unzählige Male
immense *adj* [ɪ'men(t)s]	immens, riesig, enorm
vast *adj* [vɑːst]	weit, ausgedehnt; riesengroß
the vast majority	die überwältigende Mehrheit
massive *adj* ['mæsɪv]	riesig, Riesen-
deal *n* [diːl]	Menge
a great deal (of)	eine Menge *(+ Gen)*
lot *n inf* [lɒt]	große Menge
a lot (of); the (whole) lot *inf*	viel(e); alles, das Ganze
average *adj* ['ævᵊrɪdʒ]	durchschnittlich
average amount	Durchschnittsmenge
triple *adj* ['trɪpl]	dreifach
couple *n* ['kʌpl]	Paar
a couple of ...	ein Paar/paar ...
partly *adv* ['pɑːtli]	zum Teil
solitary *adj* ['sɒlɪtᵊri]	einsam, allein
barrel *n* ['bærəl]	Fass; *Mengeneinheit für Öl (159,106 l)*

Thematisches Wörterbuch

Allgemeine Begriffe – Farben und Formen

Begriffe zur Beschreibung

Farben und Formen

1.Lj	**colour, color** *(AE) n* ['kʌlə^r]	Farbe
	colors that jump out at you	Farben, die ins Auge springen
	black *adj* [blæk]	schwarz
	blue *adj* [bluː]	blau
	brown *adj* [braʊn]	braun
	green *adj* [griːn]	grün
	red *adj* [red]	rot
	pink *adj* [pɪŋk]	rosa, pink
	yellow *adj* ['jeləʊ]	gelb
	a pale yellow	ein blasses Gelb
	white *adj* [h)waɪt]	weiß
	bright *adj* [braɪt]	hell, leuchtend, strahlend
	a bright green	ein leuchtendes Grün
	dark *adj* [dɑːk]	dunkel
	dark blue	dunkelblau
	form *n* [fɔːm]	Form
	shape *n* [ʃeɪp]	Gestalt, Figur
	abstract shapes	abstrakte Formen
	band *n* [bænd]	Band, Streifen, Ring
2.Lj	**colourful** *adj* ['kʌləˌfʊl]	bunt
	light *adj* [laɪt]	licht, hell, leuchtend
	light green	hellgrün
	square *n* [skweə^r]	Quadrat
	circle *n* ['sɜːkl]	Kreis
	round *adj* [raʊnd]	rund
3.Lj	**grey, gray** *(AE) adj* [greɪ]	grau
	purple *adj* ['pɜːpl]	lila
	orange *adj* ['ɒrɪndʒ]	orange
	brilliant *adj* ['brɪliənt]	brillant, leuchtend
	glimmer *n* ['glɪmə^r]	Schimmer, Glimmen
	blur *v* [blɜː^r]	verschwimmen
	blurred colours	verschwommene Farben
	darkness *n* ['dɑːknəs]	Dunkelheit

Allgemeine Begriffe – Grad und Vergleich

3.Lj

blacken *v* ['blækᵊn]	(ein)schwärzen
figure *n* ['fɪgəʳ]	Figur, Gestalt
contour *n* ['kɒntʊəʳ]	Umriss, Kontur
semicircle *n* ['semiˌsɜːkl]	Halbkreis
triangle *n* ['traɪæŋgl]	Dreieck
pattern *n* ['pætən]	Struktur, Muster
checked pattern	Karomuster
3-D, *abbrev of* **three-dimensional** *adj* [ˌθriː 'diː, ˌθriː daɪ'men(t)ʃᵊnᵊl]	dreidimensional
bold *adj* [bəʊld]	fett *(Schrift)*
in bold type	fett gedruckt
dot *n* [dɒt]	Punkt, Tupfen
with polka dots	getupft
grid *n* [grɪd]	Gitter *(z. B. auf einer Karte)*

Grad und Vergleich

1.Lj

compare *v* [kəm'peəʳ]	vergleichen
choice *n* [tʃɔɪs]	Wahl
have the choice of sth or sth else	die Wahl zwischen etw und etw anderem haben
kind *n* [kaɪnd]	Art
another kind of; what kind of ...?	eine andere Art von; welche Art von ...?
like *prep* [laɪk]	(so) wie
like this	so
(the) **same** *adj; pron* [seɪm]	der/die/das Gleiche, der-/die-/dasselbe
at the same time; just the same as	zur selben Zeit; genau gleich wie
not *adv* [nɒt]	nicht
not the same as	nicht genauso wie, nicht der/die/das Gleiche wie
different *adj* ['dɪfᵊrᵊnt]	anders, verschieden, unterschiedlich
different from	anders als
opposite *n* ['ɒpəzɪt]	Gegenteil
as ... as *conj* [æz ... æz]	so ... wie
as soon as possible; just as clever (as sb else)	so bald wie möglich; genauso ... (wie jd anderes)
than *prep; conj* [ðæn]	als *(bei Vergleichen)*
higher than; more than that	höher als; mehr als das
even *adv* ['iːvᵊn]	sogar
even then; even if	sogar dann; selbst wenn

Thematisches Wörterbuch

Allgemeine Begriffe – Grad und Vergleich

1.Lj

nearly *adv* ['nɪəli]	fast, beinahe
nearly ready	fast fertig
much *adj; pron* [mʌtʃ]	viel
many *adj; pron* ['meni]	viele
more *adj; adv* [mɔːʳ]	mehr, noch (mehr); in höherem Maß
even more	noch mehr
(the) **most** *adj; adv; n* [məʊst]	meist/e/r/s; am meisten; das Meiste
most people; the most expensive hotel	die meisten Leute; das teuerste Hotel
very *adv* ['veri]	sehr
too *adv* [tuː]	allzu, zu; auch
too much (of sth); be much too difficult	zu viel (von etw); viel zu schwierig sein
enough *adv* [ɪ'nʌf]	genug
that's enough	das reicht
extra *adj* ['ekstrə]	zusätzlich, Zusatz-, Sonder-
favourite, favorite *(AE) adj* ['feɪvᵊrɪt]	Lieblings-
empty *adj* ['em(p)ti]	leer
good *adj* [gʊd]	gut
not much good; be good/better/best	nicht viel wert; gut/besser/am besten sein
well *adj; adv* [wel]	gut
better *adj; adv* ['betəʳ]	besser
(the) **best** *adj; adv; n* [best]	beste/r/s; am besten; der/die/das Beste
bad *adj* [bæd]	schlecht, schlimm
worse *adj; adv* [wɜːs]	schlechter
(the) **worst** *adj; adv; n* [wɜːst]	schlechteste/r/s; am schlechtesten; der/die/das Schlechteste

INFO

well – better – best: *Dave knows me well, my brother knows me better, but my mum knows me (the) best.*

bad – worse – worst: *Pete is bad at maths, but Mike is worse and Bill is (the) worst of all.*

2.Lj

difference *n* ['dɪfᵊrᵊn(t)s]	Unterschied
What's the difference?	Worin liegt der Unterschied?
way *n* [weɪ]	Art und Weise
extraordinary *adj* [ɪk'strɔːdᵊnᵊri]	ungewöhnlich, speziell
quite *adv* [kwaɪt]	ziemlich; ganz, völlig
not quite; quite a few people	nicht ganz; ziemlich viele Leute

Allgemeine Begriffe – Grad und Vergleich

2.Lj

fair *adj* [feəʳ]	ziemlich
a fair amount	ziemlich viel
less *adj; adv* [les]	weniger; in geringerem Maß
more or less; less likely	mehr oder weniger; weniger wahrscheinlich

INFO

less = weniger wird für Mengen gebraucht: *In your glass there is less juice than in my glass; Lisa has eaten less than her brother.*
fewer = weniger *wird für zählbare Dinge oder Personen gebraucht: In our class there are fewer pupils than in any other class.*

2.Lj

so *adv* [səʊ]	so, auch
so tall; so is he	so groß; (das ist/macht etc.) er auch
also *adv* ['ɔːlsəʊ]	auch
not only ... but also ...	nicht nur ... sondern auch ...
perfect *adj* ['pɜːfɪkt]	perfekt
ideal *adj* [aɪ'dɪəl]	ideal
exact *adj* [ɪg'zækt]	genau, exakt
roughly *adv* ['rʌfli]	grob
full *adj* [fʊl]	voll
full of	voll von, voller
real *adj* [rɪəl]	wirklich, echt
real gold	echtes Gold
false *adj* [fɔːls]	falsch, unecht
badly *adv* ['bædli]	schlecht

3.Lj

degree *n* [dɪ'griː]	Grad, Maß
to a certain degree; to some degree	zu einem gewissen Grad; einigermaßen
contrast *n* ['kɒntrɑːst]	Gegenüberstellung, Gegensatz, Kontrast
comparison *n* [kəm'pærɪsᵊn]	Vergleich
in comparison with sb/sth	im Vergleich zu jdm/etw, verglichen mit
distinguish *v* [dɪ'stɪŋgwɪʃ]	unterscheiden
distinguish sth from sth; distinguish between	etw von etw unterscheiden; unterscheiden zwischen
vary, varied, varied *v* ['veəri, 'veərid]	unterschiedlich sein; sich unterscheiden, variieren
as if, as though *conj* [æz 'ɪf, æz 'ðəʊ]	als ob, wie wenn
as well *adv* [æz 'wel]	auch
as well as	ebenso wie

Allgemeine Begriffe – Grad und Vergleich

3.Lj

both ... and *conj* [bəʊθ 'ænd]	sowohl ... als auch
opposite *adj* ['ɒpəzɪt]	gegenteilig
apart *adv* [ə'pɑːt]	auseinander, getrennt
apart from	abgesehen von
ideal *n* [aɪ'dɪəl]	Ideal
unique *adj* [juː'niːk]	einzigartig
ordinary *adj* ['ɔːdᵊnᵊri]	normal
particular *adj* [pɑː'tɪkjələʳ]	besondere/r/s
little *adj; adv* ['lɪtl]	klein, wenig; ein bisschen

INFO

little – less – least: *We have little money, but our friends have less, and our neighbours have (the) least of all.*

3.Lj

few *det; pron* [fjuː]	wenig(e); wenige
pretty *adv* ['prɪti]	relativ, ziemlich
minimum *adj* ['mɪnɪməm]	Mindest-, niedrigst, minimal
maximum *adj* ['mæksɪməm]	Höchst-, höchst, maximal
very *adj* ['veri]	aller- *(in Kombination mit Adjektiven in der Superlativform)*
the very best	der/die/das allerbeste
extreme *adj* [ɪk'striːm]	äußerst, extrem, besonders, sehr
ultimate *adj* ['ʌltɪmət]	höchste/r/s, größte/r/s
mediocre *adj* [ˌmiːdi'əʊkəʳ]	mittelmäßig
equal *adj* ['iːkwəl]	gleich; ebenbürtig
equally *adv* ['iːkwəli]	genauso, gleichermaßen
uneven *adj* [ʌn'iːvᵊn]	ungleich
scarcely *adv* ['skeəsli]	kaum
partly *adv* ['pɑːtli]	zum Teil
mostly *adv* ['məʊs(t)li]	zum größten Teil, hauptsächlich; meistens

Modalausdrücke

1.Lj

can *v irr* [kæn]	können
cannot, can't	nicht können
could *v irr* [kʊd]	könnte; konnte *(als Vergangenheit von can)*
could have (done); Could you ...?	hätte (tun) können; Könnten Sie ...?
be able to, was/were, been *v* [biː 'eɪbl tu, wɒz/ wɜːʳ, biːn]	können
may *v irr* [meɪ]	darf/dürfen; könnte
need *v irr* [niːd]	brauchen, müssen *(bes. in Fragen z. B. mit* if *und* whether, *in Verneinungen z. B. mit* nobody, hardly*)*
must *v irr* [mʌst]	müssen
have to, had, had *v* ['hæv tuː, hæd]	müssen
have got *(BE)* to do sth	etw tun/machen müssen
must not, mustn't *v irr* ['mʌst nɒt, 'mʌsᵊnt]	nicht dürfen
You mustn't ...!	Du darfst nicht ...!, Sie dürfen nicht ...!
be allowed to, was/were, been *v* [biː ə'laʊd tuː , wɒz/ wɜːʳ, biːn]	dürfen
will *v irr* [wɪl]	werden *(als Hilfsverb des Futurs)*
will not, won't; Will you ...?	nicht werden; Würdest Du ...?
be going to, was/were, been *v* [biː 'gəʊɪŋ tu, wɒz/ wɜːʳ, biːn]	werden *(als Hilfsverb des Futurs)*
it's going to rain	es wird gleich regnen *(d. h. man sieht es schon)*
would *v irr* [wʊd]	würde
Would you like to ...?; Would you ..., please?	Würden Sie gerne ...?; Würdest Du bitte ...?
should *v irr* [ʃʊd]	sollte (eigentlich)

2.Lj

might *v irr* [maɪt]	könnte (vielleicht)
shall *v irr* [ʃæl]	sollen; werden *(Futur, nur 1. Person Singular)*
shall not, shan't; Shall I ...?	nicht sollen; Soll ich ...?
ought to *v irr* ['ɔːt tə, *vor Vokal* 'ɔːt tuː]	sollte (eigentlich)
You ought to ...	Du solltest ..., Sie sollten ...
used to *v irr* ['juːs (t) tə, *vor Vokal, Endstellung* 'juːs (t) tuː]	vorher, früher, immer

3.Lj

be to, was/were, been *v* ['biː tuː, wɒz/wɜːʳ, biːn]	sollen
Am I to ...?	Soll ich ...?

Allgemeine Begriffe – Ursache und Wirkung

3.Lj

be about to, was/were, been *v* [biː əˈbaʊt tu, wɒz/wɜːʳ, biːn]	im Begriff sein/gerade dabei sein, etw zu tun
It's about to rain.	Es regnet gleich/demnächst.
be obliged to, was/were, been *v* [biː əˈblaɪʤd tu, wɒz/wɜːʳ, biːn]	müssen, verpflichtet sein (etw zu tun)
be willing to, was/were, been *v* [biː ˈwɪlɪŋ tu, wɒz/wɜːʳ, biːn]	willig, bereit sein (etw zu tun)
dare *v* [deəʳ]	sich trauen, wagen *(bes. in Fragen z. B. mit* how *und* if, *in Verneinungen z. B. mit* nobody, never, hardly*)*
How dare you (ask me …)?	Wie kannst Du/Wie können Sie es wagen (mich zu fragen …)?

Ursache und Wirkung

1.Lj

if *conj* [ˈɪf]	wenn, ob
probably *adv* [ˈprɒbəbli]	wahrscheinlich
when *conj* [(h)wen]	wenn; als
as *conj* [æz]	da, weil
maybe *adv* [ˈmeɪbi]	vielleicht
but *conj* [bʌt]	aber
but yet/still	aber doch
anyway *adv* [ˈeniweɪ]	jedenfalls, sowieso
then *conj* [ðen]	dann
so *adv* [səʊ]	so, also, deshalb
so that; so far; or so	damit; bis jetzt; oder so *(= ungefähr)*, etwa
of course *adv* [əv ˈkɔːs]	natürlich, selbstverständlich
a matter of course	eine Selbstverständlichkeit
usual *adj* [ˈjuːʒəl]	gewöhnlich, üblich
as usual	wie gewöhnlich/üblich
usually *adv* [ˈjuːʒəli]	normalerweise, gewöhnlich
seem *v* [siːm]	scheinen
because *conj* [bɪˈkɒz]	weil
important *adj* [ɪmˈpɔːtənt]	wichtig
unimportant	unwichtig
how *adv* [haʊ]	wie

Allgemeine Begriffe – Ursache und Wirkung

1.Lj

with *prep* [wɪθ]	mit; bei; vor *(kausal)*
with the window open; with anger	bei offenem Fenster; vor Wut
detail *n* ['diːteɪl]	Detail, Einzelheit
to give some details	über Einzelheiten berichten
order *n* ['ɔːdəʳ]	Reihenfolge, Ordnung
end *n* [end]	Ende, Schluss
at the end of the street; in the end	am Ende der Straße; schließlich, zum Schluss

2.Lj

cause *n; v* [kɔːz]	Ursache; verursachen
reason *n* ['riːzᵊn]	Grund
possible *adj* ['pɒsəbl]	möglich
probability *n* [ˌprɒbə'bɪləti]	Wahrscheinlichkeit
seemingly *adv* ['siːmɪŋli]	scheinbar
naturally *adv* ['nætʃᵊrᵊli]	natürlich; selbstverständlich
mainly *adv* ['meɪnli]	hauptsächlich
general *adj* ['dʒenᵊrᵊl]	allgemeine/r/s
generally	im Allgemeinen
fact *n* [fækt]	Tatsache
because of *prep* [bɪ'kɒz əv]	wegen
instead of *prep* [ɪn'sted əv]	statt, anstatt
do sth instead	etw stattdessen tun
though *adv inf* [ðəʊ]	jedoch, aber
it didn't rain, though	es regnete jedoch nicht
affect *v* [ə'fekt]	beeinflussen, sich auswirken auf
Smoking affects your health.	Rauchen gefährdet Ihre Gesundheit.
effect *n* [ɪ'fekt]	Wirkung, Resultat
have no/an effect; *(BE)* of effect	wirkungsvoll/-los sein; wirkungsvoll (sein)
result *n* [rɪ'zʌlt]	Ergebnis, Resultat; Folge
football results; as a result	Fußballergebnisse; infolge
therefore *adv* ['ðeəfɔːʳ]	deswegen, deshalb
after all *adv* [ˌɑːftəʳ 'ɔːl]	trotz allem, doch
react to sth *v* [ri'ækt tu]	auf etw reagieren
strike sb, struck, struck *v* [straɪk, strʌk]	jdm auffallen; treffen

3.Lj

aspect *n* ['æspekt]	Aspekt
series *n sg* ['sɪəriːz]	Serie, Reihe, Folge
a series of events	eine Folge von Ereignissen
sequence *n* ['siːkwən(t)s]	Sequenz, Folge
in sequence	der Reihe nach

Allgemeine Begriffe – Ursache und Wirkung

3.Lj

be based on, was/were, been *v* [ˌbiː ˈbeɪzd ɒn, wɒz/ wɜːʳ, biːn]	basieren auf
basis *n* [ˈbeɪsɪs]	Basis, Grundlage
on the basis of	auf Grund von
namely *adv* [ˈneɪmli]	nämlich
explanation *n* [ˌɪkspləˈneɪʃᵊn]	Erklärung
suppose *v* [səˈpəʊz]	annehmen, vermuten
be supposed to	sollen
be said to, was/were, been *v* [biː ˈsed tuː , wɒz/ wɜːʳ, biːn]	(angeblich) sein sollen
apparent *adj* [əˈpærᵊnt]	offensichtlich
importance *n* [ɪmˈpɔːtᵊn(t)s]	Bedeutung, Wichtigkeit
all things considered *adv* [ˌɒːl θɪŋz kənˈsɪdəd]	alles in allem
as usual *adv* [ˌæz ˈjuːʒᵊl]	wie gewöhnlich, wie üblich
self-evident *adj* [ˈself ˌevɪdᵊnt]	offensichtlich
self-evident truths	eindeutige Tatsachen
in case (of) *prep idiom; adv idiom* [ɪn ˈkeɪs]	für den Fall, falls
in case of an emergency	im Notfall
uncertain *adj* [ʌnˈsɜːtᵊn]	unsicher; ungewiss
perhaps *adv* [pəˈhæps]	vielleicht
improbable *adj* [ɪmˈprɒbəbl]	unwahrscheinlich
involuntarily *adv* [ɪnvɒlənˈtərɪli]	unfreiwillig, automatisch
in general *adv* [ɪn ˈʤenᵊrᵊl]	im Allgemeinen
in spite of *prep* [ɪn ˈspaɪt əv]	trotz
as it were *adv* [æz ɪt ˈwɜːʳ]	sozusagen
depending on *prep* [ˌdɪˈpendɪŋ ɒn]	je nachdem, ...; je nach
nevertheless *adv* [ˌnevəðəˈles]	trotzdem
thus *adv* [ðʌs]	folglich, somit
although *conj* [ɔːlˈðəʊ]	obwohl
even though *conj* [ˌiːvᵊn ˈðəʊ]	obwohl, selbst wenn
unless *conj* [ʌnˈles]	wenn ... nicht; es sei denn ...
but for *adv* [bʌt fɔːʳ]	wenn ... nicht gewesen wäre
effective *adj* [ɪˈfektɪv]	effektiv
result *v* [rɪˈzʌlt]	resultieren, sich ergeben
reaction *n* [riˈækʃᵊn]	Reaktion

Ziel und Zweck

1.Lj

plan, planned, planned *v; n* [plæn, plænd]	planen; Plan
goal *n* [gəʊl]	Ziel
need *v* [niːd]	brauchen, benötigen
useful *adj* ['juːsfᵊl]	nützlich
sure *adj* [ʃʊəʳ]	sicher
be sure	sicher sein
really *adv* ['rɪəli]	wirklich
way *n* [weɪ]	Art und Weise, Weg
in any way; in different ways	irgendwie
last *adj* [lɑːst]	letzte/r/s
the last step	der letzte Schritt

2.Lj

manner *n* ['mænəʳ]	Art, Weise
consider *v* [kən'sɪdəʳ]	betrachten (als); in Betracht ziehen; halten für
consider possibilities	Möglichkeiten abwägen
definitely *adv* ['defɪnətli]	hundertprozentig, ganz sicher
especially *adv* [ɪ'speʃᵊli]	besonders
significant *adj* [sɪg'nɪfɪkənt]	wichtig, bedeutungsvoll
not only ... but also *conj idiom* [nɒt 'əʊnli bʌt 'ɔːlsəʊ]	nicht nur ..., sondern auch
useless *adj* ['juːsləs]	nutzlos
impossible *adj* [ɪm'pɒsəbl]	unmöglich
in order to (do sth) *conj idiom* [ɪn 'ɔːdəʳ tuː]	um ... zu
reach *v* [riːtʃ]	erreichen
reach a goal	ein Ziel erreichen
continue *v* [kən'tɪnju]	weitermachen, fortfahren

3.Lj

aim *n; v* [eɪm]	Ziel, Absicht; zielen
aim at sth; aimless	auf etw (ab)zielen; ziellos
necessary *adj* ['nesəsᵊri]	notwendig, nötig
certain *adj* ['sɜːtᵊn]	bestimmte/r/s; sicher
be certain about a thing	sich einer Sache sicher sein
alternative *n* [ɔːl'tɜːnətɪv]	Alternative, Alternativ-
an alternative to sth	eine Alternative zu etw
at any cost *adv* [æt ˌeni 'kɒst]	um jeden Preis
in fact *adv* [ɪn 'fækt]	und zwar; tatsächlich; sogar
no use *adj idiom* [nəʊ 'juːs]	sinnlos, zwecklos

3.Lj

e.g., *Latin abbrev of* **for example** *conj* [ˌiːˈdʒiː, fɔːʳ ɪgˈzɑːmpl]	zum Beispiel
purpose *n* [ˈpɜːpəs]	Zweck
on purpose; multi-purpose	absichtlich; Mehrzweck-
success *n* [səkˈses]	Erfolg
successful	erfolgreich

Strukturwörter – Artikel, Präpositionen und Konjunktionen

Artikel

1.Lj

a *indef art* [ə, *betont* eɪ]	ein/eine *(vor gesprochenen Konsonanten)*
work as a teacher; be a Frenchman; $1 a kilo; 30 minutes a week	als Lehrer(in) arbeiten; Franzose sein; $1 pro Kilo; 30 Minuten pro Woche
an *indef art* [ən, *betont* æn]	ein/eine *(vor gesprochenen Vokalen)*
the *def art* [ðə, *vor Vokal, betont* ðiː]	der/die/das *(Aussprache unbetont vor Konsonanten, betont vor Vokalen)*
the Johnsons are from Malibu; live in the United States; the sooner, the better *(idiom)*; half/double/twice the amount of money	die Johnsons sind aus Malibu; in den Vereinigten Staaten leben; je bälder, desto besser; die Hälfte/das Doppelte/das Zweifache des Geldbetrags

Präpositionen

1.Lj

about *prep* [əˈbaʊt]	über; um ... herum *(zeitlich, räumlich)*
a book about flowers; about 11 o'clock	ein Buch über Blumen; so gegen 11 Uhr
to *prep* [tə, *vor Vokal, betont* tuː]	zu *(Richtung)*, nach, in, vor *(bei Uhrzeiten)*
go to school/bed/church/Australia	zur Schule/ins Bett/in die Kirche/nach Australien
from *prep* [frɒm]	aus, von
from ... to	von ... bis; von ... nach
by *prep* [baɪ]	mit; bei, neben; *(spätestens)* um/bis *(zeitlich)*
by car; by the window; by 5 o'clock	mit dem Auto; neben dem Fenster; bis 5 Uhr

Strukturwörter – Präpositionen

after *prep* ['ɑːftəʳ]	nach; hinter
after some time	nach einer Weile
as *prep* [æz]	in der Rolle von, als, wie
as a teacher	als Lehrer(in)
of *prep* [əv, *betont* ɒv]	von
a cup of coffee; the first of August	eine Tasse Kaffee;der erste August
in front of *prep* [ɪn 'frʌnt əv]	vor
into *prep* ['ɪntə]	in, (in ...) hinein
at *prep* [æt]	an; um *(bei Zeitangaben)*
at 6 o'clock; at the bus stop; at night	um 6 Uhr; an der Bushaltestelle; bei Nacht
in *prep* [ɪn]	in; an
in the afternoon; in hospital *(BE)*, in the hospital *(AE)*	am Nachmittag; im Krankenhaus
on *prep* [ɒn]	an, auf
on top; on Sundays; on the phone; on the 20th; and so on *(idiom)*	an/auf der Spitze; sonntags/an Sonntagen; am Telefon; am 20.; und so weiter
for *prep* [fɔːʳ]	für; seit
a present for Joe; he's been waiting here for half an hour	ein Geschenk für Joe; er wartet hier seit einer halben Stunde
near *prep* [nɪəʳ]	nahe, in der Nähe von; gegen *(zeitlich)*
all over *prep* [ɒːl 'əʊvəʳ]	überall (auf)
all over the floor	überall auf dem Fußboden
behind *prep* [bɪ'haɪnd]	hinter
from behind	von hinten
under *prep* ['ʌndəʳ]	unter
it's all under control	es ist alles unter Kontrolle
over *prep* ['əʊvəʳ]	über, darüber
above *prep* [ə'bʌv]	über
above the clouds; above the age of (18); above all *(idiom)*	über den Wolken; über (18) Jahre alt; vor allem
down *prep* [daʊn]	herunter, hinunter
down the road/stairs	die Straße/Treppen hinunter
up *prep* [ʌp]	nach oben, herauf
between *prep* [bɪ'twiːn]	zwischen *(räumlich, zeitlich)*
between 8 o'clock and 1 o'clock	zwischen 8 und 11 Uhr
like *prep* [laɪk]	(so) wie, ähnlich
look like sb/sth; What's it like?	aussehen wie jd/etw; Wie ist es so?
than *prep* [ðən, ðæn]	als
more than that	mehr als das

Thematisches Wörterbuch

Strukturwörter – Präpositionen

1.Lj

out *prep* [aʊt]	heraus, draußen
with *prep* [wɪθ]	mit; bei; vor *(kausal)*
with the window open; with anger/love/hunger	bei offenem Fenster; vor Ärger/Liebe/Hunger
without *prep* [wɪ'ðaʊt]	ohne
among *prep* [ə'mʌŋ]	zwischen, unter
during *prep* ['djʊərɪŋ]	während
no smoking during the flight	kein Rauchen während des Fluges
off *prep* [ɒf]	ab, weg
turn the lights off; get off; keep off	das Licht ausmachen; aussteigen; draußen bleiben
until, till *(inf) prep* [ʌn'tɪl, tɪl]	bis *(+ Zeitpunkt)*
wait till Monday	bis Montag warten
opposite *prep* ['ɒpəzɪt]	gegenüber
out of *prep* ['aʊt əv]	aus
one out of three; out of town	eine/r/s von dreien; außerhalb
through *prep* [θruː]	durch
get through (to the office)	(ins/zum Büro) durchkommen
towards *prep* [tə'wɔːdz]	auf ... zu *(räumlich)*; gegen *(zeitlich)*
round *prep* [raʊnd]	rund (um), durch ganz ...
round the world	rund um die Welt
within *prep* [wɪ'ðɪn]	in, innerhalb
within walking distance; within minutes	zu Fuß zu erreichen; innerhalb von Minuten
outside *prep* [ˌaʊt'saɪd]	(draußen) vor, außerhalb (von)
before *prep* [bɪ'fɔːʳ]	vor *(zeitlich, räumlich)*
the day before yesterday	vorgestern
past *prep* [pɑːst]	nach *(bei Uhrzeiten)*
around *prep* [ə'raʊnd]	um (... herum) *(zeitlich, räumlich)*
around the village; walk around the city; around five o'clock	um das Dorf (herum); durch die Stadt spazieren; gegen fünf Uhr

2.Lj

underneath, beneath *prep* [ˌʌndə'niːθ, bɪ'niːθ]	unter
beside *prep* [bɪ'saɪd]	neben, bei
close to *prep* ['kləʊs tuː]	nahe bei
below *prep* [bɪ'ləʊ]	unten, unter
below zero; below sea level	unter Null *(Grad)*; unter der Meeresoberfläche
onto *prep* ['ɒntuː]	auf ... hinauf
climb onto the bed/the boat	auf das Bett/ ins Boot steigen
ahead of *prep* [ə'hed əv]	vor
past *prep* [pɑːst]	an ... vorbei
go/drive past sb/sth	an jdm/etw vorbeigehen/-fahren

2.Lj

across *prep* [ə'krɒs]	(quer) über; auf der anderen Seite
live across the street	gegenüber wohnen
along *prep* [ə'lɒŋ]	entlang
along the road	die Straße entlang
since *prep* [sɪn(t)s]	seit
since recently	seit kurzem
instead of *prep* [ɪn'sted əv]	statt, anstatt
except *prep* [ɪk'sept]	bis auf, außer
except for sb/sth; except that	bis auf jdn/etw; außer dass
because of *prep* [bɪ'kɒz əv]	wegen
against *prep* [ə'gen(t)st]	gegen

3.Lj

in spite of *prep idiom* [ɪn 'spaɪt əv]	trotz
despite *prep* [dɪ'spaɪt]	trotz
upon *prep* [ə'pɒn]	auf
once upon a time	es war einmal
throughout *prep* [θruː'aʊt]	überall in
throughout the world	auf der ganzen Welt
beyond *prep* [bi'ɒnd]	jenseits; über ... hinaus; außerhalb

Konjunktionen

1.Lj

and *conj* [ænd]	und
and so on	und so weiter
because *conj* [bɪ'kɒz]	weil
but *conj* [bʌt]	aber
but yet	aber doch
or *conj* [ɔːʳ]	oder
so *conj* [səʊ]	damit, also
although, though *conj* [ɔːl'ðəʊ, ðəʊ]	obwohl
although/though he tried	obwohl er (es) versuchte
as *conj* [æz]	da, weil
if *conj* [ɪf]	wenn
that *conj* [ðæt]	dass
so that, in order that; in order to	so dass; um zu
until, till *(inf) conj* [ʌn'tɪl, tɪl]	bis
wait until the rain stops	warten, bis es aufhört zu regnen

Thematisches Wörterbuch

Strukturwörter – Konjunktionen

1.Lj

when *conj* [(h)wen]	wenn; als
while *conj* [(h)waɪl]	während
as … as *conj* [əz … əz]	so … wie …
just as …; not as old as me; twice as … as	genauso …; nicht so … wie …; zweimal so … wie …
as soon as *conj* [əz ˈsuːn əz]	sobald
as soon as possible	sobald wie möglich
like *conj inf* [laɪk]	(so) wie
than *conj* [ðən, ðæn]	als
after *conj* [ˈɑːftəʳ]	nach
after a while	nach einer Weile
as *conj* [æz]	während, als
just as	gerade als/während
before *conj* [bɪˈfɔːʳ]	bevor

2.Lj

however *conj; adv* [haʊˈevəʳ]	jedoch; wie (…) auch immer
otherwise *conj* [ˈʌðəwaɪz]	sonst, ansonsten
even though, even if *conj* [ˌiːvᵊn ˈðəʊ, ˌiːvᵊn ˈɪf]	obwohl, selbst wenn
whether *conj* [ˈ(h)weðəʳ]	ob
if *conj* [ɪf]	ob
for *conj* [fɔːʳ]	denn
once *conj* [wʌn(t)s]	wenn einmal
since *conj* [sɪn(t)s]	seit(dem)
such as … *conj* [ˈsʌtʃ æz]	wie (zum Beispiel) …
wherever *conj; adv* [(h)weəˈrevəʳ]	egal wo, wohin (auch immer); wo nur

3.Lj

both … and *conj* [bəʊθ …ænd]	sowohl … als auch
either … or *conj* [ˈaɪðəʳ…ɔːʳ]	entweder … oder
neither … nor *conj* [ˈnaɪðəʳ…nɔːʳ]	weder … noch
yet *conj* [jet]	doch
whereas *conj* [(h)weəʳˈæz]	während, dagegen
as if, as though *conj* [æz ˈɪf, æz ˈðəʊ]	als ob, wie wenn
since *conj* [sɪn(t)s]	da, weil
unless *conj* [ʌnˈles]	wenn … nicht; es sei denn …
I'm not talking unless I see my lawyer!	Ohne meinen Anwalt sage ich nichts!
lest *conj* [lest]	damit … nicht, für den Fall, dass …

Strukturwörter – Personalpronomen, Demonstrativpronomen

Pronomen

Personalpronomen

I *pron* [aɪ]	ich	1.Lj
me *pron* [miː]	mir/mich	
not with me	nicht mit mir	
you *pron sg* [juː]	du, Sie *(sg)*; dir/dich/Ihnen *(sg)*	
he *pron* [hiː]	er	
him *pron* [hɪm]	ihm, ihn	
she *pron* [ʃiː]	sie *(sg)*	
her *pron* [hɜːʳ]	sie *(sg)*, ihr *(sg)*	
it *pron* [ɪt]	es, er, sie; es, ihn, sie, ihm, ihr	
one *pron; n* [wʌn]	ein/e, einer/s; man	
the little ones; as if one is possessed	die Kleinen/die Kinder; wie ein(e) Besessene(r)	
we *pron* [wiː]	wir	
us *pron* [ʌs]	uns	
you *pron pl* [juː]	ihr *(pl)*, Sie *(pl)*; euch, Ihnen *(pl)*	
they *pron* [ðeɪ]	sie *(pl)*	
them *pron* [ðem]	sie, ihnen *(pl)*	
one *pron* [wʌn]	man, du, ihr, Sie	2.Lj
one must make sure	man muss sicher sein	

Demonstrativpronomen

this *det; pron* [ðɪs]	dies, diese/dieser/dieses, das (hier) *(sg)*	1.Lj
that *det; pron* [ðæt]	das (da, dort) *(sg)*	
these *det; pron pl* [ðiːz]	diese (hier) *(pl)*	
these ones	diese hier	
those *det; pron pl* [ðəʊz]	die da drüben, jene	
those trousers	jene Hosen	

Thematisches Wörterbuch

Strukturwörter – Possessivpronomen, Interrogativpronomen

Possessivpronomen

1.Lj	**my** *det* [maɪ]	mein/e
	my book	mein Buch
	mine *pron* [maɪn]	meine/r/s
	a friend of mine	ein Freund/eine Freundin von mir
	your *det sg* [jɔːʳ]	dein/e, Ihr/e *(sg)*
	yours *pron sg* [jɔːz]	deins, Ihres *(sg)*
	take yours	nimm deins/nehmen Sie Ihres
	her *det* [hɜːʳ]	ihr/e *(sg)*
	hers *pron* [hɜːz]	ihr/e/s *(sg)*
	It's hers.	Es gehört ihr.
	his *det; pron* [hɪz]	sein/es; seine/r/s
	its *det* [ɪts]	sein/e, ihr/ihre *(sg)*
	our *det* [aʊəʳ]	unser/e
	ours *pron* [aʊəz]	unsere/s
	your *det pl* [jɔːʳ]	euer/eure, Ihr/e *(pl)*
	yours *pron pl* [jɔːz]	euer/es, Ihres *(pl)*
	What about yours?	Was ist mit eurem/euren/Ihrem/Ihren?
	their *det* [ðeəʳ]	ihr/ihre *(pl)*
	theirs *pron* [ðeəz]	ihres *(pl)*
	own *det; pron* [əʊn]	eigene/r/s/n
	(BE) on one's own; my own house	allein (sein), ohne Hilfe; mein eigenes Haus
2.Lj	**one** *pron* [wʌn]	sein/e, ihr/e *(sg+pl)*
	one's parents	jds/seine/ihre Eltern

Interrogativpronomen

1.Lj	**who** *pron* [huː]	wer, wem, wen
	whose *det; pron* [huːz]	wessen
	of whose	dessen, deren *(bezogen auf Dinge)*
	what *pron* [(h)wɒt]	was
	what about ...?; what a ...; what colour is/are ...?; what's (it/sth) like?	was ist mit ...?/wie wär's mit ...?; was für ein/eine ...; welche Farbe hat/haben ...?; wie ist ...?
	which *det; pron* [(h)wɪtʃ]	welches (welche)
	which one(s)	welches/welche

Strukturwörter – Relativpronomen

1.Lj

when *pron* [(h)wen]	wann
how *adv* [haʊ]	wie
How are you?	Wie geht es dir/euch/Ihnen?
where *pron* [(h)weəʳ]	wo
Where do you come from?	Woher kommst du/kommen Sie/kommt ihr?
why *adv* [waɪ]	warum

2.Lj

whom *pron* [huːm]	wem, wen
whatever *det; pron* [(h)wɒt'evəʳ]	was (auch) immer, egal was
Whatever does he want/mean?; whatever reason	Was will/meint er bloß?; welcher Grund auch immer
however *adv* [haʊ'evəʳ]	wie (…) auch immer
However did he do that?	Wie hat er das bloß gemacht?
wherever *adv* [(h)weə'revəʳ]	wo (nur, bloß)

Relativpronomen

1.Lj

who *pron* [huː]	der, die, das; den, die, das *(Personen)*
whose *pron* [huːz]	dessen, deren *(Personen)*
of whose	dessen, deren *(bezogen auf Dinge)*
which *det; pron* [(h)wɪtʃ]	der, die, das; den, die, das *(Dinge)*
to/for which; of which	dem, deren, denen; dessen, deren *(bezogen auf Dinge)*
that *pron* [ðæt]	der, die, das; den, die, das *(Personen, Dinge)*
why *adv* [waɪ]	wegen, weshalb
the reason why he left her	der Grund dafür, dass/weshalb er sie verlassen hat
where *adv* [(h)weəʳ]	(da) wo
it was where he had left it	es war (da), wo er es zurückgelassen hatte
when *adv* [(h)wen]	(zu dem Zeitpunkt) als
the time when he came back	zu der/die Zeit, als er zurückkam

2.Lj

whom *pron* [huːm]	den, die, das *(Personen)*
to/for whom	dem, deren, denen

Strukturwörter – Indefinite Pronomen und Begleiter

Indefinite Pronomen und Begleiter

1.Lj

there is, there are *adv* [ðeəʳ 'ɪz, ðeəʳ 'ɑːʳ]	es gibt, es ist/sind
some *pron; det; adv* [sʌm]	etwas, ein bisschen, ein paar, einige, irgendein/e
some time	irgendwann
somebody *pron* ['sʌmbədi]	(irgend)jemand
someone *pron* ['sʌmwʌn]	jemand
someone else	jemand anderes
something *pron* ['sʌm(p)θɪŋ]	etwas
somewhere *adv* ['sʌm(h)weəʳ]	irgendwo
any *det; adv; pron* [eni]	etwas, einige, irgend-
is there any food left?;	ist noch irgend etwas zum Essen übrig?;
is he any better today?;	geht es ihm schon etwas besser heute?;
any of; not ... any (more): I haven't any; hardly any	irgendein/e/r von; kein/e/n/nichts (mehr) haben: ich habe kein/e/n (mehr); kaum (irgend)etwas
anybody *pron* ['eniˌbɒdi]	(irgend)jemand
anybody else who wants a ticket?	Noch irgendjemand, der eine Karte möchte?
anyone *pron* ['eniwʌn]	(irgend)jemand
anything *pron* ['eniθɪŋ]	(irgend)etwas
anywhere *adv* ['eni(h)weəʳ]	irgendwo
every *det; adv; pron* ['evri]	jede/r/s *(ohne Ausnahme)*
everybody *pron* ['evriˌbɒdi]	jede/r
everybody else	jede/r andere
everyone *pron* ['evriwʌn]	jede/r, alle
everything *pron* ['evriθɪŋ]	alles
everything else	alles andere
everywhere *adv* ['evri(h)weəʳ]	überall
nothing *pron* ['nʌθɪŋ]	nichts
It's nothing.	Das macht nichts.; Keine Ursache.
nobody *pron* ['nəʊbədi]	niemand, keiner
no *adv* [nəʊ]	nein; kein
no one	keine/r
one *det; pron* [wʌn]	ein/s, eine/r/n
Can you lend me one?; one by one	kannst du mir eins/einen leihen?; einer nach dem anderen, der Reihe nach
else *adj* [els]	sonst (noch)
anything else?; something else	was sonst (noch)?; etwas anderes

Strukturwörter – Indefinite Pronomen und Begleiter

1.Lj

another *det; pron* [ə'nʌðə^r]	noch ein/eine; ein anderer/eine andere/ ein anderes
one another	sich (gegenseitig)
other *det; pron* ['ʌðə^r]	andere/r/s
the others; at some other time; something/ -one or other (inf)	die anderen; ein anderes Mal; irgendetwas/ irgendjemand
all *adv* [ɔːl]	ganz, völlig
all alone; all the time; all day; all along *(inf idiom)*	ganz allein; die ganze Zeit/dauernd; den ganzen Tag; (schon) die ganze Zeit
all *det; pron* [ɔːl]	alle, alles
all of them; all the children; you all; all kinds of ...	(sie) alle; alle Kinder/die ganzen Kinder *(aus einer bestimmten Gruppe)*; ihr/Sie alle; alle Arten von ... *(allgemein alle)*
much *det; pron (+ n sg)* [mʌtʃ]	viel
too much; How much money/time ...?	zu viel; Wie viel Geld/Zeit ...?
many *det; pron (+ n pl)* ['meni]	viele
How many tomatoes ...?	Wie viele Tomaten ...?
both *det; pron* [bəʊθ]	(alle) beide
both books; both of them	beide Bücher; beide (von ihnen)
each *det; pron* [iːtʃ]	jede/jeder/jedes (einzelne – *aus einer Gruppe*)
each (and every) one of ...; a little of each, please; each other; it's $10 each	jede/r einzelne (von); ein bisschen von jedem, bitte; einander (gegenseitig); es macht jeweils $10
a few *det; pron (+ n pl)* [ə 'fjuː]	ein paar
a little *det; pron (+ n sg)* [ə 'lɪtl]	ein bisschen
a little bit	ein (kleines) bisschen

2.Lj

none *pron* [nʌn]	niemand, kein/e/r
none of them	keiner von ihnen
no-one *pron* ['nəʊ wʌn]	niemand
anyone *pron* ['eniwʌn]	jede/r
Anyone can cook risotto.	Jeder (x-beliebige) kann Risotto kochen.
whatever *pron; adj* [(h)wɒt'evə^r]	was (auch) immer, egal was

3.Lj

whatever does he want/mean?	was will/meint er bloß?
nowhere *adv* ['nəʊ(h)weə^r]	nirgendwo, nirgends
either *det; pron* ['aɪðə^r]	(irgend)eine/r/s; jede/r/s
Do either of you drive?; either day would suit me	Kann irgendjemand von euch fahren?; jeder von beiden/beide Tage würden mir passen

Strukturwörter – Reflexivpronomen

3.Lj

neither *det; pron* ['naɪðəʳ]	keine/r/s
neither of us	keine/r von uns
little *det; pron* ['lɪtl]	wenig
few *det; pron* [fjuː]	wenige
someday *adv* ['sʌmdeɪ]	irgendwann
all in all *adv idiom* [ˌɒːl ɪn 'ɒːl]	im Großen und Ganzen, alles in allem

Reflexivpronomen

2.Lj

each other *pron* [iːtʃ 'ʌðəʳ]	einander/sich (gegenseitig)
myself *pron* [maɪ'self]	(mich/mir) selbst
yourself *pron sg* [jɔː'self]	(dich/dir/Ihnen *sg*) selbst
herself *pron* [hə'self]	(sie/ihr) selbst
himself *pron* [hɪm'self]	(ihn/ihm) selbst
itself *pron* [ɪt'self]	(es/ihm) selbst
ourselves *pron* [aʊə'selvz]	(uns) selbst
yourselves *pron pl* [jɔː'selvz]	(euch/Ihnen *pl*) selbst
themselves *pron* [ðəm'selvz]	sich; (sie) selbst *(pl)*
one another *pron* [wʌn ə'nʌðəʳ]	sich/einander (gegenseitig)

American English

> Im Hauptteil des Wörterbuchs ist normalerweise nur die *British English-Aussprache* angegeben, auch bei Wörtern, die als *American English* gekennzeichnet sind. Die wichtigsten dieser Wörter werden hier noch einmal mit ihrer amerikanischen Aussprache sowie (sofern möglich) mit dem entsprechenden *British English-Begriff* aufgeführt. Unterschiede in Schreibung und Wortgebrauch werden dadurch ebenfalls noch einmal verdeutlicht.
>
> **INFO**

Persönlicher Bereich – Sich vorstellen

· Aussehen

mustache *n* [ˈmʌstæʃ, məˈstæʃ]	Schnurrbart, Oberlippenbart	moustache	1.Lj

· Charaktereigenschaften

behavior *n* [bɪˈheɪvjɚ]	Verhalten, Benehmen	behaviour	1.Lj
spoiled *adj* [spɔɪld]	verwöhnt	spoilt	

· Gefühle, Lästern und Loben

favorite *adj* [ˈfeɪvᵊrɪt]	Lieblings-	favourite	1.Lj
yell *v inf* [jel]	schreien, brüllen	cry, shout	
rag on sb *v sl* [rɪf ɒn, ræg ɒn]	sich über jdn lustig machen	rif on sb	
mad *adj* [mæd]	sauer; *BE* verrückt	angry	

Persönlicher Bereich – Zu Hause

· Familienangehörige

folks *n pl* [foʊks]	Eltern	parents	1.Lj
mom, mommy *n inf* [mʌm, ˈmʌmi]	Mama, Mutti	mum	
old, older, oldest *adj* [oʊld, oʊldɚ, oʊldɪst]	alt, älter, (am) älteste(n) *(Geschwister)*	old, elder, eldest (sister/brother)	
honey *n* [ˈhʌni]	Liebling, Schatz *(Kosename)*	darling	

Thematisches Wörterbuch

· **Familienfeiern und Feiertage**

1.Lj

Santa Claus *n* [ˌsæntə 'klɔːz]	Weihnachtsmann	Father Christmas
Memorial Day *n* [mə'mɔːriəl ˌdeɪ]	*Gedenktag für die im Krieg Gefallenen der USA (letzter Montag im Mai)*	
Independence Day, Fourth of July *n* [ˌɪndɪ'pendən(t)s ˌdeɪ, ˌfɔːrθ əv dʒʊ'laɪ]	*Unabhängigkeitstag der USA (4. Juli)*	
Labor Day *n* ['leɪbɚ ˌdeɪ]	*Tag der Arbeit in den USA (erster Montag im September)*	
Thanksgiving (Day) *n* [θæŋks'gɪvɪŋ ˌdeɪ]	*Erntedank(fest) (vierter Donnerstag im November)*	
Halloween *n* [ˌhæloʊ'iːn]	Halloween	
Columbus Day *n* [kə'lʌmbəs ˌdeɪ]	Kolumbustag *(2. Montag im Oktober)*	

INFO

Oft werden Feiertage in den Vereinigten Staaten auf einen Montag gelegt, so dass sich ein langes Wochenende ergibt (z. B. **Memorial Day**).

· **Wohnungen und Häuser**

1.Lj

first floor *n* [ˌfɝːrst 'flɔːr]	Erdgeschoss; *BE* erster Stock	ground floor
neighbor *n* ['neɪbɚ]	Nachbar(in)	neighbour
neighborhood *n* ['neɪbɚhʊd]	Nachbarschaft, Wohnviertel	neighbourhood
cabin *n* ['kæbɪn]	Häuschen	cottage
elevator *n* ['elɪveɪtɚ]	Fahrstuhl, Aufzug	lift
apartment *n* [ə'paːrtmənt]	Wohnung	flat
townhouse, duplex *n* ['taʊnhaʊs, 'djuːpleks]	Reihenhaus; *BE* Stadtwohnung	terraced house, semi-detached house
for rent *idiom* [fɔːr 'rent]	zu vermieten	for hire
apartment manager *n* [ə'paːrtmənt ˌmænɪdʒɚ]	Vermieter(in)	landlord/-lady
condominium, *abbrev* condo *n* [ˌkaːndə'mɪniəm, 'kaːndoʊ]	Eigentumswohnung	owner-occupied flat

• Wohn- und Arbeitsbereiche

seating area *n* ['siːdɪŋ ˌeriə]	Wohnzimmer	living room, sitting room	1.Lj
drapes *n pl* [dreɪps]	Vorhang, Gardine	curtains	
parlor *n* ['pɑːrlɚ]	Salon, Wohnzimmer	parlour	
entertainment center *n* [ˌendɚ'teɪnmənt ˌsendɚ]	Mediaschrank mit Fernseher, DVD- und CD-Spieler, Radio	*etwa:* stereo system	

• Schlaf- und Kinderzimmer

wardrobe *n* ['wɔːrdroʊb]	Schrank	cupboard	1.Lj
messy *adj* ['mesi]	unaufgeräumt, unordentlich	untidy	
set of drawers *n* [ˌset əv 'drɔːrz]	Kommode	chest of drawers	
closet *n* ['klɑːzɪt]	(Einbau-)Schrank	small cupboard	
baby-carriage, stroller *n* ['beɪbi ˌkærɪdʒ, 'stroʊlɚ]	Kinderwagen	pram	

• In der Küche

oatmeal *n* ['oʊtmiːl]	Haferbrei	porridge	1.Lj
french fries *n pl* ['fren(t)ʃ ˌfraɪz]	Pommes frites	chips	
fish sticks *n pl* ['fɪʃ ˌstɪks]	Fischstäbchen	fishfingers	
potato chips *n pl* [pə'teɪdoʊ ˌtʃɪps]	Kartoffelchips	crisps	
pack *n* ['pæk]	Päckchen	packet	
hamburger meat *n* ['hæmˌbɝːgɚ ˌmiːt]	Hackfleisch	mince	
candy *n* ['kændi]	Bonbon; Süßigkeit; Dessert	sweet	
biscuit *n* ['bɪskɪt]	Brötchen; *BE* Keks		
cleaning lady *n* ['kliːnɪŋ ˌleɪdi]	Haushälter(in)	housekeeper	
trash, garbage *n* ['træʃ, 'gɑːrbɪdʒ]	Abfall, Müll	rubbish	
garbage can *n* ['gɑːrbɪdʒ ˌkæn]	Mülleimer	rubbish bin	
burned *adj* [bɝːnd]	angebrannt	burnt	
cookie *n* ['kʊki]	Keks	biscuit	
baking pan *n* ['beɪkɪŋ ˌpæn]	Backform	baking tin	
soft drink *n* ['sɑːft ˌdrɪŋk]	Limonade	lemonade	
wash the dishes *v* [ˌwɒʃ ðə 'dɪʃɪz]	Geschirr spülen	do the dishes	

Thematisches Wörterbuch

· **Im Bad**

1.Lj

faucet *n* ['fɑːsɪt]	Wasserhahn	tap
washer *n* ['wɑːʃɚ]	Waschmaschine	washing machine
john *n inf* [dʒɑːn]	Toilette	loo
bathroom *n* ['bæθruːm]	Toilette	toilet
soap dispenser *n* ['soʊp dɪsˌpensɚ]	Dosierspender	dosing pump
bathroom sink, wash-bowl *n* ['bæθruːm ˌsɪŋk, 'wɑːʃ boʊl]	Handwaschbecken	washbasin
wash-cloth *n* ['wɑːʃ ˌklɑːθ]	Waschlappen	face-cloth, face flannel
sanitary napkin *n* ['sænɪteri ˌnæpkɪn]	Damenbinde	sanitary towel

Persönlicher Bereich – Freunde und Freizeit

· **Freunde**

1.Lj

Howdy! *interj* ['haʊdi]	Hallo!	Hello!, Hi!
guys *n pl spoken* [gaɪz]	Leute	
get along, got, gotten *v* [ˌget ə'lɒŋ, gɒt, gɒtᵊn]	miteinander auskommen	get on
What's up? *interj* [(h)wɒts 'ʌp]	Was gibt's?	What's new?
favor *n* ['feɪvɚ]	Gefallen	favour
dish *v inf* [dɪʃ]	klatschen, tratschen	gossip

· **Sport und Fitness**

1.Lj

practice *v* ['præktɪs]	üben; trainieren	practise
sports arena *n* ['spɔːrts ˌə'riːnə]	Sportzentrum	sports centre
athletic field/grounds *n* [æθ'ledɪk ˌfiːld/ ˌgraʊndz]	Sportplatz	playing field
ping pong *n* ['pɪŋ ˌpɒŋ]	Tischtennis	table tennis
soccer *n* ['sɑːkɚ]	Fußball	football
hockey *n* ['hɑːki]	Eishockey; *BE* Hockey	ice hockey
rink *n* [rɪŋk]	Eisbahn	ice rink
track and field *n* [ˌtræk ænd 'fiːld]	Sportaktivitäten aller Art und Weise; *BE* Leichtathletik	athletics
locker room *n* ['lɑːkɚ ˌruːm]	Umkleideraum	changing room

football *n* ['fʊtbɔːl]	American Football	American Football	1.Lj
toboggan *n* [tə'bɑːgᵊn]	Schlitten	sled, sleigh	
rock-climbing *n* ['rɑːk ˌklaɪmɪŋ]	Klettertour; Besteigung	climb	
bathing suit *n* ['beɪðɪŋ ˌsuːt]	Badeanzug	swimsuit	
backpacking *n* ['bækˌpækɪŋ]	Wanderung	hike	

- **Musik, Konzerte und Partys**

carousel, merry-go-round *n* ['kærəˌsel, 'merigəʊˌraʊnd]	Karussell	roundabout	1.Lj
amusement park *n* [ə'mjuːzmənt ˌpɑːrk]	Erlebnispark, Vergnügungspark	theme park	
Bottoms up! *n inf* [ˌbɒtəmz 'ʌp]	Prost!; Tschüs!; Danke schön!	Cheers!	

Persönlicher Bereich – Gesundheit und Wohlbefinden

- **Krankheit, Verletzung und Tod**

physically challenged/impaired/disabled *adj* [ˌfɪzɪkᵊli 'tʃæləndʒd/ɪm'perd/dɪ'seɪbld]	körperbehindert	physically handicapped	1.Lj
profoundly hearing impaired *adj* [prəˌfaʊndli 'hɪərɪŋ ɪmˌperd]	gehörlos	deaf	
person with a mental handicap *idiom* [ˌpɜːsᵊn wɪð‿ə ˌmentᵊl 'hændɪkæp]	geistig behinderte Person	mentally handicapped	

- **Erste Hilfe und Notruf**

fire department *n* ['faɪɚ dɪˌpɑːrtmənt]	Feuerwehr	fire brigade	1.Lj
alright *adv* [ɔːl'raɪt, ɑːl'raɪt]	in Ordnung	all right	

- **Beim Arzt**

practice, office *n* ['præktɪs, 'ɑːfɪs]	Praxis	surgery	1.Lj

1.Lj

fill-out sth *v* [fɪl 'aʊt]	etw einsetzen, ausfüllen	fill in sth
talk with sb *v* ['tɔːk wɪθ]	mit jdm sprechen/reden	talk to sb
gynecologist *n* [ˌgaɪnə'kɑːlədʒɪst]	Frauenarzt/-ärztin	gynaecologist
pediatrician *n* [ˌpiːdiə'trɪʃᵊn]	Kinderarzt/-ärztin	paediatrician
anesthetic *n* [ˌænəs'θedɪk]	Narkose	anaesthetic

Öffentliches Leben – Lernen und Arbeiten

· Unterricht und Schule

1.Lj

spell, spelled, spelled *v* [spel, speld]	buchstabieren	spell, spelt, spelt
principal *n* ['prɪn(t)səpᵊl]	Schuldirektor(in)	headteacher, headmaster, headmistress
eraser *n* [ɪ'reɪzɚ]	Radiergummi	rubber
notebook *n* ['noʊtbʊk]	(Übungs-)Heft	exercise book
chapter *n* ['tʃæptɚ]	Lektion, Kapitel, Einheit	unit
recess *n* ['riːses]	Pause	break
lunch room *n* ['lʌn(t)ʃ ruːm]	Kantine, Cafeteria	cafeteria
vacation *n* [və'keɪʃᵊn]	Urlaub, Ferien	holidays
schedule *n* ['skedʒoːl]	Stundenplan	timetable
math *n inf* [mæθ]	Mathe	maths
grade *n* [greɪd]	Klasse	form, class
elementary school *n* [ˌelə'mendɚi ˌskuːl]	Grundschule	primary school
middle school, junior high *n* ['mɪdl skuːl, 'dʒuːniɚ haɪ]	weiterführende Schule	secondary school
high school *n* ['haɪ skuːl]	Gesamtschule	comprehensive school
public school *n* ['pʌblɪk ˌskuːl]	öffentliche Schule	state school
private school *n* ['praɪvɪt ˌskuːl]	Privatschule	public school
student *n* ['stjuːdᵊnt]	Schüler(in); Student(in)	pupil, schoolchild/-boy/-girl; student
student council *n* ['stjuːdᵊnt ˌkaʊn(t)sᵊl]	Schülermitverwaltung	student government
upper-case letter *n* ['ʌpɚ keɪs ˌledɚ]	Großbuchstabe	capital letter
lower-case letter *n* ['ləʊɚ keɪs ˌledɚ]	Kleinbuchstabe	small letter
figure out *v* [ˌfɪgɚ 'aʊt]	herausfinden; ausrechnen	work out
theme paper *n* ['θiːm ˌpeɪpɚ]	Aufsatz	essay

home economics *n pl* ['hoʊm iːkəˌnɑːmɪks]	Hauswirtschaft		1.Lj
woodshop *n* ['wʊdʃɒp]	Werkunterricht, Werken		
spelling bee *n* ['spelɪŋ ˌbiː]	Buchstabierwettbewerb		
play hooky *v sl* [ˌpleɪ 'hʊki]	Schule schwänzen	bunk off	

· **Studium und Universität**

bulletin board *n* ['bʊlətɪn ˌbɔːrd]	schwarzes Brett	notice board	1.Lj
college *n* ['kɑːlɪdʒ]	Universität; *BE* Fach-/ Hochschule, Teil einer Universität	university	
dormitory *n* ['dɔːrmətɔːri]	Studentenwohnheim	hall of residence	
fraternity *n* [frə'tɝːnədi]	*Burschenschaft, Verbindung für Männer*		
sorority *n* [sə'rɔːrədi]	*Schwesternschaft, Verbindung für Frauen*		
school *n* [skuːl]	Abteilung, Fakultät	faculty	
faculty *n* ['fækəldi]	Lehrkörper; *BE* Fakultät	staff	

· **Zeugnisse, Zertifikate und Abschlüsse**

grade *n* [greɪd]	Note *(in der Schule)*	mark	1.Lj
honor *n* ['ɑːnɚ]	Ehre	honour	
report card *n* [rɪ'pɔːrt ˌkɑːrd]	Schulzeugnis	school report	

· **Berufe und Berufsgruppen**

firefighter *n* ['faɪɚ ˌfaɪdɚ]	Feuerwehrmann/-frau	fireman/-woman	1.Lj
pharmacist *n* ['fɑːrməsɪst]	Apotheker(in)	chemist	
veterinarian *n* [ˌvetərɪ'neriən]	Tierarzt/-ärztin	vet, *abbrev of* veterinary surgeon	
tradesman *n* ['treɪdzmən]	Handwerker		
attorney *n* [ə'tɝːrni]	(Rechts-)Anwalt/Anwältin	lawyer	
supervisor *n* ['suːpɚvaɪzɚ]	Vorarbeiter(in), Polier(in)	foreman, forewoman	

· **Bewerbungen und Lebenslauf/Arbeitsbedingungen und Allgemeines**

1.Lj

resumé *n* ['rezju:meɪ]	Lebenslauf	CV, *abbrev of* curriculum vitae
skillful *adj* ['skɪlfᵊl]	geschickt	skilful
vacation *n* [və'keɪʃᵊn]	Urlaub, Ferien	holiday(s)
lay off, laid off, laid off *v* [leɪ'ɒf, leɪd'ɒf]	entlassen	dismiss
labor *v* ['leɪbɚ]	hart arbeiten, schuften	labour
co-worker *n* ['koʊ ˌwɝ:kɚ]	Kollege	colleague
labor union *n* ['leɪbɚ ˌju:njən]	Gewerkschaft	trade union
pay raise *n* ['peɪ reɪz]	Gehaltserhöhung	pay rise
cord *n* [kɔ:rd]	(Leitungs-)Kabel	cable
xerox *v; n* ['zɪrɑ:ks]	fotokopieren; Fotokopie	photocopy

· **Der Arbeitsmarkt**

1.Lj

unemployment agency *n* [ʌnɪmˌplɔɪmənt 'eɪdʒᵊn(t)si]	Arbeitsamt	jobcentre
labor *n* ['leɪbɚ]	Arbeit; Arbeitskräfte	labour
tank *v inf* [tæŋk]	Schiffbruch erleiden *fig*, baden gehen *fig*	

Öffentliches Leben – Unterwegs

· **Auf dem Markt und im Supermarkt**

1.Lj

flee market *n* ['fli: ˌmɑ:rkɪt]	Flohmarkt	bring-and-buy sale
store *n* [stɔ:r]	Laden, Geschäft	shop
store clerk *n* ['stɔ:r klɝ:k]	Verkäufer(in)	shop assistant
change purse *n* ['tʃeɪndʒpɝ:s]	Geldbörse	purse
get, got, gotten *v* [get, gɑ:t, 'gɑ:tᵊn]	bekommen	get, got, got
expiration date *n* [ˌekspə'reɪʃᵊn deɪt]	Verfallsdatum	sell-by date
bill *n* [bɪl]	Geldschein	note
check *n* [tʃek]	Scheck	cheque
cash register *n* ['kæʃ ˌredʒɪstɚ]	Kasse	cash point, till, check-out

mall, shopping mall *n* [mɔːl, 'ʃɒpɪŋ ˌmɔːl]	Einkaufszentrum	shopping centre	1.Lj
sales tax *n* ['seɪlz tæks]	Mehrwertsteuer	VAT, *abbrev of* value added tax	

· **Warenhäuser, Geschäfte und Boutiquen**

bakery *n* ['beɪkəˈi]	Bäckerei	baker's	1.Lj
bookstore *n* ['bʊkstɔːr]	Buchhandlung	bookshop	
pharmacist's *n* ['fɑːrməˌsɪsts]	Apotheke	chemist's	
newspaper stand *n* ['njuːzpeɪpɚ ˌstænd]	*Laden für Zeitungen, Zeitschriften, Tabakwaren, Süßigkeiten usw.*	newsagent's	
downtown *n* ['daʊntaʊn]	Zentrum von ..., Innenstadt	(city) centre	
drugstore *n* ['drʌgstɔːr]	Drogerie *(früher auch mit Erfrischungsgetränketheke)*	*etwa:* chemist's	
jewelry shop *n* ['ʤuːəlri ʃɑːp]	Juwelier, Schmuckgeschäft	jewellery store	
shoe repair *n* ['ʃuː rɪˌper]	Schuster, Schuhmacher	shoemaker's	
store-front *n* ['stɔːr frʌnt]	Geschäftsfassade		
public restrooms *n* [ˌpʌblɪk 'restruːmz]	öffentliche Toiletten	public toilets	

· **Kleidung und Accessoires**

parka *n* ['pɑːrkə]	Anorak	anorak	1.Lj
pants *n sg + pl* [pænts]	Hose, Hosen; *BE* Unterhosen	trousers	
tennis shoes, sneakers *n pl* ['tenɪs ʃuːz, 'sniːkɚz]	Turnschuhe	trainers	
jewelry *n* ['ʤuːəlri]	Schmuck	jewellery	
sweater *n* ['swetɚ]	Pullover	jumper	
zipper *n* ['zɪpɚ]	Reißverschluss	zip	
chinos *n sg + pl* ['tʃiːnoʊ(z)]	leichte Baumwollhose(n)	trousers	
off-the-rack *adj; adv* [ˌɑːf ðə 'ræk]	von der Stange	off-the-peg	
custom-made *adj* [ˌkʌstəm'meɪd]	Maß-, maßgeschneidert	made-to-measure	
purse *n* [pɝːs]	Handtasche	handbag	
vest *n* [vest]	Weste	waistcoat	

1.Lj	**flip flops** *n* ['flɪp flɒps]	Badeschuhe	beach shoes
	sweat suit *n* ['swet suːt]	Jogginganzug	track suit
	drawers *n pl* ['drɔːrz]	Herrenslip	briefs

· **Im Restaurant und Café**

1.Lj	**sparkling water** *n* ['spɑːrklɪŋ ˌwɔːdɚ]	Mineralwasser	mineral water
	soda, soft drink *n* ['soʊdə, 'sɑːft drɪŋk]	Limonade	lemonade
	party *n* ['pɑːrdi]	Gruppe	group
	diner *n* ['daɪnɚ]	Lokal	restaurant, pub
	washroom, restroom, public restrooms *(pl) n* ['wɔːʃruːm, 'restruːm, ˌpʌblɪk 'restruːmz]	öffentliche Toilette(n)	public conveniences
	specialty *n* ['speʃᵊlti]	Spezialität, Besonderheit	speciality
	check *n* [tʃek]	Rechnung	bill
	appetizer *n* ['æpətaɪzɚ]	Vorspeise, erster Gang eines Menüs, Appetithappen	starter
	doggy bag *n* ['dɑːgi ˌbæg/'dɔːgi ˌbæg]	*Verpackung zum Mitnehmen von Resten*	
	deli, delicatessen *n* ['deli, ˌdelɪkə'tesᵊn]	Feinkostgeschäft	
	donut shop *n* ['doʊnʌt ˌʃɑːp]	Bäckerei	baker's
	pancake house *n* ['pænkeɪk ˌhaʊs]	Frühstückslokal	
	hamburger joint *n* ['hæmbɝːgɚ ˌdʒɔɪnt]	Schnellimbiss	fastfood restaurant

· **Kino und Theater**

1.Lj	**movie theater** *n* ['muːviː ˌθiːədɚ]	Kino	cinema
	movie *n* ['muːviː]	Film	film
	theater *n* ['θiːədɚ]	Theater	theatre
	moviegoer *n* ['muːviː ˌgoʊɚ]	Kinoliebhaber	cineast
	drive-in *n* [draɪv 'ɪn]	Autokino	

• **Straßenverkehr**

1.Lj

car crash *n* ['kɑːr kræʃ]	Unfall	accident
cab *n* [kæb]	Taxi	taxi
truck *n* [trʌk]	Lastwagen	lorry
trunk *n* [trʌŋk]	Kofferraum	boot
transportation *n* [ˌtræn(t)spɚ'teɪʃᵊn]	Verkehrsmittel; Transport, Beförderung	transport
motorcycle *n* ['moʊdɚˌsaɪkl]	Motorrad	motorbike
freeway *n* ['friːweɪ]	Autobahn	motorway
highway *n* ['haɪweɪ]	Fernstraße	main road
gas, gasoline *n* [gæs, 'gæsᵊliːn]	Benzin	petrol
gas/service station *n* [gæs/'sɝːvɪsteɪʃᵊn]	Raststätte, Tankstelle	petrol station
curb *n* [kɝːb]	Straßenrand, Bordsteinkante	roadside
garage *n* [gə'rɑːʒ]	Parkhochhaus	multi-storey car park
driver's license *n* ['draɪvɚz ˌlaɪsᵊn(t)s]	Führerschein	driving licence
speed up, sped, sped *v* [spiːd 'ʌp, sped]	schneller fahren	put on speed, put, put
intersection *n* [ˌɪndɚ'sekʃᵊn]	Kreuzung; Kreuz	crossroads *(pl)*
traffic circle *n* ['træfɪk ˌsɝːkl]	Kreisverkehr	roundabout
sidewalk *n* ['saɪdwɔːk]	Gehweg, Bürgersteig	pavement
parking lot *n* ['pɑːrkɪŋ ˌlɑːt]	Parkplatz	parking space
pick-up (truck) *n* ['pɪk ʌp ˌtrʌk]	Pick-up, offener Kleintransporter	
license plate *n* ['laɪsᵊn(t)s ˌpleɪt]	Nummernschild	number plate
tire *n* [taɪɚ]	(Auto-)Reifen	tyre
windshield *n* ['wɪndʃiːld]	Windschutzscheibe	windscreen
repair/auto-body shop *n* [rɪ'per/'ɑːdoʊ bɑːdiˌʃɑːp]	Werkstatt	garage
mini van *n* ['mɪniˌvæn]	Minivan	people carrier
yield *v* [jiːld]	Vorfahrt achten	give way, gave, given

• **Schienenverkehr, Schiffsverkehr und Reisevorbereitungen**

1.Lj

schedule *n* ['skedʒuːl]	Fahrplan	timetable
subway *n* ['sʌbweɪ]	U-Bahn	underground
railroad *n* ['reɪlroʊd]	Eisenbahn	railway

1.Lj	**get in line,** got, gotten *v* [ˌget ɪn ˈlaɪn, gɑːt, ˈgɑːtᵊn]	sich anstellen	stand in line
	round-trip ticket *n* [ˈraʊnd trɪp ˌtɪkɪt]	Rückfahrkarte	return ticket
	pullman car *n* [ˈpʊlmən ˌkɑːr]	Schlafwagen	sleeping car
	harbor *n* [ˈhɑːrbɚ]	Hafen	harbour
	backpack *n* [ˈbækpæk]	Rucksack	rucksack
	baggage *n no pl* [ˈbægɪdʒ]	Gepäck	luggage

• Übernachten, Verpflegung und Unterkunft

1.Lj	**lodge** *n* [lɑːdʒ]	Pension, Gästehaus	guesthouse
	trailer *n* [ˈtreɪlɚ]	Wohnwagen	caravan
	campground *n* [ˈkæmpgraʊnd]	Campingplatz	camping site
	cabin *n* [ˈkæbɪn]	Ferienhaus	cottage
	RV *abbrev of* **recreational vehicle** *n* [ˌɑːrˈviː/rekriˌeɪʃᵊnᵊl ˈviːəkl]	Wohnmobil	camper

In der Gesellschaft leben

• Staatsform und Verfassung

1.Lj	**administration** *n* [ədˌmɪnɪˈstreɪʃᵊn]	Regierung	government
	undersecretary *n* [ˈʌndɚˌsekrəteri]	Staatssekretär(in)	permanent secretary
	public servant *n* [ˈpʌblɪk ˌsɝːvᵊnt]	Staatsbeamter(in)	civil servant

• Sozialstaat und Steuern

1.Lj	**welfare (aid)** *n* [ˈwelfer ˌeɪd]	Sozialhilfe	income support
	tax exemption *n* [ˈtæks ɪgˌzempʃᵊn]	Steuerfreibetrag	tax-free amount
	tax return *n* [ˈtæks rɪˌtɝːn]	Steuererklärung	tax declaration
	IRS, *abbrev of* **Internal Revenue Service** *n* [aɪ ɑːʳ ˈes, ɪnˌtɝːnᵊl ˈrevᵊnjuː ˌsɝːvɪs]	Finanzamt	Inland Revenue

• Innen- und Außenpolitik

department *n* [dɪ'pɑːrtmənt]	Amt, Ministerium	office	1.Lj
Department of the Interior *n* [dɪˌpɑːrtmənt əv ðiː ɪn'tɪriə˞]	Innenministerium	Home Office	
State Department *n* ['steɪt dɪˌpɑːrtmənt]	Außenministerium	Foreign Office	

• Sicherheit und Kriminalität

police officer *n* [pə'liːs ˌɑːfɪsə˞]	Polizist(in)	policeman, policewoman	1.Lj
hobo *n* ['hoʊboʊ]	Vagabund(in), Landstreicher(in)	vagabond	
half-way house *n* ['hɑːfweɪ ˌhaʊs]	Erziehungsheim	community home	
offense *n* [ə'fen(t)s]	Straftat	offence	

• Landwirtschaft, Bergbau und Fischerei

corn *n* [kɔːrn]	Mais	maize	1.Lj
tomato, *pl* **tomatoes** *n* [tə'meɪdoʊ, tə'meɪdoʊz]	Tomate, Tomaten		
potato, *pl* **potatoes** *n* [pə'teɪdoʊ, pə'teɪdoʊz]	Kartoffel, Kartoffeln		
plow *v* [plaʊ]	pflügen	plough	
hog *n* [hɑːg]	(Mast-)Schwein	*(ugs)* pig	

• Dienstleistung und Handel

plant *n* [plænt]	Fabrik	factory	1.Lj
Inc., Incorporated *n* [ɪn'kɔːrpəreɪdɪd]	AG, Aktiengesellschaft	plc, Public Limited Company	
president *n* ['prezɪdənt]	Geschäftsleiter(in), Präsident(in)	managing director	
sales representative *n* ['seɪlz reprɪˌzendədɪv]	Verkäufer(in)	sales agent	

1.Lj	**stocks** *n pl* [stɑːks]	Aktien, Anteile	shares
	stockholder [ˈstɑːkˌhoʊldɚ]	Aktionär(in)	shareholder
	rumor *n* [ˈruːmɚ]	Gerücht	rumour
	figure out *v* [ˌfɪgɚ ˈaʊt]	ausrechnen	work out, calculate
	realtor *n* [ˈriːəltɚ]	Immobilienmakler(in)	(real) estate agent

· **Philosophie und Religion**

1.Lj	**gravestone** *n* [ˈgreɪvstoʊn]	Grabstein	tombstone
	clergyman *n* [ˈklɝːʤimən]	Geistlicher	churchman

· **Sprachwissenschaft und Literatur**

1.Lj	**keyword** *n* [ˈkiːwɝːd]	Stichwort	headword
	exclamation point *n* [ekskləˈmeɪʃᵊn ˌpɔɪnt]	Ausrufungszeichen	exclamation mark
	period *n* [ˈpɪəriəd]	Punkt	full stop
	analyze *v* [ˈænᵊlaɪz]	analysieren, untersuchen	analyse
	monolog *n* [ˈmɑːnᵊlɑːg]	Monolog	monologue
	quotation marks *n pl* [kwoʊˈteɪʃᵊn ˌmɑːrks]	Anführungszeichen	inverted commas
	parentheses *n pl* [pəˈren(t)θəsiːz]	Klammern	brackets

· **Medizin und Technik**

1.Lj	**laboratory** *n* [ˈlæbrətɔːri]	Labor	laboratory

· **Post**

1.Lj	**mailbox** *n* [ˈmeɪlbɑːks]	Briefkasten	letterbox, post-box
	postal service *n* [ˌpoʊstᵊl ˈsɝːvɪs]	Post, Postamt	post office
	pen pal *n* [ˈpen pæl]	Brieffreund(in)	penfriend
	mail *v* [meɪl]	(per Post) schicken	post
	mailman/-woman *n* [ˈmeɪlmæn/ˌwʊmən]	Briefträger(in)	postman, postwoman

ZIP code *n* ['zɪp koʊd]	Postleitzahl	post code	1.Lj

• **Telefon und Fax**

put the receiver down, put, put *v* [pʊt ðə rɪ'siːvɚ daʊn]	den Hörer auflegen	put the telephone down	1.Lj
cell phone *abbrev of* cellular phone *n* ['sel foʊn]	Funktelefon, Handy	mobile (phone)	
phone booth *n* ['foʊn buːð]	Telefonzelle	(tele)phone box	

Allgemeine Begriffe

• **Uhrzeit**

after *prep* ['ɑːftɚ]	nach *(bei Uhrzeiten)*	past	1.Lj
before *prep* [bɪ'fɔːr]	vor *(bei Uhrzeiten)*	to	
till *prep* [tɪl]	vor *(bei Uhrzeiten)*	to	
break, broke, broken *n; v* [breɪk, broʊk, broʊkᵊn]	Pause; stoppen, innehalten	pause	

• **Datum, Kalender**

on the weekend *adv; adj* [ɑːn ðə 'wiːkend]	Wochenende	at the weekend	1.Lj
fall *n* [fɔːl]	Herbst	autumn	

• **Zahlen und Maße, Farben und Formen**

centimeter *n* ['sendəmiːdɚ]	Zentimeter	centimetre	1.Lj
meter *n* ['miːdɚ]	Meter	metre	
kilometer *n* [kɪ'lɑːmədɚ]	Kilometer	kilometre	
billion *n* ['bɪljən]	Milliarde; Billion *(BE)*		
liter *n* ['liːdɚ]	Liter	litre	
color *n* ['kʌlɚ]	Farbe	colour	
gray *adj* [greɪ]	grau	grey	

- **Modalausdrücke – Slang**

1.Lj

ain't *v* [eɪnt]	nicht sein/haben	am/is/are not; has/have not
gonna *v* ['gɑːnə, 'gɔːnə]	werden	going to
gimme *v* ['gɪmi]	mir geben	give me
wanna *v* ['wɑːnə]	wollen	want to

Strukturwörter

- **Indefinite Pronomen und Begleiter**

1.Lj

neither *det; pron* ['niːðɚ]	keine/r/s
either *det; pron* ['iːðɚ]	(irgend)eine/r/s; jede/r/s

Abkürzungen

abbrev of	abbreviation of	Abkürzung für
(AE)	American English	amerikanisches Englisch
(BE)	British English	britisches Englisch
inf	informal	familiärer Sprachgebrauch
pl	plural	Mehrzahl
sg	singular	Einzahl
adj	adjective	Adjektiv
adv	adverb	Adverb
n	noun	Nomen
prep	preposition	Präposition
pron	pronoun	Pronomen
v	verb	Verb
sb	somebody	jemand
sth	something	etwas
interj	interjection	Interjektion

A

B

C

ENGLISCH

D

ENGLISCH

ENGLISCH

I

E N G L I S C H

M

N

O

P

Q

R

ENGLISCH

S

T

U

X

Y

Z